REVISTA DE DIREITO MERCANTIL
industrial, econômico e financeiro

129

Publicação do
Instituto Brasileiro de Direito Comercial Comparado
e Biblioteca Tullio Ascarelli
do Departamento de Direito Comercial
da Faculdade de Direito da Universidade de São Paulo

Ano XLII (Nova Série)
janeiro-março/2003

MALHEIROS
EDITORES

REVISTA DE DIREITO MERCANTIL

industrial, econômico e financeiro

Nova Série — Ano XLII — n. 129 — janeiro-março de 2003

REVISTA DE DIREITO MERCANTIL
publicação trimestral de
MALHEIROS EDITORES LTDA.
Rua Paes de Araújo, 29, conjunto 171
CEP 04531-940
São Paulo, SP - Brasil
Tel. (011) 3078-7205
Fax: (011) 3168-5495

Diretor Responsável: Álvaro Malheiros
Diretora: Suzana Fleury Malheiros

Assinaturas e comercialização:
CATAVENTO DISTRIBUIDORA DE LIVROS S.A.
Rua Conselheiro Ramalho, 928
CEP 01325-000
São Paulo, SP - Brasil
Tel. (011) 289-0811
Fax: (011) 251-3756

Supervisão Gráfica: Vânia Lúcia Amato
Composição: *Scripta*

SUMÁRIO

DOUTRINA

ALGUMAS INCIDÊNCIAS CONSTITUCIONAIS DA INSTITUCIONALIZAÇÃO DA UNIÃO ECONÓMICA E MONETÁRIA
— António José Avelãs Nunes 7

ATUALIDADES

BRANQUEAMENTO DE CAPITAIS — MEDIDAS LEGISLATIVAS EM PORTUGAL E NA EUROPA
— A. Saraiva Matias e Catarina Martinho 30

VERDADEIRA PROJEÇÃO DA ARBITRAGEM — CONVENÇÃO DE NEW YORK DE 1958
— Irineu Strenger 40

ACORDO DE ACIONISTAS — ARQUIVAMENTO NA SEDE SOCIAL — VINCULAÇÃO DOS ADMINISTRADORES DE SOCIEDADE CONTROLADA
— Nelson Eizirik 45

CONSIDERAÇÕES ACERCA DA REPRESENTAÇÃO COMERCIAL FRENTE AO NOVO CÓDIGO CIVIL
— Jairo Saddi 54

REGISTRO DO COMÉRCIO E OS LIMITES DE SUAS EXIGÊNCIAS
— João Luiz Coelho da Rocha 69

A LEI 10.303, DE 2001, E A INCLUSÃO DOS DERIVATIVOS NO ROL DOS VALORES MOBILIÁRIOS
— Daniel Krepel Goldberg 73

PODE A SOCIEDADE LIMITADA TER CAPITAL AUTORIZADO?
— Otávio Vieira Barbi 83

LIMITES DE ATUAÇÃO DO CONSELHO FISCAL
— Raul de Araujo Filho e Rodrigo Ferraz P. Cunha 96

EXCLUSÃO DE SÓCIO EM SOCIEDADES LIMITADAS NO NOVO CÓDIGO CIVIL
— Leonardo Guimarães 108

O ISS NA CONSTRUÇÃO CIVIL
— José Alcides Montes Filho 121

ESPAÇO DISCENTE

A ARBITRAGEM NAS SOCIEDADES ANÔNIMAS

— José Virgílio Lopes Enei 136

REFORMA REGULATÓRIA E SISTEMA FINANCEIRO NACIONAL

— Marco Aurélio Gumieri Valério 174

ARBITRAGEM NA LEI DAS SOCIEDADES ANÔNIMAS

— Livia Rossi 186

OFERTA PÚBLICA DE AQUISIÇÃO DE AÇÕES NA ALIENAÇÃO DE CONTROLE DE COMPANHIAS ABERTAS. Apontamentos sobre o art. 254-A da Lei das Sociedades Anônimas

— José Alberto Clemente Júnior 206

JURISPRUDÊNCIA COMENTADA

INDENIZATÓRIA MOVIDA POR FILHOS ALEGANDO MORTE DA MÃE POR CÂNCER DE PULMÃO DECORRENTE DE TABAGISMO

— Paulo Rogério Brandão Couto 220

TEXTOS CLÁSSICOS

"LEX MERCATORIA"

— Francesco Galgano, item 1 da Introdução da obra *Lex Mercatoria*. Tradução de Erasmo Valladão A. e N. França 224

PARECERES

LEGITIMAÇÃO DO SÓCIO DA SOCIEDADE CONTROLADORA PARA PLEITEAR A ANULAÇÃO DE ASSEMBLÉIA DA CONTROLADA SUBSIDIÁRIA INTEGRAL

— Erasmo Valladão A. e N. França 229

DEMANDA REPARATÓRIA AJUIZADA POR ACIONISTA EM VIRTUDE DE ADIMPLEMENTO IMPERFEITO. FUNÇÃO E NATUREZA JURÍDICA DAS DEMONSTRAÇÕES FINANCEIRAS. CARÁTER CONSTITUTIVO DAS DECISÕES ASSEMBLEARES TOMADAS POR ÓRGÃOS DAS SOCIEDADES ANÔNIMAS. A AÇÃO REGULADORA E PRINCÍPIOS ESSENCIAIS VINCULADORES DE COMPANHIAS ABERTAS COM VALORES MOBILIÁRIOS NO MERCADO DE CAPITAIS. IMPOSIÇÕES DA ORDEM CONSTITUCIONAL ECONÔMICA. PRAZOS DE PRESCRIÇÃO NA LEI DAS SOCIEDADES ANÔNIMAS

— Leandro Bittencourt Adiers 234

COLABORAM NESTE NÚMERO

ANTÓNIO JOSÉ AVELÃS NUNES

Professor Catedrático da Faculdade de Direito de Coimbra. Membro Correspondente da Academia Brasileira de Direito Constitucional

A. SARAIVA MATIAS

Professor de Direito. Advogado

CATARINA MARTINHO

Advogada Estagiária

DANIEL KREPEL GOLDBERG

Pós-Graduando da Faculdade de Direito da Universidade de São Paulo — USP. Advogado em São Paulo

ERASMO VALLADÃO A. E N. FRANÇA

Professor-Doutor em Direito Comercial da Faculdade de Direito da Universidade de São Paulo — USP. Advogado em São Paulo

IRINEU STRENGER

Professor Titular de Direito Internacional Privado e de Direito do Comércio Internacional da Faculdade de Direito da Universidade de São Paulo — USP. Professor da Academia de Direito Internacional de Haia (1991). Doutor *Honoris Causa* da Universidade Argentina John Fitzgerald Kennedy. Membro do *Institut du Droit et des Pratiques des Affaires Internationales*, da Câmara de Comércio Internacional de Paris. Árbitro no Brasil junto ao Mercosul e Árbitro da Câmara de Comércio Brasil-Canadá

JAIRO SADDI

Doutor em Direito Econômico pela Universidade de São Paulo — USP. Professor e Coordenador dos Cursos de Direito do Ibmec/SP. Diretor do Centro de Estudos de Direito do Ibmec — IbmecLAW.

JOÃO LUIZ COELHO DA ROCHA

Professor de Direito da Pontifícia Universidade Católica do Rio de Janeiro — PUC/RJ. Advogado

JOSÉ ALBERTO CLEMENTE JÚNIOR

Pós-Graduando da Faculdade de Direito da Universidade de São Paulo — USP

JOSÉ ALCIDES MONTES FILHO

Advogado

JOSÉ VIRGÍLIO LOPES ENEI

Pós-Graduando da Faculdade de Direito da Universidade de São Paulo — USP. Advogado em São Paulo

LEANDRO BITTENCOURT ADIERS

Advogado

LEONARDO GUIMARÃES

Professor na Faculdade de Ciências Econômicas da UFMG/FACE. Mestrando em Direito Comercial na Faculdade de Direito da Universidade Federal de Minas Gerais — UFMG. Advogado

LIVIA ROSSI

Pós-Graduanda da Faculdade de Direito da Universidade de São Paulo — USP

Marco Aurélio Gumieri Valério

Mestrando em Direito na UNESP. Advogado

Nelson Eizirik

Advogado no Rio de Janeiro e em São Paulo

Otávio Vieira Barbi

Mestrando em Direito Comercial pela Faculdade de Direito da Universidade Federal de Minas Gerais — UFMG. Advogado

Paulo Rogério Brandão Couto

Advogado

Raul de Araujo Filho

Advogado

Rodrigo Ferraz P. Cunha

Mestre em Direito pela Universidade de Bologna, Itália. Doutorando pela Universidade Federal de Minas Gerais — UFMG. Advogado

Doutrina

ALGUMAS INCIDÊNCIAS CONSTITUCIONAIS DA INSTITUCIONALIZAÇÃO DA UNIÃO ECONÓMICA E MONETÁRIA*

ANTÓNIO JOSÉ AVELÃS NUNES

1. Até recentemente, não existia em Portugal uma tradição de autonomia do banco central. Ao invés, o Banco de Portugal era considerado um instrumento de execução das políticas do governo.

A Lei Orgânica (LO) de 1990 (DL 337/90, de 30 de outubro) veio, pela primeira vez, atribuir ao Banco de Portugal (BP) uma certa margem de *autonomia*, em termos que iam além do quadro constitucional então em vigor.

A Constituição da República Portuguesa (CRP), na versão originária de 1976, mantida na revisão de 1982, dizia, no art. 105º, n. 2, que "o Banco de Portugal, como banco central, tem o exclusivo da emissão de moeda e, de acordo com o Plano e as directivas do Governo, colabora na execução das políticas monetária e financeira".

Após as ligeiras alterações introduzidas pela LC 1/89, o art. 105º CRP passou a ter a seguinte redacção: "o Banco de Portugal, como banco central, tem o exclusivo da emissão de moeda e colabora na execução das políticas monetária e financeira, de acordo com a lei do Orçamento, os objectivos definidos nos planos e as directivas do Governo".

É patente o reduzido grau de autonomia conferido pela CRP ao banco central português. Este não tinha competência para *definir* nem tinha o direito de *colaborar na definição* da política monetária. Cabia-lhe tão só *colaborar na execução* das políticas monetária e financeira. Do texto constitucional resultava que a *execução da política monetária* cabia, em primeira linha, ao Governo, com o qual o BP tinha o direito (e o dever) de colaborar.

Deste texto resultava também a natureza subordinada da política monetária e da acção do BP. Aquela não podia afirmar objectivos próprios, que valessem por si, acima dos objectivos gerais da política económica; o Banco devia subordinar-se, no exercício das suas competência, aos objectivos definidos nos *planos*, na *lei do Orçamento* e nas *directivas* do Governo.

Ora os *planos* são elaborados pelo Governo, de acordo com o seu programa, cabendo à Assembleia da República (AR) aprovar as grandes opções correspondentes a cada plano (arts. 92º, 93º e 164º, al. *h*) CRP). Os objectivos dos planos são os referidos no art. 91º CRP (entre os quais não é sequer referida expressamente a *estabili-*

* O texto que aqui se publica é, com ligeiras alterações, o que serviu de base à comunicação apresentada no IV Simpósio Nacional de Direito Constitucional, realizado em Curitiba pela Academia Brasileira de Direito Constitucional (14-16 de outubro de 2002).

dade monetária): "promover o crescimento económico, o desenvolvimento harmonioso de sectores e regiões, a justa repartição individual e regional do produto nacional, a coordenação da política económica com as políticas social, educacional e cultural, a preservação do equilíbrio ecológico, a defesa do ambiente e a qualidade de vida do povo português". Os planos anuais têm a sua expressão financeira no *Orçamento do Estado* (OE), cuja aprovação é da competência da AR (art. 164º, al. *h*) CRP).

Tal como resultou da revisão de 1989, a CRP não reconhecia, pois, ao banco central português qualquer competência para definir ou executar políticas cujos objectivos não fossem os apontados nos planos e no OE pelos órgãos políticos para tanto competentes (a AR e o Governo). A este cabia, aliás, o direito de emitir *directivas* definidoras de objectivos de política às quais deveria subordinar-se a acção do BP (art. 105º CRP, *in fine*).

Algo diferente deste figurino constitucional de 1989 foi o estatuto do BP consagrado na Lei Orgânica de 1990.

Com inteira razão, o preâmbulo desta lei sublinhava não ser função primordial do BP (como dos bancos centrais em geral) a função emissora, mas a função de regulação monetária e cambial e de defesa da estabilidade do sistema financeiro e do sistema de pagamentos.

No pressuposto de que as opções tomadas no âmbito do processo de integração europeia conduziriam à criação de uma estrutura europeia de banco central e à adopção de uma *política monetária* e de uma *política cambial únicas*, a LO privilegiava "as exigências de estabilidade monetária que subjazem a este projecto" (de união económica e monetária no seio da CE), assim se justificando "a elevação do grau de autonomia do Banco na condução da política monetária" e a consagração de certos princípios (nomeadamente o consagrado no art. 27º LO) que se pretendia funcionassem como "garante da autonomia da política monetária".

O art. 3º LO qualificava o BP como o Banco Central da República Portuguesa e atribuía-lhe o objectivo de assegurar o equilíbrio monetário interno e a solvência exterior da moeda. Ao BP reconhecia-se (art. 18º LO) competência para *colaborar na definição* da política monetária (o que ia além do texto constitucional) e competência para *executar* (em vez do dever de colaborar na execução de) a política monetária e cambial (definida pelo Governo com a colaboração do Banco). Mas o preceito em causa salientava que, na execução das políticas, o BP deveria *ter em conta as orientações do Governo*.

Ao BP caberia também *aconselhar* o Governo, não só no domínio da política monetária, mas também em matéria financeira e fiscal. Dadas a (crescente) interligação dos mercados monetário, financeiro e cambial e a (crescente) interdependência das políticas monetária, financeira e cambial, esta capacidade do Banco poderia permitir a conveniente articulação entre o Governo e o BP, dando a este a oportunidade de fazer ouvir a sua opinião em questões não incluídas na sua esfera de competência (política orçamental; gestão e financiamento da dívida pública; regras de funcionamento e gestão corrente do mercado de capitais e das bolsas de valores).

Mas o sinal mais claro da autonomia que se quis conceder ao BP resultava do disposto no art. 27º LO, que proibia expressamente ao Banco:

1º) a concessão de crédito ao Estado e a outras pessoas colectivas de direito público;

2º) a garantia de quaisquer obrigações do Estado, de serviços dele dependentes ou de outras pessoas colectivas de direito público, bem como a realização de pagamentos de conta de qualquer deles, quando não existissem no Banco fundos que lhes pertencessem e que para tal fim estivessem imediatamente disponíveis.

O Estado ficava, em grande medida, impossibilitado de financiar as despesas públicas pela via monetária, caminhando-se, deste modo, no sentido de *autonomizar a política monetária da política orçamental.*

Ao Estado restava apenas:

a) possibilidade de obter, através de crédito concedido pelo Banco, os meios necessários à comparticipação no capital de organismos internacionais com actividade principal nos domínios monetário, financeiro e cambial (art. 25º LO);

b) a possibilidade de recorrer (bem como as Regiões Autónomas) a uma conta gratuita aberta no Banco, cujo saldo devedor não poderia exceder 10% das respectivas receitas correntes cobradas no último ano (art. 26º LO);

c) a possibilidade de tomada firme de Bilhetes do Tesouro pelo BP, *por acordo* entre o Banco e o Ministério das Finanças, desde que observados os limites legais, nomeadamente os decorrentes da lei do orçamento (art. 27º, n. 1, *in fine*, LO);

d) a possibilidade de o BP comprar títulos do Estado Português, no âmbito da execução da política monetária e cambial (art. 35º, n. 1, al. *b*) LO).

Quer dizer: o financiamento do Tesouro pelo BP passou a depender do acordo do Banco e passou a consistir unicamente na tomada de títulos da dívida pública no mercado primário (de curto prazo ou de médio e longo prazos), títulos com os quais o Banco constituía a sua carteira, que utilizaria depois (especificamente, os Bilhetes do Tesouro) para as intervenções do Banco no mercado aberto, vendendo-os ou readquirindo-os no mercado secundário.

2. O Tratado da União Europeia (TUE), aprovado no Conselho Europeu de 10.12.1991 e assinado em Maastricht em 7.2.1992, decidiu a instituição da União Económica e Monetária (UEM), com a criação de um *Sistema Europeu de Bancos Centrais* (SEBC) e de um *Banco Central Europeu* (BCE), e a adopção de uma *política monetária única* e de uma *moeda única* (o euro). A partir de Maastricht, o "Protocolo Relativo aos Estatutos do Sistema Europeu de Bancos Centrais e do Banco Central Europeu" passou a fazer parte integrante do TCE.

Pela primeira vez na história, vários grandes países (Alemanha, Espanha, França, Itália) aceitam abdicar da sua moeda e pela primeira vez uma *união monetária* é constituída sem existir previamente uma *união política*, num espaço económico que, reconhecidamente, está longe de satisfazer as exigências de uma *zona monetária óptima.*

Sustentam alguns autores que, existindo na zona euro estruturas produtivas com graus de desenvolvimento muito diferentes, níveis diferenciados de desenvolvimento económico e social e muito escassa mobilidade geográfica da mão-de-obra, e, sobretudo, não sendo a UE um *Estado federal* e não dispondo a CE de um *orçamento federal* com suficiente capacidade redistributiva, teria sido mais prudente aprofundar primeiro as políticas que melhorassem a coesão económica e social e edificassem estruturas económicas mais uniformes e só depois avançar com a criação da moeda única (Robert Solow, *Público*, 14.9.2002).

Advertem outros para o facto de uma política monetária única repercutir de modo diferente em países diferentes, podendo constituir-se, nas condições anteriormente referidas, em factor de retardamento da convergência real ou mesmo de agravamento do fosso existente entre os membros da união monetária.

A verdade, porém, é que, apesar das reticências dos teóricos, a decisão de criar a moeda única foi por diante, talvez porque ela foi, mais do que uma decisão motivada pela necessidade de criar um instrumento monetário e económico, um *projecto político* resultante de um acordo entre a França e a Alemanha, destinado a enfrentar a nova realidade política europeia na sequência da queda do muro de Berlim e da reunificação da Alemanha.

2.1 O SEBC é constituído pelo BCE e pelos bancos centrais nacionais dos quinze países da Comunidade Europeia.

Diferentemente do que acontece com o BCE e com os bancos centrais nacionais, o SEBC não tem personalidade jurídica nem órgãos de decisão próprios, sendo os seus objectivos prosseguidos pelo BCE e pelos bancos centrais nacionais dos quinze países signatários do TUE.

Para facilitar a compreensão da estrutura dos bancos centrais da *área do euro*, o Conselho do BCE deliberou a adopção do termo *Eurosistema* para se referir à estrutura (não dotada de personalidade jurídica, tal como o SEBC) composta pelo BCE e pelos bancos centrais nacionais dos doze países que adoptaram o euro como moeda, transferindo para o *Eurosistema* a respectiva soberania no domínio da política monetária (Alemanha, Áustria, Bélgica, Espanha, Finlândia, França, Grécia, Irlanda, Itália, Luxemburgo, Países Baixos e Portugal).

Em termos genéricos, diremos que o objectivo primordial do *Eurosistema* é o de manter a *estabilidade dos preços*, no quadro de uma economia de mercado aberta e de livre concorrência, cabendo-lhe, nos termos do Tratado, as seguintes atribuições fundamentais:

a) a definição e execução da política monetária da área do euro;

b) a realização de operações cambiais;

c) a detenção e gestão das reservas cambiais oficiais dos Estados-Membros;

d) a promoção do bom funcionamento dos sistemas de pagamentos;

e) a emissão de notas de banco com curso legal na área do euro;

f) a aprovação do limite de emissão de moedas metálicas de euros pelos Estados-Membros cuja moeda é o euro.

Ao *Eurosistema* cabe também:

a) contribuir para a condução regular das políticas prosseguidas pelas autoridades competentes relativamente à supervisão prudencial das instituições de crédito e estabilidade do sistema financeiro;

b) ser consultado sobre qualquer proposta de acto comunitário ou sobre qualquer projecto de disposição legal nos domínios das suas atribuições;

c) compilar a informação estatística necessária para o cumprimento das atribuições que lhe estão cometidas;

d) ser representado no domínio da cooperação internacional e participar em instituições monetárias internacionais.

2.2 O BCE é o núcleo do *Eurosistema*, cabendo-lhe as competências correspondentes à responsabilidade de garantir o cumprimento, pela sua própria actuação ou através da acção dos bancos centrais nacionais, das atribuições cometidas ao *Eurosistema*.

Caso único na história dos bancos centrais em todo o mundo, o estatuto do BCE não consta de lei ordinária, não é objecto de um instrumento de direito comunitário, nem sequer está plasmado no texto de uma Constituição, antes é parte integrante de um tratado internacional que envolve quinze países (o próprio BCE fala de um "tratado com estatuto constitucional"). A alteração deste estatuto, se vier a revelar-se necessária, pode constituir um problema de difícil solução.

Um outro ponto de excessiva rigidez é o que resulta da al. *b*) do n. 2 do art. 112º TCE, nos termos da qual o Presidente, o Vice-Presidente e os Vogais da Comissão Executiva são nomeados, de entre personalidades de reconhecida competência, *de comum acordo*, pelos Governos dos Estados-Membros, a nível de Chefes de Estado ou de Governo, sob recomendação do Conselho e após este ter consultado o PE e o Conselho do BCE.

Os problemas surgidos a propósito da nomeação do primeiro Presidente (cuja solução significou logo a violação do estatuto de independência do Presidente do BCE) ilustram bem as dificuldades inerentes a esta solução.[1] Com o alargamento da CE a 25

1. Segundo noticiaram os jornais, a França aceitou a nomeação do actual Presidente, imposto pela Alemanha, com a condição de este resignar ao

membros, o *comum acordo* será muito mais difícil de obter. Esta a razão que leva o PE a defender outro procedimento de escolha (talvez atribuindo essa competência ao PE).

A decisão de instalar a sede do BCE em Frankfurt passou também a ser matéria regulada no TCE, através de um Protocolo que figura como Anexo ao Tratado, por força do Tratado de Amesterdão.

O BCE é dotado de personalidade jurídica nos termos do direito internacional público, tendo capacidade para celebrar acordos dos domínios das suas atribuições e para participar nos trabalhos de organizações internacionais (FMI, OCDE, Banco de Pagamentos Internacionais).

Os órgãos de decisão do BCE são o *Conselho* e a *Comissão Executiva*.

Enquanto houver Estados-Membros da Comunidade Europeia que não integram o *Eurosistema* (neste momento, o Reino Unido, a Dinamarca e a Suécia), funcionará também o *Conselho Geral*, composto pelo Presidente e Vice-Presidente do BCE e pelos governadores dos BCN de todos os Estados-Membros da CE. O Conselho Geral é necessário para acompanhar a preparação dos bancos centrais nacionais que estão fora da área do euro para uma eventual futura participação no Eurosistema, constituindo um *forum* adequado para o estreitamento da cooperação entre estes bancos centrais nacionais e o Eurosistema.

O *Conselho do BCE* é o órgão máximo na hierarquia dos poderes de gestão do BCE. Integram-no, além dos seis membros da *Comissão Executiva*, os governadores dos bancos centrais dos países da área do euro (doze, actualmente).

Esta composição tem levantado alguns reparos, pelo facto de apenas seis dos seus membros serem nomeados a nível central e verem a sua acção sujeita ao acompanhamento/fiscalização por parte do PE, sendo doze os representantes dos bancos centrais nacionais. Como termo de comparação, invoca-se o Fed norte-americano, em que sete membros são nomeados a nível central e apenas cinco representam os bancos centrais dos Estados federados.

No Conselho, as decisões são tomadas por maioria simples, cabendo um voto a cada membro. Nas questões importantes, no entanto, pode exigir-se maioria qualificada, considerando-se validamente tomadas as deliberações aprovadas por um número de votos que representem 2/3 do capital subscrito do BCE e provenham de pelo menos metade dos accionistas (art. 10º do Protocolo).

No exercício das suas funções, os membros do Conselho do BCE não actuam como representantes dos seus países de origem, nem sequer como representantes dos BCN a cuja direcção presidem, intervindo a título pessoal, sem qualquer vínculo de dependência, princípio que justifica a solução de *uma pessoa, um voto*. Mas os críticos da solução consagrada para a composição do Conselho do BCE temem que desta composição possa resultar uma prática de votação inspirada pelos interesses nacionais dos doze representantes dos BCN, que poderão fazer acordos para obter maiorias (desrespeitando a natureza de *órgão colegial* do Conselho do BCE). Em resolução do PE (A4-0030/1999) refere-se o "duplo risco de que o Conselho de Governadores se transforme numa câmara de representantes nacionais e de que o BCE se veja reduzido a um simples secretariado do SEBC". Daí as propostas do PE (até agora recusadas pelo BCE) no sentido de assegurar maior transparência do processo de tomada de decisões ao nível do Conselho do BCE,

cargo a meio do mandato, para que a presidência do BCE passe então a ser ocupada por outra personalidade designada pela França.

Como já se sabia, todos os Estados-Membros da CE são iguais, mas uns são claramente mais iguais do que outros. Depois deste episódio, como continuar a defender que os responsáveis pela direcção do BCE são independentes do poder político, não podendo receber instruções ou injunções de qualquer tipo por parte de órgãos do poder político, comunitários ou nacionais?

mediante a publicação das actas (sumárias ou de pormenor) e do registo das votações.

As competências principais do Conselho são as que seguem:

a) adopção das *Orientações* e *Decisões* necessárias ao desempenho das atribuições cometidas ao Eurosistema pelo Tratado e pelos Estatutos;

b) definição da política monetária na área do euro, incluindo os objectivos monetários intermédios, principais taxas de juro e aprovisionamento de reservas no Eurosistema, tomando as Decisões e adoptando as Orientações necessárias à respectiva execução;

c) decisão sobre a utilização de outros métodos operacionais de controlo monetário;

d) adopção do *Regulamento* relativo ao cálculo e determinação das reservas mínimas de caixa;

e) adopção de Regulamentos para assegurar a eficiência e o bom funcionamento dos sistemas de pagamento e de compensação na Comunidade;

f) emissão de Orientações relativas às operações dos bancos centrais nacionais e dos Estados-Membros com os activos de reserva remanescentes;

g) tomada de medidas necessárias para assegurar o cumprimento das Orientações e Instruções do BCE e definição das informações que devem ser fornecidas pelos bancos centrais nacionais;

h) cumprimento das funções consultivas do BCE;

i) adopção das *Regras de Procedimento* que determinam a organização interna do BCE e dos seus órgãos de decisão;

j) autorização da emissão de notas de banco em euros e do limite de emissão das moedas de euros na área do euro;

k) fixação das regras necessárias para a uniformização dos processos contabilísticos e das declarações das operações efectuadas pelos bancos centrais nacionais.

A *Comissão Executiva* é constituída por seis membros (Presidente, Vice-Presidente e quatro vogais), nomeados por comum acordo dos Estados-Membros da CE, de entre personalidades de reconhecida competência, para um mandato de oito anos (não renovável), durante o qual não têm que prestar contas a qualquer instância política democraticamente legitimada. Esta Comissão assegura a gestão das actividades correntes do BCE, decidindo por maioria simples, tendo cada membro um voto e o Presidente voto de qualidade.

Cabe à Comissão Executiva:

a) a execução da política monetária, em conformidade com as *Orientações* e *Decisões* do Conselho do BCE;

b) a emissão das *Instruções* necessárias para que os bancos centrais nacionais apliquem as Orientações e Decisões do Conselho;

c) a gestão das actividades correntes do BCE;

d) o exercício de todos os poderes nela delegados pelo Conselho, incluindo os poderes de natureza regulamentar.

Justifica-se uma chamada de atenção para os contornos excepcionais do processo de nomeação dos membros da Comissão Executiva. As nomeações são feitas de comum acordo pelos Chefes de Estado e de Governo dos Estados-Membros, sob recomendação do Conselho Europeu e após este ter consultado o Parlamento Europeu e o Conselho do BCE. Todo este aparato terá visado "legitimar" este órgão do BCE, que toma decisões políticas do mais alto relevo para milhões de pessoas sem qualquer responsabilização política. Mas daqui poderá resultar o efeito perverso de fortalecer e consolidar o poder da Comissão Executiva, alargando a sua esfera de acção como órgão todo-poderoso do BCE, vocacionado para assumir todas as enormes competências do Banco.

Enquanto as *Instituições da Comunidade* (Parlamento Europeu, Conselho, Comissão, Tribunal de Justiça e Tribunal de

Contas) são tratadas em conjunto, determinando o art. 7º TCE que cada uma delas actua nos limites das atribuições e competências que lhe são conferidas pelo Tratado, o SEBC e o BCE são tratados à parte, no art. 8º. Na verdade, tanto o SEBC como o BCE gozam de um *estatuto de independência* perante as instituições ou organismos comunitários e os governos dos Estados-Membros e têm a sua esfera de actividade claramente delimitada nos Estatutos (que são parte integrante do TCE).

O art. 113º TCE prevê a possibilidade de o Presidente do Conselho Europeu (ou do Conselho ECOFIN) e o Comissário responsável pelos Assuntos Económicos e Monetários participarem nas reuniões do Conselho do BCE, mas sem direito de voto, reconhecendo àquele o direito de submeter moções à deliberação do Conselho do BCE.

O mesmo artigo prescreve que o Presidente do BCE será convidado a participar nas reuniões do Conselho Europeu sempre que este delibere sobre questões relativas aos objectivos e atribuições do SEBC.

Este artigo determina ainda que o BCE deve enviar anualmente ao PE, ao Conselho Europeu e à Comissão um relatório sobre as actividades do SEBC e sobre a política monetária do ano anterior e do ano em curso, relatório que o Presidente do BCE apresentará ao Conselho e ao PE. Com base neste relatório, o PE pode proceder a um debate de carácter geral. O art. 113º prevê também que o Presidente do BCE e outros membros da Comissão Executiva possam, a pedido do PE ou por sua iniciativa, ser ouvidos pelas Comissões competentes do PE.

Não obstante, no domínio das políticas económicas, as relações do BCE com outras instâncias (comunitárias ou nacionais) competentes nesse domínio mantêm-se ao nível de um *diálogo não vinculativo*, do qual não pode decorrer qualquer compromisso do BCE no sentido de vir a coordenar as suas decisões de política monetária com quaisquer outras políticas (foi este o entendimento expresso pelo Conselho de Helsínquia, em dezembro/1999).

É um diálogo muito mais limitado do que aquele que vem sendo defendido há anos pelo PE, no âmbito de um processo de *controlo democrático* do BCE, que deveria passar, nomeadamente, pela realização de reuniões trimestrais (com perguntas e respostas) do PE com o Presidente do BCE e outros membros da Comissão Executiva e pela obrigatoriedade de publicação das actas das reuniões do Conselho do BCE, com indicação das decisões tomadas e respectiva fundamentação. O PE recomendou mesmo que, em próxima revisão do TCE, seja reconhecida a possibilidade de o PE votar uma *moção de censura* ao Presidente do BCE, nos casos extremos de incumprimento dos critérios referidos no art. 105º TCE.

No que toca à sua independência, o estatuto do BCE faz dele o banco central que, em todos os tempos e em todo o mundo, goza de maior independência, não só no que toca à escolha dos instrumentos a utilizar mas também no que respeita à definição dos seus objectivos, à concretização do sentido do art. 105º TCE.

A independência financeira do BCE constitui um sinal claro da sua independência institucional: o orçamento do BCE não integra o orçamento geral da CE nem o BCE está sujeito à fiscalização do Tribunal de Contas da CE, mas à de um auditor independente.

O estatuto do BCE acompanha de perto o estatuto do *Deutsche Bundesbank* antes da entrada da Alemanha para a UEM. Com uma diferença relevante: o estatuto do banco central alemão podia ser alterado pelo Parlamento da Alemanha, mas o estatuto do BCE não pode ser alterado por acção soberana de nenhum governo ou parlamento nacional, nem tão pouco pelo PE.

O art. 101º TCE consagra a *autonomia da política monetária perante a política orçamental* na medida em que proíbe ao BCE e aos bancos centrais nacionais dos

Estados-Membros a concessão de créditos, sob a forma de descobertos ou sob qualquer outra forma, em benefício de instituições ou organismos da Comunidade, dos governos centrais, autoridades regionais ou locais, de outras autoridades públicas, de organismos ou empresas do sector público dos Estados-Membros, bem como a compra directa de títulos da dívida pública a essas entidades.

Quanto à competência e à capacidade de manobra do SEBC e do BCE, o art. 105º TCE dispõe que "o objectivo primordial do SEBC é a manutenção da estabilidade dos preços", dele resultando que "as políticas económicas gerais da Comunidade" só poderão ser apoiadas pelo BCE se esse apoio puder ser dado "sem prejuízo do objectivo da estabilidade dos preços", o qual, proclamado como *objectivo primordial*, se sobrepõe a todos os outros (cfr. também art. 4º).

Por sua vez, o art. 108º TCE e o art. 7º do Protocolo acima referido dispõem que o BCE deve agir com *inteira independência relativamente aos órgãos do poder político*: "O BCE, os bancos centrais nacionais ou qualquer membro dos respectivos órgãos de decisão não podem solicitar ou receber instruções das instituições ou organismos comunitários, dos governos dos Estados-Membros ou de qualquer outra entidade. As instituições e organismos comunitários, bem como os governos dos Estados-Membros, comprometem-se a respeitar este princípio e a não procurar influenciar os membros dos órgãos de decisão do BCE ou dos bancos centrais nacionais no exercício das suas funções".

O BCE é, como se vê, uma *instância supranacional*, que representa, neste âmbito, uma solução de natureza federal. Apesar de a UE não ser um Estado federal, o BCE é, de facto, em *banco central federal* ("o Eurosistema foi dotado de um núcleo central de soberania", lê-se no *Boletim Mensal do BCE*, outubro/2000, p. 55) e o euro apresenta-se como o atributo de uma "soberania comunitária" que (ainda) não existe.

3. Com a ratificação do TUE pelos vários Estados-Membros, a problemática da independência (e das competências efectivas) dos bancos centrais dos países integrantes da CE passou a ter um novo enquadramento.

3.1 Em Portugal, a terceira revisão constitucional (LC 1/92, de 25 de novembro) reflectiu isto mesmo, alterando de novo o estatuto constitucional do BP. Segundo o novo texto do art. 105º CRP, "o Banco de Portugal, como banco central nacional, colabora na definição e execução das políticas monetária e financeira e emite moeda, nos termos da lei".

O Banco perdia o monopólio da emissão de moeda e continuava a não ter competência para *definir* e a não ter o direito de *executar* as políticas monetária e financeira. Cabia-lhe tão só *colaborar* na *definição* e na *execução* destas políticas, definição e execução que competiam ao Governo, como "órgão de condução da política geral do País" (art. 185º CRP).

Mesmo depois da revisão constitucional de 1992, a LO de 1990 continuava a ir além do texto constitucional, ao reconhecer ao BP competência para *executar* a (e não apenas o direito e o dever de *colaborar na execução* da) política monetária. A este respeito, o legislador constituinte português manifestou sempre, nas revisões constitucionais, uma grande dificuldade em chamar as coisas pelos seus nomes.

Embora o objectivo principal da revisão constitucional de 1992 tivesse sido o de pôr a CRP de acordo com o TUE, de modo a abrir caminho à ratificação do Tratado, a verdade é que o regime consagrado na nova redacção do art. 105º CRP dificilmente poderia considerar-se compatível com os compromissos assumidos no Tratado de Maastricht. Bastaria recordar que do texto deste preceito constitucional não resultava que a competência para decidir da emissão de moeda deixara de pertencer ao BP para passar a caber ao BCE, podendo os bancos centrais nacionais encarregar-se da execução das decisões do BCE, mas apenas no quadro destas mesmas decisões. O referido preceito falava do direito/dever do BP de colaborar na definição e execução das políticas monetária e financeira, mas "ignorava" que, segundo o TUE, é ao BCE que cabe definir e executar a política monetária única da Comunidade.

Refira-se ainda que o DL 289/92, de 31.12.1992 (Regulamento Geral das Instituições de Crédito e Sociedades Financeiras — RGICSF), promulgado depois da revisão constitucional de 1992, continuou a consagrar soluções que ilustravam um grau considerável de subordinação do BP ao Governo.

O art. 91º atribuía ao Ministro das Finanças a *superintendência* dos mercados monetário, financeiro e cambial, designadamente à coordenação da actividade dos agentes do mercado com a política económica e social do Governo.

Ao Governo — através de portaria conjunta do Primeiro Ministro e do Ministro das Finanças, *ouvido* o BP — cabia também a competência para ordenar as medidas apropriadas (nomeadamente a suspensão temporária de determinados mercados ou de certas categorias de operações ou o encerramento temporário de instituições de crédito) a situações de perturbação dos mercados monetário, financeiro ou cambial que pusessem em grave perigo a economia nacional.

Como índices da subordinação do BP ao Governo, ressaltavam ainda — para além do processo de nomeação do Governador e dos membros do Conselho de Administração — o facto de o Banco ser obrigado (arts. 62º e 64º da LO) a comunicar o seu orçamento anual ao Ministro das Finanças até 30 de novembro do ano anterior, e o facto de o Banco ser obrigado a submeter à aprovação do Ministro das Finanças, até 31 de março de cada ano, o relatório, o balanço e as contas de gerência do ano anterior (exigências que se mantêm, sem significado relevante, na LO aprovada pela Lei 5/98).

3.2 Na sequência do Tratado de Maastricht e da revisão constitucional de 1992, o DL 231/95, de 12 de setembro, veio introduzir no ordenamento jurídico português o regime resultante do art. 101º TCE, alterando, em consequência, algumas normas importantes da LO do Banco de Portugal, no sentido de lhe reconhecer, claramente, um *maior grau de autonomia*.

O mais claro sinal disto mesmo é o regime resultante da nova redacção do art. 25º LO, nos termos da qual ficava vedado ao BP:

a) conceder crédito, *sob qualquer forma*, ao Estado português e serviços ou organismos dele dependentes, bem como a outras pessoas colectivas de direito público e a empresas públicas ou quaisquer entidades sobre as quais o Estado português, as Regiões Autónomas ou as autarquias locais possam exercer, directa ou indirectamente, influência dominante;

b) garantir quaisquer obrigações do Estado ou das demais entidades acabadas de referir;

c) comprar directamente títulos de dívida emitidos pelo Estado ou pelas demais entidades atrás referidas.

Isto significa que, doravante, só no mercado secundário e no quadro das operações de *open market*, o BP poderia adquirir títulos da dívida pública. E talvez devesse entender-se que só o podia fazer quando essa operação de compra se justificasse no âmbito da prossecução dos objectivos de controlo monetário que competiam ao Banco (os estatutos do *Deutsche Bundesbank* impunham-lhe expressamente esta limitação). Excepcionalmente (e transitoriamente), apenas as Regiões Autónomas dos Açores e da Madeira mantinham a facilidade de beneficiarem de uma conta gratuita aberta no Banco (Protocolo 8 anexo ao TUE e art. 2º DL 231/95, de 12 de setembro).

O art. 3º LO passou a dispor que o BP é o Banco Central da República Portuguesa, o qual "tem como atribuição principal manter a estabilidade dos preços, tendo em conta a política económica global do Governo".

Por outro lado, o art. 18º LO atribuía ao BP "a condução da política monetária" e o direito/dever de "colaborar na definição e executar a política cambial" e de "aconselhar o Governo nos domínios monetário, financeiro e cambial".

Se confrontarmos com a norma do art. 105º CRP (texto da LC 1/92), podemos concluir que o texto da LO do BP (na redacção de 1995) veio retirar ao banco central português a competência, reconhecida na CRP, para *colaborar na definição* da política financeira, reconhecendo-lhe apenas capacidade para *aconselhar* o Governo neste domínio. Em contrapartida, no campo da política monetária, em vez de se limitar a reconhecer-lhe competência para *colaborar na definição e execução da política monetária* (art. 105º CRP), veio atribuir-lhe a competência para *conduzir a política monetária* (ficando a dúvida sobre se a *condução* abrange a *definição* e a *execução* ou só a *execução*), e impôs a *manutenção da estabilidade dos preços* como *atribuição principal* da sua acção (sendo certo que, mesmo após a revisão de 1992, a CRP não inclui a estabilidade dos preços entre os objectivos da política económica).

A LO (versão 1995) aproximou-se, sem dúvida, das concepções monetaristas consagradas em Maastricht, mas não respeitou o normativo constitucional.

Saliente-se, porém, que o texto de 1995 continuava a impor ao BP o dever de, na prossecução da sua atribuição principal de manutenção da estabilidade dos preços, *ter em conta a política económica global do Governo*. Mantinha-se, pois, sensivelmente, o regime previsto no art. 92º do RGICSF, segundo o qual o BP, no exercício da sua competência de orientação e fiscalização dos mercados monetário e financeiro, *devia ter em conta a política económica e social do Governo*.

A esta luz, diríamos que o BP, apesar da acrescida autonomia que lhe era reconhecida perante o Governo, não poderia desenvolver a sua actividade de costas voltadas para a realidade económica e social do País, inteiramente à margem dos objectivos de política económica e social definidos pelo Governo, enquanto órgão responsável pela "condução da política geral do País". Enquanto instância autónoma do Governo, o BP não poderia (e, muito menos, deveria) sacrificar à manutenção da estabilidade dos preços a prossecução de outros objectivos de política definidos pelo Governo (o crescimento económico, o combate ao desemprego e a promoção do emprego, *v.g.*). No entanto, o legislador de 1995 sabia que Portugal já tinha ratificado o Tratado de Maastricht e que, nos termos do TUE e da nova redacção do art. 105º CRP, o objectivo da manutenção da estabilidade dos preços se sobrepunha a quaisquer outros objectivos de política económica definidos pelo governo. É, mais uma vez, o estranho comportamento do legislador de não querer aceitar a realidade, como que receoso de que o acusem de ter provocado ou aceite soluções inaceitáveis.

3.3 Perfeitamente consciente da profundidade das alterações introduzidas pela entrada em funcionamento da UEM, o art. 109º TCE prescreve que "cada um dos Estados-Membros assegurará, o mais tardar até à data da instituição do SEBC, a compatibilidade da respectiva legislação, incluindo os estatutos do seu banco central nacional, com o presente Tratado e os Estatutos do SEBC" (cfr. também o art. 14º dos Estatutos do SEBC).

Em Portugal, a revisão constitucional de 1997 (LC 1/97, de 20 de setembro) e a Lei 5/98, de 31 de janeiro, vieram, em consonância com o citado art. 109º, introduzir alterações no estatuto constitucional e na Lei Orgânica do Banco de Portugal.

Depois da revisão de 1997, o art. 102º CRP, em vez de dizer (como o anterior art. 105º) que o BP "colabora na definição e execução das políticas monetária e financeira e emite moeda, nos termos da lei", proclama que o BP "exerce as suas funções nos termos da lei e das normas internacionais a que o Estado português se vincula".

Com esta "norma vazia", o legislador constituinte continua a ter "vergonha" de reconhecer a verdade, ao não afirmar expressamente a independência do BP, embora ela seja um elemento integrante do estatuto do banco central português, porque decorre de normas internacionais a que Portugal se vinculou (o TUE).

O TCE passa a ser, também a este respeito, como já se sabia, a verdadeira Constituição Económica de Portugal.

A nova LO do Banco de Portugal (aprovada pela Lei 5/98, de 31 de janeiro, para entrar em vigor no dia 1.1.1999, já parcialmente alterada pelo DL 118/2001, de 17 de abril) anula claramente a existência autónoma do BP como banco central da República Portuguesa, embora continue a considerá-lo como tal.

Com efeito, o art. 3º vem tornar claro que o BP faz parte integrante do SEBC. O BP passa, pois, a ser uma espécie de "repartição" periférica do SEBC. Revelador desta situação é o facto de os próprios Estatutos do BCE assumirem competências no que toca ao mandato dos governadores dos bancos centrais nacionais, apesar de estes serem pessoas jurídicas diferentes do BCE. Por imposição do art. 14.2 daqueles Estatutos, este mandato não deve ser inferior a cinco anos, e o Governador só pode ser demitido das suas funções se deixar de preencher os requisitos necessários ao exercício das mesmas ou se tiver cometido falta grave.

As funções de banco central passam a caber ao SEBC e ao BCE, uma vez que tais funções, nos países que adoptaram o euro como moeda, são transferidas da esfera da soberania nacional para a esfera de competências do SEBC/BCE enquanto instâncias comunitárias supranacionais.

O n. 2 do art. 3º da nova LO dispõe que o BP prossegue os objectivos e participa no desempenho das atribuições cometidas ao SEBC. Quer dizer: o BP deixa de ter *atribuições* e *objectivos próprios*, autonomamente determinados no âmbito da soberania portuguesa; ao invés, fica sujeito ao disposto nos estatutos do SEBC/BCE, devendo actuar em conformidade com as *orientações* e *instruções* que o BCE lhe dirigir, ao abrigo dos seus Estatutos.

4. A enumeração que faremos a seguir das tarefas que continuam a caber ao BP após o início da 3ª fase do processo de concretização da UEM (1.1.1999) ajudará a perceber melhor qual o seu papel actual como "banco central nacional".

4.1 Na qualidade de banco central, o BP está autorizado a realizar as seguintes *operações bancárias*:

a) redescontar e descontar letras, livranças, extractos de factura, *warrants* e outros títulos de crédito de natureza análoga;

b) aceitar, do Estado, depósitos à vista, bem como aceitar depósitos, à vista ou a prazo, das instituições de crédito, sociedades financeiras e outras instituições financeiras;

c) conceder empréstimos ou abrir crédito em conta corrente, nas modalidades que considerar aconselháveis, desde que as operações sejam devidamente caucionadas, às instituições de crédito e às sociedades financeiras;

d) comprar e vender títulos de dívida pública em mercado secundário, com as limitações já vistas (art. 18º LO/1998).

Mas o art. 24º desta LO torna explícito aquilo que sempre decorreria do TCE: todas as operações que o BP fica autorizado a desenvolver devem ser realizadas "a fim de alcançar os objectivos e de desempenhar as atribuições do SEBC". Mais uma vez resulta claro o *papel instrumental* do BP relativamente ao SEBC/BCE, a cujas *orientações* e *instruções* fica subordinado, também neste domínio.

4.2 Na qualidade de banco central, continua a pertencer ao BP a competência para "gerir as disponibilidades externas do

País ou outras que lhe estejam cometidas", para "agir como intermediário nas relações monetárias internacionais do Estado" e para "aconselhar o Governo nos domínios económico e financeiro, no âmbito das suas atribuições". Mas todas estas competências devem ser exercidas "sem prejuízo dos condicionalismos decorrentes da sua participação no SEBC" (art. 12º LO), i.é, sem prejuízo do dever do BP de actuar sempre em conformidade com as *orientações* e *instruções* que o BCE lhe dirigir, e tendo sempre em vista os objectivos da actuação do SEBC/BCE enquanto Banco Central da Comunidade Europeia.

4.3 O art. 14º LO atribui ao BP competência para regular, fiscalizar e promover o bom funcionamento dos sistemas de pagamento. Mas este preceito logo acrescenta que estas competências só se justificam "no âmbito da sua participação no SEBC".

4.4 O art. 18º dos Estatutos do SEBC/BCE autoriza os bancos centrais nacionais a *intervir nos mercados financeiros*, quer comprando e vendendo firme (à vista ou a prazo) ou ao abrigo de acordos de recompra, quer emprestando ou tomando de empréstimo activos e instrumentos negociáveis (denominados em moedas da Comunidade ou não), bem como metais preciosos.

Mas acautela que estas competências são legítimas apenas "a fim de alcançarem os objectivos e de desempenharem as atribuições do SEBC". E o art. 18.2 acrescenta que "o BCE definirá os princípios gerais para as operações de *open market* e de crédito a realizar por si próprio ou pelos bancos centrais nacionais".

4.5 Embora tenha praticado, até 1975, o desconto directo de títulos apresentados para o efeito por particulares e por instituições não financeiras, o Banco de Portugal não efectua, actualmente, transacções de natureza financeira com particulares nem com instituições não-financeiras. Mas cabe-lhe, enquanto banco central, velar pela estabilidade do sistema financeiro nacional, assegurando, com essa finalidade, a função de *refinanciador de última instância* (art. 12º, al. *c*) da LO aprovada pela Lei 5/98).

4.6 Ao fim e ao cabo, talvez o art. 13º defina a verdadeira função do BP: "a recolha e elaboração das estatísticas monetárias, financeiras, cambiais e da balança de pagamentos, designadamente no âmbito da sua colaboração com o BCE". Quanto ao mais, tudo se resumirá à acção do Governador do BP no exercício das funções de membro do Conselho do BCE (art. 28º LO). A actuação e o voto do Governador do BP no Conselho do BCE podem influenciar as deliberações sobre as políticas e as medidas que são próprias de um banco central. A verdade, porém, é que os governadores dos BCN intervêm nos trabalhos do Conselho a título individual, não representando a administração do banco central a que presidem e muito menos o seu país de origem.

4.7 No que toca à função emissora, o BP gozou, até 1992, do estatuto de *banco emissor*, i.é, do direito exclusivo de emitir notas e de colocar em circulação as moedas metálicas (art. 105º CRP e art. 6º ss. LO/1990).

Mas o Tratado de Maastricht veio acrescentar ao Tratado de Roma o novo art. 106º. Prevendo a entrada em vigor do Tratado, o art. 105º da CRP foi alterado em 1992, passando a afirmar que o BP "emite moeda, nos termos da lei". Após a revisão de 1997, o art. 102º CRP dispõe que o BP "exerce as suas funções nos termos da lei e das normas internacionais a que o Estado português se vincule".

Após a adopção do euro como moeda, o art. 6º da nova LO/1998 limita-se a dizer que, "nos termos do art. 106º do Tratado que Institui a Comunidade Europeia, o Banco emite notas com curso legal e poder liberatório". Ora o art. 106º, n. 1 TCE atribui ao BCE, a partir de 1.1.1999, o *direito exclusivo* de *autorizar* a emissão de notas de banco (euros) nos países que integram a UEM, sendo estas notas (que tanto podem ser emitidas pelo BCE como pelos bancos centrais nacionais), as únicas com curso legal nestes países.

Relativamente às moedas metálicas, o art. 106º, n. 2 TCE reconhece aos Estados-Membros o poder de emitir moedas metálicas, mas reserva para o BCE a competência para aprovar o volume da respectiva emissão. Em conformidade, a nova LO do BP estipula agora que o Banco *põe em circulação* as moedas metálicas, incluindo as comemorativas (art. 6º, n. 2 da Lei 5/98). Quer dizer: o Estado manda cunhar as moedas na Casa da Moeda, mas elas só são postas em circulação *por intermédio e sob requisição do Banco* (art. 6º, n. 3 LO), isto é, à medida que o BP vai fazendo pagamentos com elas ou as troca por outras moedas. Mas não cabe ao BP nem ao Estado português decidir do montante da emissão, mesmo tratando-se de moedas comemorativas.

4.8 Não é uniforme o regime dos bancos centrais enquanto *banqueiros do Estado*. Por vezes, o banco central só pode financiar o Tesouro concedendo-lhe adiantamentos temporários que se destinam a antecipar a cobrança de impostos; outras vezes pode conceder empréstimos ao Estado até certo montante e até certo prazo; em alguns casos prevê-se a possibilidade de concessão de empréstimos extraordinários em situações graves de guerra ou de acentuada depressão económica, *v.g.*

Em Portugal, o regime regulador das relações entre o Estado e o BP enquanto banqueiro do Estado sofreu a evolução que vimos atrás. Em nome da independência do Banco, a LO/1995 (arts. 25º e 26º) veio proibir que ele concedesse crédito ao Estado, sob qualquer forma, o que significava que só no mercado aberto o Banco poderia adquirir títulos da dívida pública.

A nova LO (que entrou em vigor em 1.1.1999) consagra um regime idêntico ao que atrás fica descrito, que é, aliás, o que resulta do TUE (arts. 18º e 19º da LO aprovada pela Lei 5/98): ao BP é vedado conceder descobertos ou qualquer outra forma de crédito ao Estado e serviços ou organismos dele dependentes, a outras pessoas colectivas de direito público e a empresas públicas ou quaisquer entidade sobre as quais o Estado, as Regiões Autónomas ou as Autarquias Locais possam exercer, directa ou indirectamente, influência dominante; ao BP é também vedado garantir quaisquer obrigações do Estado ou das outras entidades acabadas de referir, bem como a compra directa de títulos de dívida emitidos pelo Estado ou por qualquer daquelas entidades.

Fica assim garantida a separação entre a política monetária e a política orçamental, impedindo que as políticas públicas sejam financiadas através da via monetária.

4.9 As competências do BP enquanto *autoridade cambial* (nomeadamente a regulamentação do mercado cambial e a intervenção para assegurar a gestão do regime de controlo de câmbios) eram já muito limitadas, dadas as restrições decorrentes da adesão do escudo (6.4.1992) ao Mecanismo de Taxas de Câmbio do Sistema Monetário Europeu (banda de flutuação do escudo) e as exigências do processo de liberalização integral dos movimentos de capitais em consonância com as obrigações e as regras prevalecentes no espaço comunitário, processo que ficou concluído em dezembro de 1992 (DL 13/90, de 8 de janeiro; DL 176/91, de 14 de maio, que transpôs para o direito interno a Directiva do Conselho 88/361/CEE, de 24.7.1988; DL 298/92, de 31 de dezembro; DL 170/93, de 11 de maio).

A nova LO continua a considerar o Banco de Portugal como "autoridade cambial da República Portuguesa" (art. 20º). Trata-se de puro eufemismo, uma vez que, enquanto autoridade cambial, as competências do BP reduzem-se a autorizar e fiscalizar os pagamentos externos que disso careçam, nos termos do TCE, e a definir os princípios reguladores das operações sobre ouro e divisas (art. 21º).

Mesmo no que toca à participação do BP no capital de instituições monetárias internacionais e à participação nos respectivos órgãos sociais, o art. 23º LO é claro na reserva de que o BP só o pode fazer "com o acordo do BCE".

No essencial, o que importa é que o disposto no TCE implica que o BP deixa de poder intervir sobre as taxas de câmbio com o objectivo de obter vantagens para a economia portuguesa nas relações com o exterior. A política cambial deixa de figurar no arsenal de instrumentos de política ao dispor do Estado português.

A política cambial não poderá servir para prosseguir objectivos permanentes de política económica. Mas a manipulação da taxa de câmbio pode ser um mecanismo importante para anular ou reduzir choques assimétricos. A sua perda pode significar, para alguns países, um custo elevado da união monetária, por se verem condenados a sofrer crises mais profundas e diferenças mais acentuadas no ciclo relativamente a outras economias integrantes da união monetária.

4.10 Enquanto *autoridade monetária*, o BP continua a deter a competência para orientar e fiscalizar os mercados monetário e cambial. Mas apenas "no âmbito da sua participação no SEBC" e "de acordo com as normas adoptadas pelo BCE" (arts. 15º e 16º LO).

Neste domínio, cabe ao Banco:

a) Adoptar providências genéricas ou intervir, sempre que necessário, para garantir os objectivos da política monetária e cambial, em particular no que se refere ao comportamento das taxas de juro e de câmbio.

b) Receber as reservas de caixa das instituições a elas sujeitas e colaborar na execução de outros métodos operacionais de controlo monetário "a que o BCE decida recorrer" (cfr. art. 20º dos Estatutos do SEBC/BCE).

Saliente-se, no entanto, que, nos termos do art. 19.1 dos Estatutos do SEBC/BCE, é ao BCE que cabe o poder de exigir que as instituições de crédito estabelecidas nos Estados-Membros constituam reservas mínimas *junto do BCE* e dos *bancos centrais nacionais*, para prossecução dos objectivos de política monetária.

A obrigatoriedade de constituição de reservas mínimas *(através de contas de reserva junto dos bancos centrais nacionais*, porque o BCE entendeu ser esta a solução mais adequada) resulta hoje, efectivamente, de um Regulamento do BCE: o Regulamento (CE) 2.818/98, de 1.12.1998, aprovado tendo em conta o Regulamento (CE) do Conselho, de 23.11.1998.

c) Estabelecer os condicionalismos a que devem estar sujeitas as disponibilidades e as responsabilidades sobre o exterior que podem ser detidas ou assumidas pelas instituições autorizadas a exercer o comércio de câmbios.

d) Na qualidade de autoridade monetária, parece que continua a caber ao BP a competência para autorizar a constituição de instituições de crédito e de sociedades financeiras (arts. 16º e 175º DL 298/92), bem como para intervir na administração de instituições em situação difícil, determinar medidas de saneamento e de recuperação financeira e revogar a autorização para o exercício da actividade (arts. 139º a 153º e 198º DL 298/92). O exercício desta competência não pode, porém, pôr em causa o chamado *princípio do passaporte comunitário*, que teve acolhimento do DL 298/92 (arts. 44º ss. e 60º ss.).

e) Enquanto autoridade monetária, cabe também ao BP *exercer a supervisão* das instituições de crédito, sociedades financeiras e outras entidades a ela sujeitas (nomeadamente as empresas de investimento), estabelecendo directivas para a sua actuação e para assegurar os serviços de centralização de riscos de crédito (art. 17º LO/1998 e arts. 93º, 116º e 197º DL 298/92).

De entre os poderes de supervisão do BP merecem referência especial os poderes de *supervisão prudencial*, destinados a assegurar que as instituições financeiras apliquem os fundos de que dispõem de modo a oferecerem a todo o tempo níveis adequados de liquidez e de solvabilidade (arts. 94º e 197º DL 298/92). Este diploma veio dar particular realce às normas prudenciais que se destinam a assegurar a idoneidade, experiência, independência e disponibilidade dos membros dos órgãos de administração das instituições de crédito (arts. 30º a 33º) e a idoneidade dos detentores de participações qualificadas em quaisquer instituições financeiras (arts. 102º, 103º e 176º).

Compete ao BP definir, por *Aviso*, as relações prudenciais que as instituições sujeitas à sua supervisão devem respeitar, nomeadamente a relação entre os fundos próprios e os activos e elementos extrapatrimoniais ponderados por coeficientes de risco, bem como os limites à concentração de riscos (art. 99º RGICSF). Mas esta competência deve exercer-se no quadro definido pela Directiva 98/31/CE, do Parlamento Europeu e do Conselho, de 22 de junho (que veio alterar a Directiva 93/6/CEE, de 15 de março), a qual foi transposta para o ordenamento jurídico interno português pelo DL 333/2001, de 24 de dezembro.

O BP exerce esta competência sem prejuízo do disposto nos arts. 122º e 198º DL 298/92: as instituições de crédito e as sociedades financeiras autorizadas em outros Estados-Membros da CE e que exerçam actividade em Portugal não estão sujeitas à supervisão prudencial do BP, desde que sujeitas à supervisão das autoridades do país de origem.

No que respeita à supervisão prudencial, importa ter em conta o disposto no art. 105º, n. 6 TCE e no art. 25º dos Estatutos do SEBC/BCE. Segundo o art. 25º.1 destes Estatutos, "o BCE pode dar parecer e ser consultado pelo Conselho, pela Comissão e pelas autoridades competentes dos Estados-Membros sobre o âmbito e aplicação da legislação comunitária relativa à supervisão prudencial e à estabilidade do sistema financeiro".

Nos termos do art. 25º.2, o Conselho Europeu, *se deliberar por unanimidade* e observando as demais condições referidas no art. 105º, n. 6 do Tratado, *pode conferir ao BCE atribuições específicas* no que diz respeito às *políticas relativas à supervisão prudencial* das instituições de crédito e de outras instituições financeiras (exceptuando as seguradoras).

A este propósito, convém sublinhar que de vários lados vem sendo agitada a ideia de uma entidade única encarregada da supervisão na área do euro e que em documento do BCE já foi sugerida a conveniência de integrar em um só organismo as funções de supervisão da banca, dos seguros e do mercado de valores mobiliários (cfr. Nota de 22.3.001 sobre "o papel dos bancos centrais na supervisão prudencial").

5. Em síntese. Um dos objectivos definidos em Maastricht (art. 4º TCE) foi a instituição da União Económica e Monetária, com a criação de uma *moeda única* e a definição e condução de uma política monetária e de uma política cambial únicas.

O n. 2 do art. 105º TCE determina, em conformidade, que compete ao SEBC "a definição e execução da política monetária da Comunidade".

E o art. 111º determina que caberão ao Conselho Europeu as decisões mais importantes no que toca à política cambial da Comunidade, sendo certo que os compromissos assumidos pelo Conselho vinculam não só as Instituições da Comunidade e o BCE, mas também os Estados-Membros (e, obviamente, os bancos centrais nacionais).

O modelo consagrado no TCE torna os bancos centrais nacionais *independentes dos órgãos do poder político*, mas retira-lhes toda a competência (e toda a independência) na definição da política monetária e da política cambial nacionais.

A partir do dia 1.1.1999, data em que o euro passou a ser a moeda oficial de Portugal, a LO aprovada pela Lei 5/98 significa uma alteração substancial do estatuto do Banco de Portugal.

Deixou de lhe caber a *condução da política monetária*, uma vez que, de acordo com a nova redacção do art. 105º TCE, é ao SEBC que cabe a *definição* e a *execução da política monetária da Comunidade*.

O BP ficou reduzido à condição de mera *parte integrante do SEBC, ao serviço dos objectivos do SEBC*. Este tem como objectivo nuclear a *estabilidade dos preços*, o qual se sobrepõe a quaisquer outros objectivos de política, uma vez que, de acordo com o TCE, o SEBC só poderá apoiar as *políticas económicas gerais da Comunidade* (ao serviço dos objectivos gerais da Comunidade, definidos no art. 2º) *se não houver prejuízo do objectivo da estabilidade dos preços*.

Ao definir a sua conduta, o BP *não poderá ter em conta a política económica global do Governo português*, antes deverá obedecer às *orientações* e *instruções do BCE*, o qual, por sua vez, só pode ter em conta as *políticas económicas globais da Comunidade* (que podem não coincidir com as políticas adequadas à situação de um qualquer dos Estados-Membros) e apenas na medida em que aquelas políticas *não ponham em causa o objectivo da estabilidade dos preços*.

Em termos gerais, todas as competências que a LO aprovada pela Lei 5/98 atribui ao BP serão exercidas *no âmbito da participação deste no SEBC*, no pressuposto de que o BP é apenas uma *parte integrante do SEBC*, devendo *actuar de acordo com as normas adoptadas pelo BCE* (ao qual *deve colaboração*), respeitando os *condicionalismos decorrentes da sua participação no SEBC* e as *orientações* e *instruções do BCE* (cfr. arts. 3º, 12º, 13º, 14º e 15º).

Neste contexto, pouco significado tem o disposto no n. 4 do art. 54º da LO do Banco (Lei 5/98), nos termos do qual o Governador do BP informará a AR, através da Comissão Permanente de Economia, Finanças e Plano, sobre a situação e orientações relativas à política monetária e cambial, na sequência da apresentação ao Ministro das Finanças, para aprovação, do relatório do Banco, balanço e contas anuais de gerência. É que nem o Governo nem a AR podem ter qualquer interferência na acção do BP, obrigado a acatar as orientações e instruções do BCE.

O que conta, a este propósito, é a competência do BCE para dar orientações e instruções aos bancos centrais nacionais e para tomar as medidas adequadas para assegurar o cumprimento dessas orientações e instruções, incluindo o poder de *exigir que lhe seja prestada pelos bancos centrais nacionais toda a informação necessária* (art. 14º.3 dos Estatutos do SEBC/BCE).

O art. 54º, n. 6 da LO esclarece, por outro lado, que o Banco não está sujeito à fiscalização prévia do Tribunal de Contas nem à fiscalização sucessiva, no que diz respeito às matérias relacionadas com a sua participação no desempenho das atribuições cometidas ao SEBC.

5.1 O que fica aqui dito mostra que os governos nacionais — e, em geral, todos os órgãos competentes em matéria de política monetária à escala nacional — estão hoje impedidos de utilizar os instrumentos ao dispor dos bancos centrais para combater a depressão e o desemprego, por mais grave que seja a situação económica e social. Ao BCE e aos bancos centrais nacionais é vedado, por outro lado, qualquer compromisso entre a estabilidade dos preços e os outros objectivos da política económica, devendo todos eles ser sacrificados à salvaguarda da estabilidade monetária.

À escala de cada Estado-Membro da CE, a possibilidade de definir e executar a política monetária e cambial deixa de integrar a soberania nacional, sendo irrelevante, a este nível, o maior ou menor grau de autonomia ou de dependência dos BCN relativamente aos respectivos governos. O n. 3 do art. 14º dos Estatutos do SEBC determina expressamente que "os bancos centrais nacionais constituem parte integrante do SEBC, devendo actuar em conformidade com as orientações e instruções do

BCE". Do ponto de vista jurídico, é um estranho poder este de uma entidade poder impor orientações e instruções a pessoas jurídicas diferentes dela.

A adopção da moeda única significa que os países da CE que deixaram de ter moeda própria estão impossibilitados de recorrer, autonomamente (soberanamente), à política monetária e à política cambial como instrumentos de política económica (estímulo ao crescimento, combate ao desemprego e promoção do pleno emprego, controlo da inflação).

O sistema consagrado no TCE, inspirado numa perspectiva monetarista, claramente "fundamentalista", acerca da estabilidade monetária, configura, a nosso ver, uma solução qualitativamente (muito) diferente daquela que consideramos uma solução razoável (conveniente) da questão da autonomia dos bancos centrais. Esta deve entender-se como uma independência "dentro de governo", com o conteúdo estritamente necessário para permitir que a *política monetária* se autonomize da política *orçamental*, impedindo que os governos tenham acesso privilegiado ou automático ao financiamento junto dos bancos centrais e possam dispor dos instrumentos da política monetária como instrumentos integrantes da caixa de ferramentas ao seu inteiro dispor com vista a acções de política conjuntural, nomeadamente para financiar os défices orçamentais a baixo custo (com juros "políticos"), tornando possível o aumento irracional e descontrolado das despesas públicas.

5.2 Nos termos do art. 104º TCE e do acordado no *Pacto de Estabilidade e Crescimento* (Resolução do Conselho Europeu de Amesterdão, n. 97/C236/01, de 17 de junho, e dois regulamentos do Conselho: Regulamento CE 1.466/97 e Regulamento CE 1.467/97, ambos de 7 de julho), os Estados que integram a UEM estão sujeitos a critérios rígidos limitadores da sua soberania. Trata-se de critérios de orientação monetarista, definidos nas circunstâncias particulares verificadas em 1990, dificilmente justificáveis no plano científico (regressam aos tempos anteriores a Keynes, infligindo pesados custos macro-económicos, especialmente em tempos de crise), a não ser com base na ideia de que uma política orçamental demasiado expansionista levada a cabo por um dos países da zona euro poderia afectar negativamente os restantes países da zona.

Em primeiro lugar, no que toca à *estabilidade dos preços*, que o Conselho Geral do BCE definiu, no início de outubro de 1998, enquanto *objectivo que se projecta a médio prazo* e que deve ser *mantido a médio prazo*, como "um aumento homólogo do Índice Harmonizado de Preços no Consumidor para a área do euro inferior a 2%".

Em segundo lugar, estão sujeitos a critérios rígidos também quanto à relação entre o *défice orçamental* e o PIB a preços de mercado (máximo de 3%) e à relação entre a *dívida pública* e o PIB a preços de mercado (máximo de 60%).

Quer dizer: os países aderentes ao euro deixaram também de poder contar com uma *política financeira* definida soberanamente e em conformidade com as exigências das flutuações cíclicas da economia.

5.3 Também a *política orçamental* fica praticamente excluída da soberania nacional. Na verdade, o próprio conteúdo do orçamento das despesas (ou seja, as prioridades políticas que nele se reflectem) é, em larga medida, condicionado pelas decisões das instâncias comunitárias, ao definirem, por um lado, as *prioridades das políticas comunitárias* (que podem não coincidir com as de cada um dos Estados-Membros, especialmente as de um pequeno país periférico, atrasado e desigual como é Portugal) e, por outro lado, os *critérios de elegibilidade* dos projectos financiáveis pelos fundos comunitários.

Acresce que, enquanto houver fundos comunitários, cada país que queira beneficiar deles tem de contribuir com a sua parte do financiamento dos projectos elegíveis, o que implica a afectação de verbas inscritas no OE. Se a estas verbas acrescentarmos as verbas destinadas a cobrir as despesas praticamente incompreensíveis (uma percentagem significativa da despesa pública), pouco dinheiro resta para financiar opções autónomas de despesa (sobretudo nos países pobres, como Portugal).

5.4 Perante o elenco de *políticas comuns* constante do art. 3º TCE (política agrícola e de pescas comum; política comercial comum; política comum no domínio dos transportes e do ambiente; regime único de defesa da concorrência no mercado interno, etc.) e num espaço caracterizado pela livre circulação de mercadorias, de serviços, de capitais e de pessoas, esvazia-se em boa medida o significado das *políticas sectoriais* contempladas na CRP (política agrícola, política industrial, política comercial).

5.5 A perda da soberania nestes domínios é agravada pela perda resultante da alienação do *sector empresarial do Estado*, que retira ao Governo qualquer possibilidade de *intervenção directa na economia* enquanto empresário com presença relevante em sectores estratégicos, com fortes efeitos de irradiação em outros sectores da economia.

5.6 Apesar das perdas de soberania provocadas pelo processo de integração europeia, a UE não é um Estado federal. Não tem um governo federal. E não tem um orçamento federal, um orçamento com capacidade de redistribuição e de prossecução de objectivos de estabilização da economia. Este teria de representar, no mínimo, 10% do PIB comunitário (nos EUA, o orçamento federal absorve cerca de 20% do PIB da União — R. Solow, *Público*, 14.9.2002), meta muito distante da cifra actual. Com efeito, o orçamento para 2002 ficou-se por 1,02% do PNB dos Estados-Membros da CE, sendo esta a percentagem mais baixa da última década. E acresce que mais de 40% deste orçamento vão para os subsídios da Política Agrícola Comum, de que aproveitam sobretudo as agriculturas ricas do centro e norte da Europa, com destaque para a agricultura francesa.

Em caso de crise grave num país como Portugal, não se vê que políticas (nacionais ou comunitárias) poderão ser mobilizadas para ultrapassar a crise. Nem onde poderão ir buscar-se os recursos financeiros indispensáveis para combater a crise. O próprio PE (Resolução A4-0030/99) reconheceu a inexistência, no quadro da CE, de "meios de governo" ou de "uma instituição encarregada de adoptar medidas para fazer frente a uma crise interna ou internacional".

Nos documentos que antecederam a criação da UEM surgiu a proposta de fazer acompanhar a união monetária da centralização do sistema de seguro de desemprego, por forma a reduzir as consequências dos choques assimétricos e a evitar tensões sociais que ponham em risco a união monetária. A ideia não foi por diante. Mas hoje são cada vez mais as vozes que consideram inevitável avançar no sentido de um orçamento comunitário que absorva uma percentagem maior do PIB comunitário, com capacidade para permitir aos países e regiões mais afectados por choques negativos beneficiar de transferências automáticas, que reduzam os custos sociais da união monetária.

Há dias, em debate televisivo, dois ex-ministros das Finanças de dois partidos diferentes (um no Governo, outro na oposição) reconheciam que, perante as condições resultantes da UEM e do PEC, o Governo português pouco ou nada podia fazer para combater a recessão, sendo certo que as medidas necessárias para cumprir as imposições monetaristas do PEC (nomeadamente quanto ao défice público) só contribuem para agravar o processo recessivo em curso e para afastar mais Portugal dos níveis de desenvolvimento económico e social dos outros países da CE.

5.7 Tendo em conta a baixa qualidade dos nossos empresários, o grande peso da iliteracia da nossa população e o fraco nível de preparação profissional dos nossos trabalhadores, corremos o risco de que alguém leve a sério a ideia de que a *política de rendimentos* (i.é, a *política salarial*, ou, talvez melhor, a política do "arrocho salarial") e a *política social* (ou seja, a política de congelamento ou de desmantelamento do débil "estado social" realizado em Portugal) são as únicas políticas utilizáveis para salvaguardar a capacidade competitiva da nossa economia.

Tendo em conta a realidade da política monetária única desenvolvida pelo BCE e as severas constrições à política financeira impostas pelo PEC, vão surgindo de vários lados conselhos no sentido de flexibilizar os "mercados dos factores" (leia-se *mercado do trabalho*) e teorias a "justificar" a necessidade desta flexibilização para permitir a adaptação do tecido empresarial às flutuações cíclicas e a absorção dos choques assimétricos pelas economias mais vulneráveis.

A *política fiscal* também só poderá ajudar, se o País optar por não cobrar impostos sobre os rendimentos do capital e/ou agravar os impostos indirectos (nomeadamente o IVA), que geram, em princípio, efeitos de carácter regressivo do ponto de vista social e dificultam a concorrência das empresas portuguesas com empresas que produzem, em outros países da CE, bens idênticos menos tributados que podem adquirir-se livremente nesses países (com destaque para os produtos turísticos, especialmente no confronto com a Espanha).

A verdade é que Portugal continua a apresentar uma taxa de analfabetismo de 9% (os analfabetos funcionais representarão uma percentagem muito maior) e o PIB por habitante (11.345,5 euros) foi, em 2001, inferior a metade da média da Europa dos Quinze (23.380 euros). O caminho que enunciámos não será, seguramente, um caminho capaz de alterar esta situação, de consolidar um mínimo aceitável de justiça social, e, tendo em conta os constrangimentos resultantes do PEC, dificilmente permitirá os investimentos estruturais que o País precisa fazer na educação e na investigação científica, na saúde e na habitação social, se quisermos construir uma dinâmica de desenvolvimento verdadeiro e sustentado.

6. No dia 24.9.2002 a Comissão Europeia veio propor o adiamento de 2004 (data fixada na Cimeira de Sevilha, em junho de 2002) para 2006 do prazo de cumprimento da meta de um défice orçamental zero por parte dos países sujeitos ao PEC. O Conselho ECOFIN rejeitou esta proposta em 7.10.2002, apesar de ser quase certo que, além de Portugal, a Alemanha, a França e a Itália não conseguirão cumprir esse objectivo.

O ministro das Finanças alemão já declarou que a Alemanha não conseguirá, em 2002, manter o défice público abaixo dos 3% do PIB, situação que não deixa de ser irónica por parte do país que, em 1997, impôs o PEC aos seus parceiros europeus, por entender que eles não seriam suficientemente disciplinados para se comportar "com juízo".

A França (com um dos défices mais elevados de entre os países da zona euro) revelou, porém, a sua disposição de manter, para 2003, um orçamento que não avança no sentido de alcançar o défice zero nem em 2006, "ignorando" ostensivamente as imposições do PEC e a deliberação do Conselho ECOFIN no sentido de os países mais longe do objectivo reduzirem anualmente o défice estrutural (calculado tendo em conta os efeitos das variações conjunturais do ciclo económico) em 0,5% do PIB, bem como as críticas da Comissão Europeia e de alguns dos seus parceiros na UE (que chegaram a considerar o orçamento francês "uma provocação"). E o ministro das Finanças francês, em clara oposição ao disposto no TUE, afirmou mesmo: "ainda estamos numa Europa em que a política orçamental de um país está sob o seu controlo".

Mas a verdade é que de muitos lados se vem assistindo à proclamação, por parte de teóricos e responsáveis políticos, da necessidade de rever o PEC e afastar o dogmatismo das suas regras. Já em 1999 o PE convidava a Comissão e o Conselho a clarificarem o conteúdo do art. 104º TCE, "tendo em conta o papel das despesas de investimento público na avaliação dos défices públicos dos Estados-Membros". A necessidade de rever o critério de definição do défice público tem sido defendida em vários estudos científicos sobre a matéria.

Em entrevista recente a um jornal português (*Público*, 14.9.2002), o Prémio Nobel da Economia Robert Solow defendeu que os países membros da CE deveriam pôr-se de acordo para suspender os critérios monetaristas que vêm do Tratado de Maastricht e que constam do art. 104º TCE e do PEC.

Um Comissário europeu considerou alguns dos aspectos do PEC como "medievais". O Presidente da Comissão Europeia, Romano Prodi, não hesitou em classificar o PEC de "estúpido, como todas as decisões rígidas" (*Le Monde*, 17.10.2002), mantendo o epíteto perante o PE e acrescentando que se limitou a dizer em voz alta o que todos "dizem em privado em conversas quotidianas". Numa situação próxima de uma "deflação mundial" — salientou Prodi — aplicar o PEC no seu rigor, obrigando os países não cumpridores dos seus critérios a respeitar objectivos apertados de redução do défice "poderia minar as perspectivas económicas não só dos países em causa, mas de toda a Europa". Alguns comentadores arriscam afirmar que um Prodi tão pouco dado a voos arriscados não teria ido tão longe se não contasse com o beneplácito franco-alemão. Na sessão referida do PE, um deputado defendeu a necessidade de um novo pacto de estabilidade, que seja capaz de combinar convergência económica e convergência social e que inclua o emprego como um dos critérios (cfr. *Público*, 22.10.2002).

7. Em outro plano, de muitos lados vem sendo salientado o *défice democrático* que, também neste domínio, vem caracterizando o processo de integração europeia.

7.1 O PE defendeu já (Resolução A4-0030/99) que "a criação de uma autoridade monetária comum sem verdadeira autoridade política correspondente coloca no centro do debate a questão do nível muito insuficiente da legitimidade democrática alcançada na construção da Europa".

E tem insistido na necessidade de reforçar as estruturas democráticas de funcionamento da CE, nomeadamente a necessidade de *regular a responsabilidade do BCE*. Na perspectiva do PE, a organização de um *sistema de controlo democrático da política monetária* é um dos aspectos mais importantes da reforma institucional da CE, no sentido de conciliar a *independência* do BCE com a *responsabilidade democrática*, com base no princípio segundo o qual os poderes do BCE não lhe pertencem, antes resultam de delegação operada pelo TUE, e na ideia de que a noção de independência só faz sentido num determinado quadro institucional e democrático.

Num Relatório de 25.1.1999 da Comissão de Assuntos Institucionais do PE, de que foi relator o deputado português José Barros Moura, considera-se inaceitável que haja sectores da política comunitária cujo controlo não caiba aos parlamentos nacionais (após a instituição do SEBC) e não caiba também ao PE, reputando-se insuficiente, a este respeito, o disposto no art. 113º TCE quanto às relações entre o BCE e o PE. E recorda-se, a este propósito, uma proposta de Valéry Giscard d'Estaing no sentido da criação de um *Comité Parlamentar do Euro* (constituído por 60 deputados europeus dos países da UEM e 60 deputados aos parlamentos nacionais destes mesmos países), perante o qual a direcção do BCE deveria apresentar regularmente as orientações de política monetária.

O *controlo democrático da actuação do BCE* é considerado por alguns autores uma condição indispensável ao exercício da sua própria independência, exercício que postula a adesão da opinião pública às opções por ele tomadas.

7.2 Partindo da ideia de que "uma união monetária deve ser, antes de mais, um espaço de solidariedade", pretende-se que a responsabilidade nestas matérias seja directamente assumida pelo Conselho Europeu, que tem mais peso, no diálogo com o BCE, que o Conselho ECOFIN.

Este diálogo só faz sentido — defende-se no referido Relatório Barros Moura — se o art. 103º TCE for lido à luz do disposto no art. 4º (que aponta para a adopção de uma política económica baseada na estreita coordenação das políticas económicas dos Estados-Membros) e nos arts. 98º e 99º (segundo os quais os Estados-Membros conduzirão as suas políticas no sentido de contribuir para a realização dos objectivos da Comunidade, considerando as suas políticas económicas uma questão de interesse comum e coordenando-as no Conselho), bem como no Título VIII TCE referente ao *Emprego*, incluído na sequência do Tratado de Amesterdão.

A necessidade de um "diálogo estruturante entre o BCE e o PE" tem sido salientada em vários relatórios do PE.

7.3 Tem-se defendido, por outro lado, que o êxito do euro dependerá do *reforço da coordenação das políticas económicas*. Esta coordenação incumbe actualmente ao Conselho ECOFIN (a Comissão assegura o acompanhamento da evolução económica dos Estados-Membros) e concretiza-se através das orientações gerais de política económica dos Estados-Membros (art. 99º TCE), do procedimento relativo aos défices orçamentais excessivos (art. 104º TCE), do PEC e da *Resolução sobre Crescimento e Emprego* do Conselho Europeu de Amesterdão (arts. 125º-130º TCE).

Em relatórios do PE tem sido advogada a conveniência de se trabalhar para um verdadeiro *governo económico europeu*, que permita um melhor equilíbrio entre a política monetária e a política orçamental.

O PE tem também defendido a atribuição a si próprio de um papel mais activo no que toca à definição das *orientações gerais de política económica* (OGPE) e ao acompanhamento da *supervisão multilateral* (art. 99º, ns. 2, 3, 4 e 5 TCE).

Mas o PE tem realçado sobretudo a debilidade da *União Económica* quando comparada com a *União Monetária*. Isto porque o PEC não passa de um apertado quadro limitador da política financeira e o Título VIII (Emprego) não parece ter força para quebrar as barreiras impostas pelo PEC e permitir a definição e execução de "uma estratégia coordenada na matéria de emprego", a não ser no que toca ao objectivo neoliberal de promover "mercados de trabalho que reajam rapidamente às mudanças económicas" (art. 125º TCE).

É verdade que o TCE (art. 4º) aponta para a adopção de uma política económica (dos Estados-Membros e da CE) "baseada na estreita coordenação da política económica dos Estados-Membros" e estipula que "os Estados-Membros conduzirão as suas políticas económicas no sentido de contribuir para a realização dos objectivos da Comunidade, tal como se encontram definidos no art. 2º" (art. 98º). Em consonância com estes princípios gerais, o art. 99º, n. 1 determina que os Estados-Membros devem considerar as suas políticas económicas como "uma questão de interesse comum", o que dá sentido à conveniência da sua coordenação no Conselho e justifica a capacidade de, em certos termos, o Conselho aprovar orientações gerais das políticas económicas.

Mas estas orientações não são vinculativas (são simples *recomendações*) e a não compatibilidade das políticas económicas adoptadas por cada Estado-Membro com as OGPE recomendadas pelo Conselho (verificada através do referido processo de *supervisão multilateral*) apenas permite ao Conselho dirigir *recomendações* (eventualmente tornadas públicas) aos Estados-Membros que não sigam as OGPE.

O referido relatório da Comissão de Assuntos Institucionais sustenta que esta assimetria entre as vertentes económica e monetária da UEM não pode continuar por mais tempo, porque ela prejudica a tomada das decisões necessárias por parte das instituições competentes em matéria de políticas económicas (Conselho Europeu, Conselho ECOFIN, Comissão, Comité Económico e Financeiro), correndo-se o risco de, por omissão, a política da CE vir a ser a política do BCE, com o risco acrescido de que o BCE venha a definir políticas monetárias acentuadamente rigorosas, divorciadas dos problemas económicos e sociais.

E não falta quem entenda que, na realidade, o BCE vem sacrificando tudo ao dogma monetarista da estabilidade monetária, em nome do qual se têm produzido males evitáveis e injustiças insustentáveis.

Por estas razões, tem-se defendido, no PE, a necessidade de criar mecanismos que assegurem uma coordenação eficaz da política monetária com a política económica, um maior equilíbrio de poderes institucionais e o controlo democrático do BCE. Alguns documentos do PE falam mesmo da necessidade de uma "coordenação institucionalizada das políticas macro-económicas", defendendo que a política monetária única requer alguma aproximação das políticas fiscais (Parecer do Deputado Fernand Herman sobre o Relatório Barros Moura).

Na Resolução A4-0030/99, o PE defende a urgência um acordo interinstitucional entre o PE, o Conselho e a Comissão que conduza à aplicação de "processos de tomada de decisões mais democráticos entre as instituições" no que respeita à formulação e aprovação das OGPE.

E defende também a necessidade de alargar o âmbito das OGPE às várias políticas macro-económicas (políticas orçamentais, políticas tendentes à melhoria da produtividade e da competitividade, políticas estruturais relativas aos mercados de bens e serviços e da força de trabalho), propondo mesmo a alteração do art. 99º TCE de modo a criar um conjunto de políticas com *objectivos vinculativos* para os Estados-Membros.

Esta mesma Resolução defende o reforço da coordenação das políticas económicas e sociais dos vários Estados-Membros e da CE, de modo a viabilizar "uma política económica coerente e eficaz na UE e nos seus Estados-Membros", a garantir "um debate público democrático (mediante o reforço da coordenação entre os parlamentos nacionais e o Parlamento Europeu) sobre as opções económicas europeias" e a "melhorar o processo decisional e reforçar a sua transparência". E propõe que as OGPE sejam adoptadas por uma *decisão* do Conselho (em vez da *recomendação*, como agora acontece) e que a supervisão multilateral seja exercida pelo Conselho Europeu, conduzindo a *decisões vinculativas* para os Estados-Membros que não respeitem as OGPE.

A Resolução do PE que vimos referindo defende peremptoriamente que "a inexistência de uma política económica e fiscal comum é totalmente incompatível com a gestão unificada da política monetária", e, quanto à política fiscal, considera "desejável uma aproximação dos regimes fiscais dos Estados-Membros da zona euro, em particular no que se refere à tributação da poupança e ao imposto sobre as sociedades", apontando para soluções de tipo *federalista* ao defender que as decisões nesta matéria devem ser adoptadas por maioria qualificada.

Vários autores vêm também apontando como inevitável a evolução para um maior federalismo em matéria de política fiscal, na exacta medida em que o TCE e o PEC impedem os Estados-Membros de utilizar uma política fiscal contra-cíclica, com vista a suavizar as crises económicas: se os Estados-Membros o não podem fazer, tem de ser a Comunidade a assumir este papel.

7.4 Como contrabalanço político da União Monetária, o PE vem defendendo uma *União Económica e Social*, uma *ordem social europeia* baseada numa "aproximação progressiva segundo o método dos padrões mínimos e da coordenação (por exemplo, legislação laboral, segurança social, luta contra a exclusão social, promoção do emprego)", sustentando que "o euro deveria incentivar os Estados-Membros a adoptar um mínimo de normas comuns que permitam evoluir no sentido de um verdadeiro modelo social europeu".

Nesta mesma Resolução do PE sublinha-se que "a construção de uma união económica e monetária exige um sistema orçamental 'de inspiração federal' ou, pelo menos, um mecanismo institucional e financeiro que permita abordar uma situação de crise num ou em vários Estados-Membros". E defende-se que o financiamento futuro da UE "deve ser tratado em função do objectivo de coesão económica e social".

Uma vez criada a moeda única (ela própria considerada uma "exigência" do mercado único), de muitos lados começou a dizer-se que ela representava um salto importante no sentido da união política (há mesmo quem defenda que a *união monetária* "obriga" a caminhar no sentido da *união política*).

Os partidos socialistas europeus defenderam recentemente (*Público*, 4.10.2002) a elaboração de uma *Constituição Europeia* que substitua os Tratados actualmente em vigor. E algumas vozes defendem a evolução da UE no sentido de um *Estado federal*.

Estamos, como se vê, perante um enorme conjunto de reflexões e de propostas que, independentemente da posição que tenhamos sobre elas, não poderão ser ignoradas eternamente e cuja análise coloca, não só ao nível da CE mas também em todos os Estados-Membros, novos e delicados problemas institucionais e constitucionais e, sem dúvida, complicados problemas políticos.

Siglas

AR — Assembleia da República

BCE — Banco Central Europeu

BCN — Bancos Centrais Nacionais

BP — Banco de Portugal

CE — Comunidade Europeia

CRP — Constituição da República Portuguesa

LC — Lei Constitucional

LO — Lei Orgânica

OE — Orçamento de Estado

OGPE — Orientações Gerais de Políticas Económicas

PE — Parlamento Europeu

PEC — Pacto de Estabilidade e Crescimento

RGICSF — Regime Geral das Instituições de Crédito e Sociedades Financeiras

SEBC — Sistema Europeu de Bancos Centrais

TCE — Tratado que institui a Comunidade Europeia

TUE — Tratado da União Europeia (Tratado de Maastricht)

UE — União Europeia

UEM — União Económica e Monetária

BRANQUEAMENTO DE CAPITAIS — MEDIDAS LEGISLATIVAS EM PORTUGAL E NA EUROPA

A. SARAIVA MATIAS
e
CATARINA MARTINHO

I — Introdução. II — Visão geral da problemática do branqueamento de capitais: 1. Breve noção; 2. Fases. III — Do sinal de alarme ao combate: 1. Evolução em geral; 2. Em Portugal: 2.1 Evolução legislativa; 2.2 Evolução da incriminação de branqueamento de capitais; 3. A problemática do crime precedente; 4. "Ratio" da criminalização do branqueamento de capitais. IV — Branqueamento de capitais e sigilo profissional: 1. O dever de sigilo em geral; 2. O sigilo profissional face ao dever de comunicação. V — Estudo comparativo em vários países da Europa. VI — Conclusões.

I — Introdução

Satisfazendo a solicitação que nos foi feita, pretendemos com este breve estudo, dar a conhecer a evolução e o actual tratamento legal reservado a esta criminalidade, comumente conhecida por "branqueamento de capitais", que, discretamente, invade todos os países. O branqueamento de capitais é uma realidade que aparece associada ao crime organizado e comporta, atrás de si, a prática de uma actividade ilícita — o chamado crime precedente. Mostrar-se-á porque é que o combate a esta prática toca num ponto nevrálgico das sociedades actuais, o sigilo profissional, e de que forma se tem abordado o problema. Em suma, com esta breve reflexão, pretende obter-se uma visão geral do tratamento que é dado ao branqueamento de capitais, em Portugal e na Europa, as reacções evolutivas, bem como dos meios através dos quais se tenta combater este flagelo que vai minando as sociedades.

Estamos perante a expansão fulminante de uma estratégia complexa e engenhosa, fazendo-se acompanhar das mais recentes tecnologias, o que, inevitavelmente, vem reflectir preocupação nas diversas sociedades, inoperância nas autoridades quanto à sua prevenção e combate, deixando pairar um clima de imunidade nos agentes que um dia enveredaram por tal prática.

II — Visão geral da problemática do branqueamento de capitais

1. Breve noção

Utiliza-se, frequentemente, a expressão "branqueamento de capitais", quando através de um processo, se pretende ocultar fundos cuja proveniência é fruto da prática de actividades ilícitas.

Estamos perante uma realidade actual, ainda nova e não completamente delimitada, mas que tende a aparecer relacionada com a criminalidade organizada. Têm sido especialmente associadas à "lavagem" de capitais operações ligadas ao crime de colarinho branco, tráfico de armas, peculato, tráfico de pessoas, tráfico de droga, criminalidade informática, contrabando, imigração ilegal, todas elas susceptíveis de gerar um elevado volume de dinheiro que, posteriormente, é "branqueado" quando introduzido nos sistemas financeiros, com o intuito de nunca se vir a saber qual a origem, ilícita, de tão avultados fundos.

2. Fases

O processo de branqueamento de capitais é caracterizado pelo desenrolar de três fases:

• 1ª fase — *placement* — consiste na colocação dos capitais ilicitamente conseguidos, no sistema financeiro, como, por exemplo, o depósito numa instituição financeira de um elevado montante resultante da prática de uma actividade ilícita;

• 2ª fase — *layering* ou *agitation* — é a fase da circulação em que se visa dissimular a origem real, ilícita, dos fundos obtidos através da realização de sucessivas transacções, para que se torne impossível a reconstrução de todos os movimentos financeiros efectuados; pretende-se, assim, "apagar o rasto" da proveniência criminosa, como por exemplo, realizando transferências bancárias para sociedades anónimas em locais onde o branqueamento de capitais não é criminalizado ou através de sucessivas movimentações do dinheiro entre contas anónimas, bem como a sua aplicação em diversas operações financeiras ou comerciais. É cada vez mais frequente o recurso a meios electrónicos para efectuar as transferências desejadas, com o intuito de, mais rápida e discretamente, se alcançar o resultado pretendido, dificultando assim a investigação quanto à proveniência dos fundos.

Stricto sensu, é esta fase que consubstancia o chamado "branqueamento de capitais".

• 3ª fase — *integration* — consiste na utilização dos fundos, agora já "reciclados", "lavados", "branqueados", em diversas operações económicas. É a fase em que se pretende colocar o dinheiro "a salvo", empregando os fundos obtidos em negócios legais. São, muitas vezes, utilizados para a compra ou construção de imóveis, facturação falsa, entre outros. Desta forma, os fundos anteriormente obtidos ilicitamente aparecem, agora, à luz do sistema económico, como se nunca a ilicitude os tivesse originado.

Jorge Alexandre Godinho (in *Do Crime de Branqueamento de Capitais, Introdução e Tipicidade*, Coimbra, Almedina, 2001) ilustra como caso paradigmático deste processo de branqueamento de capitais, "o do indivíduo que se apresenta ao balcão de uma instituição financeira e pretende depositar uma elevadíssima quantia, em notas de pequenas denominações" (1ª fase); "o indivíduo anuncia desde logo a sua intenção de, feito o depósito, transferir imediatamente a quantia para o estrangeiro, *v.g.*, para um 'paraíso fiscal'" (2ª fase) e, por fim, utiliza a quantia na compra de um imóvel (3ª fase).

III — Do sinal de alarme ao combate

1. Evolução em geral

Dado o sinal de alarme, cedo se concluiu que a prevenção e repressão desta realidade só poderiam vir a tornar-se eficazes através de um combate global e homogéneo, a nível europeu, em detrimento de um tratamento legislativo heterogéneo e individualista, efectuado Estado a Estado. A cooperação internacional nesta matéria é necessária e essencial.

O sucessivo aparecimento de novos diplomas a nível europeu reflecte exactamente esta linha de pensamento.

Respeitantes a esta matéria, salientam-se:

• *Recomendação n. R (80) 10, do Comité de Ministros do Conselho da Europa* — veio realçar o facto de "que a transferência de capitais de origem criminosa de um país para outro e que o seu branqueamento através da respectiva inserção no circuito económico suscitam graves problemas, favorecem a prática de novos delitos e estendem o fenómeno tanto a nível nacional como internacional".

• "*Declaração de Princípios*" *de Basileia* — foi em 12 de dezembro de 1988 que o Comité para as Regulamentações Bancárias e as Práticas de Vigilância de Basileia emitiu uma Declaração de Princípios, tendo como pedra de toque a necessidade de salvaguarda contra o branqueamento de capitais que residia "na integridade dos responsáveis dos bancos e na sua vigilante determinação para evitar que as próprias instituições sejam coniventes com criminosos ou utilizadas como meio para o próprio branqueamento".

• *Convenção das Nações Unidas contra o Tráfico Ilícito de Estupefacientes e Substâncias Psicotrópicas* (Convenção de Viena de 1988).

• *Convenção sobre o Branqueamento, Detecção, Apreensão e Perda dos Produtos do Crime, do Conselho da Europa* (1990) — em que todos os países confirmam "que a luta contra a criminalidade grave, cada vez mais um problema internacional, exige o emprego de métodos modernos e eficazes a nível internacional", sendo que "um desses métodos consiste em privar o delinquente dos produtos do crime".

• Na Cimeira dos Sete Países Mais Desenvolvidos ("G7"), realizada em julho de 1989, em Paris, foi criado um *Grupo de Acção Financeira Internacional* (GAFI), para que estudasse métodos de prevenção e cooperação nos sistemas bancário e financeiro ao nível do branqueamento de capitais.

Em 1990, foram conhecidas as Recomendações de acção definidas pelo GAFI que abarcavam, essencialmente, o sistema de justiça criminal, direito penal, o sistema financeiro e regulamentação da cooperação internacional.

Em 1996, o GAFI actualizou as respectivas Recomendações e em 2000 dá a conhecer aqueles países que constituem local paradisíaco para os aficcionados deste tipo de criminalidade.

• *Directiva 91/308/CEE, de 10 de junho de 1991* — impõe aos Estados-membros a obrigação de proibir a prática do branqueamento de capitais e define alguns deveres das entidades financeiras.

• *Directiva 2001/97/CE* que altera a Directiva 91/308/CEE do Conselho relativa à prevenção da utilização do sistema financeiro para efeitos de branqueamento de capitais.

2. Em Portugal

2.1 Evolução legislativa

Em Portugal, verificou-se uma recepção gradual dos diplomas acima referenciados, reflectindo-se, assim, a evolução igualmente sentida a nível europeu, *maxime*, resultante das Convenções das Nações Unidas e do Conselho da Europa e das Directivas da União Europeia, da qual resultou a seguinte panóplia legislativa:

• medidas de prevenção da utilização do sistema financeiro para efeitos do branqueamento de capitais — DL 313/1993, de 15 de setembro, (que transpôs para a ordem jurídica portuguesa a Directiva 19/308/CEE, do Conselho de 10 de julho) — onde se institui um rígido sistema sancionatório;

• "lei da droga" — DL 15/1993, de 22 de janeiro;

• medidas de combate à corrupção e criminalidade económica e financeira — Lei 36/1994, de 9 de setembro, com alterações produzidas pela Lei 5/2002, de 11 de janeiro;

• medidas de prevenção da utilização de entidades não financeiras para efeitos do branqueamento de capitais — DL 325/1995, de 2 de dezembro com alterações produzidas pelo DL 323/2001, de 17 de dezembro, e Lei 10/2002, de 11 de fevereiro;

• incriminação do branqueamento de bens ou produtos provenientes da prática de outros crimes — DL 325/1995, de 2 de dezembro, na redacção que lhe foi dada pela Lei 10/2002, de 11 de fevereiro;

• Resolução da Assembleia da República 70/1997 que aprova, para ratificação, a Convenção Relativa ao Branqueamento, Detecção, Apreensão e Perda dos Produtos do Crime, do Conselho da Europa, assinada por Portugal, em 8 de novembro de 1990.

2.2 Evolução da incriminação de branqueamento de capitais

Numa primeira fase, em conformidade com o disposto no DL 15/1993, de 22 de janeiro, a incriminação começou por cingir-se aos bens e produtos provenientes do tráfego de estupefacientes.

Num segundo momento, com a vigência do DL 325/1995, de 2 de dezembro, alarga-se aos bens e produtos provenientes da prática dos crimes de terrorismo, extorsão, rapto e lenocínio, peculato, corrupção, tráfico de armas, administração danosa e infracções económico-financeiras.

Num terceiro momento, Portugal alargou a incriminação de branqueamento a bens ou produtos provenientes da prática do crime de tráfico de menores e de pessoas.

Actualmente, de acordo com a Lei 10/2002, de 11 de fevereiro, a incriminação abrange os crimes de tráfico de produtos nucleares, de tecidos humanos e de órgãos, bem como de pornografia envolvendo menores, tráfico de espécies protegidas, fraude fiscal e "todos os crimes punidos por lei com pena de prisão cujo limite máximo seja superior a 5 anos".

3. A problemática do crime precedente

É da quantia de dinheiro obtida pela prática de determinado crime que surge a necessidade "da sua lavagem". Há que fazer parecer que a quantia obtida com a realização de um crime, não teve essa origem ilícita. O dinheiro faz-se aparecer no mercado como se de dinheiro "limpo" se tratasse. Deste modo, quando se chega à fase da "lavagem de dinheiro" propriamente dita, já existe por detrás a realização de um crime que proporcionou a obtenção de uma certa quantia de dinheiro. É o chamado crime precedente. Assim, o agente que pratica determinado crime pode ser punido pela prática do crime de branqueamento de capitais.

O branqueamento de capitais é, por isso, um crime de conexão, ou seja, pressupõe a anterior prática de um crime, apontando-se como mais frequentes, tráfico de drogas, peculato, tráfico de armas e rapto. Estamos, assim, perante actividades susceptíveis de gerar um elevado volume de fundos que depois interessa pôr rápida e discretamente em circulação.

O que efectivamente está em causa é que do crime praticado tenham resultado vantagens económicas para quem o cometeu que são, depois, "branqueadas".

4. "Ratio" da criminalização do branqueamento de capitais

Sendo o branqueamento de capitais um tema ainda recente e alvo de estudo por parte da doutrina, não há unanimidade quanto ao bem jurídico que cumpre tutelar pelo crime de branqueamento.

Dos próprios textos legais resulta um vasto conjunto de interesses ameaçados pela prática da "lavagem de dinheiro".

De entre os vários autores, realçam-se algumas posições:

• segundo João Davin (in *Revista do Ministério Público*, ano 23, jul.-set. 2002), "no caso do branqueamento de capitais o bem jurídico tutelado não é a concorrência ou a credibilidade e confiança nas instituições financeiras, mas a protecção da transparência e a integridade do sistema económico/financeiro na vertente nacional e internacional. Assim sendo, a conduta de branqueamento de capitais lesa um outro bem jurídico autónomo e diverso daquele que é protegido pelo crime precedente, pelo que se justifica, desta forma, a sua punibilidade em concurso efectivo". Este Autor refere três elementos literais que confirmam esta tese:

— *ponto i*) da alínea *b*) do art. 3º da Convenção de Viena onde se refere: "a conversão ou a transferência de bens, com o conhecimento de que os mesmos provêm de qualquer das infracções estabelecidas de acordo com a alínea *a*) do n. 1 deste artigo, ou da participação nessa ou nessas infracções, com o objectivo de ocultar ou dissimular a origem ilícita (...)";

— *ponto ii*) da alínea *b*) do art. 3º da Convenção de Viena onde se refere: "(...) ou de actos de participação nessa ou nessas infracções";

— a 1ª parte do n. 1 do art. 23º da Lei 15/1993, de 22 de janeiro, onde se refere: "quem, sabendo que os bens ou produtos são provenientes da prática, sob qualquer forma de comparticipação, de infracção (...)".

• Jorge Manuel Dias Duarte (in *Branqueamento de Capitais, o Regime do DL 15/1993 de 22 de janeiro e a Normativa Internacional*, Porto, UCP, 2002) refere que "o autor do crime de tráfico pode cometer, em concurso efectivo com o crime-base, o crime de branqueamento de capitais".

• Jorge Alexandre Fernandes Godinho (in *Do Crime de Branqueamento de Capitais, Introdução e Tipicidade*, Coimbra, Almedina, 2001) defende que "o bem jurídico protegido é a pretensão estadual de confiscar os bens de origem ilícita, um interesse supra-individual, de realização da justiça, que é posto em perigo pelas condutas de branqueamento de capitais, na medida em que estas dissimulam a origem ilícita de um bem — de cuja prova depende a possibilidade de o confiscar e, como tal, de fazer valer o princípio segundo o qual 'o crime não deve compensar'. (...) Assim, o que se tutela é a pretensão estadual ao confisco das vantagens do crime, um interesse supra–individual que é posto em perigo pelas condutas de branqueamento de capitais".

Procedendo a uma análise doutrinal, pode concluir-se que se apontam essencialmente como bens jurídicos que se pretendem tutelar com a criminalização do branqueamento de capitais:

• o combate ao tráfico de estupefacientes;

• o bem jurídico protegido pelo crime precedente;

• a ordem social e económica;

• a Administração da Justiça;

• o sistema económico-financeiro.

Não parece correcto dizer-se que com a criminalização se tutela este ou aquele bem jurídico, quedando-se na defesa acérrima de uma destas posições. Não se pode individualizar um único bem jurídico, nem é essa a *ratio* da criminalização do branqueamento de capitais. O que se verifica é que se protegem diversas realidades, desde o bem jurídico violado pelo crime precedente, como a ordem sócio-económica, nomeadamente a concorrência e a credibilidade nas instituições financeiras são postas em causa aquando da prática de "lavagem de dinheiro".

IV — Branqueamento de capitais e sigilo profissional

1. O dever de sigilo em geral

O dever de sigilo, ou dever de segredo profissional, destina-se a proteger os direitos pessoais ao bom nome e à reserva da vida privada de cada um.

O Prof. Menezes Cordeiro (in *Manual de Direito Bancário*, 2ª ed., Almedina, 2001) afirma inclusivamente que "o sigilo profissional corresponde a uma concretização da tutela da confiança entre os contraentes, mas assume também a dimensão duma exigência pública necessária para o funcionamento das instituições".

Actualmente, a jurisprudência portuguesa considera o sigilo bancário um direito inquestionável, mas que não pode ser considerado isoladamente, não pode ser tratado como se se estivesse em presença de um direito absoluto, uma vez que pode mostrar-se incompatível com outros direitos fundamentais. O dever de sigilo destina-se a proteger os direitos pessoais, mas o interesse público do exercício do direito de punir e da administração da justiça prevalece sobre aquele. A quebra do segredo impõe uma criteriosa ponderação dos valores em conflito em ordem a determinar se a salvaguarda do segredo deve ou não ceder perante os outros interesses em jogo. No âmbito da matéria ora em apreço, a questão do sigilo profissional sempre apareceu muito associada ao sigilo bancário. Como exemplos constantes da nossa jurisprudência, podem citar-se, nomeadamente, aqueles em que o sigilo cede perante um outro direito também assegurado pela mesma ordem jurídica, perante um interesse preponderante: falecendo o titular de uma conta bancária, o banco não pode, invocando o sigilo bancário, recusar informações aos herdeiros (Ac. Relação de Lisboa de 2000.11.14); recusando um dos cônjuges o seu consentimento para a revelação ao outro de bens comuns depositados em instituição bancária em nome apenas do recusante, prevalece como solução o suprimento do consentimento deste (Ac. STJ de 1995.4.19); admite-se o despacho proferido pelo juiz, em processo de inventário, de ordenar que o banco informe se existem aí contas em nome do *de cuius*, para o credor ver satisfeito o seu direito de crédito (Ac. STJ de 1997.12.19).

Atendendo à prática jurisprudencial, conclui-se que os tribunais foram assumindo uma feição mais favorável à quebra do segredo perante o problema dos crimes. Em 24 de janeiro de 2001, decidiu o Tribunal da Relação de Porto que se dispense o cumprimento do dever de sigilo bancário a fim de permitir o visionamento do vídeo de protecção de uma caixa de ATM, como forma de conseguir a identificação do indivíduo que tentou usar um cartão furtado.

Verifica-se igualmente a quebra do sigilo bancário em matéria de branqueamento de capitais, já que, frequentes vezes, os bancos têm sido utilizados para dissimular a origem criminosa da obtenção de determinados fundos.

Ainda que se considere que para a lícita quebra do segredo se tenha que verificar uma ponderada avaliação dos interesses em conflito, o certo é que, tal como refere Nuno Brandão (in *Branqueamento de Capitais, o Sistema Comunitário de Prevenção*, Coimbra Editora, 2002) "casos há, todavia, em que essa avaliação do interesse preponderante é feita, logo à partida, em abstracto, pelo próprio legislador. É o que acontece, por exemplo, no âmbito da luta contra o branqueamento de capitais ou contra o tráfico de estupefacientes, em que é sempre admitida e até imposta a quebra do sigilo bancário (...) independentemente de qualquer ponderação concreta dos interesses conflituantes, verificando-se a justificação da violação do segredo com base na figura dirimente das autorizações e deveres legais".

2. *O sigilo profissional face ao dever de comunicação*

Em Portugal, à semelhança do que se verifica nos seus congéneres europeus, existe o dever de comunicação à autoridade judiciária de todas aquelas operações das quais resultem indícios de se estar perante uma prática de branqueamento, nomeadamente pelos montantes envolvidos, ocasionalidade, entre outras circunstâncias que rodeiam determinada operação.

Conforme consagra o DL 313/1993, de 15 de setembro, as entidades financeiras começaram por ser as primeiras a quem cabia a denúncia de suspeitas da prática de branqueamento de capitais.

Num segundo momento, o DL 325/1995, de 2 de dezembro, alargou tal obrigação às entidades não financeiras, como por exemplo aos casinos, mediação imobiliária, compra e venda de imóveis, bilhetes ou títulos ao portador, bens de elevado valor unitário. Posteriormente, passa a abranger técnicos de contas, auditores externos e transportadores de fundos.

Do exposto resulta que é no desenvolvimento de uma luta incessante contra o crime de branqueamento que a Lei 5/2002, de 11 de janeiro, consagra quanto a determinados crimes, que o segredo profissional de membros de determinadas instituições deve ceder, no caso de haver razões para crer que as respectivas informações têm interesse para a descoberta da verdade.

Hoje em dia, esta obrigação recai ainda, nomeadamente, sobre os notários, conservadores e outras entidades que intervenham na compra e venda de bens imóveis, operações relativas a fundos, valores mobiliários, no âmbito de contas bancárias, gestão de empresas e de todas as operações financeiras em geral.

Em Portugal, actualmente, discute-se a transposição da Directiva 2001/97/CE que tem, entre outras, implicações na profissão e deveres deontológicos dos advogados, já que toca na questão do segredo profissional. Estamos perante uma questão extremamente delicada pois, ao pretender-se que seja o próprio advogado a denunciar um cliente que a ele se dirige para que seja aconselhado e/ou defendido, estamos a esquecer-nos, nomeadamente, da parcialidade que desde sempre caracterizou a advocacia. Seria utópico pensar que o agente do crime de branqueamento se dirigia a um advogado contando-lhe as operações ilícitas por ele efectuadas, sabendo, à partida, que o advogado estava obrigado a comunicar às autoridades competentes o sujeito e as actividades criminosas realizadas. O cliente deixaria de confiar no advogado, quebrando-se a relação de confiança e abertura que caracteriza esta profissão. Incumbe ao Estado criar medidas eficazes para o combate desta vaga de criminalização, mas com isto não pode pôr em causa outros direitos fundamentais. Convirá advertir que, admitindo-se, agora, a quebra do segredo em relação ao crime de branqueamento de capitais, não faltará quem venha proclamar a mesma quebra do sigilo para os mais variados crimes. Tal obrigação é incompreensível se nos lembrarmos de que os advogados têm, além de outras, a missão de defender também os agentes do crime qualquer que seja. Porque é que o branqueamento de capitais há-de ter um tratamento privilegiado?

Sobre o assunto dá-se a conhecer a opinião do actual bastonário da Ordem dos Advogados portugueses (www.oa.pt): "(...) os advogados portugueses — nos quais se baseia o estado de direito — são favoráveis à luta contra o crime económico e o branqueamento de capitais (...) ser contra o branqueamento de capitais não significa, porém, ser a favor de um regime legal que pode afectar profundamente e sem vantagens relevantes o núcleo central da ética dos advogados, que reside no segredo profissional. E este núcleo central não existe para proteger os advogados, mas acima de tudo para proteger os cidadãos e o Estado de Direito".

Reforçando a mesma ideia, Alfredo Castanheira Neves, numa comunicação apresentada durante o 2º Encontro Luso-Espanhol de Jovens Advogados (www.oa.pt), afirma que "o papel do advogado, muito embora assuma por vezes o papel de acusador processual, é tradicionalmente de defesa e o que parece pretender a nova redacção da Directiva é a sua transformação em entidade de investigação, o que, a caracterizar o advogado tal como se pretende mantido, resulta numa mistura que, sem peias, bem se pode caracterizar como antinatural ou aberrante".

Em Portugal, cabe à Procuradoria Geral da República receber estas comunicações, que são depois enviadas para a Polícia Judiciária, para a Secção Central de Investigação de Branqueamento (SCIB) que, sendo caso disso, remete o processo para o Ministério Público.

Segundo informações dadas a público, entre 1993 e 2002 foram feitas 371 comunicações. Pode concluir-se que os números falam por si e, ainda que em alguns países da União Europeia se verifique um maior número de comunicações, certo é que muitas operações de branqueamento se efectuam diariamente e o combate, bem como a consequente repressão, ainda se encontram muito abaixo do necessário.

V — Estudo comparativo em vários países europeus

Espanha

Constata-se que todas as intervenções legislativas, sobre esta matéria, levadas a cabo em Espanha, visam o alargamento da tipologia dos crimes precedentes e a redefinição do tipo de crime.

Em 1988, o legislador espanhol, pela introdução do art. 546º-*bis* alínea *f*) no Código Penal, criminalizou o branqueamento de capitais procedentes do tráfico de drogas. Em 1992, introduziram-se no Código Penal espanhol os arts. 344º-*bis h*) e 344º-*bis i*). O Código espanhol de 1995 passou a contemplar uma única regulamentação uniforme.

Contrariamente ao que acontece na maioria dos países europeus, em Espanha pune-se o branqueamento de capitais negligente.

Alemanha

A criminalização do branqueamento de capitais fez-se em 1992, destinando-se ao combate do tráfico de drogas e estupefacientes.

Em 1994, alargou-se a "lista" dos crimes precedentes.

A negligência é punível e no caso de os fundos terem origem externa, tal facto só constitui crime no caso de as actividades que os geraram serem também puníveis nessa jurisdição.

Suíça

Na Suíça, o branqueamento de capitais passou a ser considerado crime em 1990 e com a introdução no Código Penal suíço do art. 305º-*ter*, com a epígrafe *Blanchissage d'argent*, passou a incidir sobre todos os profissionais envolvidos em operações financeiras o dever de identificar o agente a quem pertencem os capitais.

Em 1994, acrescentou-se um n. 2 ao citado art. 305º-*ter*, com o intuito de consagrar o dever de comunicar às autoridades todos os factos que permitam suspeitas sobre a origem dos capitais.

Começou, primeiramente, por se consagrar simplesmente o direito de comunicar às autoridades os indícios da suspeita de que os fundos provinham de uma actividade ilícita; direito esse que, posteriormente, se converteu numa obrigação.

Itália

Em 1978, Itália foi país pioneiro na criminalização do branqueamento de capitais através do art.648º-*bis* do Código Penal.

Os crimes precedentes considerados eram os de furto agravado, extorsão agravada e sequestro.

Posteriormente, em 1990, com a introdução do art. 648º do Código Penal, também o tráfico de drogas passou a ser considerado crime precedente.

Em 1993, verificou-se nova alteração do art. 648º, procedendo-se ao alargamento da "lista" de infracções precedentes.

Actualmente, por alteração operada em 1997, assegura-se a confidencialidade da identificação das pessoas que comuniquem operações suspeitas. Também, com vista a alcançar uma maior eficácia na investigação, passou a haver uma centralização das comunicações de operações suspeitas, a cargo do *Ufficio Italiano dei Cambi* (UIC).

Reino Unido

Neste país há três diplomas fundamentais: *Criminal Justice Act*, *Drug Traficking Offences Act* e o *Prevention of Terrorism Act.*

Actualmente, são identificados três grandes grupos de infracções penais:

• branqueamento de capitais resultante do tráfico de drogas;

• aquisição ou utilização de fundos derivados do tráfico de droga;

• branqueamento de capitais obtidos pelo próprio.

No Reino Unido, recai o dever, sobre qualquer pessoa, de comunicação de suspeita, se esse conhecimento tiver sido adquirido no exercício das suas funções.

De acordo com a legislação deste país, tanto o dinheiro como outros bens que sejam apreendidos e que tenham sido adquiridos ilicitamente, revertem para o Tesouro.

Luxemburgo

Em 1989, deu-se no Luxemburgo a primeira intervenção legislativa, que veio criminalizar o branqueamento de capitais.

Posteriormente, em 1998, introduziu-se a criminalização do branqueamento dos produtos do crime perpetrado através de uma associação criminosa e agravaram-se as penas.

Foi constituída a obrigação de comunicação de operações suspeitas que actualmente abrange notários, casinos, bem como os revisores oficiais de contas.

Em 2001, o Luxemburgo ratificou a Convenção de Strasbourg relativa ao branqueamento, à despistagem, à apreensão e ao confisco dos produtos do crime.

França

Em 1996, aditou-se ao Código Penal francês o arti. 324º, n. 1, pelo qual se punia, pelo crime de branqueamento de capitais, todo aquele que "por qualquer forma, facilitar a falsa justificação da origem dos recursos ou bens obtidos pelo autor de um crime tipificado nos arts. 222º-34 a 222º-37 (tráfico de drogas), causando-lhe um proveito directo ou indirecto".

Um ano mais tarde, a criminalização passou a abranger também as operações que tivessem algum ponto de contacto com um país estrangeiro.

Também em França se prevê a obrigação, para certos organismos e pessoas, de comunicarem operações suspeitas de actividades criminosas.

Bélgica

Em legislação específica de 1993, eram susceptíveis de ser apreendidos todos os fundos obtidos em consequência de actividades criminosas ligadas ao terrorismo, crime organizado, tráfico de estupefacientes, de armas, entre outras.

Também aqui se consagra o dever de comunicar todas as operações suspeitas.

Em 1998, procedeu-se ao alargamento das entidades sujeitas a esta comunicação, passando a incluir profissionais não financeiros, tais como, agentes imobiliários, revisores oficiais de contas, oficiais de justiça, peritos contabilísticos e notários.

VI — Conclusões

Do exposto conclui-se, em primeiro lugar, que foi, sobretudo, a partir dos anos 1980, que se impulsionou, na Europa, a luta contra o branqueamento de capitais, resultando na criação de vários diplomas legais.

É possível, por outro lado, constatar que se caminha para uma cada vez mais intensa harmonização, no espaço europeu, quanto à prevenção e combate deste novo crime e que, de uma maneira geral, em todos os países, há um sucessivo alargamento daquilo que se considera crime precedente — verifica-se, pois, uma expansão da incriminação.

A luta contra este crime passa, necessariamente, pela criminalização de certos comportamentos, mas principalmente pela sua prevenção, nomeadamente, pela comunicação às autoridades competentes das operações que, pelas características que apresentam, se possam considerar suspeitas.

Finalmente, o controlo e a cooperação internacional são indispensáveis.

A luta torna-se, no entanto, cada vez mais difícil, face à criminalidade praticada através de meios electrónicos, com a criação de esquemas sofisticados, capazes de tirar partido da falta de homogeneidade legislativa que ainda se verifica em diversos países europeus.

Tratando-se, de resto, de uma criminalidade profissionalizada e altamente qualificada, é susceptível de gerar resultados vultosos que são, posteriormente, destinados a financiar outras actividades criminosas — é o chamado efeito bola de neve.

VERDADEIRA PROJEÇÃO DA ARBITRAGEM — CONVENÇÃO DE NEW YORK DE 1958

Irineu Strenger

Introdução. Plano convencional. Apoio da Convenção de 1958. Estrutura legal. Conclusões.

Introdução

A verdadeira projeção internacional da arbitragem presume que exista uma fórmula válida para todos os ordenamentos jurídicos e sistemas nacionais, capaz de englobar juridicamente as possíveis diferenças de conceitos ou de nomenclaturas. Segundo o direito positivo das Convenções e os regulamentos de instituições especializadas, o conceito de arbitragem internacional não difere, essencialmente, da noção comum de arbitragem, em boa lógica. Geralmente, as Convenções pressupõem conceitos uniformes, ao que, unicamente, se circunscrevem notas como as de internacionalidade e comercialidade de seus objetos, dando-lhes plena validade e eficácia no reconhecimento relativamente aos ordenamentos dos países signatários.

A primeira Convenção internacional sobre a matéria, o Protocolo de Genebra de 1923, teve como objeto fundamental consagrar uma definição válida de arbitragem e sua aceitação pelos países signatários.

Em 1953, a Câmara de Comércio Internacional de Paris (CCI) submeteu às Nações Unidas um anteprojeto de Convênio sobre a execução das sentenças arbitrais internacionais, que incorporava formulações bastante avançadas. Em 1955, um comitê de expertos redigiu por encargo do Conselho Econômico e Social da ONU um novo texto, bastante inovador, convertido, em 10 de junho de 1958, na convenção mais próxima ao anteprojeto da CCI.

A Convenção de New York contribuiu para dissipar algumas dúvidas interpretativas dos acordos genebrinos. Seu objeto era, como o de hoje, o "reconhecimento e execução das sentenças arbitrais estrangeiras". Com propósito deliberado, a Convenção evita cunhar o conceito de sentença propriamente internacional, que havia sido preconizado pela CCI.

A Convenção de New York é de aplicação às sentenças arbitrais qualificadas de estrangeiras, em virtude de um duplo critério: (i) aquelas que se ditam no território de um Estado distinto daquele em que se pede o reconhecimento e execução; e (ii) aquelas que não sejam consideradas como sentenças nacionais no Estado em que se pede seu reconhecimento.

Finalmente, em 23 de julho de 2002, surge o esperado Decreto 4.311, que promulga a Convenção sobre o "Reconhecimento e a Execução de Sentenças Arbitrais Estrangeiras", conhecida como "Convenção de New York de 1958", atualmente subscrita por 130 países e ratificada com o maior sucesso entre os acordos concluído na história das Nações Unidas.

A advogada Andrey Gonçalves de Castro resumiu em poucas palavras as razões pelas quais a arbitragem está adquirindo grande importância na prática: "(...) diante de tantas vantagens que o instituto da arbitragem proporciona às empresas e de tantas incertezas econômicas vividas atualmente, tornarmos Estado-parte da Convenção de New York foi um passo certo e de extrema importância para as nossas relações comerciais internacionais futuras".

Estas razões que justificam sua utilização cada vez maior na prática jurídica brasileira são também motivos determinantes nas relações econômicas internacionais, especificamente, em concreto, nas relações comerciais. Basta recordar a dilação que, necessariamente, têm os processos judiciais e os princípios e disposições submetidos a uma arbitragem em nível internacional.

O Brasil sofreu nos últimos tempos um processo de integração na comunidade econômica internacional. A maciça chegada de inversões estrangeiras deram lugar a uma contratação crescente.

A introdução geral da Convenção de New York teve a mais alta importância, também, se comparada aos textos dos Tratados de Genebra.

O Protocolo de Genebra de 1923 meramente declarou a validade de um acordo na arbitragem, tratando da existência de futuras diferenças. A Convenção de Genebra de 1927 requereu uma adição de condições para execução da sentença arbitral, acordo válido para a aplicação da lei.

A Convenção de New York não previu uma regulação global do comércio internacional de arbitragem, por exemplo, da Convenção de Washington de 1965 e da Convenção Européia de 1961, e nem previu a Convenção de lei uniforme na arbitragem como, por exemplo, a Lei Européia de 1966. A Convenção de New York é essencialmente limitada sob dois aspectos internacionais de arbitragem comercial: a execução da arbitragem do art. II (3) e a execução de sentença arbitral estrangeira dos arts. I, II e IV.

A executabilidade da decisão arbitral é o banco de prova da regulação, tanto interna como internacional da arbitragem comercial na ordem jurídica, onde se põe de lado o manifesto da abertura do Estado brasileiro à Comunidade das Nações, proclamando-se, em termos gerais, a necessidade do cumprimento do estabelecido nos Tratados Internacionais e pela prática internacional.

Plano convencional

No plano convencional, destacam-se alguns preceitos de tratados multilaterais que expressam por si a executabilidade das sentenças dos Estados signatários.

Esse é o caso, por exemplo, do art. 3º do Protocolo de 1923: "Todo Estado contratante se compromete a assegurar a execução por suas Autoridades e conforme às disposições de suas leis nacionais das sentenças arbitrais promulgadas em seu território". Em parecidos termos, como não podia ser menos, o art. 1º do Convênio de 1927: "Nos territórios dependentes de uma das Altas Partes contratantes, às quais se aplique o presente Convênio, se reconhecerá a autoridade de toda sentença arbitral reincidente como conseqüência de um compromisso ou de uma cláusula compromissória (...) e a execução de tal sentença conduzirá a uma conseqüência de conformidade com as regras de procedimento seguidas no território onde a sentença se invoque quando tal sentença tiver sido ditada em um território dependente de uma das Altas Partes contratantes ao qual se aplique o presente Convênio, e entre pessoas submetidas à jurisdição de uma das Altas Partes contratantes".

O campo de aplicação da Convenção de New York não tem dependência com a nacionalidade das partes. Essa condição foi contida na Convenção de Genebra de 1927, a qual requereu que as partes não fossem submetidas à jurisdição de diferentes Contratantes Estados.

A Convenção é também aplicável para a situação onde uma sentença é feita fora do lugar de nacionalidade das partes.

Apoio da Convenção de 1958

Por que era desejável no Brasil a ratificação da Convenção de 1958?

1º. Porque a Convenção de 1958 não restringe seu âmbito de vigência nem à nacionalidade, nem à residência. Limita-se a falar de pessoas naturais ou jurídicas, sem qualquer condicionamento.

2º. A Convenção de 1958, à diferença do que ocorre no velho Protocolo genebrino de 1923, não diz que as sentenças devam ser ditadas em um dos Estados contratantes. Basta que as sentenças procedam do estrangeiro, sem menção alguma do país de origem.

3º. A Convenção de 1958 evita a terrível carga da prova que impõe o Convênio de 1927 a quem deseja solicitar a execução, no caso do Brasil, de uma sentença estrangeira. Exige, exclusivamente, a contribuição do controle do julgador brasileiro; obriga à parte interessada a evitar a execução, no Brasil, da sentença que fundamente seus argumentos.

4º. A Convenção de 1958 adquiriu uma generalização extraordinária. Por isso, sua ratificação colocou a maior parte de relações brasileiras com o estrangeiro sob a cobertura do regime convencional. Ademais, por suas ratificações evita desfazer as lacunas produzidas em alguns países de extraordinária importância — como sucede com os Estados Unidos da América —, que em nossos dias se mantêm à margem dos convênios genebrinos e que ratificaram a Convenção de New York.

5º. A Convenção de 1958 adota um critério muito mais ágil em matéria de firmeza da decisão excutável que a de 1927. Requer mera obrigatoriedade entre as partes, sem que seja necessário chegar a situação de irrecorribilidade. Executam-se as decisões vinculantes entre as partes, no marco e sob o condicionamento de sua obrigatoriedade.

6º. A Convenção de 1958 desfruta dos Convênios anteriores.

7º. O Estado brasileiro cumpre com seus compromissos internacionais ao acatar a Resolução da Assembléia Geral das Nações Unidas 3.108, de 1973, na que se recomenda a geral aceitação da Convenção de 1958. Textualmente: "A Assembléia Geral convida os Estados que ainda não tenham ratificado a Convenção para o reconhecimento e execução das sentenças arbitrais estrangeiras de 1958, a que não se tenha aderido ainda, que considerem a possibilidade de fazê-lo".

8º. A Convenção de 1958 torna mais eficaz e célere o processo de reconhecimento e execução das sentenças arbitrais estrangeiras, na medida em que seu art. III dispõe que a essas sentenças não serão impostas condições substancialmente mais onerosas do que as impostas às sentenças arbitrais domésticas. Como o Estado brasileiro não fez reserva a esse artigo da Convenção, admite-se que sua vigência afasta a necessidade de homologação da sentença arbitral estrangeira perante instância judicial (no caso, Supremo Tribunal Federal), tal como já ocorre em relação às sentenças nacionais, as quais prescindem do ônus da homologação judicial para serem consideradas títulos executivos (art. 31 da Lei 9.307/1996).

Pois bem, a ratificação da Convenção de 1958 e a modificação da legislação processual interna, em que caiba expressa a execução das sentenças arbitrais estrangeiras, não é suficiente. É imprescindível que os tribunais brasileiros modifiquem sua mentalidade a respeito. Em concreto, será vivamente aconselhável que ordenem a publicidade de suas resoluções; que fundamentem com doutrina mais sólida suas decisões, para assinalar uma normativa complementária a respeito; que abandonem critérios jurisprudenciais próprios da época passada e incongruentes com a política diplomática e econômica do momento brasileiro atual.

Somente quando a intervenção de um árbitro ou de uma parte brasileira não implique — por deficiências legislativas ou jurisprudenciais — insegurança jurídica, evitaremos a certa marginalização internacional em que nos encontramos. Somente quando diante do descumprimento da palavra dada por um brasileiro houver certeza de que juridicamente será executável o compromisso contraído, só então o ordenamento jurídico brasileiro terá tornado realidade seu desejo tão claro de participar ativa e passivamente da comunidade jurídica internacional.

Estrutura legal

A estrutura legal que governa a arbitragem comercial internacional tem sido significantemente aerodinâmica e harmonizada na direção de grande autonomia do processo.

É sabido que nosso ordenamento interno ignora a arbitragem internacional. Nem na lei de arbitragem privada, nem na lei processual encontramos a mínima referência aos critérios para diferenciar a arbitragem ou uma sentença nacional com internacionalidade.

Unicamente através da ficção de assimilar as sentenças judiciais e as sentenças arbitrais são abertos passos em nossa jurisprudência em caminho, ainda que precário, ao reconhecimento e execução das sentenças estrangeiras.

Exclusivamente o art. II da Convenção de New York escolhe praticamente o mundo único de uma jurisdição dos procedimentos baseados em acordos válidos: "1. Cada Estado signatário deverá reconhecer o acordo escrito pelo qual as partes se comprometem a submeter à arbitragem todas as divergências que tenham surgido ou que possam vir a surgir entre si no que diz respeito a um relacionamento jurídico definido, seja ele contratual ou não, com relação a uma matéria possível de solução mediante arbitragem. 2. Entender-se-á por 'acordo escrito' uma cláusula arbitral inserida em contrato ou acordo de arbitragem, firmado pelas partes ou contido em troca de cartas ou telegramas. 3. O tribunal de um Estado signatário, quando de posse de ação sobre matéria com relação à qual as partes tenham estabelecido acordo nos termos do presente artigo, a pedido de uma delas, encaminhará as partes à arbitragem, a menos que constate que tal acordo é nulo e sem efeitos, inoperante ou inexeqüível".

O Estado brasileiro ao ratificar a Convenção de 1958, cumpriu importante contribuição a esse respeito: a sentença não deve ser anulada ou suspensa mas, ela pode ser em curso de anulação ou de suspensão, durante que o procedimento do contratado pôr obstáculo ao *exequatur* em outros países. Assim, dispõe o art. VI da Convenção: "Caso a anulação ou suspensão da sentença tenha sido solicitada à autoridade competente mencionada no art. V 1(e), a autoridade perante a qual a sentença está sendo invocada poderá, se assim julgar cabível, adiar a decisão quanto à execução da sentença e poderá, igualmente, a pedido da parte que reivindica a execução da sentença, ordenar que a outra parte forneça garantias apropriadas".

Num texto internacional, é necessário, portanto, evitar uma interpretação unilateral sobre o plano internacional. A esse respeito, as disposições que figuravam no Convênio de 1927, como os trabalhos preparatórios da Convenção de New York, permitem uma interpretação mais segura.

O Convênio de 1927 exige, no art. I: "que a sentença seja considerada definitiva no país onde ela foi feita; em seu sentido que não será considerada como tal se ela é suscetível de oposição, apelação ou recurso de revogação (nos países onde esses procedimentos existam) ou se provado que está em curso um procedimento para impugnar a validade da sentença".

Na verdade, a Convenção de New York de 1958 não significa uma revolucionária novidade quanto à determinação dos tipos de arbitragens existentes. Antes bem, incorpora uma prática aditiva no contexto da arbitragem comercial internacional.

No que concerne às condições do reconhecimento e de execução de sentenças realiza dois progressos maiores em relação àquela de Genebra de 1927. De uma parte, ela inverte a carga da prova: desde que o beneficiário da sentença traga original ou cópia devidamente certificada da sentença arbitral, bem assim da convenção de arbitragem (art. IV), e a outra parte, que se opõe à execução, para comprove existência das razões que invoca a este fim (art. V). De outro modo, as razões recebidas são menores e definidas de maneira mais restritiva; um só exemplo: não é mais pressuposto para a executoriedade da sentença que seja tornar-se definitiva (final) no seu país de origem, mas somente obrigatória (*binding*).

Conclusões

Enfim, a Convenção de Arbitragem, como dispõe seu art. II, tem o grande mérito de editar um princípio geral de reconhecimento da cláusula compromissória e de fixar igualmente única regra material às condições de forma e os efeitos de toda convenção de arbitragem.

Concluímos que se impõe à Convenção de New York de 1958 o aditamento da leimodelo da Comissão das Nações Unidas para o Desenvolvimento do Comércio Internacional (UNCITRAL) sobre arbitragem comercial internacional, adotada em 21 de junho de 1985, em Viena, sem o que a Convenção de 1958 poderá perder sua eficácia em alguns pontos importantes e também sua verdadeira projeção no campo da arbitragem.

Esperamos que a análise e sugestões sobre a interpretação judicial referentes aos 45 anos de vigência da Convenção de 1958 sejam recebidas como modesta contribuição para o esclarecimento desta matéria.

ACORDO DE ACIONISTAS — ARQUIVAMENTO NA SEDE SOCIAL — VINCULAÇÃO DOS ADMINISTRADORES DE SOCIEDADE CONTROLADA

Nelson Eizirik

A — A natureza jurídica e as finalidades dos acordos de acionistas. B — Os efeitos do arquivamento dos acordos de acionistas. C — Os acordos de voto em bloco ("pooling agreements"). D — A vinculação dos administradores aos termos dos acordos de acionistas. E — A extensão dos efeitos dos acordos de acionistas às sociedades controladas.

A — *A natureza jurídica e as finalidades dos acordos de acionistas*

O acordo de acionistas pode ser definido como um contrato celebrado entre acionistas da companhia para compor seus interesses individuais e para estabelecer normas sobre a sociedade da qual participam, de forma a harmonizar os seus interesses societários e implementar o próprio interesse social.

O acordo de acionistas possui natureza acessória em relação ao contrato social, visto que, apesar de celebrado individualmente entre os acionistas, sua eficácia depende da existência da pessoa jurídica, em cuja esfera dar-se-á a sua execução.

Note-se que, apesar de regulados pela lei societária, os acordos de acionistas caracterizam-se como *contratos* submetidos às normas comuns de validade de todos os negócios jurídicos de direito privado.

A regulação dos acordos de acionistas pela lei societária *não* desnatura o caráter preponderantemente civil das relações jurídicas dele advindas, conforme esclarecem Egberto Lacerda Teixeira e José Alexandre Tavares Guerreiro:[1] "Importa assinalar que os acordos de acionistas geram *direitos e obrigações reguladas substancialmente pelo direito comum e não pelo direito das sociedades*, muito embora seus efeitos jurídicos digam respeito à participação acionária em determinada companhia, em seus vários possíveis desdobramentos" (grifamos).

De fato, a disciplina pela Lei das S/A tem por finalidade apenas estabelecer os pressupostos necessários à que tais *contratos* sejam observados pela companhia e produzam efeitos perante terceiros.

Portanto, o acordo de acionistas possui natureza jurídica de *contrato* e, como tal, está sujeito às normas comuns do Direito Civil, quanto aos requisitos de validade e eficácia do negócio jurídico.

A regulação dos acordos de acionistas foi introduzida, em nosso direito so-

1. Egberto Lacerda Teixeira e José Alexandre Tavares Guerreiro, *Das Sociedades Anônimas no Direito Brasileiro*, v. 1, São Paulo, José Bushatsky, 1979, p. 305.

cietário, pelo art. 118 da Lei 6.404, de 15.12.1976, o qual, em sua redação original, estabelecia que tais contratos poderiam ter por objeto (i) a compra e venda das ações dos signatários do acordo, (ii) a preferência para adquiri-las, e (iii) o exercício do direito de voto.

A Lei 10.303, de 31.10.2001, alterou a redação do *caput* do art. 118 da lei societária, para introduzir expressamente o exercício do *poder de controle* como matéria que pode ser disciplinada em acordos de acionistas.

Assim, após a entrada em vigor da Lei 10.303/2001, o art. 118 da Lei das S/A passou a vigorar com a seguinte redação: "Art. 118. Os acordos de acionistas, sobre a compra e venda de suas ações, preferência para adquiri-las, exercício do direito de voto, ou do poder de controle deverão ser observados pela companhia quando arquivados na sua sede".

De acordo com o dispositivo transcrito, os acordos de acionistas podem ser classificados em duas modalidades básicas, a saber:

a) os acordos de voto, que têm por objetivo a regulação do exercício do direito de voto ou do *poder de controle* por seus signatários; e

b) os acordos de bloqueio, que visam a regular a compra e venda das ações e a preferência para adquiri-las.

Os acordos de voto prestam-se, primordialmente, à constituição de uma maioria acionária estável, através da aglutinação dos votos de acionistas isoladamente minoritários, mediante a subordinação de suas vontades a um *sentido único e previamente determinado*.

Os acordos de bloqueio, por sua vez, são, em regra, celebrados em complementação aos acordos de voto, com o objetivo de assegurar sua eficácia. Com efeito, ao se restringir a livre transferência das ações vinculadas ao acordo, impede-se que alguma das partes possa, pela simples alienação a terceiros das ações de sua propriedade, sem conferir o direito de preferência às demais, esvaziar a convenção de voto firmada entre os contratantes.

Vale ainda mencionar que a relação das matérias típicas de acordos de acionistas, prevista pela lei societária, não impede que outras questões de interesse das partes sejam reguladas em tais contratos.

No entanto, em tais casos, a sociedade não estará obrigada a observar as disposições pactuadas no acordo de acionistas, ainda que sejam cumpridos os requisitos previstos na Lei das S/A para que o acordo produza efeitos perante a companhia.[2]

Ou seja, a Lei das S/A exclui a obrigatoriedade da observância pela companhia de acordos de acionistas que regulem matérias diversas daquelas expressamente mencionadas em seu art. 118.

Portanto, as disposições de acordos de acionistas que podem produzir efeitos perante a sociedade são apenas aquelas relacionas aos acordos de voto (exercício do direito de voto ou do poder de controle) ou de bloqueio (compra e venda das ações ou preferência para adquiri-las).

B — Os efeitos do arquivamento dos acordos de acionistas

Tendo em vista a sua natureza contratual, os acordos de acionistas, em princípio, somente produzem efeitos entre as partes convenentes.

Com efeito, em função do princípio da *relatividade dos contratos*, a força obrigatória do acordo não pode ser estendida a terceiros, que não manifestaram sua vontade no sentido de vincular-se ao pactuado entre os signatários.

No entanto, apesar de não produzir efeitos diretos perante terceiros, a celebração de acordos de acionistas, como qualquer outro negócio jurídico, constitui um fato que, evi-

2. Fran Martins, *Comentários à Lei das Sociedades Anônimas*, v. 2, t. I, Rio de Janeiro, Forense, 1984, p. 120.

dentemente, pode produzir efeitos reflexos sobre a esfera jurídica alheia.[3]

Diante desses efeitos reflexos, o ordenamento jurídico, em algumas situações, permite que o contrato possa ser oponível aos não convenentes. Nestas situações, deve ser conferida publicidade ao negócio, a fim de permitir que os terceiros possam tomar conhecimento da sua existência e do seu conteúdo.

Em vista disso, a Lei das S/A instituiu procedimento específico com o objetivo de atribuir publicidade aos acordos de acionistas perante a companhia e terceiros, obrigando-os, assim, a observar o pactuado entre as partes.

Tal procedimento consiste no *arquivamento* do acordo de acionistas na sede social e no averbamento de suas disposições nos livros de registros e nos certificados das ações, conforme se depreende do disposto no *caput* e no § 1º do art. 118 da Lei 6.404/1976, com a redação dada pela Lei 10.303/2001:

"Art. 118. Os acordos de acionistas, sobre a compra e venda de suas ações, preferência para adquiri-las, exercício do direito de voto, ou do poder de controle, *deverão ser observados pela companhia quando arquivados na sua sede.*

"§ 1º. As obrigações ou ônus decorrentes desses acordos somente serão *oponíveis a terceiros, depois de averbados nos livros de registros* e nos certificados de ações, se emitidos" (grifamos).

Como se verifica, a lei societária estabeleceu dois procedimentos independentes para conferir publicidade aos acordos de acionistas, sendo cada um deles aplicável em função da pessoa a quem se pretende estender os efeitos do convencionado entre as partes.

De fato, para que o acordo seja eficaz perante a companhia, basta que ele esteja arquivado na sede social (art. 118, *caput*), enquanto que para que ele possa ser oponível perante terceiros faz-se necessário a sua averbação no Livro de Registro das Ações Nominativas ou no certificado das ações, se estes tiverem sido emitidos (art. 118, § 1º).

A razão desse duplo regime de publicidade está vinculada às duas modalidades de acordos de acionistas disciplinadas pela lei societária, quais sejam, os acordos de voto e os de bloqueio.

Os efeitos decorrentes dos acordos de voto produzem-se essencialmente perante a companhia, na medida em que é no âmbito dos órgãos sociais que os convenentes e os administradores por eles indicados devem proferir o voto de acordo com as disposições pactuadas.

Note-se que ao se afirmar que o arquivamento na sede social vincula a companhia aos termos do acordo de acionistas, está-se referindo não apenas à pessoa jurídica, mas também aos seus administradores, visto que é somente através deles que a sociedade atua.[4]

Assim, o *arquivamento* do acordo de acionistas na sede social destina-se a impor à companhia a observância das cláusulas referentes ao exercício do direito de voto ou do poder de controle, impedindo-a de computar o voto manifestado em sentido contrário daquele previamente ajustado.

Em relação aos acordos de bloqueio, é fundamental assegurar sua oponibilidade perante terceiros, uma vez que somente com a presunção do conhecimento por parte destes é que lhes poderão ser opostas as restrições à livre circulação das ações.

Em outras palavras, a *averbação* nos livros sociais visa a garantir a eficácia dos *acordos de bloqueio*, permitindo que sejam

3. Luiz Gastão Paes de Barros Leães, *Estudos e Pareceres sobre Sociedades Anônimas*, São Paulo, Ed. RT, 1989, p. 214.

4. Arnoldo Wald, "Evolução do regime legal do conselho de administração, os acordos de acionistas e os impedimentos dos conselheiros decorrentes de conflitos de interesses", in *Revista de Direito Bancário, do Mercado de Capitais e da Arbitragem* 11/16.

consideradas inválidas as transferências de ações a terceiros, sem observância dos procedimentos estabelecidos entre os contratantes.

Neste sentido, Fábio Konder Comparato entende que:[5]

"Tais formalidades são de dois tipos: o arquivamento do instrumento do acordo na sede da companhia e a averbação das obrigações e ônus deles decorrentes nos livros de registro e nos certificados das ações, se emitidos (art. 118, *caput* e § 1º). A interpretação sistemática desses dispositivos leva a conclusão de que as formalidades respectivas dizem respeito a objetivos distintos, exatamente aos dois objetivos assinalados na cabeça do mesmo artigo. *O arquivamento do instrumento do acordo na sede da companhia procura estender à própria sociedade os efeitos da convenção naquilo que ela entende, diretamente, com o seu funcionamento regular, isto é, o exercício do voto em assembléia. Já a averbação das estipulações dos acordos nos livros de registros e nos certificados acionários é apresentada como condição de sua oponibilidade a 'terceiros'*, vale dizer, não mais *interna corporis*, na atuação dos órgãos societários, mas perante *não-acionistas, interessados na aquisição de ações emitidas pela sociedade e vinculadas a um acordo. Ela se refere, portanto, às estipulações sobre a compra e venda de ações e a preferência para adquiri-las*" (grifamos).

Ademais, a Lei 10.303/2001 confirmou tal entendimento, ao incluir, no art. 118 da lei societária, parágrafo dispondo que "o presidente da assembléia ou do órgão colegiado de deliberação da companhia não computará o voto proferido com infração de *acordo de acionistas devidamente arquivado*" (grifamos).

Ou seja, o dispositivo transcrito condiciona a possibilidade de o presidente da assembléia geral ou dos órgãos de administração da companhia não computarem o *voto* proferido em desconformidade com o acordo de acionistas *apenas* ao arquivamento do contrato na sede social, *não* exigindo a averbação de seus termos nos livros sociais ou nos certificados das ações.

Portanto, a eficácia perante a sociedade dos acordos de voto está vinculada *tão-somente* ao arquivamento do acordo de acionistas na sede social.

Assim, para que a companhia esteja obrigada a fazer cumprir as convenções para exercício do direito de voto ou do poder de controle basta que o acordo seja arquivado em sua sede, *não* havendo necessidade de averbação das obrigações pactuadas nos livros sociais e nos certificados das ações.

C — Os acordos de voto em bloco ("pooling agreements")

Conforme referido, a Lei 10.303/2001 incluiu expressamente o exercício do poder de controle como matéria típica de acordos de acionistas, reconhecendo, dessa forma, a eficácia perante a sociedade, dos chamados *acordos de voto em bloco* (*pooling agreements*).

O conceito de *pooling agreement*, como espécie de acordo de acionistas voltado para o exercício comum do controle societário, foi desenvolvido no direito norte-americano, onde tal acordo institui um *mandato* recíproco para as partes. Tal mandato confere aos convenentes que logrem, em reunião prévia, alcançar o direcionamento do voto do bloco de controle poderes para votar com *todas* as ações incluídas nesse bloco, ainda que na reunião prévia tenha havido votos minoritários discordantes.[6]

Pode-se, dessa forma, conceituar o *acordo de voto em bloco* como modalidade de acordo de acionistas visando, durante o prazo de sua duração, o exercício de controle comum sobre sociedade anônima.

5. Fábio Konder Comparato, *Novos Ensaios e Pareceres de Direito Empresarial*, Rio de Janeiro, Forense, 1981, p. 60.

6. Henn e Alexander, *Law of Corporations*, 3ª ed., West Group, 1983, pp. 518 e ss.

Nesse sentido, os convenentes formam um bloco de ações que deverá determinar em reunião prévia um sentido *único* para os votos a serem dados pelos acionistas contratantes nas assembléias da companhia e pelos administradores eleitos em virtude do acordo, nas reuniões dos órgãos de administração de que participam.

Os acordos de acionistas serão da espécie *acordo de voto em bloco* quando, na respectiva convenção, os seus signatários instituírem um órgão deliberativo interno, geralmente designado de "reunião prévia".

Em outras palavras, contendo o acordo de acionistas o procedimento de reunião prévia para que os contratantes decidam antecipadamente sobre a maneira como irão votar as ações componentes do controle nas assembléias e como serão dados os votos dos representantes desse mesmo acordo nas reuniões do conselho de administração ou da diretoria, estará caracterizada a existência do *acordo de voto em bloco*.[7]

D — A vinculação dos administradores aos termos dos acordos de acionistas

Desde a promulgação da Lei 6.404/1976 discutia-se a possibilidade de os acordos de acionistas vincularem a atuação dos administradores indicados pelos signatários do acordo.

A propósito, alguns doutrinadores entendiam que a regra prevista no art. 154, § 1º, da lei societária, segundo a qual os administradores são independentes em relação aos acionistas que os elegeram, impedia que aqueles estivessem vinculados às obrigações estabelecidas nos acordos de acionistas.

No entanto, o entendimento dominante era que não havia impedimento legal a que as partes em acordo de acionistas convencionassem sobre a orientação do voto a ser proferido pelos seus representantes no conselho de administração.

A única diferença era que tais cláusulas, embora perfeitamente eficazes entre as partes, não tinham eficácia perante a sociedade, uma vez que a redação original da lei societária apenas previa a obrigatoriedade de a companhia assegurar o cumprimento dos acordos sobre o exercício do direito de voto nas assembléias gerais.

Assim, no regime original da Lei 6.404/1976, a vinculação das deliberações do conselho de administração ou da diretoria ao acordo de acionistas era considerada cláusula acessória de tal contrato, visto que, embora dele integrante, não era oponível à sociedade.

Nessas condições, as sanções para o descumprimento da aludida cláusula acessória davam-se apenas *inter partes*, fora do âmbito da sociedade objeto do acordo.[8]

Com a entrada em vigor da Lei 10.303/2001, a lei societária passou a dispor expressamente que o acordo de acionistas arquivado na sociedade *vincula* não apenas o exercício do direito de voto pelos acionistas em assembléia geral, mas *também os administradores* indicados por tais acionistas, no que respeita às deliberações do órgão de que participem.

É o que dispõem os §§ 8º e 9º do art. 118 da Lei das S/A, *in verbis*:

"Art. 118. (....)

"§ 8º. O presidente da assembléia ou do *órgão colegiado de deliberação da companhia* não computará o voto proferido com infração de acordo de acionistas devidamente arquivado.

"§ 9º. O não comparecimento à assembléia ou *às reuniões dos órgãos de administração da companhia*, bem como as abstenções de voto de qualquer parte de acordo de acionistas ou de *membros do conselho de administração eleitos nos termos de acordo de acionistas*, assegura à parte prejudicada o direito de votar com as ações pertencentes ao acionista ausente ou omis-

7. Modesto Carvalhosa e Nelson Eizirik, *A Nova Lei das S/A*, São Paulo, Saraiva, 2002, p. 218.

8. Modesto Carvalhosa e Nelson Eizirik, ob. cit., p. 227.

so e, *no caso de membro do conselho de administração, pelo conselheiro eleito com os votos da parte prejudicada*" (grifamos).

Como se verifica, o dispositivo legal transcrito:

a) obriga o presidente do conselho de administração ou o diretor-presidente a não computar o voto proferido pelo conselheiro ou diretor em desacordo com o direcionamento de voto dado pelo bloco de controle; e

b) faculta que conselheiro ou diretor eleito em virtude do acordo vote pelo administrador ausente ou que se absteve de votar.

Assim, a cláusula que vincula os administradores aos termos dos acordos de acionistas deixou de ter caráter meramente acessório, passando a ser ela *vinculativa* para a sociedade, que deverá observá-la nas reuniões do conselho de administração ou da diretoria.

Note-se que a obrigatoriedade de observância das disposições do acordo de acionistas pelos administradores constitui conseqüência direta do reconhecimento do *poder de controle*, e não apenas do exercício do direito de voto, como matéria que pode vincular a sociedade.

Isto porque, na maioria dos casos, o poder de controle é exercido primeiro nos órgãos da administração da companhia, para, depois, exprimir-se na assembléia geral.[9]

Com efeito, nas instâncias administrativas da sociedade se tomam deliberações fundamentais para a companhia, seja para sua implementação direta, seja para propor à assembléia geral a aprovação de determinadas matérias relevantes previstas no acordo de acionistas.

Dessa forma, seria inócuo o acordo de acionistas que versasse sobre o exercício do poder de controle, mas que não vinculasse a atuação dos administradores nomeados pelos integrantes do bloco de controle.

Vale salientar que *não* há incompatibilidade entre o dever de independência do administrador, previsto no art. 154, § 1º, da Lei das S/A, e o acatamento das decisões que os signatários do acordo de acionistas adotaram em reunião prévia.

Isto porque o próprio acordo deve conformar-se com o interesse social, consoante o § 2º do art. 118 da lei societária, que prescreve que os "acordos não poderão ser invocados para eximir o acionista de responsabilidade no exercício do direito de voto ou do poder de controle".

Em conseqüência, o interesse social deve ser absolutamente preservado pelos termos do acordo de voto em bloco, bem como na sua execução e implementação.

O acordo de voto em bloco constitui meio eficiente para o exercício do poder-dever de controle, que é imprescindível para a consecução do interesse social, da realização do seu objeto e de seus fins.

De fato, é do interesse da sociedade que o poder de controle seja exercido de forma coerente e harmônica, não se devendo permitir que o grupo que detém o controle possa adotar uma orientação nas assembléias da companhia e outra diversa nas manifestações dos seus órgãos de administração.

Neste sentido, Waldirio Bulgarelli entende que:[10]

"(...) Não se há de esquecer que, ao tomarem o poder de controle, certamente o fizeram para traçar uma política para a companhia obter o interesse social, nos seus três níveis, o que *demanda uma orientação uniforme na conduta dos convenentes*, quer como acionistas quer como administradores, pois, como é curial, adquiriram a qualidade de controladores. Portanto, sua qualificação em relação ao papel desempenha-

9. Modesto Carvalhosa e Nelson Eizirik, ob. cit., p. 212.

10. Waldirio Bulgarelli, *Questões Atuais de Direito Societário*, São Paulo, Malheiros Editores, 1995, p. 195.

do junto à companhia passa por esses três planos: controladores, acionistas e administradores, *não sendo côngruo que a atuação em uma dessas posições possa contrariar a da outra ou das outras.* Em termos hierárquicos pode-se constatar que *em primeiro plano está a posição de controlador*, pois é o que exerce de fato o poder e dita a política da companhia, sendo assim *a obediência a essa política efeito natural do acordo ajustado que acompanha o acionista quando administrador.*

"(...)

"Certamente que não há nada de estranho nessa colocação, que apenas ressalta *a coerência que deve existir na busca dos interesses da companhia*, que são também, como é evidente, os dos acionistas" (grifamos).

Vale dizer, o controle comum deve ser exercido *em bloco* nas diferentes instâncias deliberativas da companhia, visto que a eventual existência de dissidência no grupo de controle levaria a uma conturbação na vida societária, com grave e irreversível prejuízo para o interesse social.

Assim, o voto em bloco obtido na reunião prévia atende ao interesse dos acionistas participantes do controle e ao mesmo tempo, ao interesse social, visto que este identifica-se com o interesse comum dos sócios.[11]

Acrescente-se que a não observância do pactuado no *acordo de voto em bloco* pode prejudicar não apenas a companhia, mas também os investidores que nela aplicaram seus recursos, conforme enfatiza Paulo Cezar Aragão:[12]

"Seria, enfim, absurdo — como acontece hoje — que os acionistas assinem os acordos, em aparente boa-fé, os conselheiros sejam nomeados cientes desses acordos e, mais adiante, por força de tal ou qual divergência, se invoque a suposta 'liberdade de consciência' para descumprir o pactuado.

"*Enfim, cumprir o contratado é, por definição, a melhor maneira de administrar qualquer companhia.* Os acordos de acionistas são públicos, deles tomam conhecimento os investidores em geral, e certamente, ao escolherem tal ou qual companhia para aplicar recursos, fazem-no na expectativa de que sejam seguidos os compromissos públicos dos acionistas constantes do acordo e do estatuto" (grifamos).

Diante disso, conclui-se que os membros do conselho de administração e da diretoria estão *vinculados* ao disposto no acordo de acionistas no que respeita aos seus votos proferidos nas reuniões de tais órgãos, *não* sendo tal vinculação incompatível com seus deveres de administrador.

Dessa forma, não poderá o administrador, representante do acordo de acionistas, obstruir o exercício do poder de controle estabelecido na convenção de voto em bloco, visto que, ao desobedecer à diretriz dada pelo bloco de controle, estará ele atuando com *abuso de poder.*

De fato, o voto contrário à orientação tomada pelos acionistas convenentes constitui não apenas obstrução ao cumprimento do acordo, mas também forma de *lesão ao interesse social*, pois poderá impedir o exercício do poder-dever de controle nas deliberações a serem tomadas nos órgãos administrativos da sociedade.

Essa eventual obstrução ao exercício do poder-dever de controle comum acarreta responsabilidade para o administrador, caracterizando violação aos princípios de lealdade, boa-fé e diligência que devem marcar a conduta dos participantes do controle comum.

Assim, a infringência do acordo, por ação ou omissão, por parte de qualquer administrador eleito em virtude do mesmo, constitui conduta *ilícita*, contrária ao inte-

11. Modesto Carvalhosa e Nelson Eizirik, ob. cit., pp. 221-222.

12. Paulo Cezar Aragão, "A disciplina do acordo de acionistas na reforma da Lei das Sociedades por Ações: Lei 10.303, de 2001", in *A Reforma da Lei das Sociedades Anônimas*, coord. Jorge Lobo, Rio de Janeiro, Forense, 2002, p. 377.

resse social, não podendo, em conseqüência, prevalecer.[13]

Diante disso, caso um administrador pretenda desrespeitar a orientação de voto dada pelos acionistas convenentes, o presidente do órgão (conselho de administração ou diretoria) terá a obrigação de suspender a eficácia desse voto contrário, bem como os demais representantes do acordo nos órgãos de administração poderão exercer o direito de voto em nome do administrador que descumprir o pactuado, conforme dispõem os §§ 8º e 9º do art. 118 da Lei das S/A.

E — A extensão dos efeitos dos acordos de acionistas às sociedades controladas

Questão também relevante refere-se à possibilidade de os efeitos dos acordos de acionistas abrangerem não apenas a companhia na qual os contratantes detêm ações, mas também as sociedades por elas controladas.

Trata-se dos denominados "*acordos em cascata*", isto é, aqueles celebrados em *holdings* para produzirem efeitos nas subsidiárias, direta ou indiretamente controladas.

A respeito, mesmo no regime original da lei societária, a jurisprudência havia se manifestado no sentido de que os "acordos em cascata" vinculam todas as sociedades integrantes do "grupo" empresarial, conforme se verifica da decisão do Tribunal de Justiça do Estado de São Paulo, nos seguintes termos:[14]

"Num ponto, todavia, houve-se com desacerto o julgado, ora revisto. Indevidamente, limitou a expansão da eficácia dos acordos de acionistas, que, anteriormente ao presente pleito, eram aceitos, sem restrição, por todas as unidades componentes do grupo empresarial. Ora, assim deve prosseguir o estado de coisas, conforme o defendem a inicial e o recurso dos autores. Vinculam-se à Celisa algumas firmas, como a Usina Costa Pinto, a Santa Bárbara e quero mais, ao passo que à Primavera também estão vinculadas empresas como a Usina da Barra, a Cia. Agrícola Pedro Ometto e demais, aludidas nos autos. *Inegavelmente, ficam sujeitas aos pactos, sem os cerceios injustificadamente estipulados no decisório de primeiro grau.*

"A execução dos pactos parassociais, portanto, há de ser feita de modo indivisível, pois a indivisibilidade lhes é inerente. *Ocorre, necessariamente, o chamado 'efeito cascata'*" (grifamos).

Vale dizer, a decisão supratranscrita reconheceu que os acordos de acionistas podem, válida e eficazmente, estabelecer obrigações para os representantes dos seus subscritores nos órgãos societários das companhias controladas.

A Lei 10.303/2001, a propósito dissipou qualquer dúvida porventura existente em relação à validade dos acordos de acionistas destinados a produzir efeitos em relação às sociedades controladas.

Isto porque, em primeiro lugar, a Lei 10.303/2001 passou a reconhecer a eficácia perante a companhia dos acordos para disciplinar o exercício do *poder de controle*.

A lei societária, ao regular o poder de controle, admite a existência não só do controle direto, como também do *controle indireto*, isto é, aquela modalidade de poder própria de um grupo de sociedades, em que poder de controle deriva de relações societárias entre as companhias e é exercido através dos órgãos sociais de outra companhia.[15]

De fato, o art. 116 da Lei das S/A estabelece que o poder de controle pode ser exercido pelo "*grupo de pessoas sob controle comum*", enquanto que o art. 243, §

13. Modesto Carvalhosa e Nelson Eizirik, ob. cit., p. 230.

14. Apelação cível 161.344-1/9, TJSP, 4ª CC, Rel. Exmo. Sr. Ney Almada, 1992.

15. Alfredo Lamy Filho e José Luiz Bulhões Pedreira, *A Lei das S/A*, Rio de Janeiro, Renovar, 1996, p. 625.

2º, menciona que a sociedade controladora pode controlar sua controlada "*diretamente ou através de outras controladas*".

Há ainda referência expressa ao controle indireto no art. 254-A da lei societária, segundo o qual deve ser realizada oferta pública de aquisição das ações dos minoritários não somente no caso da venda direta, mas também quando houver *alienação indireta* do controle acionário.

Portanto, a Lei das S/A, ao regular o exercício do poder de controle, está sempre abrangendo também o controle indireto.

Em vista disso, como o art. 118 da lei societária passou a mencionar os acordos de acionistas para o exercício do *poder de controle*, fica claro que a eficácia do acordo estende-se a todas as modalidades nas quais o poder de controle pode se manifestar, inclusive, o controle indireto.

Assim, uma das conseqüências de a Lei 10.303/2001 ter incluído o exercício do poder de controle como matéria típica dos acordos de acionistas foi o reconhecimento expresso da possibilidade de tais contratos produzirem efeitos em relação a todas as sociedades controladas, direta ou indiretamente, por seus signatários.

Além disso, conforme referido, a Lei 10.303/2001 também vinculou os administradores eleitos pelas partes às disposições dos acordos de acionistas, o que reafirma o entendimento de que estes estão aptos a produzir efeitos perante as sociedades controladas.

De fato, o poder de controle sobre as sociedades controladas é exercido através dos integrantes dos órgãos de administração da controladora, que possuem legitimidade para manifestar a vontade desta no âmbito de suas subsidiárias.

Logo, por estarem obrigados a observar as disposições do acordo de acionistas, os administradores da companhia controladora, ao atuarem como representantes desta perante os órgãos sociais das controladas, também *não* podem contrariar o pactuado entre as partes do acordo.

Ou seja, ao manifestar a vontade da controladora nos órgãos sociais da controlada, está o administrador obrigado a seguir o sentido do voto determinado pelos membros do bloco de controle.

Nessas condições, não há dúvida de que os efeitos do acordo de acionistas serão diretamente estendidos para as sociedades controladas.

Portanto, a Lei 10.303/2001 veio a consagrar o entendimento, já manifestado pela jurisprudência, de que são *legítimos* os acordos de acionistas que se destinam a produzir efeitos em relação a todas as companhias integrantes de um "grupo" de empresas.

CONSIDERAÇÕES ACERCA DA REPRESENTAÇÃO COMERCIAL FRENTE AO NOVO CÓDIGO CIVIL

JAIRO SADDI

1. Introdução. 2. Natureza jurídica da representação comercial e de seus efeitos contratuais. 3. A remuneração do representante comercial. 4. Hipóteses de ruptura da relação contratual e de suas conseqüências jurídicas.

1. Introdução

A Lei 4.886, de 9 de dezembro de 1965, que regula as atividades dos representantes comerciais autônomos, está próxima de completar 40 anos de vigência. Neste período, a lei sofreu uma grande modificação na década de 1990, através da Lei 8.420, de 8 de maio de 1992, que alterou diversos dispositivos.

A referida lei interfere diretamente, estabelecendo regras e normatizando a relação entre o Representado e o Representante. Esta relação, também muito conhecida como "relação de agência", é a representação comercial. A legislação específica determina aspectos contratuais e jurídicos envolvendo a atividade de comercialização de produtos por meio de representantes comerciais.

Por seu turno, o novo Código Civil[1] disciplina, a partir do art. 710, o contrato de agência e de distribuição. Tais institutos não apresentam noções ou normas semelhantes no Código Civil de 1916,[2] sendo, contudo, prática comercial ampla e antigamente utilizada. Estabeleceu, pois, o legislador, normas gerais aplicáveis à espécie. Desta forma, pacífica é a coexistência do novo Código Civil com a Lei 4.886/1965 por se tratar do mesmo instituto, como procurar-se-á mostrar neste ensaio.

O presente artigo envolve três temas. O primeiro tem por escopo definir a natureza jurídica da representação comercial e os seus efeitos contratuais na comercialização de produtos sob a égide do novo Código Civil e a lei da representação; o segundo, da incidência das respectivas comissões e das suas formas de pagamento; e, finalmente, o terceiro, das hipóteses de ruptura contratual e de suas conseqüências jurídicas.

2. Natureza jurídica da representação comercial e de seus efeitos contratuais

O contrato de agência, nos termos do art. 710 do novo Código Civil é aquele através do qual "uma pessoa assume, em caráter não eventual e sem vínculos de dependência, a obrigação de promover, à conta de outra, mediante retribuição, a realização de certos negócios, em zona determinada, caracterizando-se a distribuição quando o

1. Lei 10.406, de 10.1.2002.
2. Lei 3.071, 1º.1.1916.

agente tiver à sua disposição a coisa a ser negociada". O parágrafo único deste dispositivo permite taxativamente a possibilidade de o proponente conferir poderes ao agente para representá-lo na conclusão do negócio, aplicando-se nesta hipótese as regras fixadas no código referente ao mandato.

Como asseveraram Antônio Felix de Araújo Cintra e Renato Berger, em minudente ensaio sobre o tema, cabem duas indagações centrais: (a) se o contrato de agência previsto no Código Civil é o mesmo contrato previsto na Lei do Representante Comercial (Lei 4.886/1965, conforme posteriormente alterada) e, em caso positivo, de que maneira devem ser interpretadas as normas desses dois diplomas legais sobre a matéria; e, (b) se a distribuição prevista no Código Civil é a mesma relação contratual que tradicionalmente não era objeto de legislação específica e que era conhecida por distribuição.[3] Mais do que uma mera questão de nomenclatura, aqueles ensaístas lembram que o próprio nome "representação comercial" não traduz corretamente a noção do contrato a que se refere. O termo mais adequado seria agência, advindo do termo inglês *agency* (agente), "posto que a relação negocial implica agenciamento de pedidos. A representação poderia ou não ocorrer, dependendo de serem ou não conferidos poderes para que o agente representasse o proponente na contratação dos negócios. Ou seja, o agenciamento sempre ocorreria por força da natureza do contrato, sendo que a representação apenas existira se, além de agenciar os pedidos em favor do proponente, o agente tivesse poderes para representá-lo nas respectivas relações de compra e venda dos produtos agenciados. Diante dessa situação, é fácil entender que os legisladores do Código Civil apenas utilizaram o nome que lhes pareceu refletir de maneira correta a natureza do contrato".[4]

A definição de *agência* no Código Civil é idêntica à definição de *representação comercial* na Lei do Representante Comercial, como se verá. A diferença no novo Código Civil é a exclusão da expressão "negócios mercantis" que aparece na Lei do Representante Comercial, mas segundo Araújo Cintra e Berger, "a exclusão é absolutamente coerente com o desaparecimento da diferenciação entre negócios civis e mercantis na lei brasileira. Em ambos os casos, trata-se do agenciamento de pedidos em favor do proponente e do recebimento de remuneração pelos negócios concluídos. Ou seja, caracteriza-se a figura clássica de aproximação do comprador e vendedor, realizada pelo agente, que é contratado para encontrar compradores para os produtos do proponente. Note-se, ainda, curiosamente, que a Lei do Representante Comercial utiliza a expressão 'agenciando propostas ou pedidos' exatamente na definição da atividade do representante. Assim, observamos que existe uma estipulação geral e bastante abrangente, evolvendo tanto o *contrato de agência* quando o *contrato de distribuição*. Distingue-se o segundo do primeiro pelo fato de para caracterizar-se a distribuição é necessário que o agente tenha à sua disposição a coisa a ser negociada".

A regulamentação vigente da representação comercial, pela Lei 4.886/1965, além de específica e restrita aos interesses daqueles cujos efeitos recaem, constitui-se um sistema jurídico funcional e único. Com o advento do novo Código Civil, à vista de uma análise descuidada, poder-se-ia imaginar alguma espécie de conflito entre os normativos aplicáveis à espécie em questão. Entretanto, uma leitura mais atenta afasta tal hipótese; observamos que se tratam de dispositivos suplementares, perfeitamente coexistentes.[5] Veja-se que a men-

3. Antonio Felix de Araújo Cintra *et alli*, "Definição de agência e distribuição", *Gazeta Mercantil* 20.3.2003.

4. Idem, ibidem.

5. Este entendimento decorre da previsão, no novo Código Civil, da aplicação de legislação marginária, a saber: "Art. 721. Aplicam-se ao contrato de agência e distribuição, no que couber, as regras concernentes ao mandato e à comissão e as constantes de lei especial".

cionada lei regulamenta a profissão de representante comercial, normatizando a mesma, instituindo o registro obrigatório dos que exerçam a profissão em Conselhos Regionais criados nos termos do seu art. 6º da lei. Assim, aplicam-se aos representantes comerciais autônomos a legislação específica e, subsidiariamente, as inovações trazidas pelo novo Código Civil pátrio, consoante o art. 721.

Conceituada no art. 1º da Lei 4.886/1965, com redação que lhe foi dada pela Lei 8.420/1992, temos que a representação comercial é instituto jurídico que pressupõe um contrato remunerado, firmado entre dois comerciantes ou empresas comerciais, para que uma parte promova a venda de produtos da outra, efetuando negócios em nome dela, ou realize aproximação de clientes ou fregueses, mediante determinadas condições, que lhe serão variáveis em cada caso. Rubens Requião, comercialista emérito que se debruçou sobre o tema da representação comercial em obra seminal, assevera que existe representação "sempre que alguém age em nome e no interesse de outrem".[6] Planiol, por seu turno, observa que os atos de uma pessoa agindo por outra, sem que ela seja atingida pelos resultados jurídicos do ato que pratica, é característica também da relação de representação.[7] De Plácido e Silva, nesta mesma seara, define a representação comercial como sendo a "denominação atribuída ao estabelecimento comercial ou ao comércio em que se tratam ou se encaminham negócios. A representação, assim, não é negócio ou comércio por conta própria, mas comércio por conta alheia ou de outrem".[8]

Segundo lição do ilustre Prof. Waldirio Bulgarelli, a representação comercial é "uma atividade de intermediação exercida pelo representante comercial autônomo, em caráter profissional, sem dependência hierárquica, mas, de acordo com as instruções do representado. É um tipo específico de representação, pois, em princípio, o representante não é mandatário (o que poderá ser também desde que assim ajustado com o representado), nem comissário (o que poderá também ocorrer, cumulando ambas as situações), nem empregado, nem prestador de serviços no sentido técnico, mas que presta serviços, através do exercício da atividade de recolher (ou agenciar, como diz a lei) propostas ou pedidos para transmiti-los ao representado".[9] Ainda à guisa de uma definição conceitual, por oportuno, Fran Martins preleciona que "entende-se por contrato de representação comercial aquele em que uma parte se obriga, mediante remuneração, a realizar negócios mercantis, em caráter não eventual, em favor de outra parte".[10]

Ressalte-se finalmente, a observação de Arnaldo Sussekind e Délio Maranhão de que as relações entre empresas e pessoas que lhe prestam serviços podem ser decorrentes de *contrato de trabalho subordinado* (como, por exemplo, o contrato de emprego, por prazo indeterminado) ou então decorrente do *contrato de prestação de serviços autônomos*, os quais incluem os contratos de agenciamento e os de representação, objeto do parecer em tela.[11]

Diante das definições introdutórias que se deram acima, destacam-se como características essenciais do contrato de representação comercial cinco elementos constitutivos, conforme a moderna doutrina, e que podem ser listados como sendo:

a) ***Profissionalidade** do representante*. A atividade do representante deve ser o agenciamento de negócios, em caráter pes-

6. Rubens Requião, *Do Representante Comercial*, 8ª ed., Rio de Janeiro, Forense, 2000, p. 15.

7. H. Planiol, *Traité Élémentaire de Droit Civil*, v. I, n. 117.

8. De Plácido e Silva, *Vocabulário Jurídico*, Rio de Janeiro, Forense, p. 1.352.

9. Waldirio Bulgarelli, *Contratos Mercantis*, 9ª ed., São Paulo, Atlas, 1997, pp. 504 e 505.

10. Fran Martins, *Contratos e Obrigações Comerciais*, 3ª ed., Rio de Janeiro, Forense, 1993, p. 327.

11. Arnaldo Sussekind e Délio Maranhão, "Representante comercial", *Revista LTr*, v. 53, n. 3, São Paulo, mar. 1989, p. 272.

soal, por meio de propostas ou pedidos enviados ao representado. Assim, entende-se que para o representado é uma atividade ou ocupação especializada, que supõe preparo determinado. Caracteriza a representação como um meio de subsistência remunerada resultante do exercício do seu trabalho.

b) ***Autonomia***. Não existe qualquer vínculo de emprego entre o representante comercial autônomo e o representado, não existindo igualmente subordinação hierárquica, mas tão-somente uma subordinação de caráter exclusivamente empresarial. Orlando Gomes corrobora esta noção de autonomia da relação de representação apontando que existe subordinação do representante às ordens do representado, já que vai realizar atos em seu próprio proveito sem, contudo, caracterizar-se por ser uma subordinação plena e incondicional.[12] Assim, vale dizer, o representante não é empregado do representado.[13]

c) ***Habitualidade***. A representação comercial se caracteriza pela prática sucessiva e habitual de atos de agenciamento, sem que se possa caracterizar como remuneração salarial que, por sua natureza, não pode ser aleatória e sujeita a intempéries. O representante percebe comissões sobre os negócios por ele agenciados, participando, indiretamente, dos riscos empresariais daquela atividade econômica e o faz com a freqüência certa e determinada de uma atividade empresarial.

d) ***Comissionamento***. É a remuneração do representante, através da estipulação de comissões, as quais serão melhor estudadas adiante. Por ora, firme-se que é característica intrínseca do contrato de representação a comissão em sendo retribuição ou gratificação paga pelo representado ao representante.

e) ***Natureza comercial***. É a Lei 4.886/1919, no seu art. 1º, que expressamente estabelece a natureza mercantil dos negócios agenciados. Mesmo em sendo típico contrato *intuitu personae*, a natureza mercantil do representante é evidente à própria essência dos atos relacionados com a execução de negócios, o que quer implicar em mediação e agenciamento de atos de comércio.

Até a edição de lei específica, a profissão do representante comercial autônomo não esteve legalmente disciplinada, dependente, então, unicamente das obrigações estabelecidas contratualmente entre as partes. Como sói ocorrer, e seguindo as transformações históricas, adveio a já citada Lei 4.886/1965, revelando um alto caráter social no seu conteúdo, inspirada nas mesmas bases principiológicas do Direito do Trabalho, emprestando dali institutos e figuras afins, como o aviso prévio e a indenização, entre outras, numa tentativa de estabilizar as relações entre representantes e representados e proteger os representantes dos supostos abusos e incompreensões cometidos pelos representados, dando nova feição às relações contratuais entre os agentes.[14]

O novo Código Civil, como já se disse, não modifica tais princípios. Se está se dando outro nome para a mesma relação conhecida tradicionalmente como *representação comercial*, evidente que decorre da definição equivalente do contrato, acima mencionada, mas também da própria regulamentação encontrada nos arts. 710 e ss. do Código Civil. Afirmam com percuciência Araújo Cintra e Berger: "Toda a linguagem e toda a lógica desses dispositivos apontam para o agenciamento na compra e venda de mercadorias, por exemplo quando se fala em zona de atuação do agente, cessação de atendimento de propostas, direito à remuneração pelos negócios concluí-

12. Não se confunde o conceito com o conceito de subordinação jurídica, por ter natureza distinta. V. nota de rodapé 24.

13. Orlando Gomes, *Contratos*, São Paulo, Forense, p. 292.

14. O projeto de lei que aprovou tal Lei se referia, na sua exposição de motivos: "(..) estendendo ao representante alguma das vantagens e garantias que a legislação do trabalho assegura ao trabalhador assalariado" (Exposição de Motivos à Lei 4.886, *Diário do Congresso* 9.12.1965).

dos dentro da zona de atuação e assim por diante. Até a definição de distribuição, que conforme será visto aparece dentro da definição de agência e como um desdobramento desta última, menciona claramente 'coisa a ser negociada'. Ainda para demonstrar que o Código Civil tratou agência da mesma forma que a chamada representação comercial, verifica-se que o capítulo de agência ressalva expressamente a aplicação de lei especial sobre a matéria, tanto na parte específica de indenizações (art. 718) como na utilização da lei especial sempre que couber (art. 721). Ora, é evidente que a lei especial contemplada no Código Civil, cujo projeto foi elaborado em 1972, é a Lei do Representante Comercial, datada de 1965, ou aquela que viesse a substituí-la".

Se está compatibilizada a Lei do Representante Comercial com o capítulo de agência do Código Civil, faz-se necessário entender as causas de tal equivalência. Para Araújo Cintra e Berger, o novo Código Civil não pretendeu esgotar a regulamentação da matéria, tendo inclusive ressalvado a aplicação de lei especial — do que se depreende que devem ser considerados revogados apenas os dispositivos da Lei do Representante Comercial cuja matéria tenha sido regulada de forma diferente no Código Civil, permanecendo em vigor os demais. E, como exemplos, tomemos a ausência de cláusula contratual, donde agora passa a valer a presunção de exclusividade do Código Civil tanto para a zona de atuação exclusiva do agente como para o agenciamento, o que seria tipo de exclusividade em favor do proponente. (Art. 711: "Salvo ajuste, o proponente não pode constituir, ao mesmo tempo, mais de um agente, na mesma zona, com idêntica incumbência; nem pode o agente assumir o encargo de nela tratar de negócios do mesmo gênero, à conta de outros proponentes".) Afirmam eles ainda: "E naquela que deve ser a maior diferença, o aviso prévio para encerramento de contratos por prazo indeterminado não será simplesmente de 30 dias como previsto na Lei do Representante Comercial, mas deverá ter no mínimo 90 dias e, ainda assim, desde que já tenha transcorrido prazo compatível com a natureza e o vulto dos investimentos exigidos do agente".

Referidas previsões legais, além das bases filosóficas do direito trabalhista, encontram fundamento em dois princípios fundamentais do nosso ordenamento: o princípio da prevalência da vontade pública sobre a vontade privada e o princípio da hipossuficiência relativa. Senão, vejamos.

a) *Princípio da prevalência da vontade pública sobre a vontade privada.* O sempre atual Santiago Dantas ao discorrer sobre a evolução dos contratos no século passado, centrou seus estudos na contextualização da evolução dos princípios da autonomia da vontade, da supremacia da ordem pública e da obrigatoriedade das convenções, esta última limitada pela escusa da força maior e a evolução nas normas públicas que passaram a reger os contratos. Destaca-se de seus ensinamentos o exato exame da matéria que nos permitimos citar, na íntegra, três princípios que encerram o conceito acima: "O primeiro desses princípios foi o que se afirmou em contraste mais sensível com o direito anterior, e por isso há quem veja nele o traço característico da doutrina contratual do início do século XIX. Esse princípio se traduz, em primeiro lugar, na liberdade reconhecida às partes de estipularem o que lhes convier, fazendo de sua convenção uma verdadeira norma jurídica, que entre elas opera como lei. Nesse sentido, o princípio da autonomia da vontade se opõe à tipicidade do contrato, observada em certas fases históricas do Direito Civil; o conteúdo dos contratos depende exclusivamente do interesse das partes; todas as combinações podem ser neles abrangidas, desde que, como veremos ao examinar o princípio seguinte, não ofendam a ordem pública e os bons costumes. (...) A autonomia da vontade ainda se traduz na liberdade de contratar, isto é, de contrair ou não um vínculo contratual. É através deste conceito que a doutrina do contrato se liga à da propriedade, traduzindo a liberdade irrestrita de que goza o proprietário de comprometer ou não, segundo seus interesses, o seu patrimônio. Não poderia ser chamado contrato, em face desse conceito, o vínculo que a alguém fosse imposto por lei, ainda que se revestisse da aparência contratual. O princípio da autonomia da vontade, expresso na liberdade contratual e na liberdade de contratar, não foi, porém, jamais entendido e afirmado como princípio absoluto, a salvo de contrastes e limitações. Assim como nunca se concebeu o direito de propriedade como senhoria absoluta e ilimitada, afirmando-se pelo contrário, limitações legais de ordem pública e privada aos poderes do proprietário, assim nunca se afirmou o princípio de autonomia da vontade como faculdade de contratar tudo que aprouvesse às partes, sem limites e censuras de ordem jurídica e moral. (...) Esses limites se exprimem no segundo princípio acima enunciado: o da supremacia da ordem pública. Dele decorre a proibição dos pactos contrários à lei e aos bons costumes, e ao estabelecimento de normas específicas de caráter imperativo, que as partes não podem derrogar convencionalmente, as quais constituem o *ius cogens* contratual. O direito dos contratos apresenta-se, assim, constituído de dois grupos de normas jurídicas: *normas imperativas, isto é, inderrogáveis pelas partes, nas quais se traduzem as imposições de ordem pública; e normas supletivas ou declarativas, isto é, aplicáveis se as partes não dispuserem de outro modo, sobre as quais prevalece a autonomia da vontade.* (...) O terceiro princípio — o da obrigatoriedade das convenções — pode ser considerado simples formulação diversa do da autonomia da vontade, já que ambos se exprimem na regra de que o contrato faz lei entre as partes. Mas, enquanto o princípio da autonomia da vontade mira essencialmente o momento da estipulação e da conclusão do contrato, o da obrigatoriedade mira os seus efeitos e conseqüências. O que as partes, por mútuo acordo, estipularam e aceitaram, deverá ser cumprido (*pacta sunt servanda*) sob pena de execução patrimonial".[15]

b) *Princípio da hipossuficiência relativa.* Figura do direito econômico, e que tomou emprestado das políticas neo-sociais da República de Waiver, ao defender, por exemplo, o pequeno capitalista ou o pequeno industrial da voracidade dos grandes grupos econômicos com força e poder de abuso econômico.[16] Dissociados do conceito de *hipersuficientes*, que são os auto-suficientes em posição econômica superior, e do seu antônimo *hipossuficientes*, aqueles que apresentam debilidade econômica absoluta, os representantes comerciais podem ser caracterizados como hipossuficientes relativos, pois, na maioria das vezes, apresentam uma debilidade econômica relativa, ou seja, que é julgado por comparação e por critério de proporcionalidade em face do representado.[17]

Diante desses princípios e sobre forte influência do Direito do Trabalho, nasce a legislação sobre representação comercial, cuja característica principal é o seu componente contratual, reafirmado pela própria Lei 4.886/1965, pois é ela que permite que haja representantes comerciais autônomos com base nos contratos celebrados, desde que preencham os requisitos legais. Mesmo que, por vezes, o juízo laboral possa atribuir pouca importância aos termos do contrato entre representantes e representados, como lembra Chistóvão Malta, "preocupando-se basicamente em verificar se o trabalhador presta serviços nas condições previstas para a configuração do empregado, como disciplinado pela Consolidação das Leis do Trabalho, art. 3º" evidente também é a sua natureza contratual.[18]

15. F. C. Santiago Dantas, *Problemas de Direito Positivo — Estudos e Pareceres 3*, Rio de Janeiro, Forense, 1953, pp. 15 e ss.

16. A. F. Cesarino Jr., *Enciclopédia Saraiva de Direito*, São Paulo, Saraiva, 1973, p. 230.

17. Para uma visão do assunto, v. Richard de Stone, *Law of Agency*, Londres, Cavendish Press, 1998.

18. Chistóvão Piragibe Tostes Malta, "Representante comercial e empregado autônomo", *Repertório IOB de Jurisprudência* 3/99, Caderno 2, p. 59.

Duas questões exsurgem da análise da natureza da representação comercial: primeiro, a sobreposição da natureza cogente da lei *vis-à-vis* à vontade dos contratantes, e, em segundo lugar, a proteção que é dada ao representante, em decorrência de sua hipossuficiência relativa. O primeiro aspecto claramente se materializa quando se analisa, por exemplo, as dissoluções contratuais, onde, segundo entendimento dos tribunais superiores, afasta-se da "simples interpretação de cláusula contratual", ressaltando "o que está em jogo é a lei e lei de caráter social, (...), sobrepondo-se, em conseqüência, aos pactos. Afinal, do contrato de representação comercial, há de constar, obrigatoriamente, entre outras, a cláusula sobre indenização, no caso de sua rescisão. Na formação dos contratos, pressupõe-se declaração em conformidade com a lei".[19]

Naturalmente, decorrem desse princípio maior as normas gerais do novo Código Civil sobre obrigações e contratos, da mesma forma que ocorre em qualquer contrato atípico. Ou seja, inclui-se nos contratos de representação (agora agência e distribuição) os mesmos conceitos e princípios de boa-fé contratual e função social dos contratos, além de importantes dispositivos específicos como, por exemplo, a necessidade de ter transcorrido prazo compatível com o investimento realizado pela outra parte quando da denúncia unilateral de contrato (art. 473). Mais uma vez, tais princípios, "humanizam" o contrato; sua aplicação cautelosa, contudo, implica em critério de equidade.

Há, contudo, de se distinguir do contrato de distribuição. Infelizmente, como lembraram Araújo Cintra e Berger, a terminologia empregada no Código Civil pode criar grande confusão; não se trata da distribuição física do varejo; antes é aquela que é "caracterizada pela compra dos produtos do fornecedor para posterior revenda, negócio realizado portanto em nome próprio e por conta e risco do distribuidor". Ao contrário da agência, não há que se falar em remuneração paga pelo fornecedor. Tal distribuição era e continua sendo contrato atípico, posto que não regulado expressamente na lei, exceto com relação à distribuição de veículos automotores, objeto da Lei Ferrari (Lei 6.729/1979). Afirmam aqueles articulistas: "Utilizando o nome distribuição, o Código Civil contempla uma nova e diferente figura contratual, que nada mais é do que um desdobramento da relação de agência. A distribuição do Código Civil é contrato de agenciamento de negócios em favor do proponente, com a particularidade de que os bens objeto do agenciamento encontram-se na posse do agente, que passa a ser chamado também de distribuidor. Todo o capítulo de agência e distribuição corrobora tal constatação, desde a definição da distribuição como um derivado da agência (art. 710) até as disposições sobre o direito do distribuidor à remuneração por negócios concluídos em sua zona sem sua interferência (art. 714) e direito à indenização no caso de diminuição no atendimento de propostas (art. 715), todas referentes apenas a contratos de aproximação entre comprador e vendedor e nunca à aquisição de produtos para revenda por conta própria".

Por seu turno, o segundo aspecto mencionado, claramente está materializado na necessidade de harmonizar as relações entre representantes e representados, obrigatórias e cogentes em relação ao parceiro contratual, "um respeito obrigatório aos normais interesses do outro contratante, uma ação positiva do parceiro contratual mais forte para permitir ao parceiro contratual mais fraco as condições necessárias para a formação de uma vontade racio-

19. STJ, REsp 9.144-MG, Rel. Ministro Nilson Naves, registro 91047414. Muitos foram, no entanto, os críticos de tais prerrogativas. Melhor sumarizou-as, o Prof. Bulgarelli, quando indagou se "não seria mais consentâneo com a liberdade da iniciativa privada — reconhecida a profissionalidade e a autonomia do representante — deixar que as dissoluções contratuais por culpa do representado se resolvessem em perdas e danos, de acordo com as normas comuns do direito obrigacional?" (W. Bulgarelli, ob. cit., p. 505).

nal".[20] Assim é que o princípio da hipossuficiência relativa também passa a ocupar posição central ao tentar promover o equilíbrio entre relações desiguais.

3. A remuneração do representante comercial

Como retribuição pelo exercício da representação, o representado faz jus a comissão. De origem latina, *commissione*, originalmente, se pressupunha encargo, ato de cometer.[21] Atualmente, comissão significa remuneração ou gratificação paga pelo comitente ao comissionado.

O principal direito do representado é, assim, o recebimento da remuneração, à qual adquire direito, como assevera Bulgarelli, quando o comprador efetuar o pagamento ou na medida em que faça parceladamente.[22] Devem as comissões devidas, aceitos ajustes e acertos, serem pagas mensalmente. A jurisprudência firmou posição que: "O contrato de representação comercial, como de entendimento corrente, não leva a que seja a remuneração devida em razão apenas do trabalho realizado mas sim em decorrência do resultado útil desse. Deste modo, não concluído o negócio, de cuja intermediação incumbe-se o representante, não terá direito, em princípio, à comissão. Entretanto, realizado o negócio, se vier a ser desfeito, apenas por não convir ao representado sua execução, responderá pelo pagamento daquela".[23]

Temos, portanto, que dentre os direitos do representante está o de receber a comissão correspondente ao serviço prestado.[24] O pagamento delas é uma obrigação fundamental do representado, não dependendo, muitas vezes, como ficará consignado abaixo, do recebimento integral do preço ou da execução do contrato.

De acordo com a Lei, ela deve ser calculada pelo valor total das mercadorias vendidas, ou seja, pelo valor do contrato agenciado, incluído aí todos os custos, impostos e lucros do representado. Não é autorizado pelo diploma legal que se exclua qualquer valor da base de cálculo da comissão.

Ponto importante é a vedação às partes de estabelecer contratualmente que as comissões dos representantes comerciais incidam sobre os preços de venda na condição à vista, descontados determinados valores, como por exemplo, os impostos e custos. Observamos claramente na legislação pátria (Lei 4.886/1965, art. 32, § 4º), que o comissionamento do representante comercial se dará pelo valor total das mercadorias (custo + lucro + tributo) e assim deve ser calculada. A noção de valor total das mercadorias em nota fiscal está esculpida no Direito Tributário, ao estabelecer, no art. 37, III, do Código Tributário Nacional, que, ressalvados os casos expressamente previstos, a base de cálculo do imposto se dará com base no valor total da operação, compreendendo o valor das mercadorias e serviços. Igualmente, a jurisprudência pacificou que a base de cálculo do ICMS é o valor da mercadoria no momento da venda, expresso como o valor destacado e identificado na nota fiscal como valor total. Encargos ou juros, se não integrantes do preço, e, portanto, não expressos como valor da nota fiscal não compõem o seu valor total.

O festejado Rubens Requião, em seus comentários à lei, ensina que "o representante comercial adquire o direito às comissões quando do pagamento dos pedidos ou propostas (...)",[25] ainda que a efetuação do pagamento da comissão só se dê no momento do seu efetivo encaixe.

20. Claudia Lima Marques, "Os contratos de crédito na legislação brasileira de proteção ao consumidor", *Revista de Direito do Consumidor* 18/57, ano 2, abr.-jun. 1996.

21. Harper, *A Dictionary of Latin*, Londres, Webster, 1965, p. 231.

22. Waldirio Bulgarelli, ob. cit., pp. 164-165.

23. REsp 3.012, Rel. Min. Eduardo Ribeiro, data da decisão 10.9.1990.

24. "Art. 32. O representante adquire o direito às comissões quando do pagamento dos pedidos ou propostas. (...). § 4º. As comissões deverão ser calculadas pelo valor total das mercadorias".

25. Rubens Requião, ob. cit., p. 201.

Portanto, resta claro que o representante adquire o direito de receber a sua remuneração logo que o comprador efetue o pagamento ou à medida que o faça parceladamente, calculadas pelo valor total das mercadorias, conforme resposta do quesito anterior. Caso o contrato não estabeleça regras e prazos para o pagamento, este reger-se-á pelas disposições do art. 33 da Lei 4.886/1965. O mesmo artigo, no seu § 1º, disciplina as regras que excetuam o direito de o representante receber a sua comissão.[26] O representante também não terá direito a receber a comissão se o negócio for desfeito por sua culpa. Fora dessas hipóteses, o representante sempre fará jus a receber o valor das comissões dos negócios agenciados por ele, independentes do prazo do contrato. Assim, a comissão deve ser paga sobre o valor total das mercadorias, sem a dedução de impostos ou custos diretos e/ou indiretos, ou ainda, de encargos financeiros de qualquer natureza.

Como obrigação fundamental do representado, depreende-se que o pagamento da comissão é a conclusão de sua obrigação ou o aperfeiçoamento da execução de seu contrato, e não uma situação a ser ainda dirimida. Para melhor compreensão deste ponto, transcreve-se o entendimento da jurisprudência nacional, que de forma cabal firmou:

> Representação comercial. Comissão. Moeda estrangeira.
>
> A comissão a que tem direito o representante comercial, pela intermediação em negócio realizado em moeda estrangeira, calculada sobre o valor do negócio, deve ser expressa em moeda nacional, feita a conversão pelo câmbio do dia do pagamento do preço, corrigida, a partir daí, pelos índices oficiais de atualização. Recurso conhecido e provido em parte.[27]
>
> Civil. Ação de indenização. Contrato de representação. Rescisão unilateral. Comissões sobre descontos concedidos pela comitente. Pagamento por serviços de cobrança. Atraso no pagamento das comissões. Juros e correção monetária.
>
> (1) O comitente pode conceder o desconto que lhe aprouver, nas mercadorias vendidas por seu representante, dado que só a ele compete fixar o preço final dos seus produtos, devendo as comissões ser fixadas pelo efetivo valor das operações de venda. (2) Prevista no contrato a obrigação de cobrança dos títulos oriundos da atividade mercantil resultante da representação, não tem o representante direito a comissão extra sobre tal serviço. (3) Não se reconhece ao representante o direito a juros e correção monetária sobre comissões pagas com atraso, quando essa prática se entende por tempo prolongado, com a tácita conformação do credor. (4) Apelação conhecida e desprovida. Unânime.[28]

Quando se interpreta a Lei 4.886/1965, como já referido, há de se ter em mente de que estamos diante de uma lei de caráter social, sobrepondo-se ela, em conseqüência, sobre os pactos e contratos, apesar de sua natureza contratual.[29] Portanto, qualquer estipulação em sentido contrário ao seu comando legal seria nula de pleno direito.

Por fim, a comissão é definida como sendo diretamente uma porcentagem que deva ser calculada pelo valor total das mer-

26. "Art. 33. (...). § 1º. Nenhuma retribuição será devida ao representante comercial, se a falta de pagamento resultar de insolvência do comprador, bem como se o negócio vier a ser por ele desfeito ou for sustada a entrega de mercadorias devido à situação comercial do comprador, capaz de comprometer ou tornar duvidosa a liquidação."

27. REsp 31.712-SP, Rel. Min. Ruy Rosado de Aguiar, unânime, 21.6.1994.

28. TJRJ, apelação cível APC4001896, Rel. José Dilermando Meireles, unânime, j. 12.8.1996.

29. F. C. Santiago Dantas, ob. cit., explicita tais razões: "Regido pelos princípios da autonomia da vontade, da supremacia da ordem pública e da obrigatoriedade das convenções, ele oferecia ao capitalismo industrial nascente um poderoso instrumento de ascensão, adaptável a todas as necessidades da circulação da riqueza. Era, ao mesmo tempo, a obra mais acabada do racionalismo jurídico, não só pelo fundamento lógico de suas regras e princípios, como pela flexibilidade dos seus quadros sistemáticos".

cadorias vendidas, ou seja, pelo valor do contrato agenciado. A noção de *total* implica naquilo que *constitui ou abrange um todo*, ou seja, aquilo que é *completo*, e que é o resultado de uma determinada soma, a *soma das mercadorias individual e efetivamente vendidas, conforme relação na qual conste uma discriminação clara e precisa das mesmas*.

Assim, o recebimento da comissão independe de outra ação, por ser característico de uma relação de subordinação econômica definida — a relação da representação. Não é a exclusividade ou a assunção de riscos, elementos que definem a representação, mas a sua remuneração variável e dependente. Acentuou, com precisão, o Egrégio Tribunal do Trabalho, em acórdão onde define a relação de subordinação econômica, da qual a comissão é a sua remuneração, estabelecendo que "tanto o empregado quanto o representante comercial autônomo podem exercer funções semelhantes e, por isso, tanto quanto no mandato, as duas situações devem ser examinadas não pelo objeto da prestação, mas pelo vínculo da subordinação. A subordinação, entretanto, não deve ser confundida com as obrigações inerentes ao representante comercial autônomo, tais como a de fornecer ao representado informações detalhadas sobre o andamento dos negócios a seu encargo, quando lhe são solicitadas, ou dedicar-se à representação de modo a expandir os negócios do representado e promover os seus produtos, como dispõe a Lei 4.886/1965. A subordinação a ser considerada é aquela própria do empregado ao empregador, a chamada subordinação jurídica, que pressupõe dependência econômica (por meio das comissões auferidas), técnica e sobretudo, hierárquica".[30]

O Representado não pode, por força do disposto no § 7º, do art. 32, da Lei 4.886/1965,[31] alterar livremente o contrato, principalmente no tocante à remuneração dos representantes comerciais que já possuíam contrato firmado. Nos termos do referido parágrafo, qualquer tentativa do Representado de modificar termos e condições anteriormente acordadas será vedada caso a alteração vise, direta ou indiretamente, diminuir da média dos resultados auferidos pelo representante nos últimos 6 (seis) meses de vigência da relação previamente existente. Esta regra vem de encontro ao princípio supra exposto da hipossuficiência do representante comercial e das características sociais da Lei 4.886/1965, estabelecendo que nenhuma alteração que resulte em condição inferior àquela contratada poderá ser efetivada. Portanto, caso a empresa representada imponha nova condição contratual, através de um novo contrato ou de um aditamento do já existente, e esta nova condição cause uma diminuição no recebimento dos representantes, implicando, direta ou indiretamente, a diminuição dos resultados auferidos por eles nos últimos 6 (seis) meses, a empresa representada ficará sujeita a responder pelos danos causados aos representantes, podendo, ainda, responder por ilícitos do direito econômico, como, por exemplo, por abuso de poder econômico.

Entretanto, é possível que o representante comercial reduza unilateralmente a sua comissão em determinado negócio específico, a fim de viabilizar a realização de uma venda específica. O representante comercial pode, em certos casos, até renunciar ao direito de receber a comissão, especialmente naquelas vendas que visam apenas ampliar o mercado e não geram lucro imediato. Em qualquer destas hipóteses (redução ou renúncia da comissão), o representante poderá propor tais soluções ou situações, não existindo previsão legal para tal,

30. Ac. do TRT da 12ª R., de 8.3.1983, RO-1.190/82, Rel. Juiz Umberto Grillo, cit. in *Repertório de Jurisprudência*, v. III, 1985, verbete 1.420.

31. Art. 32, § 7º: "São vedadas na representação comercial alterações que impliquem, direta ou indiretamente, a diminuição da média dos resultados auferidos pelo representante nos últimos 6 (seis) meses de vigência".

constituindo-se manifestação de vontade autônoma. Nestes termos, a empresa representada deverá adotar certas medidas preventivas, tomando certos cuidados necessários, visando instrumentalizar a requisição do representante comercial, devendo para tal individualizar as situações, firmando um instrumento específico e único para cada nova situação.

A legislação vigente aplicável à espécie fixa um dia específico para o pagamento da remuneração do representante comercial, qual seja, todo dia 15 do mês subseqüente ao da liquidação da fatura.[32] A data é um marco, após o qual o representante passa a ter direito ao recebimento das comissões. Contudo, é permitido que a representada efetue o pagamento de comissão de forma antecipada, visando capitalizar o representante comercial, para o incremento, melhoria e desenvolvimento dos negócios, fazendo a compensação de tais valores pagos com comissões futuras. Trata-se de uma faculdade do Representado, que deve ser expressamente prevista em contrato, tendo em vista não haver previsão legal para tanto. Resta explícita uma preocupação, tanto com a forma, como com o documento que formalizarão tais antecipações e conseqüentes compensações. Assim, além de previsão contratual expressa e clara, faz-se necessária a contratação de um aditivo contratual para cada antecipação paga, bem como a previsão para eventuais compensações de valores, caso o pagamento do comprador não se efetue. Ou seja, o Representado deverá buscar munir-se de elementos suficientes, visando proteger-se contra eventuais e futuros problemas ou até ações judiciais pleiteando a devolução de quantias descontadas a título de compensação.

32. Art. 32, § 1º, da Lei 4.886/1965: "§ 1º. O pagamento das comissões deverá ser efetuado até o dia 15 (quinze) de cada mês subseqüente ao da liquidação da fatura, acompanhada das respectivas cópias das notas fiscais". Este parágrafo foi acrescentado ao texto legal após a reforma da lei em 1992, pela Lei 8.420.

4. Hipóteses de ruptura da relação contratual e de suas conseqüências jurídicas

Como se sabe, uma das condições de validade e eficácia contratual é a manifestação explícita ou tácita da vontade.[33] Assim, não é demais refrisar que contrato é espécie de negócio jurídico que se realiza mediante o consenso mútuo, tendo em vista a satisfação de determinados interesses jurídicos, sejam necessidades ou utilidades e, como tal, depreende-se que tenha dois tipos de requisitos, os objetivos e subjetivos (aqueles referentes ao seu objeto, se lícito e possível, e este quanto à capacidade das partes e de seu consentimento).[34]

Se é relativo à convergência da vontade, do consenso — *solus contractus obligat* — um dos princípios que passará a albergar é também a sua retratação. Distingue-se a obrigatoriedade contratual da possibilidade de inalterabilidade. Enquanto é pressuposto de que o contrato tenha estabilidade, no sentido de que ele não se presta a mutações, preservando os interesses dos contratantes até a extinção do negócio jurídico, em caráter excepcional e em circunstâncias imprevistas, especialmente nos casos de resolução ou resilição.

No caso de representação comercial, a Lei 4.886/1965 preceitua de forma minudente as hipóteses de rescisão contratual. O seu art. 34 dispõe que a denúncia, por qualquer das partes, sem causa justificada (entenda-se causa justificada como aquela que tem comprovação judicial de algum fato, mediante documentos e testemunhas, a fim de servir de prova em processo regular) e desde que tal contrato esteja vigorando por mais de 6 (seis) meses, obriga-se, salvo outra garantia prevista, à concessão de prévio aviso com antecedência mínima de trinta dias, ou ao pagamento de importân-

33. Roberto Senise Lisboa, "Princípios gerais dos contratos", *RT* 745/27-40, Fasc. Civil, ano 86, nov. 1997.

34. Idem, ibidem, p. 29.

cia igual a 1/3 das comissões auferidas pelo representante, nos três meses anteriores.

Em relação ao representado, de acordo com o art. 35, constituem-se motivos justos para a rescisão: (a) desídia do representante no cumprimento de suas obrigações decorrentes do contrato; (b) a prática de atos que importem em descrédito comercial do representado; (c) a falta de cumprimento de quaisquer obrigações inerentes ao contrato de representação comercial; (d) a condenação definitiva por crime considerado infamante e, finalmente, (e) força maior. Pelo lado do representado, poderá ele rescindir o contrato quando estiverem presentes os motivos elencados no art. 36: (a) redução de esfera de atividade do representante em desacordo com as cláusulas do contrato; (b) a quebra, direta ou indireta, da exclusividade, se prevista no contrato; (c) a fixação abusiva de preços, em relação à zona do representante, com o exclusivo escopo de impossibilitar-lhe ação regular; (d) o não-pagamento de sua retribuição na época devida; e, também, (e) força maior.

Sobre a indenização, disciplina o NCC que, no art. 715 que "o agente ou distribuidor tem direito à indenização se o proponente, sem justa causa, cessar o atendimento das propostas ou reduzi-lo tanto que se torna antieconômica a continuação do contrato" O agente e o distribuidor organizam sua atividade de modo a viabilizar as vendas de produtos do fornecedor. Desse modo, se este, *sem justa causa*, não mais atender as solicitações do agente ou do distribuidor ou reduzi-la de modo que a continuação do contrato não é mais producente, torna-se devido o pagamento de indenização. Visando a evitar maiores conflitos caso isso venha a ocorrer, é importante que o contrato de agência ou de distribuição já estabeleça as conseqüências advindas desse fato.

Decorre também o preceito do direito de retenção nas hipóteses do representado se ressarcir de danos causados pelo representante, consoante lições de Waldemar Ferreira, emérito comercialista da Faculdade de Direito da USP: "quem legitimamente detenha coisa móvel ou título de crédito de seu credor, dele recebido ou mesmo, de outrem, a fim de entregar-lhe, tem a faculdade de retê-lo consigo até que seu crédito seja pago".[35] No entanto, se o direito de retenção está expressamente disciplinado pela lei em relação ao representante, em relação ao representado, silenciou, não aplicando o mesmo critério.[36] O novo Código Civil também silenciou a respeito.

Finalmente, é importante uma análise mais detalhada da indenização devida pela rescisão de representação comercial estabelecida pelo art. 27 daquela Lei, alínea *j*, onde se fixa que: "indenização devida ao representante, pela rescisão do contrato fora dos casos previstos no art. 34, cujo montante não será inferior a um vinte avos (1/20) do total da retribuição auferida durante o tempo em que exerceu a representação, a contar da vigência desta lei".

Assegura ao representante este inciso a uma indenização determinada na hipótese de rescisão unilateral. Evidente que não se estabelece o *quantum* enquanto direito do exercício da representação, mas, diferentemente da indenização pela rescisão motivada (*ubi lex non distinguit nec nos distinguere debemus* — independe do prazo nele ajustado), a rescisão imotivada e antecipada visa aos contratos por tempo indeterminado, não se aplicando a disciplina do novo Código Civil.[37] Sobre isto, por-

35. Waldemar Ferreira, *Tratado de Direito Comercial*, v. II, p. 413, n. 2.557.

36. Rubens Requião, ob. cit., p. 233. O Prof. Requião entende de forma particular que para "dirimir quaisquer dúvidas que ainda persistissem no direito brasileiro, sobre a faculdade de o representante comercial reter bens e valores do representado, para garantir crédito seu não pago pelo mesmo, em virtude de não haver lei expressa concedendo-o, fácil seria desfazê-las, invocando, por analogia, o direito de retenção que a lei outorga ao mandatário sobre o objeto do mandato. O Código Comercial, com efeito, no art. 156, confere ao mandatário o direito de reter, do objeto da operação que lhe foi cometida, quanto baste para o pagamento de tudo quanto lhe foi devido em conseqüência do mandato".

37. Cf. "sendo de representação comercial o contrato em tela, escapa à disciplina do Código Ci-

tanto, o contrato de representação extingue-se no termo por ele estipulado, permitindo, em caso de rescisão antecipada de tal contrato, por ato imotivado, o pagamento de indenização, preservado a denúncia, por qualquer das partes, após seis meses de vigência, com a obrigação de pré-aviso de 30 dias ou o pagamento de quantia equivalente a 1/3 das comissões auferidas pelo representante nos últimos três meses, de acordo com o art. 34. Já a extinção do contrato, como lembra Orlando Gomes, não se confunde nem com rescisão nem com denúncia, e não gera qualquer direito à indenização.[38]

Desta forma, é devida pelo Representado a indenização prevista no art. 27 da Lei 4.886/1965, na hipótese do representante comercial rescindir unilateralmente o contrato sem justo motivo, mesmo que não tenha havido qualquer comunicação prévia.[39] O fato de a rescisão ser motivada pelo representante, e não pelo representado, não altera em nada o dispositivo cogente do art. 27, tendo em vista que o *caput* estabelece que no contrato de representação por escrito deverá constar, obrigatoriamente, hipótese de indenização, excluídas aquelas previstas no art. 35. Assim, os institutos jurídicos que se referem o art. 27 e o art. 34 não se confundem. Enquanto o primeiro estabelece a obrigação de indenizar, o outro estabelece a obrigação de aviso prévio. A indenização será devida, segundo o art. 27, alínea *j*, pela rescisão do contrato por razões imotivadas de rescisão, observando-se a necessidade de aviso prévio, sendo que o montante indenizável não será inferior a um vinte avos (1/20) do total da retribuição auferida durante o tempo em que exerceu a representação.

Desta forma, pode-se afirmar a existência de duas indenizações distintas, qual sejam, aquelas decorrentes da rescisão unilateral do contrato por parte do representante comercial, sendo que numa situação existe, e não outra não existe, a comunicação (aviso prévio) nos termos do art. 34. A comunicação prévia de no mínimo 30 (trinta) dias, por si só, não é obrigatória, entretanto, caso o representante não conceda, a sua indenização será aquela prevista no art. 34 da lei que regula a representação comercial.

Com relação ao montante devido, em virtude da rescisão contratual e a conseqüente indenização, o Representado terá a faculdade de descontar das comissões vincendas e não pagas ao representante comercial o valor decorrente da indenização. Assim, caso exista algum valor eventualmente ainda devido decorrente da sua regular atividade de representação comercial, por qualquer motivo que seja, poderão as partes realizar o desconto deste com a indenização. No que tange à hipótese do representante não conceder ou não autorizar o desconto, na hipótese em que se recusa a cumprir o pré-aviso, aplicar-se-ia o direito de retenção previsto no art. 37, "com o fim de ressarcir-se de danos por este causados", enquanto compensação por eventuais prejuízos. A clara exegese da norma mostra que a recusa, tanto no cumprimento do pré-aviso, quanto na sua substituição pecuniária, ensejaria um justo motivo que poderia, em tese, levar à retenção, pelo representado, das comissões vincendas, exercendo débito (se for o caso) daquilo que ainda não foi pago.

Outra hipótese, que pode gerar alguma espécie de questionamento, é aquela referente ao falecimento ou invalidez per-

vil, subordinando-se, isso sim, à lei específica regedora da matéria, ou seja, à Lei 4.886" (Ac. da 3ª Câmara Civil do TJMG, 29.12.1977, Rel. Des. Correia de Amorim).

38. Orlando Gomes, *Contratos*, 7ª ed., Forense, 1979, p. 157.

39. V. acórdão do STJ referente ao julgamento do RE 9.144-MG, cujo Relator foi o Ministro Nilson Naves, com a seguinte ementa: "*Representação comercial (Lei 4.886/1965). Denuncia do contrato, sem motivo justo. Indenização.* O contrato dessa espécie há de prever, e sempre, a indenização devida ao representante, no caso de sua rescisão. É de ter-se por equivocada a referência ao art. 34, contida no art. 27, letra *j*; a referência é ao art. 35 (RE-81.128, in *RTJ* 75/619). O pré-aviso não exclui a indenização devida ao representante; no caso de omissão do contrato, aplica-se o parágrafo único do art. 34. Recurso especial conhecido, por ambas as alíneas, e provido".

manente do representante comercial no curso da relação contratual. Neste caso, poder-se-ia alegar ser devida pelo Representado a indenização prevista no art. 27 da Lei 4.886/1965. Entretanto, tal entendimento não procede. Como esclareceu o Prof. Bulgarelli, "como os contratos nascem, também morrem; diz-se que se extinguem, o que ocorre, normalmente, pelo cumprimento das obrigações".[40] Contudo, alguns contratos, por suas características próprias, como o de representação comercial celebrado com pessoa física, termo da Lei 4.886/1965, ou com pessoa natural, conceito do Código Civil, assumem um caráter personalíssimo (*intuitu personae*) e apresentam a morte de um dos contratantes como motivo para a dissolução do pacto celebrado.[41] Sobre este tema, o eminente jurista Caio Mário da Silva Pereira esclarece: "quando um contrato é celebrado *intuitu personae*, a impossibilidade da execução sem culpa, como a morte daquele em consideração do qual se ajustou, tem como conseqüência a sua resilição automática, dado que é insubstituível a parte falecida. Esta cessação pode-se dizer resilição convencional tácita, por entender-se que os contratantes o avençaram com a cláusula implícita de extinção".[42] O mesmo conceito se aplica para os casos de invalidez permanente do representante, desde que a invalidez o proíba de executar as suas atividades laborais cotidianas. Não existindo culpa dos contratantes pela resilição convencional tácita, nenhuma indenização será devida na sua ocorrência.[43] Ressalte-se, entretanto, que tanto a morte do representado, como a sua invalidez, não prejudicam a validade dos atos por ele praticados. Esse é o entendimento dos Tribunais pátrios:

> Representação comercial autônoma. Morte do representante. Indenização.
>
> *Representação comercial autônoma.* Não é devida indenização quando a execução do contrato se torna impossível pela morte do representante.[44]
>
> *Representação comercial autônoma. Contrato verbal.* É competente o Tribunal de Justiça para as ações oriundas do contrato de representação, que é típico, distinto do mandato, ajuste de trabalho, prestação de serviço, mediação e comissão mercantil. A aparência governa a atividade comercial e engendra efeitos quando o ato praticado não conflita com a ordem recebida e ou a natureza do negócio realizado. A morte do representante extingue o ajuste. Se o filho, que trabalhava com o falecido, prosseguiu nos negócios, fê-lo em nome próprio, sem subrogar-se, como sucessor, nos direitos do sucedido. A autorização para vender tecidos na praça do Rio de Janeiro não tem o talento de transferir-lhe representação comercial autônoma existente, anteriormente, com o falecido pai. Os princípios da economia processual e da finalidade prática do processo estimulam o aproveitamento do que foi produzido, máxime quando as partes, principalmente a ré, que antes se opusera ao procedimento sumaríssimo, com ele anuíra, ao declarar-se satisfeita com a atividade processual cumprida. Provimento do apelo para julgar improcedente a ação, com inversão dos ônus sucumbênciais.[45]

Percuciente é a afirmação de Sussekind e Maranhão, no âmbito do Direito do Trabalho, ao afirmarem que: "(...) a renovação do contrato a prazo de representante comercial não o transforma em relação jurídica por tempo indeterminado, ainda que

40. Waldirio Bulgarelli, ob. cit., p. 157.

41. O Código Comercial, no item 3 de seu art. 157, é expresso ao estabelecer que "o mandato acaba: (...) 4. pela morte natural ou civil (...)".

42. Caio Mário da Silva Pereira, *Instituições de Direito Civil*, v. III, Rio de Janeiro, Forense, 1992, p. 102.

43. Resilição pode ser definida como a faculdade estipulada no contrato de as partes dissolverem a avença unilateral ou bilateralmente. V. Orlando Gomes, ob. cit.

44. Apelação cível, processo 1992.001.01167, Rel. Des. Marden Gomes, unânime, 5.5.1992.

45. Apelação cível, processo 1987.001.00359, Rel. Des. Mello Serra, unânime, 7.4.1987.

os contratos se sucedam sem solução de continuidade. A prorrogação ou recondução tácita do contrato é que gera essa transformação, sendo que a expressa só a determina, se assim acordarem as partes".[46]

Na mesma esteira, o mestre baiano indica que a recondução expressa, prolongamento mediante expresso acordo de vontades, não ocorre a conversão dos contratos por tempo determinado em contrato por tempo indeterminado.[47]

Imperioso é concluir que a expressão "*a tempo em que exerceu a representação*" diz respeito aos contratos por prazo indeterminado e que na rescisão injustificada do contrato, a indenização pode abranger apenas o tempo de representação da vigência do contrato.[48]

46. Arnaldo Sussekind e Délio Maranhão, ob. cit., p. 277.

47. Orlando Gomes, ob. cit., p. 278.

48. Anote-se ainda que, segundo REsp 4.474-SP, segundo o Ministro Athos Carneiro, "(...) irreprochável a interpretação que à lei, em seu art. 27, letra *j* e parágrafo único, e arts. 34 e 35, atribuíram as instâncias locais. Uma coisa é a denúncia vazia do contrato por qualquer das partes, que obriga à concessão do pré-aviso ou pagar ressarcimento substitutivo do pré-aviso. Outra coisa, a indenização devida ao representante no caso de rescisão do contrato, somente compreensível nas hipóteses de rescisão sem justa causa (...). Não teria sentido algum, seria fora de todo o sistema e de toda a justiça, a alternatividade pré-aviso ou a indenização da letra *j*".

REGISTRO DO COMÉRCIO E OS LIMITES DE SUAS EXIGÊNCIAS

João Luiz Coelho da Rocha

A regulamentação do registro comercial. Os excessos do poder regulamentar. Inexistência de prejuízos aos credores públicos. O direito das empresas ao registro.

A regulamentação do registro comercial

No sistema Constitucional brasileiro (art. 24, III da Carta) compete à União, aos Estados e aos Municípios legislar de modo concorrente sobre as "juntas comerciais" ainda que somente à União cabe a competência legislativa sobre direito comercial (art. 22, I).

Encontra-se hoje na Lei federal 8.934/1994 a teia normativa do registro público de empresas mercantis, ali se dispondo sobre as juntas comerciais (arts. 5º e ss.) órgãos que, por sua vez, são supervisionadas (art. 4º, I) e coordenados "no plano técnico" pelo Departamento Nacional do Registro de Comércio DNRC, um ente federal.

A este mesmo DNRC é cometida pela lei (art. 4º, II) a função de estabelecer e consolidar, com exclusividade, as normas e diretrizes gerais do Registro do Comércio.

É nesta matriz legal que o DNRC adota normas como a Instrução Normativa 88, de 1.2.2000, que fixa regras para o arquivamento de "atos de transformação, e incorporação, fusão e cisão de sociedades mercantis".

O ato normativo em questão se pauta, com propriedade, nos arts. 220 a 229 da Lei 6.404, que, na verdade, ainda que pertinentes a sociedades anônimas, é a mais recente palavra legislativa sobre tais operações societárias no país, valendo notar que às sociedades por quotas as regras já se aplicam pela subsidiariedade invocada no próprio Decreto 3.708.

Articulado, pois, em suas funções de prolatar as diretrizes para o registro comercial, o DNRC vem prescrever os documentos necessários para o compulsório arquivamento na Junta, daqueles importantes atos societários.

Aparece ali a exigência do art. 24 da Instrução Normativa, no sentido de que quaisquer arquivamentos de atos de "transformação de tipo jurídico, incorporação, fusão e cisão de sociedades" hão de ser instruídos com certidões de:

• quitação de tributos e contribuições federais para com a Fazenda Nacional, emitida pela SRF;

• negativos de débitos fornecido pelo INSS;

• negativo de inscrição de Dívida Ativa da União, emitida pela PGFN;

• de regularidade do Fundo de Garantia por Tempo de Serviço (FGTS), emitida pela CEF.

O objetivo, evidente, é o de apertar o cerco aos devedores de créditos públicos ou socialmente relevantes.

Resta indagar se essa intenção final é justificativa lógica, e jurídica, para esse tipo de exigência que, de todo modo, é entrave criado ao livre exercício do comércio, da atividade privada.

Os excessos do poder regulamentar

A nosso entender, o poder regulatório aí se extremou e desbordou de seus limites, o que podemos afirmar até sem necessidade do apelo às regras primordiais da liberdade de empreendimentos, de associação, e de exercício de ofícios, contidos na Carta Constitucional (arts. 1º, IV, 5º, XIII, XVII).

O fato é que não há delegação legal nenhuma ao órgão administrativo para este exigir, como condição de arquivamento daqueles atos societários, a produção, pelas sociedades envolvidas, daquelas certidões de quitação ou inexistência desses débitos.

Ensinando por tantos outros, Celso Antônio Bandeira de Mello (*Curso de Direito Administrativo*, 13ª ed., Malheiros Editores, 2001, pp. 335-336): "Se o regulamento não pode criar direitos ou restrições à liberdade, propriedade e atividades dos indivíduos que já não estejam estabelecidos e restringidos na lei, menos ainda podem fazê-los instruções, portarias ou resoluções".

E, no entanto, pode-se perceber que nada há de incomum, na ordem brasileira, nesse avanço do poder regulamentar sobre esferas reservadas à competência legislativa *estrito senso*, e aí, geralmente, como nesse caso do DNRC perante o Registro do Comércio, para erguer embaraços legais ao direito das empresas deliberarem suas pretendidas transformações de forma ou de fundo e tê-las arquivadas para os efeitos normativos perante o cartório público competente.

Mesmo que pretenda aí o improvisado legislador apertar o cerco a devedores, e, tentar por esse meio de empecilhos registrais coibir manobras elisivas, de modo a que fusões, cisões, incorporações ou mesmo mudanças de tipo societário resultem em escape a dívidas existentes, mesmo assim falta-lhe base legal e constitucional para isso, resultando, enfim, num gravame injurídico aos direitos dos cidadãos que exercem seu ofício, sua atividade, por meios associativos.

Inexistência de prejuízos aos credores públicos

Não há desaparecimento ou mesmo diluição de responsabilidade por débitos tributários, previdenciários ou para-laborais (os ligados ao FGTS) com o advento de qualquer mudança na sociedade, seja a alteração de forma societária, seja qualquer uma das maneiras de fusão social (incorporação, fusão) ou de divisão societária (cisão).

O Código Tributário Nacional é bem claro ao dispor sobre a permanência da responsabilidade fiscal em todas essas hipóteses que, ao fim, caracterizam sucessão empresarial.

Sacha Calmon, falando pela unanimidade doutrinária, analisando o disposto na Lei Complementar tributária ensina: "Na hipótese de sucessão empresarial (fusão, criação, incorporação), assim como nos casos de aquisição de fundo de comércio ou estabelecimento comercial, e, principalmente nas configurações de sucessão por transformação do tipo societário (sociedade anônima transformando-se em sociedade por cotas de responsabilidade limitada, *v.g.*) entendemos que não há cogitar de assunto nas hipóteses ora versadas em verdade, inexiste sucessão real, mas apenas legal o sujeito passivo é a pessoa jurídica que continua total ou parcialmente a existir juridicamente, sob outra 'roupagem institucional'" (*Comentários ao Código Tributário Nacional*, Forense, 1997, em conjunto com outros autores, p. 304).

No campo trabalhista, e aí se cuida dos débitos à conta do FGTS, a matéria ainda mais severamente é tratada, com base nos princípios da CLT, pois não só os diretores acionistas e sócios mas, ainda, o grupo econômico da empresa devedora são chamados a responder.

Não há, pois, risco nessas hipóteses, para o credor, para a persecução de seus eventuais créditos contra aquela determinada sociedade, que terá se transformado de limitada em anônima, ou vice-versa, ou terá se fundido com outra, ou se dividido em duas ou mais, ou sido incorporada.

Ainda, se quisermos extremar em pensamento as hipóteses teóricas de transformação — incomuns ou raras que sejam — de uma sociedade de capitais ou mista (anônimas, por quotas) em sociedade de pessoas nada reduz, antes agrava o painel de responsabilização.

Se uma empresa por quotas se torna uma companhia, fora o desaparecimento da responsabilidade pela integralização das quotas de outros em caso de falência, nada altera o quadro, sendo irredutível o chamamento dos acionistas controladores, diretores ou sócios-gerentes a juízo no caso de débitos fiscais preexistentes ou nascidos antes da conversão da forma social, desde que atendam aos requisitos legais (art. 135 do CTN), jurisprudencialmente consagrados para tal chamamento pessoal (atos com violação da lei ou dos estatutos ou contrato social).

Vê-se, pois, que razão não há para essa exigência burocrática do DNRC, de produção de certidões negativas ou de quitação para arquivamento desses atos societários.

O direito das empresas ao registro

É sempre bom lembrar, como o faz Fábio Ulhôa Coelho (*Curso de Direito Comercial*, v. 1, Saraiva, 1998, p. 71), que a prova do registro na Junta é condição para a efetiva limitação da responsabilidade dos sócios (art. 301 do Código Comercial) e para a legitimação do pedido falimentar ou concordatário (arts. 9º, II, *a*, e 140, I, da Lei de Falências).

A desarrazoada e exorbitante exigência, por parte da norma do DNRC, de fazer com que as Juntas Comerciais só arquivem aqueles importantes atos das sociedades mercantis mediante a produção dessas certidões, representa, pois, um empecilho injurídico ao seguimento normal das atividades comerciais.

Ainda que houvesse uma motivação justa e assentada para a demanda daquelas quitações, o que já vimos não acontece, pois que as correspondentes responsabilidades não cessam ou diminuem diante dos atos societários referidos; o que é de maior relevo é o fato de que o órgão administrativo, ao receber aquela delegação legal (art. 4º, II, da Lei 8.934/1994) para estabelecer as "normas e diretrizes gerais do Registro Público de Empresas Mercantis (...)" não estava, é claro, recebendo um cheque em branco para afrontar os direitos registrais das empresas.

O caráter semi-público que a ordem jurídica consigna às empresas privadas, está nessa faceta indissolúvel ao exercício comercial. Qualquer um, dotado da capacidade jurídica própria, pode se associar a outro para o exercício do comércio, e, aí, constituir, até por instrumento particular, uma empresa.

Demanda-se, contudo, e em outra chave também às sociedades civis e associações e fundações, que as empresas comerciais levem obrigatoriamente, ao registro público, os seus atos constitutivos, alterações e deliberações sociais, de modo a conceder-lhes "garantias, publicidade, autenticidade, segurança e eficácia", além de erigir um cadastro geral das empresas em funcionamento no país (art. 1º, I e II, da Lei 8.934).

Sempre se compreendeu, pois, que os atos jurídicos societários das empresas produzem, por si só, seus efeitos entre as partes, tendo o ato registral meras conseqüências declaratórias e não constitutivas, por isso que com a publicidade inerente ao órgão de arquivamento, aqueles efeitos já antes existentes, agora se espalham perante terceiros.

Os poderes atribuídos pela lei às Juntas Comerciais em sua função nunca se estendem a tal tipo de exigência de quitações fiscais e parafiscais.

Diz com razão o Prof. Rubens Requião (*Curso de Direito Comercial*, v. 1, 22ª ed., Saraiva, 1995, p. 98): "Atem-se as Juntas Comerciais no exercício de suas funções e competência administrativa, a verificação se os atos da sociedade anônima levados a registro ou arquivamento estão formalmente corretos, em face da lei, do estatuto ou se neste não foram inseridas normas contrárias à lei, à ordem pública e aos bons costumes. Nada mais".

E a Lei 8.934 não concede ao órgão registral — as juntas comerciais —, nem ao órgão regulamentar, o DNRC, o poder de demandar qualquer tipo de documento que ateste quitações de débitos fiscais ou assemelhados.

Ainda que admita-se, claro que o órgão possa requerer a documentação pertinente, resulta que, na esfera registral entende-se cabível somente a exigência de documentação estritamente ligada ao conceito e ao objeto do registro, como o ato societário em si, cópias de lançamentos em livros sociais, documentos de identidade de signatários etc.

Por essa razão aliás, o Decreto 1.800/1996, regulamentando a Lei do Registro do Comércio, listando (art. 34) os requisitos formais necessários ao arquivamento de deliberações sociais, declara que além daqueles ali referidos (e não há certidões tributárias, ou do INSS, ou do FGTS), nenhum outro será exigido, "salvo expressa determinação legal", o que mais atesta a ilegalidade das exigências formuladas pelo DNRC.

É preciso muita atenção, portanto, com essas exigências que esporadicamente surgem em matéria de registro de empresas — a nossa vocação cartorária, formalista e autoritária é de reconhecimento geral —, tendo-se sempre em linha de conta que há um balizamento legal próprio, e as inevitáveis demandas burocráticas das Juntas de Comércio não podem passar daquilo que seja derivação direta da evidência do ato social praticado e de sua correção formal. Tudo o mais são excessos desprovidas de legalidade.

A LEI 10.303, DE 2001, E A INCLUSÃO DOS DERIVATIVOS NO ROL DOS VALORES MOBILIÁRIOS*

DANIEL KREPEL GOLDBERG

1. O conceito de valores mobiliários. 2. Derivativos e autonomia privada. 3. Valores mobiliários, poupança e liquidez. 4. O conceito de valor mobiliário é instrumental e, portanto, deveria ser construído funcionalmente. 5. Derivativos com valores mobiliários como ativos subjacentes e potenciais conflitos de competência: o exemplo do LTCM. 6. Considerações finais.

Poucas das mudanças introduzidas pela Lei 10.303, de 2001, são tão relevantes, e ainda sim, raramente comentadas até o momento, quanto a alteração do conceito de valores mobiliários no contexto da ampliação da competência regulatória da Comissão de Valores Mobiliários.

Com efeito, a Lei 10.303, a pretexto de definir e delimitar o âmbito da competência regulamentar da Comissão de Valores Mobiliários, isto é, o *mercado de valores mobiliários*, inclui no conceito de valores mobiliários os *contratos derivativos*.

Este pequeno ensaio tem o intuito de analisar a adequação desta equiparação ao conceito de valor mobiliário, fruto da evolução doutrinária no sistema brasileiro, examinando quais problemas a dupla mudança (do conceito de valor mobiliário e do conceito do âmbito de competência regulatória da Comissão de Valores Mobiliários) pode trazer. O exame de adequação das recentes alterações passa por uma análise funcional dos valores mobiliários entendidos como contratos de investimento ofertados ao público, bem como dos denominados instrumentos derivativos.

1. O conceito de valores mobiliários

O conceito de *valor mobiliário* evoluiu muito desde a publicação do ensaio de Luiz Gastão Paes de Barros Leães,[1] considerado o divisor de águas na matéria. O que o Professor Leães fez naquela ocasião foi, fundamentalmente, traçar os contornos do que se construiu, no direito norte-americano, em torno do conceito de valor mobiliário. Diante da constatação de que a Lei 4.728, de 14 de julho de 1975, se inspirara na legislação daquele país, nada mais natu-

* Trabalho apresentado no 1º semestre de 2002 no Curso de Pós-Graduação da Faculdade de Direito da Universidade de São Paulo, disciplina "Reforma da Lei das Sociedades Anônimas e do Mercado de Capitais" (DCO-5867-2), ministrada pelos Professores Associados Rachel Sztajn e Mauro Rodrigues Penteado.

1. Luiz Gastão Paes de Barros Leães, "O conceito de *security* no Direito norte-americano e o conceito análogo no Direito brasileiro" (doravante denominado "O conceito"), in *RDM* 14/40, 1974.

ral do que usar, como ponto de partida conceitual, o que os Estados Unidos da América haviam produzido por décadas no campo da teoria dos valores mobiliários.[2]

O debate a respeito da possibilidade de conceituar os valores mobiliários no campo dos títulos de crédito, que consumiu certo tempo e esforço da doutrina brasileira, exemplifica os rumos tomados na tentativa de definição de uma categoria (a dos *valores mobiliários*) que era, fundamentalmente, alienígena.[3] Obviamente, o exemplo central nas discussões de então era o das ações emitidas pelas sociedades anônimas. A tentativa de adequar o conceito de *valores mobiliários* à categoria dos títulos de crédito, conquanto eventualmente plausível com relação a ações, partes beneficiárias ou até mesmo debêntures,[4] se mostrava evidentemente insuficiente para compreender outras tantas figuras mencionadas pela Lei 6.385/1976 como valores mobiliários.

Desde o princípio, o grande estímulo para os esforços da nossa dogmática em tratar com os valores mobiliários veio de norma expressa. Conquanto a doutrina fizesse menção vez por outra ao termo *valores mobiliários*, foi a Lei 4.728/1965 que obrigou aos juristas que buscassem precisar o termo mencionado expressamente no seu art. 2º, II, em que o legislador delimitava o campo da competência regulamentar do Conselho Monetário Nacional.[5] Se no início houve certa identificação dos conceitos de títulos de crédito (ou *efeitos de comércio*) e *valores mobiliários*, aos poucos ambos foram se diferenciando.

Com o advento da Lei 6.385/1976,[6] tornou-se ainda mais relevante a definição do que seriam os *valores mobiliários*, uma vez que a regulação e fiscalização do sistema financeiro passou a ser fragmentada entre Banco Central (mercados de crédito, monetário e de câmbio) e Comissão de Valores Mobiliários (mercado de capitais).[7] Naquele momento, valores mobiliários acabaram, por razões de ordem prática (âmbito de competência regulatória), identificados, simplesmente, como aqueles títulos emitidos por sociedades anônimas para negociação pública.[8]

Tinha-se então um aparente paradoxo: se de um lado o modelo de regulação do mercado de capitais buscou nos Estados Unidos da América inspiração,[9] de outro, o

2. O Professor Leães ressalva, nada obstante, a possibilidade de que se fizesse uma "leitura generosa" da amplitude do que deveria ser definido como valor mobiliário, admitindo a possibilidade de inclusão de algumas formas de *leasing* e *renting*, planos de promoção de venda de tecidos, carnês de poupança e sorteio e outras formas de captação de poupança popular que até então escapavam à fiscalização do Banco Central do Brasil. Cf. "O conceito", ob. cit., p. 60.

3. Cf., por exemplo, a tentativa de Waldirio Bulgarelli de entender os valores mobiliários e títulos de crédito, "Os valores mobiliários como títulos de crédito", in *RDM* 37/94, 1980.

4. É a hipótese de trabalho apresentada por Bulgarelli, ob. cit., nota 3, p. 111.

5. "Art. 2º. O Conselho Monetário Nacional e o Banco Central exercerão as suas atribuições legais relativas aos mercados financeiros e de capitais com a finalidade de:

"(...)

"II – proteger os investidores contra emissões ilegais ou fraudulentas de títulos ou valores mobiliários."

6. A Lei 6.385/1976, art. 2º, dispõe:

"Art. 2º. São valores mobiliários sujeitos ao regime desta lei:

"I – as ações, partes beneficiárias e debêntures, os cupões desses títulos e os bônus de subscrição;

"II – os certificados de depósito de valores mobiliários;

"III – outros títulos criados ou emitidos pelas sociedades anônimas, a critério do Conselho Monetário Nacional."

7. Para uma abordagem simples da divisão conceitual dos mercados de capitais, crédito, câmbio e monetário, cf. Alexandre Assaf Neto, *Mercado Financeiro*, 3ª ed., São Paulo, Atlas, 2000.

8. Cf. Arnoldo Wald, "O mercado futuro de índices e os valores mobiliários", in *RDM* 57/13, 1985. A exeção à regra fica por conta dos certificados de depósito de valores mobiliários, que não são necessariamente emitidos por sociedades anônimas.

9. Inspiração esta que não se traduz em um sistema de regulação que se funda nos mesmos princípios, ao contrário do que sustenta Wald, ob. cit., p. 13, com apoio em Luiz Gastão Paes de Barros Leães, *Mercado de Capitais e "Insider Trading"*, São Paulo, Ed. RT, 1982, pp. 172 e ss. e Nelson Eizirik, *O*

conceito de valor mobiliário adotado pelo legislador filiou-se à tradição do direito codificado, ganhando contornos precisos e distanciando-se da fórmula dos *investment contracts* do direito de matriz anglo-saxônica. Com efeito, no direito americano, a definição de *security* desenvolveu-se a partir de exercício de criação do direito pelos tribunais (que, como se sabe, para além de intérpretes autênticos constituem órgãos de criação de direito através dos precedentes, no *stare decisis system*), alcançando não somente os títulos emitidos pelas sociedades anônimas como também todo e qualquer contrato de investimento, como descreveu, em obra de referência obrigatória, Louis Loss.[10] Com base nessa evolução, o contrato de investimento ganhou contornos próximos da definição atual, isto é, figura na qual o investidor inverte dinheiro em razão de captação pública mas sobre ele não tem qualquer ingerência.

A doutrina brasileira recebeu esse conceito do direito americano, e começaram a ser repetidas definições de valores mobiliários que descreviam a figura, essencialmente, como "todo investimento em dinheiro ou bens suscetíveis de avaliação pecuniária, realizado pelo investidor em função de captação pública de recursos, de modo a fornecer capital de risco a um empreendimento sobre o qual o investidor não tem qualquer ingerência direta, mas do qual espera, obviamente, obter benefício futuro".[11] Desde a absorção desse conceito, as considerações em relação ao escopo por demais restrita da definição legislativa brasileira, começaram a reverberar, com os clamores de que parcela dos investidores no mercado de capitais estaria desprotegido em função da lacuna legal.[12]

Com a Reforma da Lei das S/A, contudo, tal situação inverteu-se por completo: de restrito demais o conceito de valor mobiliário passou a ser amplo, passando a incluir todo e qualquer contrato de investimento coletivo, se ofertados ao público, e também os chamados *derivativos*. A nova redação do art. 2º da Lei 6.385 é, com efeito, bastante abrangente:

"Art. 2º. São valores mobiliários sujeitos ao regime desta Lei:

"I – As ações, debêntures e bônus de subscrição;

"II – os cupons, direitos, recibos de subscrição e certificados e desdobramento relativos aos valores mobiliários referidos no inciso II;

"III – os certificados de depósito de valores mobiliários;

"IV – as cédulas de debêntures;

"V – as cotas de fundos de investimento em valores mobiliários ou de clubes de investimento em quaisquer ativos;

"VI – as notas comerciais;

"VII – os contratos futuros, de opções e outros derivativos, cujos ativos subjacentes sejam valores mobiliários;

"VIII – outros contratos derivativos, independentemente dos ativos subjacentes e

"IX – quando ofertados publicamente, quaisquer outros títulos ou contratos de investimento coletivo, que gerem direito de participação, de parceria ou de remuneração, inclusive resultante de prestação de serviços, cujos rendimentos advém do esforço do empreendedor ou de terceiros."

Com a ampliação do conceito de valores mobiliários, tornou-se obviamente necessária outra alteração no sistema da Lei 6.385: o conceito de mercado de valores mobiliários (definido como o âmbito de

Papel do Estado na Regulação do Mercado de Capitais, Rio de Janeiro, IBMEC, 1977, pp. 119-122 e 130 e ss.

10. *Fundamentals of Securities Regulation*, Boston e Toronto, Little, Brown and Company, 1988.

11. Cf., por exemplo, Haroldo Malheiros Duclerc Verçosa, "Notas sobre o regime jurídico das ofertas ao público de produtos, serviços e valores mobiliários no Direito brasileiro – Uma questão da complementação da proteção de consumidores e de investidores", in *RDM* 105/76, 1977.

12. Cf. Verçosa, ob. cit., p. 82.

competência regulatória da Comissão de Valores Mobiliários) também teve sua definição modificada, para incluir o mercado de derivativos e o funcionamento das bolsas de mercadorias e futuros.[13] Se antes apenas as operações com derivativos cujos ativos subjacentes fossem valores mobiliários estavam submetidas ao escrutínio da Comissão de Valores Mobiliários, agora toda e qualquer operação envolvendo os ditos derivativos estão sujeitas à competência regulatória da CVM. Se esta ampliação traz mais problemas do que resolve é o que pretendemos examinar.

2. *Derivativos e autonomia privada*

A definição dos *derivativos* como ativos (ou instrumentos financeiros) cujo valor varia em função do valor de outros ativos que lhe subjazem (*underlying assets*)[14] reflete acuradamente sua substância econômica mas deixa a desejar no que se refere à seu conteúdo jurídico. Essencialmente, sob o aspecto jurídico, os derivativos são os contratos ou declarações de vontades unilaterais cujo valor depende de outros bens ou variáveis resultantes de negócios subjacentes.[15]

13. Cf. a nova redação do art. 1º da Lei 6.385: "Art. 1º. Serão disciplinadas e fiscalizadas de acordo com esta Lei as seguintes atividades: I – a emissão e distribuição de valores mobiliários no mercado; II – a negociação e intermediação no mercado de valores mobiliários; III – a negociação e intermediação no mercado de derivativos; IV – a organização, o funcionamento e as operações das Bolsas de Valores; V – a organização, o funcionamento e as operações das Bolsas de Mercadorias e Futuros; VI – a administração de carteiras e a custódia de valores mobiliários; (...)".

14. Para uma boa introdução ao mundo dos derivativos, cf. John C. Hull, *Introduction to Futures and Option Markets*, 3ª ed., 1997. Cf., também, Charles W. Smithson, "A LEGO approach to financial engineering: an introduction to forwards, futures, swaps and options", *Midland Corporate Finance Journal*, n. 4, 16 (inverno1987).

15. Cf. Rachel Sztajn, *Futuros e "Swaps" – Uma Visão Jurídica*, São Paulo, Cultural Paulista, 1999, p. 149.

Em geral, a análise da função dos derivativos gira em torno das três categorias de participantes do mercado, a dos *hedgers* (ou aqueles que buscam proteção), a dos especuladores (aqueles que tomam risco com intuito de lucro) e a dos *arbitrageurs* (aqueles que assumem posições que não envolvem risco, explorando as simetrias ou falhas de mercado).

Na realidade, contudo, o melhor entendimento da função dos derivativos depende da compreensão de um fenômeno, batizado na literatura jurídica e econômica anglo-saxã de inovação financeira ou inovação contratual.

Na década de 1970, teve início nos Estados Unidos a única "revolução" de que se tem notícia iniciada no seio da academia. Inspirada no trabalho do economista de Chicago Milton Friedman, em 1972, foi fundada a *Chicago Mercantile Exchange*, responsável pela organização do comércio de certos derivativos. A razão pela qual a negociação de derivativos não se acelerou de pronto foi identificada e superada apenas um ano depois, com o grande salto tecnológico da moderna economia financeira, a teoria de precificação de opções elaborada por Robert Merton, Professor da Harvard Business School e pelos acadêmicos de Chicago Myron Scholes e Fisher Black. Com a "invenção" de Merton, Black e Scholes, as opções, declarações unilaterais que conferem poderes formativos geradores (ou potestativos) aos seus detentores[16] passaram a ser negociadas em grande quantidade e modificaram, para sempre, a escala do mercado de instrumentos financeiros derivativos.

O Professor Merton, posteriormente, formulou um modelo explicativo da revolução financeira, que teve início na década de 70, analisando cada uma das inovações sob uma perspectiva funcional. De acordo com essa visão, a "inspiral de inovação" veri-

16. Cf. Rachel Sztajn, "Sobre a natureza jurídica das opções negociadas em bolsas", in *RDM* 105/69, 1997.

ficada no âmbito dos instrumentos financeiros pode ser entendida como uma corrida em que intermediários financeiros e os *mercados organizados* (*bolsa ou balcão*) agiram ao mesmo tempo como competidores e aliados na alocação de recursos e risco.[17] De acordo com o Professor da Harvard Law School Alvin Warren, o desenvolvimento da negociação de derivativos como os *swaps*, as opções, os contratos a termo e futuros pode ser melhor entendido como fruto de três grandes tendências verificadas na área dos contratos financeiros, a saber: (i) desagregação de contratos tradicionais em seus componentes constituintes, (ii) recombinação das partes em novos contratos híbridos e (iii) novas formas de transferir e alocar riscos entre partes.[18]

Esta última tendência, a da criação de novas formas de transferir a alocar recursos entre as partes, é que explica a função primacial dos instrumentos derivativos. Aqueles que buscam tomar riscos adicionais (exemplo dos especuladores) ou proteger-se dos que são inerentes às suas atividades (caso dos *hedgers*) encontram nos derivativos a mais eficiente forma de fazê-lo.[19] À autonomia privada incumbe desenvolver contratos atípicos (como é o caso da permuta de fluxos de caixa, ou *swap*) ou novas estruturas negociais para cumprir essa função econômica.

Se a função primacial dos derivativos é a de transformar, transferir e realocar risco, em que medida ela converge com a função dos valores mobiliários (entendidos como contratos de investimento)?

3. Valores mobiliários, poupança e liquidez

Os valores mobiliários são, como se viu, contratos de investimento desenhados para oferta pública e negociação em escala, para investimento sobre o qual os aportadores de capital não têm qualquer ingerência.

Os valores mobiliários constituem, portanto, instrumentos de mobilização de poupança popular em investimentos de risco. Ora, se os valores mobiliários são essencialmente instrumentos de captação de poupança popular[20] e, portanto, atingem suas finalidades quando emitidos no *mercado primário*, qual a importância de sua regulação no *mercado secundário*?

Por outras palavras, os valores mobiliários, quando negociados nos *mercados secundários* de bolsas ou balcão organizado não se traduzem em sequer um centavo de investimento para as empresas a procura de capital de risco. Por que, então, tanta atenção a estes mercados?

A explicação para este fato e para a própria existência dos mercados secundá-

17. Cf. Robert Merton e Zvi Bodie, "A conceptual framework for analyzing lhe financial environment" ("Conceptual Framework"), Harvard Business School working paper (mai. 2001). Um bom sumário dos feitos derivados desta corrida/inspiral de inovação é oferecido por Merton e Bodie, p. 20:

"(...)

"a. The development of liquid markets for money instruments such as the commercial paper allowed mutual funds to compete with banks for households savings;

"b. The design of junk-bonds and medium-term note markets permitted mutual funds, pension funds and individual investors to service corporate issuers previously dependent of banks for their debt-financing;

"c. Creation of a mortgage market allowed mutual funds and pension funds to become great funding alternatives to thrift institutions for residential mortgages;

"d. Securitization of auto loans, credit card receivables and leases on consumer and producer durables has pushed forth the competition among banks and finance companies."

18. Alvin C. Warren Jr., "Commentary: financial contract innovation and income tax policy", *Harvard Law Review* 107, 1993, p. 461.

19. Neste contexto, os *arbitrageurs* têm uma função extremamente relevante conquanto secundária: a de catalizar assimetrias no mercado, ajudando, ainda que involuntariamente, a solucioná-las.

20. Cf. Nelson Eizirik, *Reforma das S/A e do Mercado de Capitais*, Rio de Janeiro, Renovar, 1997, p. 139.

rios encontra-se no famoso dilema da liquidez de Keynes. Sem um mercado secundário não haveria um mercado primário.[21] Isto porque o homem comum não possui informação suficiente com relação à maioria das atividades de risco (i.e. empreendimentos) e, portanto, é averso a elas. Sem um instrumento que lhe permita transformar capital de risco em capital de *rendeiro*, o homem comum evitaria canalizar sua poupança aos investimentos de capital, razão pela qual a poupança logo se transformaria na *manutenção improdutiva de recursos* (*hoarding "versus" saving*).

Assim, mesmo o mercado secundário de valores mobiliários deve ser entendido a partir da função de captação de poupança popular e de mobilização em investimento de risco.[22] E esta função difere totalmente, como já vimos, daquela exercida pelos derivativos.

4. O conceito de valor mobiliário é instrumental e, portanto, deveria ser construído funcionalmente

A categoria "valor mobiliário" no Direito brasileiro sempre foi operativa. Isto é, da definição normativa de valor mobiliário é que depende a delimitação do âmbito de competência regulamentar da Comissão de Valores Mobiliários, desde a sua fundação.[23] A circunstância de que, como diz Eizirik, a noção de valor mobiliário no Direito brasileiro sempre teve caráter instrumental não mitiga, antes reforça, o argumento de que o legislador deveria separar a regulação dos derivativos da regulação dos contratos de investimento.

Com efeito, se o fundamento da intervenção do Estado por meio de agências regulatórias é o de corrigir as "falhas de mercado",[24] ou ainda administrar o conflito entre equidade e eficiência nas hipóteses em que os resultados de distribuição seguindo uma ou outra diferem,[25] não é sábio que dois mercados que, na realidade, são completamente distintos (e obedecem à especificidades completamente distintas), sejam submetidos à um mesmo movimento de interferência regulatória.

Se nos Estados Unidos há, por vezes, embates entre a *Securities and Exchange Comission* (responsável pela regulação do mercado de valores mobiliários), *Federal Reserve System* (banco central) e *Commodities and Futures Trade Comission* e conflitos de competência, está claro, de outra parte, que cada uma dessas agências pauta sua intervenção no mercado (em *senso lato*) por uma racionalidade e com objetivos profundamente distintos.

21. A idéia foi originalmente exposta em John Maynard Keynes, *The General Theory on Employment, Interest and Money*, Harcourt Brace, 1991.

22. Questão bem distinta diz respeito à eficácia do mercado de capitais (em especial o brasileiro) no cumprimento dessa função. 95% das despesas de capital efetuadas pelas empresas nos países ricos vem, historicamente, dos lucros retidos, tornando os mercados secundários "cassinos" fundamentalmente caros demais para os benefícios que propiciam através dos mercados primários. Cf. Zhiyuan Cui, "An appendix on savings and investment", in Roberto Mangabeira Unger, *Democracy Realized*, Londres, Verso, 1998, p. 286.

23. Lidando com a noção de valor mobiliário como meramente instrumental, cf. Nelson Eizirik, ob. cit., nota 20, p. 138.

24. Para uma análise neoclássica das falhas de mercado, cf. Robert S. Pyndick e Daniel Rubinfeld, *Microeconomics*, New Jersey, Prentice Hall, 1997.

25. Na realidade, se de um lado há um certo consenso quanto ao que se quer dizer com eficiência alocativa (alocação de recursos que gera um agregado de utilidade maior em comparação com alocações alternativas), o mesmo não ocorre com conceitos como *justiça* ou *equidade*. Tome-se, por exemplo, três visões clássicas de *equidade*. Na visão propugnada originalmente por Ralws, alocação justa é a que maximiza a utilidade do indivíduo ou grupo de indivíduos com menor nível de bem-estar na sociedade (*least well-off*). Na visão igualitária, todos os membros da sociedade deveriam receber iguais montantes de recursos escassos; na visão utilitarista clássica deve-se maximizar o total de utilidade (como substituto de bem-estar ou *welfare*) na sociedade. Cf. John Rawls, *A Theory of Justice*, Nova Iorque, Oxford University Press, 1971. Cf. também Robert Nozick, *Anarchy, State and Utopia*, Nova Iorque, Basic Books, 1974.

5. *Derivativos com valores mobiliários como ativos subjacentes e potenciais conflitos de competência: o exemplo do LTCM*

Se na década de 1970 os derivativos foram figuras centrais na "revolução financeira" originada nos bancos da academia americana, em meados da década de 1990 o círculo das altas finanças americanas já se havia acostumado com uma ou duas "grandes crises" por ano ocasionadas pelos ditos derivativos.[26] Os escândalos do *Orange County, Bankers Trust, Barings Bank, Metallgesellschaft, Sumitomo Corp.* e outros tantos incutiram em *Wall Street* um temor (reverencial, ao que tudo indica) dos novos instrumentos financeiros.[27]

Em setembro de 1998, contudo, a primeira crise do sistema financeiro como um todo causada por derivativos atingiu seu ápice nos Estados Unidos. O *Long Term Capital Managment Fund* — LTCM, um *hedge fund* administrado, entre outros, pelos próprios protagonistas da "revolução financeira" da década de 1970, Robert Merton e Myron Sholes, faliu. O fundo, que tinha 100 bilhões de dólares em ativos, acumulou uma dívida de mais de 1 trilhão de dólares.[28]

Dessa forma, um fundo que investia dinheiro de pouco mais de 100 pessoas colocou em risco a estabilidade do sistema financeiro global e forçou o banco central americano a resgatar, pela primeira vez, uma das instituições de *Wall Street.* Como um fundo conseguiu interligar todo o sistema financeiro e acumular tamanha exposição, colocando em cheque a solvência dos principais bancos da Europa e Estados Unidos? A resposta claro, é razoavelmente complexa e deve-se a uma sucessão de fatores, erros e circunstâncias.

Um dos maiores passivos do LTCM originou-se da tremenda "alavancagem" (tomar dinheiro emprestado para adquirir um instrumento financeiro, aumentando o retorno — e o risco — potencial de cada posição financeira assumida) assumida em relação a ações da CBS e da MCI Communications.[29]

Como esse fundo teria toda a liberdade de tomar tanto dinheiro emprestado para comprar ações? Nos Estados Unidos, assim como no Brasil, as corretoras (e portanto os investidores), há um limite para os empréstimos tomados na compra de ações, chamados de "margem". Nos Estados Unidos, o *Federal Reserve System* determina a margem, que tem sido, nos últimos 25 anos, 50% do investimento total. Assim, o adquirente de ações no mercado secundário (bolsa ou balcão) deve depositar recursos próprios equivalentes à metade do total do valor do investimento. Isto, supostamente, é o que garante a solvência do sistema.

Para contornar os requerimentos de margem (instituídos nos EUA pela *Regulation T*, ou simplesmente *Reg. T* do *Fed*), o LTCM construiu sua posição em ações sem comprar uma ação sequer. O que o fun-

26. Cf. extraordinário relato de Roger Lowenstein, *When Genius Failed*, Nova Iorque, Random House Trade Paperbacks, 2000, p. 105.

27. Muitas vezes os chamados *derivative shocks* não passaram de casos de péssimo gerenciamento. Talvez o caso mais óbvio tenha sido o do Barings, em que um dos *traders* do banco, o jovem Leeson, afirmou que seus lucros extraordinários (no escritório de Singapura) derivavam de pura arbitragem (negócios que não envolvem risco). Na verdade, a gerência do banco não percebeu que Leeson estava simplesmente vendendo *puts* (opções de venda) e *calls* (opções de compra) sobre ações japonesas, literalmente "apostando" que o mercado permaneceria inalterado. Com o terremoto de Kobe (e o imediato abalo no mercado de capitais japonês), o banco, que havia sido leniente com o *trader* por causa dos aparentes lucros, foi à bancarrota. Cf. Merton H. Miller, "The derivatives revolution after thirty years", in *Journal of Portfolio Management*, Nova Iorque, mai. 1999, pp. 10-15.

28. Tecnicamente, tratava-se não de créditos atuais contra o fundo, mas de exposição (i.e. *exposure*), isto é, créditos potenciais.

29. Em 1996, a assembléia da MCI concordou em que a empresa fosse adquirida pela British Telecommunications e em 1995 a Westinghouse fez oferta de compra da CBS, ocasionando uma torrente de *equity arbitrages*, negócios em que os investidores especulam, essencialmente, no fracasso ou sucesso das aquisições. Cf. Lowenstein, ob. cit., pp. 101-102.

do fez foi celebrar contratos derivativos que "mimetizavam" a variação de preço das ações. O principal desses derivativos é o contrato conhecido como *swap*, contratos atípicos de permuta[30] (de fluxos de caixa). O primeiro *swap* moderno foi celebrado em 1981, para a IBM.[31] A IBM tinha títulos denominados em francos suíços e marcos alemães e queria converter sua dívida para dólares. David Swensen, um Professor com um Ph.D. de Yale, recém-empregado pela *Salomon Brothers*, sugeriu que talvez alguma outra empresa ou instituição quisesse deter um dívida em dólares, em termos perfeitamente simétricos aos da dívida da IBM. A escolha óbvia era o Banco Mundial, uma das instituições financeiras de *Bretton Woods*, credora em diversas moedas.

Para induzir o Banco Mundial a tomar dinheiro mutuado (i.e., emitir dívida), a *Salomon* ofereceu uma taxa de juros ligeiramente inferior à praticada pelo mercado naquele momento. Assim, o Banco Mundial celebrou o contrato de mútuo (em dólares) e, ato contínuo, IBM e Banco Mundial trocaram de posição, passando a IBM a dever em dólares (pois tinha receitas em dólares) e o Banco Mundial em francos suíços e marcos alemães (uma vez que tinha receitas nessas moedas).[32]

O negócio cresceu[33] e diversos tipos de *swap* surgiram, dentre os quais os *equity swaps*, permutas de fluxos de caixa que acompanham a variação do valor de ações. Em um contrato de *swap* celebrado para mimetizar a aquisição de uma ação (*long equity swap*), o "adquirente" tipicamente recebe pagamentos equivalentes aos (i) dividendos declarados pela companhia que emite a ação e à (ii) apreciação do valor das ações verificada em cada período. Em troca, por força do mesmo contrato, o "adquirente" deve pagar à outra parte somas equivalentes a (i) o declínio de valor das mesmas ações e (ii) valor resultante de certa taxa de juros incidentes sobre o valor do investimento. Os contratos são liquidados por diferença.[34]

Do ponto de vista econômico, portanto, uma das partes do *swap* tem a receber exatamente o que poderia, se tivesse ido ao mercado secundário e adquirido (em sentido jurídico) as ações. Outra parte experimenta exatamente o acréscimo patrimonial equivalente à venda das ações seguida da aplicação do produto da venda. Note-se, contudo, que sequer uma ação foi efetivamente comprada ou vendida.

Foi por meio de contratos de permuta como este que o LTCM pôde assumir diversas posições financeiras equivalentes a compra ou venda de ações no mercado secundário sem precisar negociar neste mercado, livre dos requerimentos de margem do banco central americano. O resultado, conhecido, foi o turbilhão em que se viu envolvido o sistema financeiro.

Se de um lado o exemplo do LTCM deixou claro como podemos, por vezes, subestimar os laços que interligam o sistema financeiro (mercados de capitais, monetário, câmbio e crédito), de outra parte o discurso de que os derivativos permitiram ao fundo que adquirisse ações sem passar

30. Cf. Rachel Sztajn, ob. cit., nota 15, p. 240.

31. A descrição dessa operação pode ser encontrada em qualquer manual de finanças. Alguns detalhes adicionais, contudo, estão presentes na descrição de Lowenstein, ob. cit., pp. 103-104, e por isso a descrição que se segue baseia-se na daquele autor.

32. Cumpre observar, nesse passo, que tal qual os demais derivativos, os contratos de *swap* podem ser efetuados com intuito de *hedge*, especulação ou arbitragem.

33. De acordo com Lowenstein, em 1997, *swaps* de taxas de juros (só um tipo de *swap*) montavam a mais de 22 trilhões de dólares. Conquanto impressionante e enfatizada pelo autor, devemos observar que é difícil medir efetivamente valores envolvidos em contratos de *swap*, uma vez que o valor principal é apenas um parâmetro abstrato (*notional amount*) estipulado para calcular os fluxos permutados.

34. Para uma análise do debate em relação à eficácia (e não existência ou validade) dos contratos de *swap*, inclusive em função desta liquidação por diferença, em face do art. 1.479 do (em breve antigo) Código Civil, cf. Sztajn, ob. cit., nota 15, pp. 225 e ss.

pelo escrutínio do *Fed* ou da *Securities Exchange Comission* pareceu contribuir para a confusão que agora a lei brasileira parece perpetuar.

Retomemos a função da liquidez (e o dilema keynesiano) no mercado de capitais e o mercado secundário de valores mobiliários. Sem um mercado de bolsa ou balcão organizado, não haveria subscrição pelo público de capital emitido pelas companhias abertas. A certeza de que uma ação adquirida hoje pode ser vendida amanhã é o que permite que mercado de capitais exista como fonte de mobilização da poupança em investimento. Já os contratos derivativos como os *equity swaps* não tornam o investimento pelo público nas companhias mais ou menos líquidos. Enquanto os valores mobiliários voltam-se à transferência de poupança (verdadeiros contratos de investimento), os derivativos cuidam da transferência de risco. Se as funções econômicas de uma e outra figura são diferentes, a equiparação das duas figuras tem o potencial de criar mais problemas do que resolvê-los.

6. Considerações finais

O exemplo do LTCM mostra que a regulação e disciplina do mercado de valores mobiliários é cada vez mais importante e pode ter conseqüências inesperadas, caso uma ação que oscile de preço seja ativo subjacente de contratos derivativos, a exemplo dos de permuta de fluxos de caixa (*equity swaps*) descritos acima.

Por outro lado, nos parece claro que a função econômica do derivativo é completamente diversa da do valor mobiliário, entendido como contrato de investimento. A equiparação da Lei 10.303 de ambas figuras e a respectiva ampliação do mercado de valores mobiliários para que abarque todas as negociações com derivativos nos parece perigosa e potencialmente conflitiva, na medida em que a disciplina de um mercado que busca mobilizar poupança popular em investimento de risco requer uma racionalidade muito distinta daquela atinente a um mercado em que se busca negociar risco e volatilidade.

A cumulação de competências pela Comissão de Valores Mobiliários deve ser transitória, valores mobiliários e derivativos devem ser normatizados de forma autônoma (com o fim da inclusão dos derivativos na lista dos instrumentos considerados valores mobiliários) e uma nova agência deve ser criada especificamente para o fim de fiscalizar a negociação com esses novos instrumentos.[35]

O risco de que reguladores despreparados busquem "eliminar as incertezas criadas com os derivativos" é o risco de que o mercado de derivativos seja eliminado.[36]

35. Discordamos, portanto, da opinião manifestada em excelente artigo de Julian Fonseca Pena Chediak, "A reforma do mercado de valores mobiliários", in *Reforma da Lei das Sociedades Anônimas*, coord. Jorge Lobo, Rio da Janeiro, Forense, p. 533, no sentido de que a opção de seguir o modelo norte-americano, criando uma agência especializada estaria (ou deveria estar?) descartada, por representar aumento da máquina administrativa. Ou teremos fiscais/reguladores do mercado de valores supervisionando derivativos que não entendem, ou a CVM terá de alterar sua estrutura (aumentando de toda sorte a máquina administrativa) para atender a mais essa atribuição.

36. Vale a pena citar os Professores Mark P. Gergen e Paula Schmitz, "The influence of tax law on securities innovation in the United States: 1981-1987", 52 *Tax Law Review*, 1997, p. 85: "Well developed financial markets are an integral part of the economic life of every industrialized nation. Financial markets are the engine through which a society's capital is allocated and through which its investment decisions are made. The trading firms that have flourished over time are the ones that have been able to keep credible commitments to investors — including the commitment to develop and maintain adequate systems of internal monitoring and control. The capital markets do not eliminate risk, but they do provide a mechanism through which risk can be allocated to those parties that are most capable of bearing it. Capital markets also can unbundle risk into its constituent parts and package risk into manageable forms.

"Derivatives securities and modern securities design are a fundamental part of a system of capital allocation. The problems presented by securities design and derivatives trading are no different from the problems created by any other sort of innovation in the product markets or in the financial markets. The recent problems experienced by Orange County, Metallgesellschaft, Gibson Greetings,Procter & Gamble, and Barings, PLC are the inevitable manifestations of market discipline at work. In competitive functioning capital markets, one must take large risks in order to reap large rewards. If the regulatory system eliminated all risk, the market would respond by concomitantly eliminating returns to investors. For every Barings and Procter & Gamble, there are literally dozens of new millionaires and successful firms that have successfully managed the risks posed by derivatives. That is the way markets work".

PODE A SOCIEDADE LIMITADA TER CAPITAL AUTORIZADO?

OTÁVIO VIEIRA BARBI

1. Introdução justificativa. 2. Sociedade anônima aberta e sociedade limitada: traços distintivos em razão de sua função econômica: 2.1 Sociedade anônima aberta; 2.2 Sociedade limitada. 3. Aplicação subsidiária da Lei das Sociedades por Ações às sociedades limitadas, do Decreto 3.708, de 1919, ao novo Código Civil brasileiro: 3.1 Linhas gerais; 3.2 O novo Código Civil brasileiro. 4. Aumento de capital das sociedades anônimas: 4.1 Breves considerações acerca do regime de capital autorizado na Lei 6.404/1976; 4.2 Supressão do direito de preferência na subscrição do aumento de capital autorizado. 5. Possibilidade e conveniência da adoção parcial do regime de capital autorizado pela sociedade limitada. 6. Mecanismo para adoção do regime de capital autorizado pela sociedade limitada no novo Código Civil. 7. Conclusão. 8. Bibliografia.

1. Introdução justificativa

"Princípios e institutos devem ser entendidos no seu real alcance, cumprindo descobrir, debaixo do necessário tecnicismo das teorias dogmáticas, o sentido econômico e social; os casos particulares, há que resolvê-los consoante uma orientação e um princípio de caráter geral e constante."[1]

O capital social — conjunto de bens suscetíveis de avaliação pecuniária afetados à consecução da atividade empresarial — é o ponto de partida, ao menos sob o aspecto patrimonial, para o funcionamento da empresa.

O capital social é o referencial que permitirá, ao término do primeiro exercício financeiro, verificar a existência de lucro, finalidade essencial da atividade empresária.

No caso específico das sociedades, tanto o lucro verificado como o patrimônio constituído, serão distribuídos, se for o caso, em atenção à contribuição de cada sócio para a formação do capital. Logo, partindo-se do capital é que se verifica a participação de cada sócio no empreendimento, ou seja, seu direito de receber lucros e sua capacidade de constituir maioria deliberativa.

Além dessas funções, também serve o capital social de primeira garantia aos credores da sociedade empresária de responsabilidade limitada, vez que não se permite a seus sócios distribuir lucros em prejuízo do capital social — princípio da intangibilidade, bem delineado pelo art. 349, 1ª parte, do Código Comercial,[2] art. 9º, 2ª parte, do Decreto 3.708/1919[3] e art. 201, *caput*,

1. Tullio Ascarelli, *Panorama do Direito Comercial*, p. 219.

2. "Art. 349. Nenhum sócio pode exigir que se lhe entregue o seu dividendo enquanto o passivo da sociedade não se achar todo pago, ou se tiver depositado quantia suficiente para o pagamento; mas poderá requerer o depósito das quantias que se forem apurando. (...)."

3. "Art. 9º. Em caso de falência, todos os sócios respondem solidariamente pela parte que faltar para

da Lei 6.404/1976,[4] mantido pelo art. 1.059 da Lei 10.406/2002,[5] que instituiu o novo Código Civil brasileiro.

Verificada a importância do capital social no exercício da empresa, é de se concluir que sua alteração traz modificações sensíveis à vida da sociedade empresária, ao patrimônio de seus sócios e à garantia daqueles que com ela negociam.

Em virtude disso, e em face do silêncio do Decreto 3.708/1919, que regula a constituição da sociedade por quotas de responsabilidade limitada, vêm servindo de paradigma às sociedades desse tipo as hipóteses de modificação de capital das sociedades anônimas.

O novo Código Civil Brasileiro, tendo dispensado um Capítulo inteiro às sociedades por quotas de responsabilidade limitada — que agora se denominam "sociedades limitadas" — cuidou da modificação de seu capital nos arts. 1.081 a 1.084.

Mas, em virtude do que nos permite o parágrafo único do art. 1.053 do novo Código Civil,[6] mesmo sob sua regência — iniciada em janeiro de 2003 — não devemos perder de vista a disciplina de modificação de capital das sociedades anônimas, certamente mais completa do que a trazida pelo novo Código Civil, e cuidar de adequá-la, ou não, às sociedades limitadas.

O regime de capital autorizado, previsto no art. 168 da Lei 6.404/1976, confere à sociedade anônima maior agilidade na obtenção de novos recursos, dispensando seus administradores de submeter aos acionistas a aprovação do aumento de capital eventualmente pretendido.

Nesse trabalho, cuidaremos de verificar a possibilidade e a conveniência da adoção, ainda que parcial, do regime de capital autorizado pelas sociedades limitadas.

2. *Sociedade anônima aberta e sociedade limitada: traços distintivos em razão de sua função econômica*

2.1 Sociedade anônima aberta

A sociedade anônima surgiu como resposta do Direito Comercial à necessidade verificada pelos comerciantes de reunir capitais vultosos, por ocasião da expansão ultramarina e, em seguida, da crescente evolução industrial.

Tal forma de associação permitiu que maior número de pessoas participasse, através da aplicação de suas economias, da sorte de empreendimentos capitaneados por empresários pioneiros daquela época.

A possibilidade de captação da poupança privada, aliada à limitação da responsabilidade dos acionistas ao valor de sua contribuição, justifica o grupo de normas que sempre gravitaram em torno da constituição e do funcionamento das sociedades anônimas. Normas que visam, em sua constituição, à efetiva formação do capital, e em sua vida, à efetiva subsistência do capital.[7]

Traço marcante da sociedade anônima aberta, a possibilidade de captação da poupança privada para o investimento de risco enseja a formação de seu caráter capitalista, impessoal, em que se permite a livre negociabilidade de ações.

preencher o pagamento das quotas não inteiramente liberadas. Assim também, serão obrigados os sócios a repor os dividendos e valores recebidos, as quantias retiradas, a qualquer título, ainda que autorizadas pelo contrato, uma vez verificado que tais lucros, valores ou quantias foram distribuídos com prejuízo do capital realizado."

4. "Art. 201. A companhia somente pode pagar dividendos à conta de lucro líquido do exercício, de lucros acumulados e de reserva de lucros; e à conta de reserva de capital, no caso das ações preferenciais de que trata o § 5º do art. 17."

5. "Art. 1.059. Os sócios serão obrigados à reposição dos lucros e das quantias retiradas, a qualquer título, ainda que autorizados pelo contrato, quando tais lucros ou quantia se distribuírem com prejuízo do capital."

6. "Art. 1.053. A sociedade limitada rege-se, nas omissões deste Capítulo, pelas normas da sociedade simples. Parágrafo único. O contrato social poderá prever a regência supletiva da sociedade limitada pelas normas da sociedade anônima."

7. Tullio Ascarelli, *Panorama...*, p. 154.

2.2 Sociedade limitada

Fruto dos anseios por uma organização societária mais simples do que a sociedade anônima, mas que também garantisse ao comerciante a limitação de sua responsabilidade patrimonial, surgiu, na Lei alemã de 20 de abril de 1892, a *Gesellschaft mit beschräenkter Haftung, GmbH* (sociedade de responsabilidade limitada).

Regulamentada em Portugal (1901) e na Inglaterra (*Companies Act of 1907*), foi Herculano Marcos Inglês de Souza quem primeiro apresentou ao Direito brasileiro a sociedade por quotas de responsabilidade limitada, no projeto de reforma do Código Comercial, de 1912.

Contudo, foi o projeto do deputado Joaquim Luiz Osório — baseado no trabalho de Inglês de Souza — apresentado à Câmara em setembro de 1918, e convertido no Decreto 3.708, de 10 de janeiro de 1919, que inseriu, em nosso ordenamento, a sociedade por quotas de responsabilidade limitada, vigorando o referido Decreto até hoje, sem ter sofrido qualquer alteração.

Explica o largo uso desse modelo societário a limitação da responsabilidade do sócio, que é também seu traço marcante no ordenamento nacional, despreocupado em impor-lhe outras exigências, a exemplo do que fizeram diversos países.

Além da limitação da responsabilidade, também a simplicidade da estrutura normativa da sociedade por quotas — em contraposição à complexidade das regras de constituição e funcionamento das sociedades anônimas — contribuiu para sua rápida disseminação entre os comerciantes.

3. Aplicação subsidiária da Lei das Sociedades por Ações às sociedades limitadas, do Decreto 3.708, de 1919, ao novo Código Civil brasileiro

3.1 Linhas gerais

Dispunha o art. 18, do Decreto 3.708/1919, que se aplicavam às sociedades por quotas, no que não fosse regulado em seu estatuto social e lhe fosse compatível, as disposições da Lei das Sociedades por Ações.

Tal dispositivo deu margem a interpretações divergentes, vez que prestigiados autores reconhecem à Lei das Sociedades por Ações a função de suprir, em caso de omissão, apenas o estatuto social, enquanto outros lhe consideram supletiva também do próprio Decreto 3.708/1919.[8]

Sem apoucar a relevância do debate, rendemo-nos logo ao ensinamento de João Eunápio Borges, para quem, "excetuadas as normas relativas ao título constitutivo — que são as dos arts. 300 a 302 do Código Comercial — tudo o mais, na parte aplicável, no silêncio do contrato e do Dec. 3.708, se há de buscar na Lei de Sociedades por Ações, e não no Código Comercial".[9]

Na esteira da lição do Professor João Eunápio, resta-nos verificar se o instituto trazido à baila, qual seja, autorização estatutária para aumento de capital, prevista no art. 168 da atual Lei das Sociedades por Ações (Lei 6.404/1976), é "aplicável" à sociedade limitada.

Egberto Lacerda Teixeira, em interessante estudo publicado em 1976,[10] classi-

8. Para Waldemar Ferreira (*apud* José Waldecy Lucena, *Das Sociedades por Quotas de Responsabilidade Limitada*, p. 62), "as disposições da lei das sociedades anônimas, em suma, são subsidiárias, não da lei que institui as sociedades por quotas, mas do estatuto ou contrato social destas" (Waldemar Ferreira, *Sociedade por Quotas*, n. 170, p. 149). Por outro lado, João Eunápio Borges assevera que "a natureza, a estrutura, os característicos da sociedade por cotas hão de buscar-se no Dec. 3.708, que a introduziu em nossa legislação. A forma de constituição — o título constitutivo — por remissão expressa do art. n. 2 se rege pelos arts. 300 a 302 do Código Comercial e, quanto ao mais, no que diz respeito ao funcionamento da sociedade, direitos dos cotistas etc. e, também, por remissão expressa da lei, no art. 18, deve-se recorrer, no silêncio do contrato e do Dec. 3.708 e na parte aplicável, à Lei de Sociedades Anônimas" (João Eunápio Borges, *Curso de Direito Comercial Terrestre*, v. II, p. 175).

9. João Eunápio Borges, *Curso...*, v. II, p. 178.

10. Cf. Egberto Lacerda Teixeira, "Repercussões da nova Lei das Sociedades Anônimas na vida das sociedades limitadas no Brasil", *RDM* 23/151.

fica as normas relativas às sociedades por ações em imperativas, supletivas, facultativas e incompatíveis, em função da obrigatoriedade, conveniência ou impossibilidade de sua aplicação às sociedades limitadas.

Em síntese do que se tem escrito sobre a aplicabilidade das normas da Lei das Sociedades por Ações à sociedade limitada, concluímos que, na omissão do contrato e do Decreto 3.708/1919, seriam incompatíveis com as sociedades limitadas unicamente as regras que se prestam a viabilizar a livre negociabilidade das ações com possibilidade de apelo ao público investidor, traço distintivo marcante da sociedade anônima aberta, em virtude da sua função econômica.

Em razão disso, não se aplicam à sociedade limitada as regras da lei do anonimato cuja finalidade imediata seja de viabilizar a captação de recursos no mercado, *v.g.*, normas relativas à emissão de debêntures ou outros valores mobiliários voltados para o público investidor; nem tampouco obrigam as sociedades por quotas regras referentes à publicidade de atos e demonstrações financeiras, ou sobre alienação de controle, cuja finalidade mediata não é diferente.

3.2 O novo Código Civil brasileiro

O novo Código Civil Brasileiro, em seu art. 1.053, determinou que, nas omissões de seu Capítulo IV (Livro II, Título II, Subtítulo II), rege-se a sociedade limitada pelas normas da sociedade simples.

Por força do referido dispositivo, deixa a Lei 6.404/1976 o papel de fonte supletiva do contrato e da Lei da Sociedade por Quotas — agora sociedade limitada —, passando os arts. 997 a 1.038 do novo Código Civil, que cuidam das sociedades simples, a exercer o mister.

A inovação já nasceu merecedora de críticas severas,[11] vez que a sociedade simples é considerada não-empresária (art. 982), aproximando-se menos das sociedades limitadas do que o fazem as sociedades anônimas.

Como opção à indesejável regência supletiva proposta pelo novo Código, o parágrafo único do mesmo art. 1.053 facultou aos quotistas inserirem no contrato a previsão de que a sociedade limitada poderá ser regida, de modo supletivo, pelas normas das sociedades por ações.

Adotada pelos quotistas tal previsão, o que é recomendável em sociedades de médio a grande porte, as normas do anonimato aplicar-se-ão às sociedades limitadas nas omissões de sua nova disciplina legal, e também do contrato, afastada a regência supletiva pelas normas da sociedade simples.

E, regra geral, tal qual no regime do Decreto 3.708/1919, não se aplicarão à sociedade por quotas normas do anonimato que visam a possibilitar a captação de recursos junto ao público investidor, razão de ser da sociedade anônima típica, aberta.

4. Aumento de capital das sociedades anônimas[12]

Ao longo da vida social, os dirigentes da companhia podem verificar a necessidade de modificar o capital da sociedade, fixado nos estatutos em obediência ao art. 5º, *caput*, da Lei 6.404/1976.[13]

Tal modificação pode ocorrer para reduzir o capital, em caso de perdas sociais ou excesso de capital, ou para aumentá-lo, caso em que deverão estar realizadas, no mínimo, três quartas partes do capital.

Embora exista previsão legal para aumento de capital para simples correção da expressão monetária de seu valor (Lei 6.404/1976, arts. 5º, §, 166, I, e 167),[14] a

11. Cf. Egberto Lacerda Teixeira, "As sociedades limitadas e o Projeto do Código Civil", *RDM* 99/67; Dora Martins de Carvalho, "As sociedades limitadas no Projeto do Código Civil", *RDM* 60/90.

12. Cf. Mauro Rodrigues Penteado, *Aumento de Capital das Sociedades Anônimas*.

13. "Art. 5º. O estatuto da companhia fixará o valor do capital social, expresso em moeda nacional."

14. Carvalhosa e Latorraca noticiam a extinção da correção monetária anual do capital social, vez

exigência natural de aumentar o capital é reflexo da necessidade de captação de recursos novos ou aproveitamento de algum já existente, com vistas a otimizar a consecução de cumprir o objeto social. Necessidade, diga-se, a que está sujeita qualquer sociedade comercial, independentemente da sua forma de organização.

Podemos, desde já, distinguir duas modalidades de aumento de capital, quais sejam, a que ocorre mediante simples transferência interna de recursos já existentes na sociedade (art. 169, Lei 6.404/1976), e a que se dá por efetivo aporte de recursos novos, seja através de subscrição pública ou particular de ações (art. 170), seja pela conversão, em ações, de debêntures ou partes beneficiárias e pelo exercício de direitos conferidos por bônus de subscrição ou opção de compra de ações (art. 166, III).

Da conversão de valores mobiliários em ações não nos ocuparemos no presente estudo, por se tratar de hipótese manifestamente inaplicável à sociedade por quotas, em que não se emitem debêntures, partes beneficiárias ou bônus de subscrição.

Em caso de aumento por conversão de lucros ou reservas existentes, poder-se-á apenas aumentar o valor nominal das ações dessa espécie, ou conferirem-se bonificações aos sócios na proporção de suas participações, sob a forma de novas ações emitidas, ou ainda, caso as ações não tenham valor nominal, simplesmente elevar-se a cifra nos estatutos, sem qualquer providência quanto às ações.

Na hipótese do aumento através de emissão e subscrição de novas ações para captação de recursos externos, importa sempre evitar a diluição da participação dos antigos acionistas, a quem se confere o direito de preferência na subscrição — direito reputado *essencial* — nos termos dos arts. 109, IV,[15] e 171, *caput*,[16] ambos da Lei 6.404/1976.

Quanto ao rito, seja qual for a origem do capital que se pretende incorporar, interno ou externo, o aumento deverá ser deliberado em Assembléia Geral, com conseqüente reforma nos estatutos, em caso de aprovação. A não ser que haja a companhia adotado o regime de capital autorizado, caso em que o procedimento é mais simples.

4.1 Breves considerações acerca do regime de capital autorizado na Lei 6.404/1976[17]

Classificada por alguns[18] como desdobramento especial do tipo "sociedade anônima", as sociedades de capital autorizado foram introduzidas em nosso ordenamento pela Lei 4.728/1965, sob a influência da sistemática anglo-americana,[19] e recepcionadas pelo art. 168[20] da Lei 6.404/1976.[21]

que a Lei 9.249, de 26.12.1995, em seu art. 4º e parágrafo único, extinguiu, a partir de 1º.1.1996, a correção monetária do balanço (Modesto Carvalhosa e Nilton Latorraca, *Comentários à Lei das Sociedades Anônimas*, v. III, p. 417).

15. "Art. 109. Nem o estatuto social nem assembléia geral poderão privar o acionista dos direitos de: (...) IV — preferência para subscrição de ações, partes beneficiárias conversíveis em ações, debêntures conversíveis em ações e bônus de subscrição, observado o disposto nos arts. 171 e 172;"

16. "Art. 171. Na proporção do número de ações que possuírem, os acionistas terão preferência para a subscrição do aumento de capital."

17. Cf. Fran Martins, "As sociedades de capital autorizado na nova Lei das Sociedades Anônimas", *RDM* 26/13.

18. Egberto Lacerda Teixeira e José Alexandre Tavares Guerreiro, *Das Sociedades Anônimas no Direito Brasileiro*, v. I, p. 108.

19. Egberto Lacerda Teixeira e José Alexandre Tavares Guerreiro, ob. cit., p. 120.

20. "Art. 168. O estatuto pode conter autorização para aumento de capital social independentemente de reforma estatutária."

21. Fran Martins ressalta a sensível diferença existente entre a sociedade de capital autorizado da Lei 4.728/1965 e aquela acolhida pela Lei 6.404/1976: "Como tivemos oportunidade de esclarecer, há uma substancial diferença entre as sociedades de capital autorizado de que tratava a Lei 4.728 (que, inspirada diretamente no direito americano, reproduziu regras próprias daquele direito mas divergentes e às vezes conflitantes com as do direito tradicional brasileiro) e as do mesmo nome reguladas pela lei atual. Enquanto aquelas tinham características comuns às anônimas americanas e diversas das bra-

Não constitui a sociedade de capital autorizado espécie distinta de sociedade anônima. Com razão Luiz Gastão P. de Barros Leães, segundo o qual "para adotar o sistema de capital autorizado, não configura transformação do tipo societário, e que a adoção da modalidade capital autorizado não altera, outrossim, os elementos típicos da sociedade anônima, nem modifica de forma substancial a posição jurídica dos acionistas".[22]

A cláusula de autorização, cuja finalidade única é de simplificar o mecanismo do aumento de capital, possibilita a operação por qualquer das modalidades já descritas — capitalização de lucros e reservas ou aporte de capital — sem aprovação por assembléia, bastando a autorização do Conselho de Administração, de constituição obrigatória nessa hipótese.

Há, contudo, entendimento contrário, no sentido de que, em caso de aumento de capital por incorporação de lucros e reservas, impossível prescindir da autorização de assembléia, ainda que sob o regime do capital autorizado, vez que se cuida de destinação de lucros, matéria de competência exclusiva da Assembléia Geral, disciplinada pelos arts. 132, 192 e 199 da Lei 6.404/1976.[23]

Entretanto, justifica a adoção do regime de capital autorizado a intenção de simplificar e agilizar o mecanismo do aumento de capital. Os acionistas, se aderiram ao estatuto, autorizaram previamente a administração a deliberar o aumento, na forma da Lei. Por essa razão, entendemos que, se foi adotado o regime do capital autorizado, a decisão de aumentar-se o capital dentro do limite estatutário poderá, em qualquer hipótese, partir do Conselho de Administração, sem necessidade de autorização da Assembléia.

Da mesma forma que se dispensa a autorização dos acionistas, que já aderiram aos estatutos, também não há reforma deste último *por ocasião* do aumento autorizado.

Osmar Brina Corrêa-Lima, contudo, adverte que "deve ser entendida em termos a redação do art. 168, quando afirma que o estatuto pode conter autorização para aumento do capital social independentemente de reforma estatutária".[24]

Para o jurista mineiro, mesmo sob o regime do capital autorizado, há necessidade de reformar-se a cláusula estatutária referente ao capital, o que implica reforma dos estatutos.

Tal reforma, sem dúvida imprescindível, em verdade mais se nos afigura como simples ajuste. Altera-se a cláusula do capital na oportunidade de uma Assembléia Geral, "passando [o estatuto] a expressar o verdadeiro capital social, incluídos os vários aumentos".[25]

Com isso, verifica-se que a solução diferencial apresentada pelo regime de capital autorizado reside na dispensa de autorização da Assembléia Geral, bem como na possibilidade, nas companhias abertas, de supressão do direito de preferência, o que se abordará mais adiante.

Há ainda divergência de entendimentos acerca da possibilidade ou não da com-

sileiras, as reguladas pela lei atual são sociedades anônimas comuns do nosso direito, com a única característica de que podem aumentar seu capital sem reforma estatutária" (Fran Martins, *Comentários à Lei das Sociedades Anônimas*, v. II, t. 2, p. 509).

22. *Apud* Egberto Lacerda Teixeira e José Alexandre Tavares Guerreiro, ob. cit., p. 121.

23. José Edwaldo Tavares Borba afirma que, "conquanto haja autorização para aumento de capital, a incorporação de reservas e lucros transcende à competência do conselho de administração, inserindo-se nos poderes da assembléia-geral, único órgão habilitado a deliberar sobre a destinação do lucro da sociedade (arts. 132, 192 e 199). Ademais, como a incorporação retira aos acionistas a possibilidade de distribuir, como dividendos, as reservas e lucros incorporados, unicamente os próprios acionistas poderão decidir da conveniência ou não de consumar a capitalização" (José Edwaldo Tavares Borba, *Direito Societário*, p. 395).

24. Osmar Brina Corrêa-Lima, *Curso de Direito Comercial*, v. 2, *Sociedade Anônima*, p. 202.

25. José Edwaldo Tavares Borba, ob. cit., p. 396.

panhia constituir-se, desde o início, com capital autorizado, existindo opinião no sentido de que a autorização apenas poderá advir com reforma estatutária, já que a companhia não poderia ter capital não-subscrito.[26]

Mas concordamos com Carvalhosa e Latorraca,[27] que admitem a constituição da companhia *ab initio* com autorização para aumento do capital. É que não enxergamos, na autorização para aumento, um capital não-subscrito. O que existe é o capital inicial, totalmente subscrito, e a cláusula que autoriza eventual aumento, demarcando seu limite.[28]

4.2 Supressão do direito de preferência na subscrição do aumento de capital autorizado

Conforme já exposto, é condição do aumento de capital com subscrição de novos valores mobiliários permitir aos antigos acionistas que preservem o percentual de sua participação.

Em função disso, gozam os acionistas de preferência na subscrição, direito *essencial* que lhes confere a Lei 6.404/1976, em seus arts. 109, IV e 171.

26. Egberto Lacerda Teixeira e José Alexandre Tavares Guerreiro entendem que o sistema de capital autorizado permite que exista parte do capital não subscrito, o que constituiria afronta ao art. 80, I, da Lei 6.404/1976, que obriga, no momento de constituição da companhia, a subscrição de todas as ações em que se divide o capital social fixado no estatuto. Em razão disso, os referidos autores apenas admitem a autorização para aumento do capital se inserida no estatuto após a constituição da companhia (Egberto Lacerda Teixeira e José Alexandre Tavares Guerreiro, ob. cit., p. 121).

27. Modesto Carvalhosa e Nilton Latorraca, *Comentários à Lei das Sociedades Anônimas*, v. III, 2ª ed., p. 438.

28. Fran Martins esclarece que "as atuais sociedades de capital autorizado são anônimas comuns, que têm a permissão de aumentar o capital independentemente de reforma estatutária, mas que se constituem segundo as regras do art. 80 da lei, isto é, tendo todo o seu capital subscrito, ao contrário do que acontecia com a Lei de 1965" (Fran Martins, *Comentários à Lei das Sociedades Anônimas*, v. II, t. 2, p. 510).

Contudo, em complemento ao regime de capital autorizado das sociedades anônimas, determina o art. 172, da Lei 6.404/1976, que o estatuto das companhias abertas que adotarem tal regime pode excluir dos antigos acionistas o direito de preferência na subscrição de ações ou valores mobiliários que se destinarem *ao mercado*.

A finalidade dessa regra, que suprime o direito de preferência, não é outra senão facilitar ainda mais a captação de recursos no mercado para o investimento de risco — razão existencial da sociedade anônima aberta.[29]

Dessa forma, se a finalidade do aumento é captar recursos externos, poderá o estatuto suprimir o *essencial* direito de preferência, em nome da maior agilidade na obtenção dos referidos recursos no mercado.

5. Possibilidade e conveniência da adoção parcial do regime de capital autorizado pela sociedade limitada

Dispunha o art. 287 do Código Comercial que "é da essência das companhias e sociedades comerciais que o objeto e fim a que se propõem seja lícito, e que cada um dos sócios contribua para o seu capital com alguma quota, ou esta consista em dinheiro ou em efeitos e qualquer sorte de bens, ou em trabalho ou indústria".

29. Mauro Rodrigues Penteado ressalta que na Exposição Justificativa da Lei 6.404/1976 encontra-se a "fundamentação da orientação do legislador" para a exceção ao direito de preferência: "a exclusão somente é admitida em companhias abertas, nas quais o direito de preferência, além de por vezes dificultar a organização da distribuição de emissão no mercado, não tem importância como instrumento de proteção dos acionistas contra modificação da sua porcentagem no capital social, porque qualquer um pode adquirir ações no mercado" (Mauro Rodrigues Penteado, *Aumento de Capital...*, pp. 205-206).

Acrescente-se, também da Exposição de Motivos, que "mesmo nas companhias abertas, a exclusão do direito de preferência somente é admitida nos casos de venda em bolsa de valores, oferta à subscrição pública, ou oferta pública de aquisição de controle".

Da mesma forma, determina o art. 981 do novo Código Civil que "celebram contrato de sociedade as pessoas que reciprocamente se obrigam a contribuir, com bens ou serviços, para o exercício de atividade econômica e a partilha, entre si, dos resultados".

Dessas regras, que são de observância obrigatória na constituição da sociedade por quotas, depreende-se, tal qual na sociedade anônima, que o capital social será constituído com a contribuição dos sócios (art. 7º, Lei 6.404/1976). Nas sociedades anônimas abertas, contudo, permite-se a captação da poupança privada para formação do capital.

Em ambas as modalidades societárias, o capital, além de intangível (art. 349 do Código Comercial, art. 9º, 2ª parte, do Decerto 3.708/1919, art. 201 da Lei 6.404/1976 e art. 1.059 da Lei 10.406/2002),[30] é também fixo, segundo dispõe o art. 302, 4,[31] do Código Comercial, art. 2º do Decreto 3.708/1919,[32] art. 5º da Lei 6.404/1976 e art. 997 da Lei 10.406/2002.[33]

Mas já vimos que o empresário pode, independentemente da forma de organização societária que adota, verificar a necessidade de aumentar ou reduzir o capital investido.

Em razão disso é que o Decreto 434, de 1891, em seu art. 93, já admitia o aumento de capital das sociedades anônimas, em certos casos.[34] Também o fez o Decreto-lei 2.627/1940, que, em seus arts. 108 a 115, disciplinavam minuciosamente as operações de aumento e redução de capital das sociedades anônimas.

Mas Waldemar Ferreira, discorrendo já na década de 1940 acerca do aumento do capital nas sociedades por quotas, advertia com propriedade que "em função da responsabilidade de cada quotista ao montante do capital social, aumentando-se este, eleva-se, conseqüentemente, a responsabilidade individual de cada quotista. Assiste, nessa emergência, ao que disso divirja, a faculdade de opôr-se ao aumento, que lhe agrava os encargos. Retira-se da sociedade".[35]

De fato, tanto os arts. 2º e 9º, ambos do Decreto 3.708/1919, quanto o art. 1.052 do novo Código Civil,[36] imputam ao quotista a responsabilidade solidária pela integralização de todo o capital social, tenha ou não sido subscrito por ele.

De modo diverso, o legislador de 1976 (art. 1º, Lei 6.404/1976) limitou a responsabilidade do acionista apenas ao capital por ele subscrito.

Então, a assertiva de Waldemar Ferreira recomendaria ao quotista minoritário, eventualmente surpreendido com deliberação majoritária em favor do aumento de capital com aporte de recursos novos, a que ele não pretenda aderir, retirar-se imediatamente da sociedade, sob pena de ver-se pessoalmente responsabilizado pela integralização de um capital que não subscreveu.

Também a orientar a imediata retirada do quotista que não adere ao aumento a

30. "Art. 1.059. Os sócios serão obrigados à reposição dos lucros e das quantias retiradas, a qualquer título, ainda que autorizados pelo contrato, quando tais lucros ou quantia se distribuírem com prejuízo do capital."

31. "Art. 302. A escritura, ou seja pública ou particular, deve conter: (...) 4. Designação específica do objeto da sociedade, da quota com que cada um dos sócios entra para o capital (art. 287), e da parte que há de ter nos lucros e nas perdas."

32. "Art. 2º. O título constitutivo regular-se-á pelas disposições dos arts. 300 a 302 e seus números do Código Comercial, devendo estipular ser limitada a responsabilidade dos sócios à importância total do capital social."

33. "Art. 997. A sociedade constitui-se mediante contrato escrito, particular ou público, que, além de cláusulas estipuladas pelas partes, mencionará: (...) III — O capital da sociedade, expresso em moeda corrente, podendo compreender qualquer espécie de bens, suscetíveis de avaliação pecuniária;"

34. Trajano de Miranda Valverde, *Sociedades por Ações*, v. I, p. 557.

35. Waldemar Ferreira, *Instituições de Direito Comercial*, v. I, p. 314.

36. "Art. 1.052. Na sociedade limitada, a responsabilidade de cada sócio é restrita ao valor de suas quotas, mas todos respondem solidariamente pela integralização do capital social."

iminente diluição de sua participação, que pode lhe causar prejuízo significativo em futura liquidação.

Dessa forma, verifica-se que o imprevisto aumento de capital na sociedade por quotas implica risco para o quotista minoritário, que pode se ver obrigado a integralizar um capital que não aprovou nem subscreveu, ou ter sua participação no empreendimento diluída, da noite para o dia.

Mas, em contraposição à situação aparentemente frágil do minoritário, podemos encontrar também uma empresa que necessita expandir-se.

Tem-se verificado a resistência de quotistas minoritários em aprovar aumentos de capital muitas vezes essencial à expansão ou até mesmo à sobrevivência da empresa.

Já deparamos com caso prático em que havia necessidade de aumentar-se sensivelmente o capital de sociedade por quotas, com aporte de recursos externos, para que a empresa pudesse adquirir equipamentos que lhe viabilizassem prestar serviços de maior porte.

Conquanto aumentar o capital fosse a vontade da maioria, havia cláusula contratual dispondo que, apenas por unanimidade, poder-se-ia alterar o contrato social.

Então, verificam-se duas situações freqüentes e que poderiam ser evitadas com a adoção do regime de capital autorizado pela sociedade por quotas.

A primeira, do quotista que é surpreendido com a deliberação de um aumento de capital a que não pretende, ou nem se encontra capitalizado para aderir. Aumento, diga-se, que pode até mesmo ter caráter ardiloso, com finalidade de forçar a retirada ou diluir a participação de algum quotista indesejado.

A segunda situação, não menos delicada, da sociedade que precisa ter seu capital aumentado, mas verificar-se-á impossibilitada por força do art. 1.076, I, do novo Código Civil,[37] que exige maioria qualificada, ou, ainda, por cláusula contratual que exija unanimidade.

Houvessem os quotistas, desde a constituição da sociedade, autorizado o aumento do capital até determinado limite, não haveria surpresa. Nem haveria necessidade de deliberação, da forma como dispõe a Lei das Sociedades por Ações.

Com isso, os quotistas já estariam, há muito, cientes de que um dia, possivelmente, voltariam a se responsabilizar solidariamente pela integralização do capital aumentado.

E, não havendo surpresa, nem deliberação majoritária, não haveria resistência, nem divergência, o que beneficia a sociedade, na medida em que se lhe confere agilidade e segurança no procedimento.

Mas afinal, pode a sociedade limitada adotar o regime do capital autorizado?

À essa indagação, Romano Cristiano respondeu: "Não. O capital autorizado é instituto jurídico típico da sociedade anônima ou companhia, eis que não pode prescindir da existência das ações, as únicas parcelas de capital representadas por títulos negociáveis ou algo equivalente".[38]

Também Paulo Salvador Frontini, dissertando acerca da aplicabilidade de normas da sociedade anônima à sociedade por quotas, defende que "(...) careceriam de legitimidade propostas como a de sociedade limitada com capital autorizado, quotas sociais representadas por títulos, ou endossáveis, e outras figuras exclusivas do mercado de ações, ou das sociedades anônimas especiais retroreferidas".[39]

O primeiro autor, ao que parece, condiciona a adoção do regime de capital au-

37. "Art. 1.076. Ressalvado o disposto no art. 1.061 e no § 1º do art. 1.063, as deliberações dos sócios serão tomadas: I — pelos votos correspondentes, no mínimo, a três quartos do capital social, nos casos previstos nos incs. V e VI do art. 1.071. (...)."

38. Romano Cristiano, *Sociedade Limitada no Brasil*, p. 95.

39. Paulo Salvador Frontini, "A sociedade limitada e seu apelo às normas da sociedade anônima — Tentativa de fixar um critério geral para interpretar o art. 18 do Decreto 3.708/1919", *RDM* 79/23.

torizado à existência de ações. O segundo, se não faz o mesmo, classifica a sociedade de capital autorizado como tipo especial, com o que não concordamos, conforme já exposto (n. 4.1, retro).

Ambos autores, em suma, consideram o capital autorizado elemento típico da sociedade anônima.

Para nós, típicos da sociedade anônima — e, portanto, inaplicáveis às sociedades por quotas — são apenas os institutos que visam, de maneira direta ou indireta, a viabilizar a captação de recurso no mercado, traço distintivo marcante da companhia aberta.

E o regime do capital autorizado não se afigura instituto afeto a tal finalidade. Prova disso é que podem as sociedades anônimas fechadas adotar o regime, muito embora não busquem tais sociedades capitalizarem-se no mercado.

Cunha Peixoto, dissertando acerca da sociedade por quotas, já admitia "a possibilidade de, no próprio contrato, estabelecer-se um novo capital, para vigorar depois de certo tempo, isto é, que, no contrato social, se fixe o capital social inicial, já estatuído, acrescentando outro, maior, para prevalecer em época futura e certa".[40]

Não se pode afirmar que Cunha Peixoto admitiu expressamente a possibilidade da adoção do regime de capital autorizado na sociedade por quotas, mesmo porque o comercialista mineiro escreveu em 1956, portanto, em período anterior à Lei 4.728, de 1965, que introduziu no país o regime do capital autorizado para as sociedades anônimas.

Mas a proposição de Cunha Peixoto nos anima a defender a possibilidade de adoção parcial do regime de capital autorizado na sociedade limitada. Afinal, não deve a sociedade limitada privar-se de copiar, sempre que possível, os institutos das sociedades anônimas, frutos de melhor cuidada elaboração.[41]

Assim que admitimos a adoção parcial do regime de capital autorizado desde a constituição da sociedade limitada, ou mesmo por alteração contratual aprovada por três quartas partes do capital.

A adoção do regime será parcial em virtude de não se aplicar à sociedade limitada a supressão contratual do direito de preferência, instituto voltado a facilitar o acesso ao público investidor, o que não se coaduna com a função econômica da sociedade por quotas.

Passamos, doravante, a sugerir o mecanismo de implantação do regime de capital autorizado nas sociedades limitadas.

6. Mecanismo para adoção do regime de capital autorizado pela sociedade limitada no novo Código Civil

A primeira condição para adoção do regime de capital autorizado pela sociedade limitada é que, no contrato social, haja previsão de regência supletiva pelas normas da sociedade anônima, como permite o parágrafo único do art. 1.053 do novo Código Civil.

Passa-se então à redação da cláusula de autorização, em que os quotistas já aprovam consecutivos aumentos de capital até determinado limite.

Nas sociedades anônimas, a deliberação do aumento autorizado deverá partir da Assembléia Geral ou do Conselho de Administração, conforme dispuser a cláusula estatutária.

Nas sociedades limitadas, não havendo Conselho de Administração instalado, a deliberação deverá ser tomada pela administração constituída, pois, nessa modalidade societária, "(...) a gerência é um ór-

40. Carlos Fulgêncio da Cunha Peixoto, *A Sociedade por Cota de Responsabilidade Limitada*, v. I, p. 142.

41. Tullio Ascarelli lembra que "apresenta talvez a sociedade anônima a disciplina jurídica mais elaborada no que toca à constituição e à gestão de um patrimônio separado" (Tullio Ascarelli, *Panorama...*, p. 167).

gão social equiparado ao binômio diretoria-conselho de administração, previsto na Lei das S/A, o que autoriza sua aplicação subsidiária à disciplina do órgão".[42]

Verificada a necessidade do aumento de capital, se todas as quotas estiverem integralizadas (art. 1.081),[43] os administradores poderão promovê-lo, fazendo-o sempre de maneira justificada quanto aos aspectos econômicos que determinaram a escolha do critério adotado (art. 170, § 7º da Lei 6.404/1976).

Todos os quotistas deverão ser informados do aumento, se realizado por simples transferência de reservas, ou convocados para subscrição, se houver necessidade de aporte de novos valores.

Na primeira hipótese, nada haverá que ser feito em relação às quotas, pois a participação de cada quotista continuará idêntica.

Na segunda hipótese, convocados para a subscrição, terão os quotistas prazo de 30 (trinta) dias para participar do aumento, na proporção de suas quotas.

O § 1º do art. 1.081 do novo Código Civil determina que tal prazo será contado da deliberação, o que não nos parece a solução mais justa. Melhor será que a administração, na carta de convocação, confira ao quotista o prazo de 30 (trinta) dias contados do recebimento da correspondência, e não da deliberação.[44]

Segundo dispõe o § 2º do art. 1.081,[45] o direito de preferência poderá ser objeto de cessão, da mesma forma da cessão por quotas, regulada pelo art. 1.057. Desse modo, se não houver disposição diversa no contrato, o direito de preferência poderá ser cedido livremente entre sócios, ou a estranho, caso não haja oposição de mais de um quarto do capital social.

Decorrido o prazo para exercício do direito de preferência, e assumida pelos sócios, ou por terceiros — o que apenas se admite com aprovação de pelo menos três quartas partes do capital — a totalidade do aumento, os administradores procederão ao ajuste do contrato social, independentemente de realização da assembléia de que trata o § 3º do art. 1.081.[46]

A assembléia fica dispensada em virtude do que dispõe o § 3º do art. 1.072,[47] pois seu objeto — aprovação do aumento de capital — já havia sido autorizado pela unanimidade dos quotistas, por ocasião da constituição da sociedade.

E, levada a nova alteração contratual a registro, será a mesma arquivada, com ou sem assinatura dos quotistas, em virtude do que dispõe o § 5º do art. 1.072,[48] já que o aumento de capital havia sido previamente autorizado.

Cuidando a alteração contratual unicamente de ajustar o capital social aumentado em função de autorização anterior, não nos parece que exista direito de retirada para o quotista.

Em primeiro lugar, não há divergência, pois o aumento já havia sido autorizado. Em segundo lugar, não há "modifica-

42. Celso Barbi Filho, "Contratação entre a sociedade por cotas de responsabilidade limitada e seu próprio administrador", *RDM* 96/5.

43. "Art. 1.081. Ressalvado o disposto em lei especial, integralizadas as quotas, pode ser o capital aumentado, com a correspondente modificação do contrato."

44. "Art. 1.081. (...). § 1º. Até trinta dias após a deliberação, terão os sócios preferência para participar do aumento, na proporção das quotas de que sejam titulares."

45. "Art. 1.081. (...). § 2º. À cessão do direito de preferência, aplica-se o disposto no *caput* do art. 1.057."

46. "Art. 1.081. (...). § 3º. Decorrido o prazo da preferência, e assumida pelos sócios, ou por terceiros, a totalidade do aumento, haverá reunião ou assembléia dos sócios, para que seja aprovada a modificação do contrato."

47. "Art. 1.072. (...). § 3º. A reunião ou assembléia tornam-se dispensáveis quando todos os sócios decidirem, por escrito, sobre a matéria que seria objeto delas."

48. "Art. 1.072. (...). § 5º. As deliberações tomadas de conformidade com a lei e o contrato vinculam todos os sócios, ainda que ausentes ou dissidentes."

ção do contrato", nos termos do que dispõe o art. 1.077,[49] mas simples ajuste da cláusula referente ao capital, cujo aumento havia sido autorizado por ocasião da constituição da sociedade.

7. *Conclusão*

O que se pretendeu demonstrar ao longo do presente trabalho é que não existe óbice, na atual legislação brasileira, à adoção parcial do regime do capital autorizado, previsto no art. 168 da Lei 6.404/1976, pela sociedade limitada.

Com efeito, em conformidade com o art. 1.053, parágrafo único, do novo Código Civil, podem as sociedades limitadas adotar a regência supletiva pelas normas das sociedades anônimas que lhes sejam aplicáveis.

E, aplicáveis às sociedades limitadas devem ser todas as normas das sociedades anônimas que não lhe contradigam o contrato ou a lei, com exceção daquelas cuja finalidade seja possibilitar a captação de recursos no mercado, traço peculiar da sociedade anônima aberta.

Explorando o conceito e a origem do regime de capital autorizado nas sociedades anônimas, verificamos que se cuida de instituto com finalidade única de simplificar a operação do aumento de capital, seja por simples transferência de recursos internos ou mesmo com aporte de recursos externos, dispensando a deliberação dos acionistas.

Em razão disso é que concluímos ser o regime do capital autorizado, à exceção da possibilidade de exclusão do direito de preferência, aplicável às sociedades limitadas que adotarem a regência supletiva da Lei das Sociedades por Ações.

A adoção parcial do regime de capital autorizado pela sociedade limitada evitará qualquer entrave que possa surgir por ocasião do aumento, que, se não foi previamente autorizado, dependerá de aprovação de, no mínimo, 75% (setenta e cinco por cento) do capital, de acordo com o novo Código Civil brasileiro.

8. *Bibliografia*

ABRÃO, Nelson. *Sociedade por Quotas de Responsabilidade Limitada.* São Paulo, Saraiva, 2000.

ASCARELLI, Tullio. *Panorama do Direito Comercial.* São Paulo, Saraiva, 1947.

BARBI FILHO, Celso. "Contratação entre a sociedade por cotas de responsabilidade limitada e seu próprio administrador", *RDM* 96, São Paulo, Ed. RT, 1994.

BORBA, José Edwaldo Tavares. *Direito Societário.* Rio de Janeiro, Renovar, 1999.

BORGES, João Eunápio. *Curso de Direito Comercial Terrestre.* v. II, Rio de Janeiro, Forense, 1959.

CARVALHO, Dora Martins de. "As sociedades limitadas no Projeto do Código Civil", *RDM* 60, São Paulo, Ed. RT, 1985.

CARVALHOSA, Modesto e LATORRACA, Nilton. *Comentários à Lei das Sociedades Anônimas.* vs. I e III, 2ª ed., São Paulo, Saraiva, 1998.

CORRÊA-LIMA, Osmar Brina. *Curso de Direito Comercial.* v. 2, *Sociedade Anônima.* Belo Horizonte, Del Rey, 1995.

CRISTIANO, Romano. *Sociedade Limitada no Brasil*, São Paulo, Malheiros Editores, 1998.

FERREIRA, Waldemar. *Instituições de Direito Comercial.* São Paulo, Freitas Bastos, 1947.

FRONTINI, Paulo Salvador. "A sociedade limitada e seu apelo às normas da sociedade anônima — Tentativa de fixar um critério geral para interpretar o art. 18 do Decreto 3.708/1919", *RDM* 79, São Paulo, Ed. RT, 1990.

LUCENA, José Waldecy. *Das Sociedades por Quotas de Responsabilidade Limitada.* Rio de Janeiro, Renovar, 1996.

49. "Art. 1.077. Quando houver modificação do contrato, fusão da sociedade, incorporação de outra, ou dela por outra, terá o sócio que dissentiu o direito de retirar-se da sociedade, nos trinta dias subseqüentes à reunião, aplicando-se, no silêncio do contrato social antes vigente, o disposto no art. 1.031."

MARTINS, Fran. *Curso de Direito Comercial.* Rio de Janeiro, Forense, 2001.

———. *Comentários à Lei das Sociedades Anônimas.* Rio de Janeiro, Forense, 1984.

PEIXOTO, Carlos Fulgêncio da Cunha. *A Sociedade por Cota de Responsabilidade Limitada.* v. I, Rio de Janeiro, Forense, 1956.

PENTEADO, Mauro Rodrigues. *Aumentos de Capital das Sociedades Anônimas.* São Paulo, Saraiva, 1988.

TEIXEIRA, Egberto Lacerda. "Repercussões da nova lei das sociedades anônimas na vida das sociedades limitadas no Brasil", *RDM* 23/151, São Paulo, Ed. RT, 1976.

———. "As sociedades limitadas e o Projeto do Código Civil", *RDM* 99, São Paulo, Ed. RT, 1995.

——— e GUERREIRO, José Alexandre Tavares. *Das Sociedades Anônimas no Direito Brasileiro.* São Paulo, José Bushatsky, 1979.

VALVERDE, Trajano de Miranda. *Sociedades por Ações.* v. I, Rio de Janeiro, Forense, 1941.

LIMITES DE ATUAÇÃO DO CONSELHO FISCAL

RAUL DE ARAUJO FILHO
e
RODRIGO FERRAZ P. CUNHA

1. Introdução. 2. Breve histórico. 3. As funções do Conselho Fiscal. 4. Limites à atuação do Conselho Fiscal. 5. O interesse social. 6. O princípio da maioria. 7. Limites práticos da ação do Conselho Fiscal. 8. Conclusão. 9. Bibliografia.

1. Introdução

Surgem com freqüência, na prática societária, dúvidas quanto aos limites de atuação do Conselho Fiscal e de seus membros, mormente, sobre o ponto até o qual se legitima a ação fiscalizadora e além do qual possam ou devam os administradores opor-se ou resistir ao que se viria se caracterizar como intromissão indevida nos assuntos da administração.

Isso ocorre, sobretudo, quando o controle da companhia mostra-se instável e divisível (em clara oposição ao poder totalitário), possibilitando a eleição de membro do Conselho Fiscal por grupo minoritário em franca divergência com os controladores.

A controvérsia, de resto, tende a acirrar-se, a partir das modificações introduzidas na Lei 6.404/1976 pela Lei 10.003, de 2001, que vieram consagrar o direito, antes controverso, de atuação individual dos membros do Conselho Fiscal.

Especula-se, então, sobre se, em face da lei, (a) existem limites concretos à atuação do Conselho Fiscal e sobre como, nesse caso, se poderiam definir a função e os poderes do Conselho Fiscal e, (b) ainda, sobre se podem ou devem os administradores da companhia recusar-se ao atendimento de exigências, solicitações ou determinações do Conselho Fiscal, sem que isso implique descumprimento dos dispositivos que regem a responsabilidade dos administradores das sociedades por ações, em geral, e das companhias abertas, em particular.

2. Breve histórico

Até a promulgação da lei francesa de 1867 sobre as sociedades anônimas, não se conhecia o Conselho Fiscal com a estrutura que hoje tem, embora já se pudesse identificar preocupação com a fiscalização das contas das companhias.[1]

Foi aquela lei que, tornando obrigatória a criação do Conselho Fiscal nas companhias, criando regras para a sua composição e definindo as suas atribuições e a res-

1. Miranda Valverde cita acordo feito entre diretores e principais co-participantes da Companhia Privilegiada das Índias Ocidentais, em 1623, em que surge, nítido, um órgão de controle e fiscalização (Trajano de Miranda Valverde, *Sociedades por Ações*, v. II, p. 356).

ponsabilidade dos seus membros, desencadeou o processo que resultou na criação e estruturação de um órgão de fiscalização da administração das companhias.

No Brasil, o Conselho Fiscal já aparecia no Decreto 434, de 1891, que consolidou a legislação então existente sobre sociedades anônimas. Àquele tempo, no entanto, o Conselho Fiscal era "antes verificador de contas do que fiscalizador dos administradores da sociedade", na observação de Carvalho de Mendonça, para quem, "sob esse ponto de vista, parece menos própria a expressão conselho fiscal".[2]

Por isso, o Conselho Fiscal só veio a ganhar contornos mais nítidos com a edição do Decreto-lei 2.627, de 1940, que lhe dedicou um capítulo próprio (Cap. XII), em cujas disposições (arts. 124 a 128) se pode antever a estrutura atual daquele órgão.

Apesar disso, não foi considerada proveitosa a atuação do Conselho Fiscal na vigência daquele decreto-lei. Por isso, ao se discutir o projeto de uma nova lei das sociedades por ações, não poucos defendiam a criação de um órgão de fiscalização profissional e externo, à semelhança dos *commissaires aux comptes*, do direito francês, ou dos *auditors*, do direito inglês.

Prevaleceu, no entanto, a tradição, mantendo-se o Conselho Fiscal com estrutura semelhante à da legislação anterior, mas com a visível preocupação, que se acentuou nas leis que modificaram a Lei 6.404/1976, de se reduzir a influência do controlador na sua composição e de se ampliarem os poderes do órgão.

Esse intuito já se manifestava na Exposição de Motivos que acompanhou o projeto convertido na atual Lei das Sociedades por Ações: "As modificações introduzidas pelo Projeto no Conselho Fiscal baseiam-se na experiência da aplicação do Decreto-lei 2.627. Na maioria das companhias existentes, todos os membros do Conselho Fiscal são eleitos pelos mesmos acionistas que escolheram os administradores. Nestes casos, o funcionamento do órgão quase sempre se reduz a formalismo vazio de qualquer significação prática, que justifica as reiteradas críticas que lhe são feitas e as propostas para sua extinção. A experiência revela, todavia, a importância do órgão como instrumento de proteção de acionistas dissidentes, sempre que estes usam do seu direito de eleger em separado um dos membros do Conselho e desde que as pessoas eleitas tenham os conhecimentos que lhes permitam utilizar com eficiência os meios previstos na lei para fiscalização dos órgãos de da administração".

Em função disso, a regulação do Conselho Fiscal na Lei 6.404/1976 distanciou-se em vários pontos da que se continha no Decreto-lei 2.627/1940.

Em primeiro lugar, implicitamente admitindo que o funcionamento do órgão atende, primordialmente, ao interesse dos acionistas que não tenham acesso à administração, o legislador, embora mantendo a obrigatoriedade de sua constituição no estatuto (art. 161), condicionou o funcionamento do Conselho Fiscal à manifestação de acionistas titulares de um décimo das ações com direito a voto ou de apenas 5% (cinco por cento) das ações sem direito a voto (art. 161, § 2º).

A lei manteve o direito de participação dos titulares de ações preferenciais sem direito a voto ou com voto restrito e dos minoritários votantes no Conselho Fiscal, reduzindo o percentual necessário para essa participação, de 20%, da lei antiga, para apenas 10%, mas preservando o princípio majoritário, pelo qual fica assegurado aos controladores o direito de eleger um membro a mais do que os indicados pelos preferencialistas e minoritários (art. 161, § 4º).

A par disso, a Lei 6.404/1976 eliminou o caráter meramente simbólico que antes predominava na remuneração do Conselho Fiscal (art. 162), estabeleceu novos requisitos para a elegibilidade de seus mem-

2. J. X. Carvalho de Mendonça, *Tratado de Direito Comercial Brasileiro*, v. 4, p. 87.

bros (art. 162) e alargou a sua competência (art. 163), ampliando a enumeração prevista na lei anterior (Decreto-lei 2.627, art. 127) e dando mais ênfase à função fiscalizatória do Conselho Fiscal.

A partir de então, tornou-se obrigatória a presença do Conselho Fiscal nas reuniões do Conselho de Administração ou da Diretoria em que se adotem deliberações sobre as quais o Conselho deva opinar (art. 163, § 3º) e de pelo menos um de seus membros nas assembléias gerais (art. 164).

No mesmo sentido, permitiu-se o questionamento direto da auditoria externa pelo Conselho Fiscal (art. 163, § 4º) e se reforçou a sua atribuição informativa, antes exercida apenas na ou para a assembléia geral, ao se facultar a acionistas representando 5% do capital social requerer e obter daquele órgão informações sobre matérias de sua competência (art. 163, § 6º).

Perdurava, no entanto, em sede doutrinária, dúvida sobre se as atribuições do Conselho Fiscal só poderiam ser exercidas pelo colegiado ou também pelos seus membros, individualmente. Procurando atenuá-la, a Lei 9.457, de 1997, alterando o dispositivo do § 4º do art. 163, admitiu que, tendo a companhia auditores independentes, o Conselho Fiscal, a pedido de qualquer de seus membros e sem necessidade da aprovação dos demais, poderia solicitar-lhes esclarecimentos e informações.

A controvérsia, no entanto, só foi definitivamente solucionada pela Lei 10.003, de dezembro de 2001 que, modificando dispositivos da Lei 6.404/1976, estabeleceu que a fiscalização dos atos dos administradores (art. 163, I), a denúncia de erros, fraudes ou crimes (art. 163, IV) e as representações dirigidas à assembléia geral (art. 164, parágrafo único) podem ser feitas pelo Conselho Fiscal ou por qualquer um de seus membros.

Dentro, portanto, da estrutura legal atual, são amplos os poderes do Conselho Fiscal e de seus membros e o que carece fazer, tanto no estudo da matéria como *de lege ferenda*, é conferir maior nitidez à linha que deve separar o campo de normal exercício de tais poderes da esfera de atuação da administração da companhia, para que se evitem naturais conflitos originados do quadro contrastante das posições e interesses expressos no binômio *minoria-maioria*.[3]

3. *As funções do Conselho Fiscal*

Como assentado na doutrina, o Conselho Fiscal tem como função primordial a fiscalização dos atos dos administradores, tendo competência privativa no exercício da função e podendo atuar, por qualquer de seus membros, na verificação do cumprimento dos deveres legais e estatutários. Também lhe competem, exclusivamente, as funções enumeradas no art. 163 da Lei das Sociedades Anônimas.

Na visão de Carvalhosa, o Conselho Fiscal tem por função "exercer o controle e a fiscalização das contas dos administradores e da contabilidade social", cabendo aos membros do Conselho de Administração e/ou da Diretoria informá-lo de "todos os atos deliberativos e, portanto, colegiados de tais órgãos, bem como os documentos de natureza financeira e orçamentária".[4]

Para Roberto Papini, o Conselho Fiscal funciona "como órgão fiscal da administração e informativo da assembléia geral", constituindo, então, "órgão de assessoramento e auxiliar das assembléias gerais na sua função de fiscalizar a gestão dos administradores".[5]

Waldirio Bulgarelli vai além, ao salientar que, "em termos de competência, a descrição das funções legais confirma o que a Exposição de Motivos do Projeto da Lei

3. Waldirio Bulgarelli, *Regime Jurídico do Conselho Fiscal das S/A*, p. 67.

4. Modesto Carvalhosa e Nilton Latorraca, *Comentários à Lei de Sociedades Anônimas*, v. 3, pp. 368 e 395.

5. Roberto Papini, *Sociedade Anônima e Mercado de Valores Mobiliários*, p. 232.

6.404/1976 pusera em realce, ou seja, de que sua amplitude o erige em algo mais do que um simples órgão revisor de contas, caracterizando-o como órgão de *fiscalização* dos atos dos administradores e do cumprimento dos deveres legais e estatutários, e de *informação* aos outros órgãos e aos acionistas, inclusive com poderes de denúncia".[6]

Para ele, "a função essencial do Conselho Fiscal é a fiscalizatória; dos seus resultados serão extraídas as conseqüentes medidas, através de pareceres opinativos, com informações, sugestões ou mesmo denúncias".[7]

Nessa linha de pensamento, a grande maioria dos tratadistas, sob o argumento de que o *poder de fiscalizar* e o *dever de informar* do Conselho Fiscal são amplos e irrestritos, afasta quaisquer barreiras à atuação do Conselho Fiscal e de seus membros. É o caso de Tavares Guerreiro, para quem "o controle da administração, em companhias com Conselho Fiscal instalado, funcionando em caráter permanente, constitui tarefa específica desse órgão, que age no interesse dos acionistas. Por isso se diz, nesse particular, que a atividade dos respectivos membros é de índole 'continuativa, necessária e principal', diferindo da atividade dos sócios, 'ocasional, eventual e subordinada'. Por isso, assinala Foschini que compete ao Conselho Fiscal direito pleno e absoluto de informação, com a verdadeira natureza de direito subjetivo, distinto do atribuído aos sócios. 'Il diritto di informazione ora considerato è pieno e assoluto perchè può esercitarsi in ogno momento e per ogni oggetto: infatti il collegio sindacale può richiedere notizie sull'andamento dele operazioni sociali o su determinati affari'".[8]

Aliás, ainda no regime do Decreto-lei 2.627/1940, Cunha Peixoto defendia o entendimento de que "o Conselho Fiscal tem direito ilimitado de fiscalização e de controle sobre os atos da Diretoria, dada a amplitude das funções que lhe conferiu a lei".[9]

Mais enfático, João Eunápio Borges chegava a considerar que "se se pudesse falar, legal e teoricamente, em predominância hierárquica de um órgão sobre o outro, seria a Diretoria o órgão de menor importância, porque subordinada, de certo modo, ao Conselho Fiscal, que representa e substitui, perante os diretores, a assembléia geral de que dependem e da qual recebem os poderes que exercem".[10]

Há, pois, uma certa unanimidade, entre os tratadistas, sobre a magnitude dos poderes do Conselho Fiscal. Como, entretanto, a amplitude desses poderes não se pode confundir com onipotência ou despotismo, é relevante que os procedimentos e a atuação do Conselho Fiscal se coloquem dentro parâmetros de razoabilidade, impondo-se, nessa matéria, um esforço interpretativo que preencha as lacunas da lei.

4. Limites à atuação do Conselho Fiscal

As dificuldades de enfrentamento do tema se devem muito à escassa regulamentação do Conselho Fiscal na Lei das Sociedades Anônimas.

Estudando o assunto, José Anchieta da Silva salienta a necessidade, muitas vezes, de uso da analogia para suprir as lacunas legais: "O recurso à analogia de presença freqüente em nosso discurso decorre, como já prenunciado, da ausência de regulamentação legal mais expressa para o Conselho Fiscal".[11]

Na verdade, conferindo ao Conselho Fiscal uma superlativa gama de poderes,

6. Waldirio Bulgarelli, ob. cit., p. 60.
7. Waldirio Bulgarelli, ob. cit., p. 151.
8. José Alexandre Tavares Guerreiro, "O Conselho Fiscal e o direito à informação", *RDM* 45/29-34, jan.-mar. 1982.
9. Carlos Fulgêncio da Cunha Peixoto, *Sociedades por Ações*, v. 4, p. 148.
10. João Eunápio Borges, *Curso de Direito Comercial e Terrestre*, p. 487.
11. José Anchieta Silva, *O Conselho Fiscal à Luz da Lei de Sociedades Anônimas em Vigor*, p. 23.

haveria a lei que ter estabelecido balizas que impedissem a invasão do campo de trabalho dos administradores pela ação fiscalizatória desarrazoada, de forma a se evitarem interpretações distorcidas, que entrevêem na competência do Conselho Fiscal prevista no art. 163 da Lei 6.404 poderes ilimitados e absolutos.

No estado de direito, não há poderes nem direitos ilimitados. Por isso, mesmo quando sob o amparo formal da lei, a atuação do Conselho Fiscal deve fazer-se de acordo com os princípios básicos da normalidade jurídica, sem o que o exercício do direito se transforme em *abuso de direito*.[12]

Discorrendo a respeito, Anchieta adverte que, a par de dever a atividade do Conselho Fiscal exercer-se nos contornos da lei, deve também prender-se "à razoabilidade da iniciativa fiscalizadora ou do exercício do poder de arbítrio", com isso querendo dizer que "não pode o Conselho ou o seu membro, extrapolando-se para além daquilo que, aos olhos comuns, pudesse parecer razoável, começar a fazer exigências descabidas à sociedade fiscalizada ou aos seus administradores. A doutrina já assentou que a atividade do Conselho em exame não é profilática, mas reparatória".[13]

Também Waldirio Bulgarelli, no trecho citado acima, condena a atuação abusiva ou *ad terrorem* do Conselho Fiscal.

Mais explícito e enfático é Nelson Eizirik que, invocando a sua experiência prática de advocacia empresarial, alude a "alguns casos em que acionistas minoritários, com participação social expressiva, elegem representantes seus no Conselho Fiscal com finalidades incompatíveis com o atendimento do interesse social". E acrescenta: "Tais casos manifestam um entendimento equivocado das funções do Conselho Fiscal, as quais devem ser exercidas dentro dos limites legais, sob pena de eventualmente causar sua atuação, embaraços ilegítimos à gestão empresarial. Com efeito, trata-se de órgão de fiscalização, que não deve ser utilizado como instrumento de pressão indevido, em casos de disputas entre os acionistas".[14]

Por isso, acrescenta o autor, "a doutrina repele a atuação *ad terrorem* do conselheiro fiscal, caracterizada notadamente pelo excesso de solicitações imotivadas ou pela ingerência excessiva na gestão dos negócios sociais. A propósito, o direito francês cogita da *défense d'immixtion*, ou seja, a proibição de se imiscuir o Conselho Fiscal nos atos de gestão ordinária da companhia".

Referindo-se à atividade legislativa, para dizer que "a lei contrária à Constituição ou violadora de direitos e liberdades é anulada ou destituída de eficácia", Caio Tácito demonstra a acolhida, no direito brasileiro, do princípio da razoabilidade como fator de interpretação da lei, de forma a adequá-la ao devido processo legal.[15] Trata-se de instituto que basicamente serve ao direito constitucional e administrativo, mas que também se aplica às demais regras jurídicas,[16] sendo amplamente prestigiado por decisões do Supremo Tribunal Federal, como se vê em várias decisões daquela Corte.[17]

Não é demais afirmar que, no campo das relações privadas e, especificamente,

12. Waldirio Bulgarelli, ob. cit., p. 66.

13. José da Silva Anchieta, ob. cit., p. 86.

14. Nelson Eizirik, "Limites à atuação do Conselho Fiscal", *RDM* 84/13-18, out.-dez. 1991.

15. Caio Tácito, "A razoabilidade das Leis", *Revista de Direito Administrativo* 204/2, jan.-jun. 1996.

16. Carlos Roberto Siqueira Castro e Maria Rosynete Oliveira Lima, *Devido Processo Legal*, p. 275.

17. O STF proferiu numerosos acórdãos em que foi utilizado o princípio da razoabilidade como parâmetro de interpretação. Entre eles: RE 194.952-MS, Rel. Min. Ellen Gracie; ADIMC 2.209-PI, ADIn 20.40-PR, Rel. Min. Maurício Corrêa; RE 219.780-PE e ADIn 1.326-SC, Rel. Min. Carlos Velloso; e HC 74.704-SP, HC 75.192-RJ, HC 71.408-RJ, RE 224.667-MG, RE 192.553-SP, MS 22.944-PR, HC 77.003-PE, AGRAG 203.186-SP, ADIMC 1.813-DF, AGRAG 194.188-RS, AGRAG 153.493-SP, RE 192.568-PI, REED 199.066-PR, Rel. Min. Marco Aurélio.

na interpretação do art. 163 da Lei 6.404/1976, também se deve ter em conta o princípio da razoabilidade como instrumento que estaria a impedir, em concreto, o abuso de direito ou, na terminologia francesa, o excesso de poder, de forma a se evitarem "conflitos de natureza interorgânica" entre o Conselho Fiscal e os órgãos de administração, no relacionamento que entre eles deverá existir.[18]

5. *O interesse social*

Assim colocada a controvérsia e desconsiderando-se as dificuldades intrínsecas da definição do termo *interesse* em direito, cabe procurar analisar, ainda que brevemente, o conceito de *interesse social*, sua formação, limites e exteriorização no âmbito societário.

Os membros do Conselho Fiscal, assim como os administradores, devem exercer "as atribuições que a lei e o estatuto lhe conferem para lograr os fins do interesse da companhia, satisfeitas as exigências do bem público e da função social da empresa".[19]

Em verdade, a visão dos poderes do Conselho Fiscal como plenos, absolutos e ilimitados advém da premissa de que seria o Conselho Fiscal um órgão de representação dos acionistas que o elegeram e, principalmente, dos acionistas *dissidentes* ou *minoritários*, cujos interesses podem colidir com os interesses do controlador (até porque, abstraída a hipótese de abuso, os intuitos do controlador, na linha do tempo, estão mais próximos do interesse social na preservação da empresa do que o desejo dos minoritários, muitas vezes buscando resultados a curto prazo).

No regime da lei atual, no entanto, os membros do Conselho Fiscal têm os mesmos deveres dos administradores, cabendo-lhes exercer suas funções, independentemente do grupo que os elegeu, no exclusivo interesse da companhia (art. 165).

Por isso, da mesma forma que o administrador, o membro do Conselho Fiscal, mesmo "eleito por grupo ou classe de acionistas, tem, para com a companhia, os mesmos deveres que os demais, não podendo, ainda que para defesa do interesse dos que o elegeram, faltar a esses deveres" (Lei 6.404/1976, art. 154, § 1º).

Nesse caso, não se trata, na lição do Professor Erasmo França Valladão, do interesse definido pela "relação existente entre um sujeito, que possui uma necessidade, e o bem apto a satisfazê-la".[20] Trata-se de interesse relevantemente social, consistente "no interesse dos sócios à realização desse escopo, pois o objetivo da sociedade é alcançado pelo exercício da atividade empresarial, especificamente prevista no estatuto, como objeto social (art. 2º)".

Na verdade, a Lei das Sociedades Anônimas adotou um princípio amenizado da teoria institucionalista, vinculada à consecução do objeto social. Abandonando-se as discussões sobre a natureza do contrato associativo, se institucional (interesse autônomo, *unternhemen an sich*) ou contratual (síntese dos interesses dos acionistas, Ascarelli), em suas formas clássicas ou intermediárias, é certo afirmar que, na doutrina pátria, o conceito de interesse social encontra-se intimamente relacionado ao conceito objeto social.

Com pertinência, em elaborado estudo sobre o exercício do poder de voto nas sociedades anônimas, Paulo César Simões define o interesse social como sendo "o interesse comum dos acionistas à realização do objeto social. Através dessa realização do objeto social, que constitui o escopo, a Companhia atinge o seu fim, que é proporcionar riqueza para os acionistas, produzindo lucro a ser distribuído ou valorização das ações em circulação no mercado".[21]

A esse respeito, o Professor Tavares Guerreiro, após afirmar categoricamente

18. Waldirio Bulgarelli, ob. cit., p. 147.
19. Lei 6.404, art. 154, *caput*, art. 165.
20. Ob. cit., pp. 19-20.
21. Paulo César Simões, ob. cit.

que "no direito societário, a medida do interesse social está no objeto social", conclui que "tudo o que não serve ao objeto social contraria e conflita com o interesse social". Segundo ele, "o objeto social é o gênero de atividade econômica (um ramo da indústria ou comércio) que a sociedade desenvolve para atingir seu escopo lucrativo, ao passo que cada ato ou negócio jurídico em particular é o instrumento ou meio para a realização do objeto".[22]

Nas palavras do Professor Fábio Konder Comparato, "A utilização em comum dos bens sociais, quando juridicamente possível, como nas sociedades civis (Código Civil, art. 1.386, n. II), não existe por si mesma, mas como meio de atingir o objetivo comum: a produção de lucros. Assim, o acento tônico, nos negócios de comunhão, é posto nos próprios bens comuns, ao passo que, na sociedade, os bens sociais são simples instrumento para o exercício de uma atividade, com intuito lucrativo. É nessa atividade econômica coletiva que constitui, propriamente o objeto social".

Assim, o interesse a ser preservado, tanto na gestão da companhia como na fiscalização dos atos dos gestores, é sempre o da companhia, que se sobreleva aos interesses de seus acionistas, controladores ou minoritários, que apenas reflexamente podem ver-se beneficiados pela atividade exercida pelo Conselho Fiscal.

6. *O princípio da maioria*

De qualquer forma, na dúvida sobre a interpretação da norma estatutária, deve-se ter em mente que, a despeito do grau de independência que a Lei 10.003/2001 veio conferir à atuação individual dos membros do Conselho Fiscal, ainda prevalece, nas deliberações daquele órgão, o princípio democrático da votação por maioria, segundo o qual haverá de orientar os seus membros, nas situações concretas que se apresentarem.

Há na estrutura interna de uma companhia diversos níveis de interesses, comuns aos grupos que exercem alguma forma de controle na sociedade. Como não pode o poder de controle ser indistintamente distribuído entre os sócios, cabe ao grupo controlador, responsável pela efetiva condução social, o ônus de exercê-la em benefício de todos os demais acionistas, *uti socii*, ou seja, no interesse da companhia.

Conveniente e plausível que a solução para eventuais problemas apresentados pela contraposição de interesses seja encontrada pela democracia social interna, inclusive quando esse conflito venha a ocorrer na esfera do Conselho Fiscal ou entre órgãos sociais.

Como sugere o Professor Albert Hirschman,[23] uma vez encerrado o diálogo entre diversos grupos políticos, só resta aos descontentes — minoritários — o caminho do desinvestimento. Encerrado o exercício de expressão (*voice*), e não havendo o dever de lealdade (*loyalty*), só restam aos insatisfeitos o abandono do contorno político ao qual pertencem (*exit*).

É natural que as deliberações da maioria na relação social sobreponham-se àquelas da minoria. A esse respeito, proveitosa a reflexão apresentada pelo Professor Fábio Konder[24] em sua respeitada tese de livre docência: "Mas por que a maioria deve comandar? Parte-se, sem dúvida, do postulado de que a sociedade existe no interesse dos sócios, e como ninguém, em princípio, está investido da prerrogativa de decidir pelos interesses alheios, prevalece sempre a vontade do maior número, julgando cada qual segundo o seu próprio interesse. A idéia que está na base do princípio majoritário, observou Kelsen, é a de que o

22. José Alexandre Tavares Guerreiro, "Sobre a interpretação do objeto social", *RDM* 54/67.

23. Albert Hirschman, *Exit, Voice and Loyalty. Responses to Decline in Firms, Organizations, and States*.

24. Fábio K. Comparato, *O Poder de Controle na Sociedade Anônima*, p. 43.

ordenamento social deve estar de acordo com o maior número possível de sujeitos, e em desacordo com o menor número possível".

Conclui o mestre, em seguida: "Significa isso constranger a minoria, e desprezar os seus interesses? Evidentemente não, mas desde que a minoria haja aceito essa regra fundamental do jogo. O princípio majoritário, afinal, pressupõe necessariamente a unanimidade, pelo menos uma vez, no momento de constituição da sociedade, como postulado na razão social".

Como ilustra Nelson Eizirik, "o primeiro limite à atuação do Conselho Fiscal decorre da sua posição no quadro dos órgãos societários. Com efeito, se há relação de subordinação da Diretoria ao Conselho de Administração e destes dois órgãos à Assembléia Geral, tal não ocorre no que diz respeito ao Conselho Fiscal. Este último órgão, na realidade, é, por um lado, independente com relação ao Conselho de Administração e à Diretoria, mas, por outro lado, não tem poderes hierárquicos sobre tais órgãos. Ou seja, os órgãos de administração não devem obediência ao Conselho Fiscal, cabendo-lhes atender as solicitações deste último se e na medida em que decorram da lei ou de disposição estatutária".[25]

Daí por que entender-se que "no regime instituído pela Lei 6.404/1976, a atuação do Conselho Fiscal, cujos poderes e responsabilidades advêm diretamente da lei, faz-se no interesse geral, justificando certa independência mesmo em relação aos que elegeram seus membros. A previsão legal é de que estes independem daqueles que deram causa à sua constituição efetiva e à eleição de seus membros (cf. art. 165, e § 1º do art. 154)". E mais: "Acionado o funcionamento do órgão, composto este pelas várias correntes de acionistas, cessariam os vínculos com os eleitores, passando a atuar independentemente".[26]

25. Nelson Eizirik, "Limites à atuação do Conselho Fiscal", *RDM* 84/13-18, out.-dez. 1991.
26. Waldirio Bulgarelli, ob. cit., p. 63.

Por isso mesmo, pondera Eizirik no artigo citado, "se o conselheiro fiscal age exclusivamente no interesse dos acionistas que o elegeram, sacrificando o interesse social e impedindo ou dificultando a companhia de atingir seu objeto social e lograr seus fins lucrativos, evidentemente pode ser responsabilizado pelos prejuízos causados por tal conduta antijurídica".

Essa interpretação encontra eco também na norma geral contida no art. 187 do novo Código Civil, alusiva ao abuso de direito, segundo a qual "também comete ato ilícito o titular de um direito que, ao exercê-lo, excede manifestamente os limites impostos pelo seu fim econômico ou social, pela boa-fé ou pelos bons costumes".

Cabe aos membros do Conselho Fiscal, portanto, no exercício de suas funções, ignorar eventuais conflitos que grassem no corpo acionário, desenvolvendo suas atividades com cuidado e diligência, voltados para os interesses maiores da companhia.

A ação fiscalizatória convive com o princípio do poder discricionário dos administradores. A atuação dos membros do Conselho Fiscal limita-se à verificação da legalidade, assim entendida em sentido amplo, da gestão dos administradores, não podendo estender-se à análise de mérito de decisões administrativas. O fim único do Conselho Fiscal é verificar a regularidade os atos da administração e, quando for o caso, levar suas conclusões à assembléia geral, no resguardo do interesse da companhia.

7. Limites práticos da ação do Conselho Fiscal

Colocados os pressupostos contidos nos tópicos anteriores e acentuada a dificuldade de uma nítida definição do que podem e do que não podem o Conselho Fiscal e qualquer de seus membros pedir ou exigir da administração, cabe fazer um ensaio de demarcação dos limites passíveis de ser adotados no relacionamento (que

Waldirio Bulgarelli[27] vê como *intenso, constante e diuturno*) entre o Conselho Fiscal e os órgãos de administração.

De início, se a lei manda que administradores e membros do Conselho Fiscal se guiem pelo interesse da companhia, cabe-lhes, em cada caso concreto, indagar sobre onde reside aquele interesse e por que forma deve ele ser atendido.

Nesse caso, o estatuto é a norma básica pela qual se devem guiar. É o estatuto que delineia a noção e extensão do objeto social, que ressalta as finalidades para as quais a sociedade foi constituída (o motivo e função da criação da companhia), revestindo-se, por isso, de evidente caráter de *jus in civitate positum* no âmbito societário interno.

Carvalhosa, salientando antes que a função básica do Conselho Fiscal é a de verificar "se os atos de gestão e representação praticados pelos diretores e as deliberações do Conselho de Administração estão em consonância com a lei e com o estatuto", salienta dois aspectos que julga fundamentais: "o controle das contas, que se efetiva pelo exame de sua exatidão e correspondência à realidade" e "o controle da gestão, ou seja, o exame não só da estrita regularidade das contas, como também da sua oportunidade".[28]

Para ele, o Conselho Fiscal pode examinar se despesas da administração "são exorbitantes, em face da conjuntura financeira ou das perspectivas de sua utilidade ou proveito". Entre outros atos concretos com os quais tenta traçar um quadro dos poderes do Conselho Fiscal, exemplifica: "Poderão os conselheiros solicitar, *v.g.*, ao diretor financeiro um levantamento do movimento do disponível da companhia em determinado período. Ou ao diretor comercial, o movimento de vendas e a relação de duplicatas emitidas, também em determinada época. Ou ao diretor-presidente da companhia, os contratos de fornecimentos firmados pela companhia, o seu valor, cronogramas e recebimentos respectivos. Nesse poder, como referido, inclui-se o de inspeção de bens, serviços e instalações objeto de contratos, a fim de verificar a sua consistência e adequação quanto aos dispêndios e investimentos respectivos".[29]

No que toca à administração, prossegue, cabe-lhe levar ao conhecimento do Conselho Fiscal de "todos os atos deliberativos e, portanto, colegiados de tais órgãos, bem como os documentos de natureza financeira e orçamentária".[30]

Nelson Eizirik, no artigo já citado,[31] partindo dos pressupostos de que "a atuação do Conselho Fiscal é basicamente instrumental, uma vez que visa transmitir aos acionistas as informações de que necessitam, quer para exercerem o direito de fiscalizar a gestão dos negócios sociais, quer para que possam votar, na assembléia geral, com conhecimento de causa" e de que "a fiscalização exercida pelo Conselho Fiscal sobre os atos dos administradores concentra-se na verificação do atendimento dos seus deveres legais e estatutários", admite que o Conselho Fiscal não tem poderes para opinar (i) *sobre a orientação geral dos negócios estabelecida pelo Conselho de Administração*, nem (ii) *sobre os atos de nomeação e destituição de diretores.* Além disso, afirma, o Conselho Fiscal não pode (iii) arrogar-se o direito de se *manifestar previamente sobre atos ou contratos que venham a ser firmados*, ou (iv) *interferir na gestão ordinária dos negócios da companhia, conduzida pelos diretores.* Também não pode pretender (v) *apreciar o conteúdo da gestão societária*, não lhe cabendo *entrar no julgamento do mérito e da conveniência das decisões empresariais tomadas pelos administradores.* Na mesma linha, não cabe ao Conselho Fiscal (vi) *examinar a conveniência e oportunidade dos*

27. Waldirio Bulgarelli, ob. cit., p. 149.

28. Modesto Carvalhosa, ob. cit., pp. 390 e 395.

29. Modesto Carvalhosa, ob. cit., p. 395.

30. Modesto Carvalhosa, ob. e p. cits.

31. Nelson Eizirik, ob. e p. cits.

atos dos administradores, exceto nos casos expressa e taxativamente elencados no inc. III do art. 163 da Lei das S/A, nem (vii) *interferir nos critérios para a fixação de preços praticados pela companhia* ou em sua margem de rentabilidade por produto, ou, ainda, (viii) solicitar *informações analíticas sobre a política de preços, estratégias de vendas e de exportação de produtos, "marketing"*, etc.

Na verdade, o conceito que se tem de firmar é o de que a atuação do Conselho Fiscal não se deve exercer de forma preventiva, cabendo-lhe apenas a fiscalização *a posteriori*, com eventual denúncia à assembléia geral de irregularidades constatadas, em face da lei ou do estatuto.

Também não é demais relembrar que o poder do Conselho Fiscal limita-se à fiscalização da gestão do exercício social em andamento, sem alcançar períodos de administração acobertados pela aprovação de assembléias gerais anteriores.[32]

Por isso, aos órgãos da administração é lícito examinar a *razoabilidade e oportunidade* de pedidos e exigências do Conselho Fiscal e, eventualmente, decidir sobre o cabimento ou não da prestação das informações. Nesse caso, inexistindo, como já foi dito, vínculo de subordinação entre os órgãos da administração e o Conselho Fiscal, não configura infração à lei a recusa fundamentada da Diretoria ou do Conselho de Administração ao atendimento de procedimentos operacionais, administrativos ou gerenciais sugeridos pelo órgão fiscalizador. Havendo impasse, cabe à assembléia geral decidir sobre a matéria, sem prejuízo, obviamente, da responsabilidade civil dos administradores por infração à lei ou ao estatuto.

32. No mesmo sentido decidiu o Tribunal de Alçada Cível do Estado de São Paulo, apelações cíveis 62.520-1 e 123.032-1, nas quais restaram confirmadas que "a atuação do Conselho Fiscal é limitada ao exercício social em curso, não podendo remontar à vida pretérita da companhia" (Messina e Forgioni, ob. cit., p. 43).

8. Conclusão

Cabe, agora, voltar às indagações colocadas no início deste artigo e tentar respondê-las, ainda que brevemente, para evitar desnecessária reiteração de conceitos.

A preocupação do estudo era, na verdade, a de procurar definir o território de atuação do Conselho Fiscal, como se poderiam definir sua função e os seus poderes e, mais que isso, precisar limites concretos de atuação de seus membros.

O que se viu foi que é impraticável fazer uma enumeração exaustiva dos atos que o Conselho Fiscal e cada um de seus membros podem efetivamente praticar ou das demandas que podem apresentar aos órgãos da administração. A avaliação da regularidade dessas demandas há de ser feita à luz dos princípios gerais examinados, indagando-se, em cada caso concreto, se determinada pretensão ou exigência se conforma com a lei e com o estatuto, se é razoável e se atende aos interesses da companhia.

Como foi dito, a lei não pretende (e o princípio da razoabilidade afasta essa interpretação) que o direito e o dever de fiscalizar atribuídos ao Conselho Fiscal levem ao abuso de direito ou excesso de poder, capazes de gerar óbvios conflitos entre aquele órgão e os órgãos da administração.

Os membros do Conselho Fiscal, de resto, têm os mesmos deveres dos administradores, cabendo-lhes exercer suas funções no exclusivo interesse da companhia. Por isso, da mesma forma que os administradores, o membro do Conselho Fiscal eleito por grupo ou classe de acionistas tem, para com a companhia, os mesmos deveres que os demais, não podendo agir, no exercício do cargo, em proveito ou em defesa dos interesses dos acionistas que o elegeram.

Cabe, ainda, salientar que a fiscalização dos atos dos administradores pelo Conselho Fiscal destina-se tão-somente a verificar o atendimento dos seus deveres legais e estatutários. Por isso mesmo, não se admitem extrapolações que denotem intuito emulativo ou provocativo ou que representem intromissão do órgão fiscalizador nos assuntos ordinários da administração.

Na verdade, foi visto que a lei nada veda, expressamente, ao Conselho Fiscal. Mas isso não significa que os seus poderes não se devam exercer de conformidade com determinados princípios, cuja aplicação inibe a ação abusiva e injustificada do Conselho Fiscal e de seus membros.

Uma outra questão que foi perseguida, ao longo deste trabalho, foi a de saber se os administradores podem ou devem, em determinadas circunstâncias, recusar-se ao atendimento de exigências, solicitações ou determinações do Conselho Fiscal, sem que isso implique descumprimento dos dispositivos que regem a responsabilidade dos administradores das sociedades por ações, em geral, e das companhias abertas, em particular.

Os administradores estão sujeitos, sem dúvida, à ação fiscalizadora do Conselho Fiscal, devendo, por isso, não apenas colocar à sua disposição os documentos expressamente referidos na lei como, ainda, atender a pedidos e solicitações daquele órgão.

Mas os administradores podem recusar-se ao atendimento de exigências desarrazoadas ou descabidas do Conselho Fiscal. Essa recusa enseja a convocação da assembléia geral, para dirimir a pendência e, eventualmente, apurar a responsabilidade de administradores ou conselheiros.

9. Bibliografia

BATALHA, Wilson de Souza Campos. *Comentários à Lei das Sociedades Anônimas*. v. II, Rio de Janeiro, Forense, 1977.

BEAR, Henry L. *California Law of Corporations, Partnerships and Associations*. Los Angeles, Legal Book Corp., 1970.

BERLE JR., Adolf A. e MEANS, Gardiner C. *The Modern Corporation and Private Property*. Nova Iorque, EUA, The Macmillan Company, 1940.

BORGES, João Eunápio. *Curso de Direito Comercial Terrestre*. Rio de Janeiro, Forense, 1959.

BRASIL. Lei 2.627, 26 de setembro de 1940. *Dispõe sobre a Sociedade por Ações, DOU* 1.10.1940, Brasília, DF.

———. Lei 6.404, de 15 de dezembro de 1976. *Dispõe sobre a Sociedade por Ações, DOU* 11.12.2001, Brasília, DF (com alterações introduzidas pelas Leis 9.475/1997 e 10.303/2001).

———. Lei 10.406, 10.1.2002. *Código Civil Brasileiro*, 2002.

BULGARELLI, Waldirio. *Comentários à Lei das Sociedades Anônimas*. v. 4, São Paulo, Saraiva, 1978.

———. *Regime Jurídico do Conselho Fiscal das S/A*. 4ª ed., Rio de Janeiro, Renovar, 1998.

———. *Manual das Sociedades Anônimas*. 12ª ed., São Paulo, Atlas, 2000.

CANTIDIANO, Luiz Leonardo. *Reforma da Lei das S/A Comentada*. Rio de Janeiro, Renovar, 2002.

CARVALHOSA, Modesto. *Comentários à Lei de Sociedades Anônimas*. vs. 1, 2, 3, 4 (ts. I-II), 2ª ed., São Paulo, Saraiva, 1997.

———. e EIZIRIK, Nelson. *A Nova Lei das S/A*. São Paulo, Saraiva, 2002.

CASTRO, Carlos Roberto Siqueira e LIMA, Maria Rosynete Oliveira. *Devido Processo Legal*. Porto Alegre, Sérgio Antônio Fabris Editor, 1999.

COMPARATO, Fábio Konder. *O Poder de Controle na Sociedade Anônima*. São Paulo, Ed. RT, 1977.

EISEMBERG, Melvin Aron. *Corporations and Other Business Organizations. Statutes, Rules, Materials and Forms*. Nova Iorque, Foundation Press, 2000.

EIZIRIK, Nelson. "Limites à atuação do Conselho Fiscal", *RDM* 84, out.-dez. 1991.

FRANÇA, Erasmo V. A. e N. *Conflitos de Interesses nas Assembléias de S/A*. São Paulo, Malheiros Editores, 1993.

GUERREIRO, José Alexandre Tavares. "Conflitos de interesse entre sociedade controladora e controlada e entre coligadas, no exercício do voto em assembléias gerais e reuniões sociais", *RDM* 51/29-32, São Paulo, Ed. RT, 1983.

———. "Direitos das minorias nas S/A", *RDM* 63, São Paulo, Ed. RT, jun.-set. 1986.

———. "Sobre a interpretação do objeto social", *RDM* 54, São Paulo, Ed. RT, abr.-jun. 1984.

———. "O Conselho Fiscal e o direito à informação", *RDM* 45, São Paulo, Ed. RT, jan.-mar. 1982.

HAMILTON, Robert W. *Corporations Including Partnerships and Limited Liability Companies. Cases and Materials.* 6ª ed., St. Paul, West Group, 1998.

HIRSCHMAN, Albert. *Exit, Voice and Loyalty. Responses to Decline in Firms, Organizations, and States.* Cambridge, Harvard University Press, 1970.

JAEGER, Pier Giusto. *L'Interesse Sociale.* Milão, Giuffrè, 1972.

LAMY FILHO, Alfredo e PEDREIRA, José Luiz Bulhões. *A Lei das S/A. Pressupostos, Elaboração, Modificações.* 3ª ed., Rio de Janeiro, Renovar, 1992.

LIMA, Osmar Brina Corrêa. *Sociedade Anônima. Textos e Casos.* Belo Horizonte, Del Rey, 1991.

MASON, Edward S. *The Corporation in Modern Society.* Cambridge, Harvard University Press, 1975.

MENDONÇA, J. X. Carvalho de. *Tratado de Direito Comercial Brasileiro.* v. 4, Rio de Janeiro/São Paulo, Livraria Freitas Bastos, 1963.

MESSINA, Paulo de Lorenzo e FORGIONI, Paula A. *Sociedade por Ações — Jurisprudência, Casos e Comentários.* São Paulo, Ed. RT, 1999.

PAPINI, Roberto. *Sociedade Anônima e Mercado de Valores Mobiliários.* Rio de Janeiro, Forense, 1999.

PEIXOTO, Carlos Fulgêncio da Cunha. *Sociedades por Ações.* v. 4, São Paulo, Saraiva, 1973.

PONTES DE MIRANDA, Francisco Cavalcanti. *Tratado de Direito Privado.* ts. L-LI, 3ª ed., 2ª reimpr., São Paulo, Ed. RT, 1984.

SADDI, Jairo (*et. al.*). *Fusões e Aquisições: Aspectos Jurídicos e Econômicos.* São Paulo: IOB, 2002.

SILVA, José Anchieta. *O Conselho Fiscal à Luz da Lei de Sociedades Anônimas em Vigor.* Belo Horizonte, Del Rey, 2000.

SIMÕES, Paulo C. G. *Governança Corporativa e o Exercício de Voto nas S/A.* Rio de Janeiro, Lumen Juris, 2003.

TÁCITO, Caio. "A razoabilidade das Leis", *Revista de Direito Administrativo* 204, jan.-jun. 1996.

TEIXEIRA, Egberto Lacerda e GUERREIRO, José Alexandre Tavares. *Das Sociedades Anônimas no Direito Brasileiro.* São Paulo, Bushatsky, 1979.

VALVERDE, Trajano Miranda. *Sociedade por Ações.* v. II, Rio de Janeiro, Forense, 1959.

EXCLUSÃO DE SÓCIO EM SOCIEDADES LIMITADAS NO NOVO CÓDIGO CIVIL

LEONARDO GUIMARÃES

1. Introdução. 2. Conflitos de interesses entre os sócios: soluções. 3. Soluções tendentes a acomodar interesses societários, sem a dissolução, integral, da sociedade: 3.1 Dissolução parcial; 3.2 Direito de recesso; 3.3 Direito contratual de retirada; 3.4 Exclusão de sócio. 4. Breves considerações acerca do novo Código Civil no tocante ao direito societário: 4.1 Sociedades simples e sociedades limitadas; 4.2 Hipóteses de exclusão do quotista na sociedade limitada: 4.2.1 Ausência da contribuição estabelecida no contrato social; 4.2.2 Falta grave no cumprimento das obrigações; 4.2.3 Falência do sócio; 4.2.4 Liquidação da sociedade; 4.2.5 Exclusão de sócio remisso; 4.2.6 Resolução dos sócios majoritários em relação aos sócios minoritários. 5. Conclusão. 6. Bibliografia.

1. Introdução

Como em todas as demais espécies de relações humanas, aquelas entre os membros de uma sociedade mercantil são, certamente, complexas e as divergências, senão freqüentes, são bastante prováveis. Enquanto um sócio deseja reduzir seus funcionários, a fim de conter custos, pode o outro almejar uma expansão das atividades, com conseqüente contratação de novos empregados. O mais ousado planeja diversificar os produtos oferecidos aos seus clientes e o outro, em contrapartida, pode ter por escopo a concentração das atividades da empresa. Estes são alguns dos diversos exemplos de possíveis conflitos.

Se a solução para estas divergências for alcançada, ótimo. Entrementes, caso não haja convergência nestes entendimentos, iniciam-se, aí, os problemas não apenas dos sócios, mas, em última instância, da própria sociedade.

2. Conflitos de interesses entre os sócios: soluções

Os conflitos entre os sócios da sociedade limitada, sucessora da sociedade por quotas de responsabilidade limitada — tipo societário a ser, adiante, examinado — podem ser solvidos, genericamente, de duas formas distintas. Através da:

(i) dissolução, integral, da sociedade; ou

(ii) saída de um, ou mais, dos sócios.

Dentre as hipóteses legais de resolução para conflitos entre sócios, apontam os doutrinadores, bem como os sodalícios pátrios, de forma unânime, a saída de um, ou mais, dos sócios — com a conseqüente manutenção do funcionamento da sociedade — como sendo a melhor resposta, arrimando-se, em apertada síntese, em dois fundamentos:

(i) *Fundamento de ordem socioeconômica*. A manutenção da empresa interessa não apenas a seus sócios, mas, efetivamente, a toda a coletividade. Com a saída do quotista, a empresa sobrevive ao atrito entre os sócios;

(ii) *Fundamentos de ordem legal*. Há inúmeros princípios legais, hoje em vigência, que justificam a adoção desta *solução*, consoante será analisado adiante.

Como a dissolução integral da empresa é medida que não interessa a ninguém — face, máxime, aos aspectos sociais que envolvem a questão, como asseverado alhures —, resta a saída do(s) sócio(s) como solução cogente (caso possível, obviamente) a ser adotada em conflito entre quotistas.

3. *Soluções tendentes a acomodar interesses societários, sem a dissolução, integral, da sociedade*

Tendo por escopo evitar a *morte* da sociedade em decorrência de conflito entre os seus quotistas, construiu o legislador, bem como os sodalícios pátrios, em legislação codificada — Código Comercial e Civil — ou não, formas que viabilizam a saída do sócio, com a manutenção do funcionamento da sociedade.

Confundem-se, no entanto, algumas vezes, os operadores do Direito na caracterização do que representa, legalmente, a saída do quotista da sociedade, reputando-a, indistintamente, como sendo *dissolução parcial de sociedade*.

Verifica-se, pois, efetiva confusão entre os institutos da (i) *dissolução parcial de sociedade*, do (ii) *recesso* e da (iii) *retirada*, bem como da (iv) *exclusão* do sócio, este último objeto de estudo mais aprofundado adiante.

Muito embora possam ser encontradas obras, bem como acórdãos, em que os quatro institutos são reputados símiles, é certo que cada um apresenta suas particularidades, como bem demonstrou o estimado e prematuramente saudoso Professor Celso Barbi Filho em sua obra de doutoramento.[1]

3.1 Dissolução parcial

A dissolução parcial ocorre quando o sócio, por ato unilateral de sua vontade, afasta-se da sociedade, sem que esta se dissolva e que se extinga a pessoa jurídica.

São hipóteses legais expressas para a dissolução parcial:

(i) discordância do sócio com alteração no contrato social, nos termos do art. 15 do Decreto-lei 3.708/1919;

(ii) em caso de sociedade celebrada por prazo indeterminado, por vontade de um dos sócios, consoante disposto no art. 335, n. 5, do Código Comercial;

(iii) ou quando o Contrato Social permitir a retirada do sócio, "fundamentando-se tal cláusula no n. 7 do art. 302, com apoio nos arts. 335, n. 4, e 308, do Cód. Com.".[2]

Conclui-se que a *dissolução parcial*, no sentido jurídico da expressão, é o procedimento de saída do sócio, sem a extinção da sociedade, imotivada ou não, no caso da sociedade haver sido constituída por prazo indeterminado.

No sentir de Mauro Rodrigues Penteado,[3] a dissolução parcial opera-se como efetiva *denúncia vazia*, sem que o autor da "denúncia" identifique a razão pela qual está adotando esta postura.

Poder-se-ia acrescentar a esta observação, apenas, que não se trata a dissolução parcial, exatamente, de um pedido "imotivado" ou mesmo "ausente de razão". Ocorre que sua simples existência é suficiente para que se presuma a perda da *affec-*

1. Celso Barbi Filho, *A Dissolução Parcial da Sociedade por Quotas de Responsabilidade Limitada* (Tese de Doutorado), p. 153.

2. Fran Martins, "Retirada de sócio por permissão contratual e apuração de haveres", *Estudos de Direito Societário*, pp. 229-230.

3. Mauro Rodrigues Penteado, *Dissolução e Liquidação de Sociedades*, 1ª ed., p. 140.

tio societatis que uniu os sócios até então, caracterizando, pois, uma justificativa (ainda que subentendida), apta a autorizar a dissolução em si.

Há, ainda, aqueles que objurgam este direito *absoluto* do sócio de requerer, a seu bel talante, a dissolução parcial da sociedade. Unie Caminha observa que "o juiz que examina o pedido de dissolução (total ou parcial), deve exercer um juízo mais complexo, analisando vários aspectos do caso: se a animosidade entre os sócios prejudica a empresa, se com a saída daquele acionista a empresa poderia continuar prosperante, se vale a pena manter vivo aquele organismo societário. Esse tipo de análise, na opinião da jurista, deveria ser feito sempre, inclusive em relação às sociedades por quotas, para evitar a tendência de se transformar a dissolução parcial numa verdadeira *denúncia vazia*".[4]

Impende ressaltar, rematando, que, não obstante a amplitude e coerência destas observações, somente ante características muito especiais poderia o Judiciário desacolher um pedido de dissolução parcial, ainda que imotivado (ressalvadas as observações supra sobre esta pretensa *imotivação*), de sociedade por quotas de responsabilidade limitada, sem prazo de funcionamento determinado, porquanto estar-se-ia, em tal situação, forçando o quotista a permanecer vinculado a pessoas em uma sociedade, o que, a princípio, constituiria afronta até mesmo a direito constitucionalmente garantido de livre associação.

3.2 Direito de recesso

Constitui o direito de recesso uma prerrogativa legal do sócio de sociedade por quotas de responsabilidade limitada de retirar-se quando divergir de alteração do contrato social, executada pela maioria. Sob tal circunstância, receberá o sócio que exerce seu direito de recesso o reembolso de seus haveres na proporção do último balanço aprovado, nos termos expressos do art. 15 do Decreto-lei 3.708/1919.[5]

Ventilada tal definição, torna-se mais fácil distinguir a *dissolução de sociedade* do *recesso* do sócio, porquanto, "se congêneres no resultado (solução do liame obrigacional perante um sócio), tem (os institutos) gênese, estrutura, procedimento e conseqüências distintas".[6]

E mais, enquanto o direito de recesso objetiva a tutela do sócio minoritário, exercitável face ao abuso da maioria,[7] a dissolução parcial, decorrente da moderna interpretação dos arts. 335, n. 5, e 336, do Código Comercial, têm por escopo a proteção da sociedade em si, "conjugando os princípios constitucionais de liberdade de trabalho, associação, desassociação e função social da propriedade, bem como o da preservação da empresa e da rejeição aos vínculos contratuais eternos".[8]

3.3 Direito contratual de retirada

Há distinguir-se, outrossim, dentre as demais hipóteses operacionais para a saída dos sócios de sociedade, a possibilidade *contratual de retirada*. Ou seja, pode prever o contrato social, expressamente, como operar-se-á a saída de sócio da empresa.

Previsto nos arts. 291 e 302 do Código Comercial, e, hoje, plenamente aceito,[9] o direito contratual de retirada não se en-

4. Uinie Caminha, "Comentário a acórdão do Tribunal de Justiça de São Paulo acerca de dissolução parcial de sociedade anônima", *RDM* 114/182, abr.-jun. 1999.

5. Celso Barbi Filho, *A Dissolução*..., ob. cit., p. 157.

6. Vera Helena de Mello Franco, "Dissolução parcial e recesso nas sociedades por quotas de responsabilidade limitada. Legitimidade e procedimento. Critério e momento de apuração de haveres", *RDM* 75/19, jul.-set. 1989.

7. Rachel Sztajn, "O direito de recesso nas sociedades comerciais", *RDM* 71/50-54, jul.-set. 1988.

8. Celso Barbi Filho, *A Dissolução*..., ob. cit., p. 165.

9. Fran Martins, "Retirada de sócio...", ob. cit., pp. 229-230.

contra, todavia, insculpido na lei de sociedades por quotas de responsabilidade limitada.

De outro norte, diverge o direito contratual de *retirada* da *dissolução parcial*, inicialmente, na base legal na qual o sócio se ampara para executar sua saída. Enquanto na *retirada* o quotista se arrima no contrato social, na dissolução ampara-se, como ressaltado anteriormente, em dispositivos expressos no Código Comercial, temperados pela orientação jurisprudencial acerca da necessidade de preservação da empresa.

A diferença marcante entre o direito de *retirada* e o direito de *recesso* consiste no fato de que, enquanto na *retirada*, o sócio se ampara no cumprimento de uma cláusula, pré-ajustada do contrato social, para requerer sua saída da sociedade, no *recesso*, o sócio se retira por discordar de alteração perpetrada no contrato social, implementada pela maioria social.

3.4 Exclusão de sócio

Finalmente, tem-se a figura da exclusão do sócio como último modelo para a solução de conflitos entre quotistas, sem a extinção, absoluta, da sociedade.

Consiste o direito à exclusão do sócio na possibilidade do quotista majoritário excluir, sob a égide do princípio da *força da maioria votante*, o quotista minoritário da sociedade por quotas de responsabilidade limitada.

Acerca da matéria, aponta Luiz Gastão Paes de Barros Leães, como gênese do instituto da exclusão, a norma consubstanciada no art. 289 do Código Comercial, admitindo a exclusão do sócio na inocorrência de integralização do capital social pelo mesmo subscrito.[10] Convém salientar que tal regra foi, outrossim, insculpida no texto da Lei de Sociedade por Quotas de Responsabilidade Limitada, Decreto 3.708/1919, em seu art. 7º, tornando-a cogente.

Poder-se-ia indigitar, ainda, como regra originalmente autorizadora da exclusão do sócio, aquela contida no art. 339 do Código Comercial, que durante longo tempo autorizou aos quotistas majoritários, desde que justificadamente, determinar a saída do minoritário da empresa.

Em face destas disposições legais, que autorizavam a exclusão do sócio somente ante um motivo justo — máxime ante a ausência de integralização do capital social subscrito —, prevaleceu, durante bastante tempo, o entendimento jurisprudencial de que, regra geral, a exclusão do sócio somente operar-se-ia mediante:

(i) justa causa;

(ii) existência de cláusula contratual expressa a autorizá-la.

O entendimento dos sodalícios pátrios acerca do tema, entrementes, evoluiu, admitindo-se, hoje, por deliberação da maioria, a exclusão unilateral do quotista detentor de participação minoritária. Esta é a iterativa orientação, máxime, do Superior Tribunal de Justiça acerca do tema.[11]

A legislação pátria mais recente veio corroborar, integralmente, tal posicionamento, segundo se infere do atual texto do art. 54 da Lei 8.934, de 1994 (disciplinadora do registro público das empresas mercantis), ao prever que a deliberação majoritária, não havendo cláusula restritiva, abrange a hipótese, dentre outras, de exclusão de sócio.

Reunindo tais entendimentos, somados ao disposto no parágrafo único do mesmo art. 54 da Lei 8.934, que impõe que: "os instrumentos de exclusão de sócio deverão indicar, obrigatoriamente, o motivo da exclusão e a destinação da respectiva participação no capital social", Celso Barbi Filho conclui: "Evidencia-se, pois, que a exclusão do sócio da sociedade por quotas

10. Gastão Paes de Barros Leão, "Exclusão extrajudicial de sócio em sociedade por quotas", *RDM* 100/89, out.-dez. 1995.

11. Dentre outros, convém destacar: STJ, *RT* 730/196.

de responsabilidade limitada opera-se, hodiernamente, por simples alteração contratual majoritária, exigindo-se apenas a inexistência de cláusula restritiva, a indicação de qualquer motivo para o ato e da destinação da participação do excluído no capital".[12]

Necessário, quanto ao tema, mencionar, ainda, Fábio Ulhôa Coelho, cujo escólio coaduna com a necessidade, para operar-se a exclusão de sócio, de inexistir, no contrato social da empresa, a chamada "cláusula restritiva".[13] Segundo seu entendimento, antes da vigência da Lei 8.934, a exclusão de sócio minoritário podia ser promovida, extrajudicialmente, por simples alteração contratual subscrita pelo sócio representante da maioria do capital social, ainda que o contrato social contivesse a chamada "cláusula restritiva", exigindo a unanimidade para sua alteração. Tal orientação arrimava-se no art. 6º, inc. I, alínea *c*, da Lei 6.939 de 1981, diploma revogado pelo art. 67 da Lei 8.934. De acordo com a legislação atual, o contrato social pode contemplar cláusulas restritivas à sua alteração por simples vontade da maioria social, incluindo-se, mas a tanto não se limitando, a matéria relativa à exclusão do sócio. "A alteração do direito positivo, portanto, é bastante precisa: atualmente, os sócios minoritários podem, quando da celebração do contrato social, preservar eficientemente os seus interesses, obstando a possibilidade de sua futura exclusão extrajudicial".[14]

E a possibilidade de exclusão do sócio — mormente ante a constituição das garantias previstas com a edição da Lei 8.934 — não significa, de forma alguma, um malferimento, ou mesmo vulneração, dos princípios constitucionais da liberdade e da manutenção dos bens particulares. Segundo bem decidiu o Tribunal de Justiça do Estado de São Paulo: "Havendo previsão legal para a exclusão unilateral de sócio — arts. 1.346 do CC c/c 7º e 15 do Decreto 3.708/1919 e 339 do CCom. — e tendo sido justificada a medida extrema por fatos que levaram ao desaparecimento da *affectio societatis*, inexiste ilegalidade a ser coibida por este *mandamus*, devendo ser normalmente registrada a alteração societária, independentemente da assinatura do sócio excluído. (Por outro lado), constitui um excesso a referência ao disposto no art. 5º, LIV da CF, pois o impte. em absoluto está sendo privado de sua liberdade ou de qualquer de seus bens; aliás, muito pelo contrário, (foi) composta a matéria mediante o levantamento de balanço especial no momento de sua exclusão. De igual forma, sem razão o impte. ao argumentar com as garantias da ampla defesa e contraditório, aplicáveis aos processos civis, penais e administrativos, situação distinta da espécie, em que (foi) deliberada em sociedade civil por quotas de responsabilidade limitada, com justa causa invocada para tanto, (...) sua exclusão da sociedade".[15]

Torna-se bastante clara, ante a simples exegese dos textos legais mencionados supra, a diferenciação do instituto da exclusão de sócio dos demais estudados alhures. Dentre outras particularidades, basta ressaltar que, enquanto na dissolução parcial, no recesso e na retirada de sócio, o exercício do direito de deixar o quadro social é exercido pelo próprio quotista retirante, na exclusão opera-se a vontade da maioria sobre a minoria, dentro dos estreitos liames legais elencados alhures.

4. Breves considerações acerca do novo Código Civil no tocante ao direito societário

Clamava-se, já há algum tempo, por uma alteração/revisão das normas regentes

12. Celso Barbi Filho, *A Dissolução...*, cit., p. 176.

13. Fábio Ulhôa Coelho, *Código Comercial e Legislação Complementar Anotados*, v. 5, p. 153.

14. Fábio Ulhôa Coelho, *Código Comercial...*, cit., p. 339.

15. TJSP, *RT* 705/117.

do direito societário pátrio, máxime aquelas reguladoras das chamadas *sociedades por quotas de responsabilidade limitada*, tratadas, a partir de agora, tão-somente, como *sociedades limitadas*.

Tais modificações foram introduzidas, segundo vontade do legislador, através da promulgação do novo Código Civil, Lei 10.406, de 10.1.2002, o qual revogou, expressamente, em seu art. 2.045, o antigo Código Civil, Lei 3.071, de 1º.1.1916, além da Parte Primeira do Código Comercial, Lei 556, de 25.6.1850.

No entender de Áttila de Souza Leão Andrade Jr., tais modificações foram positivas para o direito societário, haja vista que o "Brasil necessitava realmente de um Código mais moderno e condizente com os desafios da economia contemporânea".[16]

Sem sombra de dúvidas, as alterações operadas pela promulgação do novo Código Civil mostram-se bastante profundas, representando um avanço, mormente, na sistematização das condutas e regras a serem adotadas pelos quotistas das sociedades. E diz-se "para os quotistas", na medida em que permanece quase integralmente inalterada a legislação regente das sociedades anônimas, Lei 6.404/1976, e alterações posteriores.

4.1 Sociedades simples e sociedades limitadas

O novo Código Civil versa, em seu Título II — *Da Sociedade*, Subtítulo II — *Da Sociedade Personificada*, Capítulo I, acerca da chamada "*Sociedade Simples*". Mais adiante, insculpido no mesmo Título II, desta feita em seu Capítulo II, trata da *Sociedade em Nome Coletivo*, no Capítulo III da *Sociedade em Comandita Simples* e, finalmente, no Capítulo IV, *Das Sociedades Limitadas*.

16. Áttila de Souza Leão Andrade Jr., *Comentários ao Novo Código Civil*, v. IV, Apresentação da obra.

Reputando despiciendas, para o presente estudo, considerações acerca do método técnico-legal adotado para organizar e sistematizar o Título II do novo Código Civil, exsurge necessário, no entanto, antes do exame, específico, da matéria objeto do presente estudo (exclusão de quotista em sociedades limitadas), esclarecer, didaticamente, que:

(i) as sociedades denominadas, simplesmente, *limitadas*, substituirão, tão-logo vigente a nova Lei, as chamadas *sociedades por quotas de responsabilidade limitada*;

(ii) as sociedades limitadas regem-se, subsidiariamente, pelas normas inerentes às *sociedades simples*.

Ventiladas tais assertivas, passa-se, adiante, à análise do tema específico.

4.2 Hipóteses de exclusão do quotista em sociedades limitadas

Com arrimo no texto do novo Código Civil, Título II, pode-se atestar, sem dúvidas, que a nova legislação societária pátria prevê a possibilidade de exclusão de sócio quotista de sociedade limitada, caso caracterizada qualquer uma das seis hipóteses adiante indigitadas:

(i) caso caracterizado o disposto no art. 1.004, e seu parágrafo único: mora, de quotista, na integralização do capital social subscrito, na forma prevista no contrato social;

(ii) art. 1.030: falta grave, pelo quotista, no cumprimento de suas obrigações, ou, ainda, por incapacidade;

(iii) art. 1.030, parágrafo único: em caso de falência do sócio quotista;

(iv) art. 1.030, parágrafo único: liquidação da quota detida pelo sócio, em caso de sua penhora, nos termos do art. 1.026, parágrafo único, do mesmo Código;

(v) art. 1.058: não integralização do valor da quota pelo sócio remisso;

(vi) art. 1.085: um, ou mais sócios, detentores da minoria do capital social, poderão ser excluídos caso coloquem em risco a continuidade da empresa, em virtude de atos de inegável gravidade.

Obviamente, cada uma destas hipóteses possui procedimentos próprios para operar-se, os quais serão, detidamente, analisados a seguir.

4.2.1 Ausência da contribuição estabelecida no contrato social

Preconiza o art. 1.004 do novo Código Civil, *ipsis litteris*:

"Art. 1.004. Os sócios são obrigados, na forma e prazo previstos, às contribuições estabelecidas no contrato social, e aquele que deixar de fazê-lo, nos trinta dias seguintes ao da notificação pela sociedade, responderá perante esta pelo dano emergente da mora.

"Parágrafo único. Verificada a mora, poderá a maioria dos demais sócios preferir, à indenização, a exclusão do sócio remisso, ou reduzir-lhe a quota ao montante já realizado, aplicando-se, em ambos os casos, o disposto no § 1º do art. 1.031."

A "contribuição estabelecida no contrato social", convém salientar *ab initio*, quer dizer o capital social subscrito e a integralizar pelo quotista, quer seja esta contribuição representada por bens móveis — incluindo-se dentre estes, mas a tanto não se limitando, o próprio dinheiro — ou, ainda, bens imóveis, dentro das regras e normas estabelecidas em lei.

Com efeito, quis o legislador que, caso subscrito e não integralizado o capital social de sociedade limitada, fosse o quotista remisso (expressão que caracteriza o sócio em atraso com suas contribuições, previstas no contrato social, necessárias à constituição do capital social), depois de cientificado, pela sociedade, de sua mora, através de competente notificação, respondesse pelos danos emergentes de sua atitude.

Desde já, pode-se notar uma diferença entre esta disposição e aquela que regia a matéria anteriormente, concentrada no art. 7º do Decreto 3.708, de 10.1.1919, combinado com o art. 289 do Código Comercial, ao facultar, a Lei atual, ao sócio remisso, através da notificação que se lhe é dirigida, a possibilidade de purgar sua mora no prazo de trinta dias.

Este, aliás, era o anseio externado pelo saudoso Professor Nelson Abrão, no sentido de facultar ao sócio remisso a possibilidade de, após notificação obrigatória, purgar a sua mora: "Permitindo nosso sistema legal a integralização da quota social em prestações, poderão os sócios em dia optar pela cobrança ou pela exclusão do inadimplente, a teor do art. 7º do Decreto 3.708. Havendo, como é usual, prazo marcado no contrato para o pagamento da prestação, a mora se caracteriza pelo simples inadimplemento, segundo decorre do art. 960 do Código Civil. Não obstante, ocorre na prática uma manifesta tendência de nossos Tribunais no sentido de, mesmo existindo termo avençado, impor-se a notificação ou interpelação, que pode ser extrajudicial, uma vez que a lei não impõe a judicial. (...) Levando em conta que o sócio teve a sua mora configurada e não revelou o menor interesse em cumprir com a sua obrigação respeitante à integralização, tudo aconselha que a sociedade se comporte com curial agilidade no propósito de regularizar esta situação".[17]

Frente à nova Lei, o sócio remisso deve, obrigatoriamente, ser notificado para que, contra este, possam ser adotadas as providências legais inerentes à espécie, das quais, destaca-se, a exclusão.

Surge, no entanto, uma dúvida decorrente da exegese do art. 1.004 em tela: o que se entende com "responderá pelo *dano emergente da mora*"? O dano emergente da mora é relativo ao valor subscrito e não integralizado, aos prejuízos enfrentados pela sociedade, decorrentes da remissão do sócio, ou a ambos, somados? Tal dúvida é aguçada pela redação do parágrafo único

17. Nélson Abrão, *Sociedade por Quotas de Responsabilidade Limitada*, 7ª ed., p. 77.

do mesmo artigo, que prevê a possibilidade dos sócios preferirem, "*à indenização*, a exclusão do sócio remisso". Em resumo, a dúvida é a seguinte: o sócio remisso, com fincas no art. 1.004, e seu parágrafo único, do novo Código Civil, será excluído caso:

(i) não indenize os demais sócios apenas pelos danos emergentes da sua mora? (entendendo-se, desta forma, que, para o quotista remisso não poder ser excluído, ele deverá responder, tão-somente, pelos prejuízos causados — relativos a danos morais, materiais etc. —, e não pelo capital social subscrito e não integralizado);

(ii) deixe de integralizar o capital social subscrito, ainda que parcialmente? (não guardando, este dispositivo legal, qualquer relação com a necessidade de indenização — pecuniária, por exemplo — devida aos demais quotistas da sociedade); ou

(iii) não integralize o capital social subscrito *e* nem indenize os seus demais sócios pelos prejuízos causados, *simultaneamente*.

Compulsando o art. 1.004 do novo Código Civil em testilha com os demais artigos desta Lei, não se pode olvidar que a redação deste dispositivo legal — repetindo aquela contida no art. 289 do Código Comercial — conduz, forçosamente, ao entendimento de que, para ser excluído, nos termos ora examinados, o sócio remisso deverá não ter indenizado seus demais sócios pelos prejuízos decorrentes da sua mora, deixando, *outrossim*, de integralizar a participação societária que havia subscrito. Deve-se caracterizar a ocorrência de ambas as hipóteses para que se proceda à exclusão arrimada neste específico dispositivo legal.

Curial destacar, de outro norte, que, na hipótese vertente, a lei exige que a *maioria simples do capital social* delibere sobre a exclusão do sócio que gerou dano à sociedade em decorrência de sua mora, haja vista que o texto legal determina que "maioria dos demais sócios" assim decida.

Rematando, verifica-se, ainda, que o legislador incorreu, *concessa venia*, em diversa omissão, na medida em que não dispõe, expressamente, se a exclusão, operada com fincas no art. 1.004, será extrajudicial — e, por conseguinte, através de simples alteração do contrato social — ou judicial, mediante o ajuizamento de ação própria.

Felizmente, tal questão, aparentemente, encontra resposta mais simples que a anterior, podendo-se presumir, com amparo em doutrina análoga acerca do tema,[18] que, para que se opere a exclusão, nos moldes elencados alhures, seja necessária simples alteração contratual, levada a registro na competente junta comercial do Estado em que se situe a sede da empresa.

4.2.2 Falta grave no cumprimento das obrigações

Determina o art. 1.030 do novo Código Civil: "Art. 1.030. Ressalvado o disposto no art. 1.004 e seu parágrafo único, pode o sócio ser excluído judicialmente, mediante iniciativa da maioria dos demais sócios, por falta grave no cumprimento de suas obrigações, ou, ainda, por incapacidade superveniente".

Orientação integralmente nova no ordenamento pátrio, a norma insculpida no art. 1.030, facultando aos demais quotistas a possibilidade de excluir um, ou mais, sócios, é passível de implementação desde que presentes três condições:

(i) seja a medida adotada por sócio, ou sócios, que representem a maioria simples do capital social;

(ii) tenha ocorrido falta grave no cumprimento das obrigações do sócio a ser excluído; e/ou

(iii) venha a ser caracterizada a incapacidade superveniente daquele a ser excluído.

Presente o requisito previsto no item (i) e, alternativamente, algum daqueles pre-

18. Fábio Konder Comparato, "Exclusão de sócio nas sociedades por cotas de responsabilidade limitada", *RDM* 25/39.

vistos em (ii) e/ou (iii), acima indigitados, possível se faz a exclusão, judicial, do sócio.

Ainda que doutrinadores, como Waldirio Bulgarelli[19] e Amador Paes de Almeida,[20] apontem como melhor prática aquela que exige a maioria qualificada, ou até mesmo a integralidade dos votos, para que possam ser adotadas deliberações *extraordinárias* que alterem, substancialmente, a vida da empresa, o legislador do novo Código Civil preferiu privilegiar o princípio da *maioria simples do capital social* para que se pudesse deliberar, caracterizada a hipótese versada, a exclusão de um dos sócios.

De outro norte, tratando-se de ação judicial, curial questionar se, antes da adoção desta medida extrema, seria obrigatório ao sócio majoritário/excludente constituir o minoritário/excluído em mora, através de competente notificação. Configurar-se-ia tal providência uma das condições para o processamento, e procedência, da ação? Ou seja, a notificação, constituindo o sócio em mora, é necessária para que se caracterize a *falta grave no cumprimento de suas obrigações* ou, ainda, sua *incapacidade superveniente*?

Para ter-se certeza da necessidade da constituição em mora e, por conseqüência, da notificação do sócio a ser excluído para caracterizá-la, faz-se necessária incursão, acurada, no campo do direito civil e processual civil.

O direito à ação, incluindo-se, mas a tanto não se limitando, a ação prevista no art. 1.030, "é o direito público subjetivo à prestação jurisdicional do Estado. Para obter a solução da lide (sentença de mérito), incumbe, porém, ao autor atender a determinadas condições, sem as quais o juiz se recusará a apreciar seu pedido: são elas as *condições da ação*, ou *condições do exercício do direito de ação*".[21]

Para que a notificação do sócio a ser excluído seja imprescindível para o ajuizamento da ação prevista no art. 1.030 do novo Código Civil, deve a caracterização da mora deste, portanto, ser uma das condições da ação.

Acerca da caracterização da mora, por outro lado, tem-se como regra geral que "o inadimplemento da obrigação, positiva e líquida, *no seu termo* constitui de pleno direito em mora o devedor" (primeira parte do art. 960 do Código Civil, Lei 3.071, de 1º.1.1916). Entrementes, "não havendo prazo assinado, começa ela desde a interpelação, notificação, ou protesto" (segunda parte do art. 960).

Acerca da mora, Albert Comment, destacado processualista francês, elucida, com propriedade, que a "Mora é o injusto retardamento no cumprimento da obrigação ou por parte do devedor, quando não satisfaz *a tempo* a obrigação, ou por parte do credor, quando não quer aceitar o pagamento".

Ora, uma *falta grave no cumprimento de obrigação* ou mesmo uma *incapacidade superveniente* não possuem "*data de vencimento*", não possuem "*termo*". Assim, o sócio que tenha adotado tal sorte de conduta deve, para ser considerado passível de punição — através, *in casu*, da sua exclusão —, portanto, ser constituído em mora através da competente notificação, justamente para colocar *termo* em sua conduta, caracterizando-a, pois, como irregular e, então, passível de punição.

Destarte, afigura-se necessária a notificação, judicial ou extrajudicial, para que, caracterizada, escorreitamente, a falta grave no cumprimento de suas obrigações, ou, ainda, sua incapacidade superveniente, possa o sócio de sociedade limitada ser excluído da sociedade, judicialmente, pelos quo-

19. Waldirio Bulgarelli, *Manual das Sociedades Anônimas*, 2ª ed., p. 145.

20. Amador Paes de Almeida, *Manual das Sociedades Comerciais*, 11ª ed., p. 137.

21. Humberto Theodoro Jr., *Curso de Direito Processual Civil*, 13ª ed., p. 311.

tistas que representam a maioria simples do capital social, nos termos do art. 1.030 do *novel* Código Civil.

Finalmente, convém destacar, *concessa venia*, a pouca precisão do legislador ao utilizar-se, neste artigo, da expressão "falta grave no cumprimento de suas obrigações", mormente quando analisamos tal previsão sob a luz do art. 1.085 do mesmo Diploma Legal, que autoriza a resolução da sociedade, extrajudicialmente, em relação aos sócios que "estão pondo em risco a continuidade da empresa, em virtude de atos de inegável gravidade".

A dúvida é: como divisar a dicotomia entre *falta grave* e *risco à sociedade*? E esta é uma dúvida de extrema relevância, haja vista que, se os sócios cometeram *falta grave*, somente poderão ser excluídos da sociedade judicialmente; cometendo ato *atentatório à existência da sociedade*, estão sujeitos à exclusão extrajudicial, consoante será, detidamente, analisado no tópico 4.2.6.

Não há, a princípio, resposta a esta questão, razão pela qual afigura-se mais prudente — e a prudência deve pautar todos os atos jurídicos — a qualificação de um ato indevido praticado pelo sócio como sendo, genericamente, *falta grave*. Somente em casos, efetivamente, incontestes, deve-se admitir a equiparação de um ato do sócio como sendo de *risco à sociedade*, protegendo-se, assim, o quotista minoritário de atitudes abusivas possivelmente perpetradas pelo majoritário.

4.2.3 Falência do sócio

Estatui a primeira parte, do parágrafo único, do art. 1.030, do Código Civil, *in verbis*: "Art. 1.030. (...). Parágrafo único. Será de pleno direito excluído da sociedade o sócio declarado falido, (...)."

Frente a esta disposição, a sociedade cujo sócio vier a ter aberto seu *concurso de credores* não será afetada por esta situação, permanecendo no exercício normal de suas atividades. Excluir-se-á, tão-somente, o sócio falido.

A nova Lei, ao dispor desta forma, solucionou, formalmente, um problema que, há muito, era discutido em sede doutrinária e jurisprudencial. Isto, pois a norma contida no art. 335, n. 2, do Código Comercial, agora revogada, integralmente, pelo novo Código Civil, determinando, expressamente, a dissolução da sociedade no caso da sua quebra ou de seus sócios, trazia grande instabilidade nas relações comerciais, máxime enquanto ainda estava vigente a antiga Lei de Falências, Lei 2.024/1908.

Acerca deste problema, Celso Barbi Filho esclareceu, com propriedade: "Dispondo que a falência de um sócio acarretava a dissolução da sociedade, as normas do Código Comercial e da Lei 2.044/1908 trouxeram diversos desconfortos ao empresariado da época, tendo sido alvo de crítica doutrinária e atenuação pretoriana. De fato, revelava-se autêntico contra-senso a necessária dissolução de, por vezes, próspera sociedade, em virtude da falência de apenas um de seus sócios. Os preceitos que previam a dissolução da sociedade pela falência do sócio eram marcados pelo já referido princípio individualista que norteou a normatização societária do Código de 1850, herdado do Código Francês de 1807".[22]

A promulgação da então nova Lei de Falências, Decreto-lei 7.661, em 21.6.1945, atenuou esta situação, ao dispor, em seu art. 48, que: "Se o falido fizer parte de alguma sociedade, como sócio solidário, comanditário ou cotista, para a massa falida entrarão somente os haveres que na sociedade ele possuir e forem apurados na forma estabelecida no contrato. Se este nada dispuser a respeito, a apuração far-se-á judicialmente, salvo se, por lei ou pelo contrato, a sociedade tiver de liquidar-se, caso em que os haveres do falido, somente após o pagamento de todo o passivo da sociedade, entrarão para a massa".

22. Celso Barbi Filho, ob. cit., p. 192.

Reputou-se, *tacitamente*, revogado, naquela época, o art. 335, n. 2, do Código Comercial, consoante entendimentos externados por Rubens Requião e Nelson Abrão.[23]

Porém, somente agora, tendo-se como expressamente revogado o aludido dispositivo, torna-se indene de dúvidas o entendimento acerca da matéria, o que se afigura bastante importante dentro do consagrado princípio da preservação da empresa.

Ressalte-se, por fim, que a legitimidade para excluir o quotista falido da sociedade é, face aos termos do *caput* do art. 1.030, da *maioria dos demais sócios*, e não da própria sociedade.

4.2.4 Liquidação da sociedade

Determina o mesmo art. 1.030 do novo Código Civil, em seu parágrafo único, em sua segunda parte: "Art. 1.030. (...). Parágrafo único. *Será de pleno direito excluído da sociedade o sócio declarado falido, ou aquele cuja quota tenha sido liquidada nos termos do parágrafo único do art. 1.026*".

Convém, para compreensão do dispositivo legal, transcrever-se, outrossim, o disposto no art. 1.026 indigitado supra: "Art. 1.026. O credor particular de sócio pode, na insuficiência de outros bens do devedor, fazer recair a execução sobre o que a este couber nos lucros da sociedade, ou na parte que lhe tocar em liquidação. Parágrafo único. Se a sociedade não estiver dissolvida, pode o credor requerer a liquidação da quota do devedor, cujo valor, apurado na forma do art. 1.031, será depositado em dinheiro, no juízo da execução, até noventa dias após aquela liquidação".

Dessume-se dos aludidos dispositivos legais, em breve síntese, a preocupação do legislador em responder a um problema, bastante atual, discutido, iterativamente, em sede doutrinária e jurisprudencial: Poder-se-ia admitir a entrada de um *estranho* na sociedade, face à penhora das quotas sociais por dívida de um dos sócios?

Acerca da matéria, Leonardo Guimarães conclui, após análise do posicionamento das Turmas componentes do excelso Superior Tribunal de Justiça, que: "Ante tais julgados, afigura-se patente que, muito embora seja imaterial, sem sequer poder fazer-se representar por título ou certificado, a quota é, efetivamente, um bem móvel e, como tal, a princípio, pode ser penhorada". Alerta o autor, no entanto, que: "a permissividade, pura e simples, desta prática conduziria a uma situação pouco confortável a todos os envolvidos na *quaestio*, pois seria estabelecida uma relação entre o credor ou arrematante — em caso de penhora da quota e sua posterior hasta pública e arrematação — e a sociedade, e não entre o credor e seu devedor".[24]

Encerrando o debate sobre a questão, os aludidos textos legais, em solução bastante elogiável, ressalte-se, afastando a hipótese da entrada do credor na composição social, enquanto terceiro estranho à sociedade, faculta aos sócios da sociedade a oportunidade de excluí-lo, através da liquidação da quota.

Como ocorre na exclusão de sócio falido, é importante observar que a legitimidade para exercer o direito de impedir a entrada do credor do quotista que teve suas quotas penhoradas é dos *demais sócios* da empresa, e não da sociedade.

4.2.5 Exclusão de sócio remisso

Dispõe o art. 1.058 da Lei 10.406, de 10.1.2002: "Art. 1.058. Não integralizada a quota do sócio remisso, os outros sócios podem, sem prejuízo do disposto no art. 1.004 e seu parágrafo único, tomá-la para si ou transferi-la a terceiros, excluindo o

23. Rubens Requião, *Curso de Direito Falimentar*, v. I, 14ª ed., p. 187 e Nélson Abrão, *Curso de Direito Falimentar*, 5ª ed., p. 162, em comentário extraído de Celso Barbi Filho, ob. cit., p. 193.

24. Leonardo Guimarães, "Questões controvertidas no processo de execução", *RDM* 122/64, 2001.

primitivo titular e devolvendo-lhe o que houver pago, deduzidos os juros da mora, as prestações estabelecidas no contrato mais as despesas".

Caso o sócio remisso não integralize o capital social que subscreveu, poderão os outros sócios, sem prejuízo do disposto no art. 1.004, e seu parágrafo único, tomá-la para si ou transferi-la para terceiros.

A questão aqui tratada é bastante simples e os comentários acerca da mesma são, precipuamente, os mesmos já ventilados no item 4.2.1. *Ausência de contribuição estabelecida no contrato social*, com uma diferença: no presente artigo, não há qualquer dúvida quanto à possibilidade de exclusão do sócio, caso seja este considerado remisso, descabendo, pois, qualquer pleito indenizatório contra o mesmo.

O procedimento da exclusão deverá, outrossim, ser administrativo — através de simples alteração do contrato social — e a legitimidade para fazê-lo será dos demais sócios, em dia com suas integralizações.

4.2.6 Resolução dos sócios majoritários em relação aos sócios minoritários

Sob a Seção VII — *Da Resolução da Sociedade em Relação a Sócios Minoritários*, o novo Código Civil, prevê a última hipótese de exclusão de sócio, máxime em seu art. 1.085, adiante transcrito *ipsis verbis*:

"Art. 1.085. Ressalvado o disposto no art. 1.030, quando a maioria dos sócios, representativa de mais da metade do capital social, entender que um ou mais sócios estão pondo em risco a continuidade da empresa, em virtude de atos de inegável gravidade, poderá excluí-los da sociedade, mediante alteração do contrato social, desde que prevista neste a exclusão por justa causa. Parágrafo único. A exclusão somente poderá ser determinada em reunião ou assembléia especialmente convocada para esse fim, ciente o acusado em tempo hábil para permitir seu comparecimento e o exercício do direito de defesa."

Após as considerações ventiladas no tópico 3.4 do presente trabalho, denominado *exclusão dos sócios*, pouco se tem a acrescentar aos ditames contidos no artigo em referência.

Antes, era permitida a exclusão do sócio minoritário, por justa causa, através de alteração contratual, desde que não houvesse, no contrato social, *cláusula restritiva* de tal ato. O legislador, agora, apenas inverteu a exigência ao tornar imprescindível que, para operar-se a exclusão do sócio, por justa causa, haja o contrato social deliberado, expressamente, neste sentido.

Deverá o sócio, devidamente convocado com a antecedência necessária para exercer seu direito de defesa, apresentar, em reunião ou assembléia de quotistas — conforme disposição, expressa, contida no contrato social — suas justificativas, cabendo à administração da sociedade julgá-las razoáveis, ou não, para excluí-lo, ou não.

Permanecem inalteradas as demais disposições e procedimentos inerentes à esta forma de exclusão, operando-se, após a competente alteração do contrato social, nos termos dos arts. 1.031 e 1.032 do novo Código Civil.

5. Conclusão

Verifica-se, pois, que a exclusão de sócio pode ser, desde que operada de forma justa e equânime, a maneira ideal para solver, rapidamente, problemas tais quais os ventilados supra, entre os quotistas de sociedade limitada, na medida em que propicia a saída de um dos sócios, com a manutenção das atividades da empresa.

Tais soluções, sobre representarem uma homenagem ao princípio da continuidade das empresas, demonstram a evolução — e por que não dizer a maturidade — do direito societário no Brasil, fortalecendo as bases para o florescimento de novas relações comerciais.

Convém aos operadores do direito, entrementes, um acurado exame nas circunstâncias que envolvem cada hipótese de exclusão, para que, de forma apropriada e dentro de procedimentos corretos, utilizem-se daquela que melhor se lhes aprouver.

6. Bibliografia

ABRÃO, Nélson. *Curso de Direito Falimentar.* 5ª ed., rev. e atual. por Carlos Henrique Abrão, São Paulo, Leud, 1997.

———. *Sociedade por Quotas de Responsabilidade Limitada.* 7ª ed., São Paulo, 2000.

ALMEIDA, Amador Paes de. *Manual das Sociedades Comerciais.* 11ª ed., São Paulo, 1999.

ANDRADE JR., Áttila de Souza Leão. *Comentários ao Novo Código Civil.* v. 4, Rio de Janeiro, 2002.

BARBI FILHO, Celso. *A Dissolução Parcial da Sociedade por Quotas de Responsabilidade Limitada* (Tese de Doutorado). Belo Horizonte/MG, Faculdade de Direito da UFMG, 2000.

BULGARELLI, Waldirio. *Manual das Sociedades Anônimas.* 2ª ed., São Paulo, 1996.

CAMINHA, Uinie. "Comentário a acórdão do Tribunal de Justiça de São Paulo acerca de dissolução parcial de sociedade anônima", *RDM* 114, São Paulo, abr.-jun. 1999.

COELHO, Fábio Ulhôa. *Código Comercial e Legislação Complementar Anotados.* v. 5, São Paulo, 2001.

GUIMARÃES, Leonardo. "Questões controvertidas no processo de execução", *RDM* 122, São Paulo, 2001.

MARTINS, Fran. "Retirada de sócio por permissão contratual e apuração de haveres", *Estudos de Direito Societário*, São Paulo, Saraiva, 1993.

MELLO FRANCO, Vera Helena de. "Dissolução parcial e recesso nas sociedades por quotas de responsabilidade limitada. Legitimidade e procedimento. Critério e momento de apuração de haveres", *RDM* 75, São Paulo, jul.-set. 1989.

PENTEADO, Mauro Rodrigues. *Dissolução e Liquidação de Sociedades.* 1ª ed., Brasília, Brasília Jurídica, 1995.

REQUIÃO, Rubens. *Curso de Direito Falimentar.* 14ª ed., São Paulo, Saraiva, 1991.

SZTAJN, Rachel. "O direito de recesso nas sociedades comerciais", *RDM* 71, São Paulo, jul.-set. 1988.

THEODORO JR., Humberto. *Curso de Direito Processual Civil.* 13ª ed., Rio de Janeiro, 1994.

O ISS NA CONSTRUÇÃO CIVIL

José Alcides Montes Filho

1. O tema. 2. O ISS na Constituição Federal de 1988 — Competência tributária: 2.1 O fato imponível do ISS e a lei complementar. 3. O Decreto-lei 406/1968 e os serviços de construção civil. 4. A base de cálculo dos tributos: 4.1 A base de cálculo do ISS; 4.2 O Decreto-lei 406/1968 e sua posição de lei complementar; 4.3 A base de cálculo do ISS para a prestação de serviços de construção civil; 4.4 O Decreto-lei 406/1968 e a sua recepção pela CF/1988; 4.5 Análise do aspecto formal do Decreto-lei 406/1968 e a CF/1988; 4.6 A análise do aspecto material do Decreto-lei 406/1968 e a CF/1988; 4.7 A subempreitada; 4.8 O Decreto-lei 406/1968 e o princípio constitucional da capacidade contributiva. 5. A posição contrária à recepção do Decreto-lei 406/1968 pela CF/1988: 5.1 A isenção; 5.2 O instituto do incentivo fiscal e o art. 9º, § 2º do Decreto-lei 406/1968. 6. A Jurisprudência. 7. Conclusão. 8. Bibliografia.

1. O tema

Esta monografia tem por objetivo estudar a base de cálculo do imposto sobre serviço de qualquer natureza (ISS) incidente na atividade de construção civil.

O tema foi alvo de diversos estudos nas últimas décadas, vez que a lei complementar que trata do assunto, o Decreto-lei 406/1968, é de 31.12.1968.

Por muitos anos o tema foi se consolidando de forma pacífica, até que nos últimos anos, os sujeitos ativos da obrigação tributária entenderam em rever o assunto face a Constituição Federal de 1988.

Neste momento, diversas são as interpretações e discussões administrativas e judiciais a respeito da base de cálculo do ISS na construção civil.

No trabalho serão abordadas as várias interpretações existentes sobre o assunto e, fundamentando-me exclusivamente na ciência do direito, procurarei a melhor interpretação científica sobre o tema.

2. O ISS na Constituição Federal de 1988 — Competência tributária

O legislador na CF/1988 concedeu às pessoas políticas de direito público interno, respeitados todos os princípios constitucionais, competência tributária para instituir tributos.

Assim, cabe à União, aos Estados, ao Distrito Federal e aos Municípios instituir tributos (art. 145, *caput*, da CF).

Estes subdividem-se em impostos, taxas ou contribuição de melhoria (art. 145, incs. I, II e III, da CF).

A Constituição estabeleceu, para cada pessoa jurídica de direito público interno, fatos genéricos possíveis de vir a ser transformados em impostos.

Nesse sentido, leciona o Professor e jurista Roque Antonio Carrazza: "No que se refere aos impostos, a Magna Carta traçou a regra-matriz de incidência (o arquétipo genérico) daqueles que podem ser criados, sempre em caráter exclusivo, pela União, pelos Estados, pelos Municípios e pelo Distrito Federal. (...) Os Municípios, de sua parte, estão autorizados a instituírem os impostos referidos no art. 156, I a III, do mesmo Diploma Supremo. São eles: I — o imposto sobre a propriedade predial e territorial urbana; II — o imposto sobre a transmissão *inter vivos*, a qualquer título, por ato oneroso, de bens imóveis, por natureza ou acessão física, e de direitos reais sobre imóveis exceto os de garantia, bem como cessão de direitos à sua aquisição; e III — o imposto sobre serviços de qualquer natureza não compreendidos no art. 155, II (da CF), definidos em lei complementar".[1]

Portanto, cabe aos Municípios instituir o imposto sobre serviços de qualquer natureza que não estejam compreendidos no art. 155, II, da Constituição Federal.

O art. 155, II, da Carta Magna elenca a prestação de serviços de transporte interestadual e intermunicipal e de comunicações, ou seja, os serviços que não estão sujeitos ao ISS, mas ao ICMS.

O Constituinte além de definir que cabe aos Municípios instituir o ISS, definiu também a materialidade deste imposto, qual seja, a prestação de serviços relacionada à realização de um negócio jurídico.

2.1 O fato imponível do ISS e a lei complementar

Os serviços que poderão ser alvo de tributação dos Municípios serão aqueles relacionados em lei complementar.[2]

A lei complementar que discriminou as hipóteses de incidência do ISS, é o Decreto-lei 406/1968 com as alterações da lei Complementar 56/1987, que será analisado minuciosamente em capítulo posterior.

Este tema tem sido alvo de grande discussão, vez que, a Constituição, conforme já afirmado anteriormente, autorizou os Municípios a instituírem o ISS, mas, ao mesmo tempo, determinou que lei complementar nacional estipulasse os serviços que podem ser tributados pelo ISS, situação que, aliás, já era discutida na Constituição anterior.

A discussão foi alvo de inúmeros processos judiciais, tendo o Poder Judiciário pacificado entendimento no sentido de que a lista de serviços instituída por lei complementar é taxativa, portanto, somente os serviços elencados na lista de serviços é que podem ser objeto de tributação pelo ISS, embora admita interpretação ampla e analógica — RE 77.183-SP, Rel. Ministro Aliomar Baleeiro, Pleno, j. 19.4.1974, *RTJ* 73/490; RE 75.952-SP, Rel. Ministro Thompson Flores, 29.10.1973, *RTJ* 68/198.

3. O Decreto-lei 406/1968 e os serviços de construção civil

A lista de serviços vigente que elenca os serviços que podem ser alvo de cobrança de ISS pelos Municípios é a lista anexa ao Decreto-lei 406/1968, com redação determinada pela LC 56/1987.

Os itens 32, 34 e 37 da lista, relacionam os serviços de construção civil, nos seguintes termos — "execução por administração, empreitada ou subempreitada, de construção civil, de obras hidráulicas e outras obras semelhantes e respectiva engenharia consultiva, inclusive serviços auxiliares ou complementares (exceto o fornecimento de mercadorias produzidas pelo prestador de serviços, fora do local da prestação dos serviços, que fica sujeito ao ICM).

Destarte, a atividade de construção civil pode ser objeto de cobrança do ISS por parte dos Municípios, caracterizando-se como aspecto material da hipótese de incidência do ISS.

1. *Curso de Direito Constitucional Tributário*, 16ª ed.

2. Art. 156 da CF, inc. III.

4. A base de cálculo dos tributos

Verificado o aspecto material da hipótese de incidência, para que o tributo possa ser exigido, faz-se necessário mensurá-lo, transformando a hipótese de incidência em uma expressão numérica.

A esse exercício de mensurar a hipótese de incidência e transformá-la em uma unidade de valor denomina-se *base de cálculo*.

Nesse sentido, leciona o jurista Aires Barreto: "consiste a base de cálculo na descrição legal de um padrão ou unidade de referência que possibilite a quantificação da grandeza financeira do fato tributário".

Espelha o critério abstrato, uniforme e genérico de mensuração das realidades que se pretende medir.

Se na lição de Paulo de Barros Carvalho, o critério material "(...) será formado, invariavelmente, por um verbo, seguido de seu complemento, o critério quantitativo, a confirmar ou afirmar a consistência material, será, sempre, o representado pelo adjunto adnominal dessa mesma formulação simplificada".

Tomemos os exemplos trazidos à colação por esse nosso mestre. A fórmula simplificada identificadora do critério material será "vender mercadorias", "industrializar produtos", "ser proprietário de bem imóvel", "auferir rendas", "prestar serviços", "construir estradas", e "pavimentar ruas".

Os critérios quantitativos passíveis de eleição pelo legislador haverão de ser os que respondam ao aditamento de dado conjunto adnominal. Assim "vender mercadorias", "industrializar produtos", "ser proprietário de bem imóvel", de que valor? "Auferir rendas", de que montante? "Construir estradas", de que custos?[3]

Assim sendo, é pelo intermédio da base de cálculo que o aspecto material da hipótese de incidência se converte em valor.

O Professor Paulo de Barros Carvalho, ao analisar a base de cálculo, afirma que são três as funções da base de cálculo: "a) função mensuradora, pois mede as proporções reais do fato; b) função objetiva, porque compõe a específica determinação da dívida; e c) função comparativa, porquanto parte em comparação com o critério material da hipótese, é capaz de confirmá-lo, infirmá-lo ou afirmar aquilo que consta no texto da lei, de modo obscuro".[4]

4.1 A base de cálculo do ISS

Verificado o objetivo da base de cálculo, analisaremos como deve ser instituída a base de cálculo do ISS.

Como já mencionado, a Constituição brasileira determinou em seu art. 156, III, que os Municípios têm competência para instituir o ISS.

Todavia, o legislador constituinte, sabedor e consciente da enorme quantidade de Municípios, previu a necessidade de edição de normas gerais em matéria de legislação tributária que obrigasse todas as esferas legiferantes, permitindo assim regras gerais comuns para todos, especialmente para determinar a base de cálculo dos impostos.

Desta forma, o art. 146 da CF dispõe que "cabe à lei complementar: I — dispor sobre conflitos de competência, em matéria tributária, entre a União, os Estados, o Distrito Federal e os Municípios; II — regular as limitações constitucionais ao poder de tributar; III — estabelecer normas gerais em matéria de legislação tributária especialmente sobre: a) definição de tributos e de suas espécies, bem como, em relação aos impostos discriminados nesta Constituição, a dos respectivos fatos geradores, bases de cálculo e contribuintes".

O imposto sobre serviços de qualquer natureza está discriminado no art. 156, III,

3. Aires Barreto, *Coleção Textos de Direito Tributário*, v. 12, "Base de cálculo, alíquota e princípios constitucionais", pp. 38 e 39.

4. Paulo de Barros Carvalho, *Curso de Direito Tributário*, 13ª ed., p. 329.

da CF, portanto, a lei complementar é que deve instituir a sua base de cálculo, obedecendo os demais ditames constitucionais.

4.2 O Decreto-lei 406/1968 e sua posição de lei complementar

A lei infraconstitucional que estabelece a base de cálculo do ISS e que tem força de lei complementar é o Decreto-lei 406/1968.

Tem força de lei complementar por ter sido editado quando o Congresso Nacional estava fechado, e, assim, exercendo o Poder Executivo a competência legislativa, plena têm força de lei complementar os decretos-leis editados à época sobre matéria de competência de lei complementar.

Nesse sentido, leciona o Professor Roque Antonio Carrazza que "o Decreto-lei 406/1968 bem assim o Decreto-lei 834/1969, que parcialmente o alterou, fazem as vezes de lei complementar veiculadora de normas gerais em matéria de legislação tributária, porquanto foram editadas quando o Congresso Nacional estava em recesso forçado, em razão de atos revolucionários. Deste modo, o Executivo da União enfeixava em suas mãos todos os poderes do Estado, inclusive os legislativos".[5]

4.3 A base de cálculo do ISS para a prestação de serviços de construção civil

O art. 9º, § 2º, do Decreto-lei 406/1968 determina que "a base de cálculo do imposto é o preço do serviço" e "na prestação dos serviços a que se referem os itens 19 e 20 da lista anexa o imposto será calculado sobre o preço deduzido das parcelas correspondentes: a) ao valor dos materiais fornecidos pelo prestador dos serviços; b) ao valor das subempreitadas já tributadas pelo imposto".

Os itens 19 e 20 a que se refere o art. 9º estabeleciam o seguinte:

"19. Execução, por administração, empreitada ou subempreitada, de construção civil, de obras hidráulicas e outras obras semelhantes, inclusive serviços auxiliares e complementares (...).

"20. Demolição, conservação e reparação de edifícios (inclusive elevadores neles instalados), estradas, pontes e congêneres."

A Lei Complementar 56/1987 tratou desses serviços nos itens 32, 34 e 37 com a redação já mencionada neste trabalho, mas para que fique didaticamente clara a semelhança entre os itens da antiga lista e da nova, passo novamente a transcrevê-los:

"32. Execução por administração, empreitada ou subempreitada, de construção civil, de obras hidráulicas e outras obras semelhantes e respectiva engenharia consultiva, inclusive serviços auxiliares e complementares (...).

"34. Reparação, conservação e reforma de edifícios, estradas, pontes, postos e congêneres (...).

"37. Escoramento e contestação de encostas e serviços congêneres (...)."

Da análise da redação dos itens supramencionados, verifica-se que o legislador tratou, em ambos os casos, de serviços de construção civil, simplesmente alterando a numeração.

A alteração de numeração de itens não reflete qualquer revogação ou derrogação de lei.

Nesses termos, a conclusão lógica é que o art. 9º e seu § 2º, continuam vigentes e se referem aos itens 32, 34 e 37 da nova lista de serviços, instituída pela Lei Complementar 56/1987.

Este dispositivo legal é de interpretação simples, clara e objetiva, e determina a base de cálculo do ISS na construção civil.

4.4 O Decreto-lei 406/1968 e a sua recepção pela CF/1988

Todavia, deve ser enfrentada uma primeira questão: o art. 9º e seu § 2º, do De-

5. Roque Antonio Carrazza, *Curso de Direito Constitucional Tributário*, 16ª ed., p. 745.

creto-lei 406/1968, foram recepcionados pela CF/1988?

A resposta a esta indagação encontra-se no art. 34 e seus §§ 3º, 4º e 5º, do Ato das Disposições Constitucionais Transitórias.

Estas disposições determinam o seguinte:

"Art. 34. O Sistema Tributário Nacional entrará em vigor a partir do primeiro dia do quinto mês seguinte ao da promulgação da Constituição, mantido, até então, o da Constituição de 1967, com redação dada pela Emenda 1 de 1969 e pelas anteriores. (...)

"§ 3º. Promulgada a Constituição a União, os Estados, o Distrito Federal e os Municípios poderão editar as leis necessárias à aplicação do Sistema Tributário Nacional nele prevista.

"§ 4º. As leis editadas nos termos do parágrafo anterior produzirão efeitos a partir da entrada em vigor do Sistema Tributário Nacional previsto na Constituição.

"§ 5º. Vigente o novo Sistema Tributário Nacional, fica assegurada a aplicação de legislação anterior, no que não seja incompatível com ele e com a legislação referida nos §§ 3º e 4º."

Para se verificar se uma norma é compatível ou incompatível com o novo ordenamento jurídico, deve-se verificar, em primeiro lugar, se a norma antiga harmoniza-se com a nova Carta Magna, que é a Lei Suprema que dará validade as demais normas do sistema.

Nesse sentido leciona o Professor Roque Antonio Carrazza:

"A Constituição num Estado de Direito é a lei máxima que submete todos os cidadãos e os próprios Poderes Legislativo, Executivo e Judiciário. Uma norma jurídica só será considerada válida se estiver em harmonia com as normas constitucionais.

"Nas Constituições rígidas, como a brasileira, as normas constitucionais legitimam toda a ordem jurídica. As leis, os atos administrativos, as sentenças valem, em última análise, enquanto desdobram mandamentos constitucionais.

"As normas constitucionais, além de ocuparem a cúspide da pirâmide jurídica, caracterizam-se pela imperatividade de seus comandos que obrigam não só as pessoas físicas ou jurídicas, de direito público ou de direito privado, como o próprio Estado.

"É por este motivo que dizemos que a Constituição é a lei fundamental do Estado."[6]

O Professor Roque Carrazza, de forma cristalina, ressalta a importância da Constituição no nosso ordenamento jurídico.

Assim, para se verificar se o art. 9º e § 2º do Decreto-lei 406/1968 foram recepcionados pela Constituição, faz-se necessário analisar se o seu conteúdo e sua forma harmonizam-se com os ditames Constitucionais.

Nesse sentido leciona o Professor Paulo de Barros Carvalho:

"Como sistema nomoempírico prescritivo o direito apresenta uma particularidade digna de registro: as entidades que o compõem estão dispostas numa estrutura hierarquizada, regida pela fundamentação ou derivação, que se opera tanto no aspecto material quanto no formal ou processual, o que lhe imprime possibilidade dinâmica, regulando, ele próprio, sua criação e suas transformações. Examinando o sistema de baixo para cima, cada unidade normativa se encontra fundada, material e formalmente, em normas superiores. Invertendo-se o ângulo de observação, verifica-se que das regras superiores derivam, também material e formalmente, regras de menor hierarquia.

"Todas as normas do sistema convergem para um único ponto — a norma fundamental, que dá fundamento de validade à Constituição positiva. Seu reconhecimento imprime, decisivamente, caráter unitá-

6. *Curso de Direito Constitucional Tributário*, 16ª ed., p. 28.

rio ao conjunto e a multiplicidade de normas, como entidades da mesma índole lhe confere o timbre de homogeneidade."

4.5 Análise do aspecto formal do Decreto-lei 406/1968 e a CF/1988

Quanto a análise da forma, independentemente das posições doutrinárias, pelo simples fato de o Decreto-lei 406/1968 possuir força de lei complementar, como já demonstrado nesse trabalho, e considerando que a CF/1988 determina em seu art. 146 que cabe a lei complementar instituir a base de cálculo dos impostos, a compatibilidade e conseqüente recepção do decreto-lei é cristalina.

4.6 A análise do aspecto material do Decreto-lei 406/1968 e a CF/1988

Quanto ao aspecto material, a análise do conteúdo se dará verificando a compatibilidade do teor do art. 9º, § 2º, do Decreto-lei 406/1968 com os seguintes aspectos constitucionais:

a) o Decreto-lei, ao determinar a base de cálculo definiu com propriedade e clareza o aspecto material (prestação de serviços) previsto no art. 156, III, da CF/1988;

b) a base de cálculo reflete a capacidade contributiva do prestador de serviços a teor do art. 145, § 1º, da CF.

A base de cálculo em análise neste trabalho refere-se a serviços de construção civil realizados sob a forma de empreitada.

A empreitada, por sua vez, está definida no Código Civil, que em seu art. 1.237, dispõe que: "o empreiteiro de uma obra pode contribuir para ela ou só com o seu trabalho, ou com ele e os materiais".

Da leitura do artigo do Código Civil verificam-se duas modalidades de contrato de empreitada, ou seja:

a) na primeira, o empreiteiro simplesmente presta serviços;

b) na segunda, além de prestar serviços o empreiteiro fornece os materiais.

A empreitada que engloba prestação de serviços e fornecimento de materiais é denominada *empreitada de material* ou *mista.*

Discute-se a respeito da natureza do contrato de empreitada, se o mesmo está incluído na modalidade de contrato de locação, como aliás foi tratado no Código Civil brasileiro, ou refere-se a um contrato de "compra e venda".

Aqueles que defendem que trata-se de um contrato de compra e venda, afirmam que, na realidade, os serviços a serem prestados representam simplesmente um meio para o fim desejado.

Esta é a posição do jurista Pedro Paulo de Rezende Porto, que afirma que "o construtor obriga-se a uma atividade-fim, ou seja, à entrega da obra não constituindo seu trabalho em si, ou a entrega dos materiais, a finalidade mesma do ajuste. A responsabilidade final do complexo pronto é sua".[7]

Para os que defendem que trata-se de um contrato de locação de serviços os argumentos apresentados são os seguintes:

Pontes de Miranda assevera: "o empreiteiro ao fornecer o material não o vende propriamente, pois o acordo de transmissão de propriedade é como prestação de empreiteiro, e não como prestação de vendedor. Na empreitada", continua, o que se tem em vista "é a execução ou a feitura da obra determinada, para cuja confecção o material fornecido não concorre com o espírito de venda, mas, ao contrário, de contribuição em igualdade de condições com a mão-de-obra, no propósito de levá-lo a bom termo".[8]

Caio Mário da Silva Pereira afirma: "a dúvida que a muitos assalta provém só de não distinguirem, como merecem, a obri-

7. Pedro Paulo de Rezende Porto, "Alguns aspectos da legislação fiscal estadual aplicados à indústria de construção", in *Fisco e Contribuinte*, anexo XXIII, n. 10, p. 764.

8. Pontes de Miranda, *Tratado de Direito Privado*, 1ª ed., p. 389.

gação de fazer (realização da obra) e a obrigação de entregar a coisa depois de concluída, esta última, vinculada à primeira, não se confunde com a obrigação de dar que é execução do contrato de compra e venda".[9]

O saudoso mestre Bernardo Ribeiro de Moraes leciona: "A execução da obra pode ser feita também por meio do contrato de construção 'por empreitada'. Este contrato, tanto na lei civil (Código Civil, arts. 1.237 e ss.), como na lei comercial (Código Comercial, arts. 226 e ss.), é havido como modalidade do contrato de locação, mais especificamente como *locatio operis* (locação de obra, contrato de obra)".

A empreitada de construção civil, seja de lavor ou de material, é civil, apresentando-se com tendências e características autônomas. O empreiteiro não é comerciante.

Para construir, o empreiteiro utiliza-se de todos os elementos necessários, a começar dos serviços do obreiro mais rústico, incluindo a cooperação de artífices e de artistas. Emprega materiais dos mais variados. Despende esforço pessoal. Utiliza seus conhecimentos, etc. O conjunto constitui a empreitada de material. A aquisição de materiais para atender uma necessidade contingente de seu mister, representa apenas prática secundária, embora imprescindível, para a execução da obra. Somente com o recebimento desta é que a incorporação dos materiais se realiza no patrimônio do proprietário da obra. Neste momento, tais materiais já se tornaram imóveis, pois, estão fundidos na obra em que foram empregados. Na empreitada de material, conforme estamos vendo, existe um conjunto unitário consagrado pela lei civil em categoria especial (contrato de empreitada). Daí o legislador considerar a execução de obra como venda de bens imaterial, submetendo-a ao ISS e não ao ICM.

"A lei tributária relativa ao ISS considera serviço alcançável pelo imposto a execução de obra de engenharia por meio de contrato de empreitada, com ou sem fornecimento de material."[10]

Coaduno com a posição dos que defendem que o contrato de empreitada caracteriza-se como uma locação de serviços, pelos seguintes motivos:

a) a modalidade *empreitada* foi disposta no Capítulo IV do Código Civil brasileiro, que trata de locação;

b) a empreitada de construção civil se refere a uma obrigação de fazer;

c) o empreiteiro não é comerciante;

d) os materiais são acessórios para a realização da obra e, na hipótese da obra não vir a ser concluída, os materiais não poderão ser cobrados pelo empreiteiro.

Por todo o exposto, verifica-se que na empreitada de material ocorre a prestação de serviços (execução da obra) cuja atividade foi incluída na lista de serviços sujeita à tributação do ISS e os materiais, apesar de serem essenciais, são secundários, para a realização, entrega do serviço contratado.

O art. 9º, § 2º, do Decreto-lei 406/1968, ao determinar a dedução dos materiais da base de cálculo do ISS, simplesmente separou o valor dos serviços, do valor do material empregado na obra.

Ora, como já mencionado neste trabalho, a base de cálculo do imposto deve estar diretamente relacionada ao seu fato imponível (execução da obra) que é a prestação de serviços, exatamente como agiu o legislador ao determinar a exclusão dos materiais da base de cálculo do ISS.

4.7 A subempreitada

O empreiteiro, para cumprir o seu contrato de empreitada, pode contratar terceiros para realizar parte dos serviços, ou até o todo.

9. Caio Mário da Silva Pereira, *Instituições de Direito Civil*, v. III, 1ª ed., p. 213.

10. Bernardo Ribeiro de Moraes, *Doutrina e Prática do Imposto sobre Serviços*, pp. 233 e 236.

O art. 9º, § 2º, do Decreto-lei 406/1968, permite a dedução da base de cálculo do ISS, para os serviços de construção civil, o valor das subempreitadas já tributadas pelo imposto.

O Professor Bernardo Ribeiro de Moraes leciona que "subempreitada, é denominação que se oferece à empreitada menor, isto é, à empreitada secundária. Por meio de subempreitadas são executados trabalhos parcelados, contratados pelo empreiteiro construtor. Quem recebe obras para executar, pode dividir o trabalho com terceiros, fazendo contratos menores parcelados (subempreitadas). O construtor de edifício pode servir-se dos trabalhos de encanador, serralheiro, eletricistas, pedreiros, subcontratando-os por empreitada (subempreitadas).

"Em referência ao ISS, é irrelevante saber se o empreiteiro maior executa pessoalmente a obra pactuada ou se incumbe a terceiros para realizá-la. Ambas as formas de serviços (empreitada maior ou empreitada menor) são alcançadas pelo ISS."[11]

O valor dos serviços executados pelo subempreiteiro podem ser deduzidos da base de cálculo do ISS devido pelo empreiteiro, exatamente para evitar uma dupla tributação incidente na realização de um serviço específico.

Com esta sistemática, um negócio jurídico específico, é tributado apenas uma vez como determinou o legislador constituinte.

4.8 O Decreto-lei 406/1968 e o princípio constitucional da capacidade contributiva

O § 2º do art. 9º do Decreto-lei 406/1968, para ser compatível com a CF/1988, deve respeitar também o princípio constitucional da capacidade contributiva.

O art. 145 da Carta Magna determina que "sempre que possível, os impostos terão caráter pessoal e serão graduados segundo a capacidade econômica do contribuinte, facultada a administração tributária, especialmente para conferir efetividade a esse objetivo, identificar, respeitados os direitos individuais e os termos da lei, o patrimônio, os rendimentos e as atividades econômicas do contribuinte".

Com a inclusão expressa deste princípio na CF/1988, o legislador constituinte descreveu, em verdade, a sistemática e a instrumentalização dos direitos fundamentais de igualdade, do direito de propriedade e da vedação do confisco (arts. 145, § 1º, 150, incs. II e IV, da CF).

Este princípio visa determinar que o legislador, ao exigir um imposto, deve analisar a capacidade real de o contribuinte poder arcar com o ônus tributário, sem que lhe seja imposto o confisco dos seus bens, lhe sendo garantido, portanto, o direito de propriedade.

Para que este princípio seja respeitado, o legislador deve prever a forma de apurar a real capacidade econômica originada na hipótese de incidência tributária.

Quanto a este assunto, o saudoso jurista Aliomar Baleeiro assim se manifestou: "Do ponto de vista objetivo, a capacidade econômica somente se inicia após a dedução dos gastos à aquisição, produção, exploração e manutenção da renda e do patrimônio. Tais gastos se referem àqueles necessários às despesas de exploração e aos encargos profissionais. Ou seja, pode-se falar em uma capacidade econômica objetiva, que o legislador tem o dever de buscar, como a renda líquida profissional, ou o patrimônio líquido".[12]

Ora, o Decreto-lei 406/1968 ao dispor em seu art. 9º, § 2º, que deve ser deduzida da base de cálculo do ISS o valor dos materiais fornecidos pelo prestador dos serviços e o valor das subempreitadas já tributadas

11. *Doutrina e Prática do Imposto sobre Serviços*, pp. 236 e 237.

12. Aliomar Baleeiro, *Limitações Constitucionais ao Poder de Tributar*, 7ª ed., atualizado por Misabel Abreu Machado Derzi, p. 692.

pelo imposto, na realidade, procurou apurar a capacidade econômica real realizada na operação de construção civil e, assim, garantir a capacidade de o contribuinte deste imposto arcar com o tributo, sem ficar sujeito ao confisco de seus bens, sendo garantido a ele o seu direito de propriedade.

Portanto, o art. 9º e seu § 2º do Decreto-lei 406/1968 está de acordo com o princípio da capacidade contributiva elencado no art. 145, § 1º, da CF.

Pelo exposto, verifica-se que o aspecto material elencado no art. 9º, § 2º, do Decreto-lei 406/1968 foi recepcionado pela CF/1988.

5. A posição contrária à recepção do Decreto-lei 406/1968 pela CF/1988

Ocorre que alguns sujeitos ativos do tributo, como exemplificativamente a Cidade do Rio de Janeiro (Lei 2.080, de 30.12.1993, que determinou a revogação, a partir de 1.1.1994, do inc. I do art. 17 da Lei 691/1984 que respeitava o art. 9º, § 2º, do Decreto-lei 406/1968), não têm o mesmo entendimento alegando que:

a) a União estabeleceu uma isenção com a edição do art. 9º, § 2º, do Decreto-lei 406/1968, que perdeu sua eficácia a partir da vigência do art. 151, inc. III, da CF, que se deu em 1.3.1989;

b) o art. 9º, § 2º, do Decreto-lei 406/1968, concedeu um incentivo aos Municípios e que, os incentivos, deveriam ser confirmados até 5.10.1990 pelos mesmos por força do § 1º do art. 41 do Ato das Disposições Constitucionais Transitórias e, como os Municípios não confirmaram o incentivo, estes estão revogados.

Assim sendo, entendem estes Municípios que é de seu livre-arbítrio tributar com o ISS o valor dos materiais fornecidos pelos prestadores de serviços para as obras de construção civil.

Analisemos os argumentos destes Municípios. Para tanto, faz-se necessário verificar o instituto da isenção.

5.1 A isenção

A regra de isenção é uma norma que reduz o campo de abrangência das hipóteses que poderia o legislador instituir o tributo, no caso em estudo o ISS.

O legislador municipal teria constitucional e legalmente toda a possibilidade de enquadrar um fato do mundo real, sujeito à incidência do ISS, mas por intermédio de lei, entende em não tributar este fato.

A respeito deste tema leciona o Professor Roque Antonio Carrazza:

"O estudo da competência tributária leva-nos, naturalmente, ao estudo da competência para conceder isenções tributárias.

"De fato, a aptidão para tributar alberga também a faculdade de isentar, conseqüência lógica daquela.

"Quem cria tributos pode, por igual modo, aumentar a carga tributária (agravando a alíquota ou a base de cálculo da exação), diminuí-la (adotando o procedimento inverso) ou até suprimi-la, por intermédio da não tributação pura e simples. Pode, ainda, isentar tributos. Tudo vai depender de uma decisão política a ser tomada de regra (há exceções), pela própria entidade tributante."[13]

Assim se manifestou sobre o tema José Souto Maior Borges, no prólogo de seu clássico, *Isenções Tributárias*: "O poder de isentar apresenta certa simetria com o poder de tributar. Tal circunstância fornece a explicação do fato de que praticamente todos os problemas que convergem para a área do tributo podem ser estudados sob ângulo oposto: o da isenção. Assim, como existem limitações constitucionais ao poder de tributar, há limites que não podem ser transpostos pelo poder de isentar, porquanto ambos não passam de verso e reverso da mesma medalha".[14]

13. Roque Antonio Carrazza, *Curso de Direito Constitucional Tributário*, 16ª ed., pp. 701-702.

14. José Souto Maior Borges, *Isenções Tributárias*, 2ª ed., p. 2.

O Professor Paulo de Barros Carvalho assim lecionou: "A regra de isenção investe contra um ou mais dos critérios da norma padrão de incidência, mutilando-os parcialmente. É óbvio que não pode haver supressão total do critério porquanto eqüivaleria a destruir a regra matriz, inutilizando-a como norma válida do sistema. O que o preceito de isenção faz é subtrair parcela do campo de abrangência do critério do antecedente ou do conseqüente. Vejamos um módulo: estão isentos do imposto sobre a renda e proventos de qualquer natureza os rendimentos do trabalho do assalariado dos servidores diplomáticos de governos estrangeiros. É fácil notar que a norma jurídica de isenção do IR (pessoa física) vai de encontro à regra matriz de incidência daquele imposto, alcançando-lhe o critério pessoal do conseqüente, no ponto exato do sujeito passivo. Mas não o exclui totalmente, subtraindo, apenas no domínio dos possíveis sujeitos passivos, o subdomínio dos servidores diplomáticos de governos estrangeiros, e mesmo assim quanto aos rendimentos do trabalho assalariado. Houve uma diminuição do universo dos sujeitos passivos que ficou desfalcado de uma pequena subclasse.

"Outro exemplo: o queijo tipo minas é isento do IPI. Quer significar que uma norma de isenção foi dirigida contra a regra matriz daquele gravame federal, mutilando o critério material da hipótese, precisamente no tópico do complemento do verbo, com isso, a amplitude do núcleo hipotético que abarcava até aquele instante todos os produtos industrializados, perde um elemento de seu conjunto — o queijo tipo minas.

"Mais um: estão isentos do IPI os produtos industrializados na Zona Franca de Manaus. Neste caso o critério atacado foi o espacial, do antecedente normativo. Sua extensão, que cobria o território nacional viu-se diminuída daquela parcela geográfica.

"E assim por diante, sempre o mesmo fenômeno: o encontro de duas normas jurídicas, sendo uma a regra matriz de incidência tributária e outra a regra de isenção, com seu caráter supressor da área de abrangência de qualquer critério da hipótese ou da conseqüência primeira (regra-matriz) "(...).

"Consoante o entendimento que adotamos a regra de isenção pode inibir a funcionabilidade da regra matriz tributária, comprometendo-a para certos casos, de oito maneiras distintas: quatro pela hipótese e quatro pela conseqüente:

"I — Pela hipótese:

"a) atingindo-lhe o critério material pela desqualificação do verbo;

"b) atingindo-lhe o critério material pela subtração do complemento;

"c) atingindo-lhe o critério espacial;

"d) atingindo-lhe o critério temporal.

"II — Pelo conseqüente:

"e) atingindo-lhe o critério pessoal pelo sujeito ativo;

"f) atingindo-lhe o critério pessoal pelo sujeito passivo;

"g) atingindo-lhe o critério quantitativo pela base de cálculo;

"h) atingindo-lhe o critério quantitativo pela alíquota."[15]

Portanto, no fenômeno da isenção, o legislador Municipal, ao instituir o ISS para um Município específico, ao invés de esgotar todas as hipótese da competência tributária que lhe foi facultada, deixa de tributar determinadas situações que poderiam também ser tributadas.

Ora, o § 2º do art. 9º do Decreto-lei 406/1968 ao excluir da base de cálculo do ISS o valor dos materiais fornecidos pelo prestador dos serviços e o valor das subempreitadas já tributadas pelo imposto, não visa deixar qualquer hipótese de incidência de competência dos Municípios fora do campo de tributação, simplesmente aplica de forma legal, ao fato imponível *constru-*

15. Paulo de Barros Carvalho, *Curso de Direito Tributário*, 13ª ed., pp. 482 a 484.

ção civil, a melhor mensuração valórica desse fato, com objetivo de cumprir os ditames legais constitucionais, tributando de forma constitucional e legal a hipótese de incidência *construção civil*.

Para deixar ainda mais clara a diferença entre mensurar-se legalmente uma base de cálculo e conceder uma isenção, citarei uma hipótese de isenção contida no mesmo Decreto-lei 406/1968 não recepcionado pela CF/1988.

Trata-se de hipótese do art. 11 do Decreto-lei 406/1968, com redação da Lei Complementar 22, de 9.12.1974, que determinava: "Art. 11. A execução, por administração, empreitada e subempreitada, de obras hidráulicas ou de construção civil e os respectivos serviços de engenharia consultiva, quando contratados com a União, Estados, Distrito Federal, Municípios, autarquias e empresas concessionárias de serviços públicos, ficam isentos do imposto a que se refere o art. 8º (ISS)".

Ora, a diferença entre o § 2º do art. 9º do Decreto-lei 406/1968 e seu art. 11 é cristalina.

Na primeira hipótese, jamais foi considerado fato imponível à exigência do ISS o valor dos materiais fornecidos pelo prestador dos serviços ou o valor das subempreitadas já tributadas pelo imposto, diferente da hipótese do art. 11 que tratava especificamente de fatos concretos sujeitos a serem tributados pelo ISS, que entendeu o legislador em não tributar tal hipótese.

Pelo exposto, é cristalino que, respeitando a posição dos que entendem de forma contrária, não se trata de isenção as hipótese de dedução de base de cálculo elencadas no § 2º do art. 9º do Decreto-lei 406/1968.

5.2 O instituto do incentivo fiscal e o art. 9º, § 2º do Decreto-lei 406/1968

Quanto à argumentação de que o art. 9º, § 2º, do Decreto-lei 406/1968, refere-se a um incentivo fiscal setorial, e que pelo fato de não ter sido confirmado pelos Municípios após dois anos, a partir da data da promulgação da Constituição está revogado, temos as seguintes considerações.

Preliminarmente, analisemos o que se trata um incentivo fiscal setorial.

A Constituição Federal determina, em seu art. 43, § 1º, III, que a "União poderá articular sua ação em um mesmo complexo geoeconômico e social, visando a seu desenvolvimento e a redução das desigualdades regionais. Lei Complementar disporá sobre os incentivos regionais que compreenderão, além de outros, na forma da lei, isenções, reduções ou diferimento temporário de tributos federais devidos por pessoas físicas ou jurídicas".

O Professor Carlos Alberto Bittar afirma que "incentivos fiscais são estímulos concedidos aos contribuintes no plano da tributação. Constituem exclusão total ou parcial do crédito tributário para aplicação em empresas de áreas ou setores da economia definidos por lei como de interesse para o desenvolvimento geral".[16]

O incentivo fiscal é um instrumento utilizado pelo legislador, que eliminando, reduzindo ou diferindo a carga tributária incidente sobre um determinado fato imponível, procura fortalecer a economia nacional ou regional, estimular a formação de capitais ou poupança e até regular o mercado.

Ora, para a hipótese analisada nesta monografia, o legislador ao determinar a dedução dos materiais e dos valores das subempreitadas já tributadas pelo imposto, da base de cálculo do ISS incidente nos serviços de construção civil, não eliminou, reduziu ou diferiu a carga tributária incidente na operação de prestação de serviços.

O legislador simplesmente mensurou o fato imponível *prestação de serviços de construção civil*, eliminando o valor dos custos dos materiais, que não se referem a

16. *Enciclopédia Saraiva de Direito*, v. 43, p. 228.

serviços e, evitou a bitributação ao permitir a dedução do valor das subempreitadas já tributadas pelo imposto.

Desta forma, não havendo eliminação, redução ou diferimento do ISS não há, *data venia*, como prevalecer a tese de que o art. 9º, § 2º, do Decreto-lei 406/1968, esteja revogado, por força do art. 41, § 1º, do Ato das Disposições Constitucionais Transitórias.

6. A Jurisprudência

O Poder Judiciário ainda não se posicionou de maneira definitiva sobre o tema.

Existem decisões favoráveis à posição de que o art. 9º, § 2º do Decreto-lei 406/1968 foi recepcionado pela CF/1988, como existem decisões contrárias a este entendimento.

O Tribunal de Alçada do Paraná na apelação cível 45.942-5, julgada em 21.12.1993, originária de Curitiba, 4ª Vara da Fazenda Pública, se manifestou favoravelmente à posição da recepção, como a seguir transcrito:

> Apte.: Município de Curitiba. Apdo.: Sindicato da Indústria da Construção Civil do Estado do Paraná — SINDUSCON. Rel.: Juiz Telmo Cherem
>
> *Imposto sobre serviços. Construção civil. Art. 9º, § 2º, "a", do DL 406/1968 (c/ redação do DL 834/1969). Inteligência.*
>
> O art. 9º, § 2º, *a*, do Decreto-lei 406/1968 (com a redação do Decreto-lei 834/1969) não tipifica isenção heterônoma, deixando de sofrer, por isto, os efeitos da omissão do legislativo municipal em confirmar, no prazo do § 1º, do art. 41, do Ato das Disposições Constitucionais Transitórias da Carta Magna de 1988, os incentivos fiscais de natureza setorial.
>
> Cuida a norma, sim, de hipótese de não incidência do ISS sobre os materiais empregados na prestação dos serviços de construção civil, por isso que, mesmo após o advento da nova Carta Política, continuam estas atividades sujeitas ao recolhimento do tributo calculado tão-só sobre o preço dos serviços, não sobre o valor dos materiais aplicados nas obras.
>
> Segurança concedida. Recurso desprovido; sentença reexaminada confirmada.

O Superior Tribunal de Justiça, por sua vez, em decisões proferidas por intermédio da sua 1ª Turma, tem se manifestado no sentido de que os materiais adquiridos de terceiros integram a base de cálculo do ISS.

> Recurso especial 123.629-SP (97/0018087-5). Recte.: CONCRELIX S/A Engenharia de Concreto. Recdo.: Município de São Bernardo do Campo. Rel.: O Exmo. Sr. Ministro Humberto Gomes de Barros
>
> Tributário. ISSQN. Materiais de construção adquiridos de terceiros.
>
> A base de cálculo para apuração do total do tributo devido é o custo do serviço em sua totalidade.
>
> Não se deve excluir do cálculo do imposto o valor dos materiais adquiridos de terceiro. Precedente do STJ.
>
> Recurso não conhecido.

A 2ª Turma e consequentemente a Seção ou Plenário do STJ não se manifestaram, ainda, sobre o tema.

O Supremo Tribunal Federal também não se manifestou especificamente sobre o art. 9º, § 2º, do Decreto-lei 406/1968, todavia manifestou-se favoravelmente à recepção do mesmo art. 9º, e seus §§ 1º e 3º que referem-se a base de cálculo do ISS que permitem deduções específicas aos serviços elencados.

> Recurso extraordinário 236.604. Rel.: Ministro Carlos Velloso. *DJ* 6.8.1999
>
> *Constitucional. Tributário. ISS. Sociedades prestadoras de serviços profissionais. Advocacia. DL 406/1968, art. 9º, §§ 1º e 3º; CF, art. 151, III, art. 150, II, art. 145, § 1º.*
>
> I — O art. 9º, §§ 1º e 3º, do DL 406/1968, que cuidam da base de cálculo do ISS, foram recebidos pela CF/1988; CF/1988, art. 146, III, *a*. Inocorrência de ofen-

sa ao art. 151, III, art. 34, ADCT/1988, arts. 150, II e 145, § 1º, CF/1988.

II — RE não conhecido.

O art. 9º, § 1º, do Decreto-lei 406/1968 determina que a base de cálculo do ISS "quando se tratar de prestação de serviços sob a forma de trabalho pessoal do próprio contribuinte, o imposto será calculado, por meio de alíquotas fixas ou variáveis, em função da natureza do serviço ou de outros fatores pertinentes, nestes não compreendida a importância paga a título de remuneração do próprio trabalho".

O § 3º do mesmo diploma legal, determina que "quando os serviços a que se referem os itens 1, 4, 8, 25, 52, 88, 89, 90, 91 e 92 da lista anexa (lista anexa ao Decreto-lei 406/1968 com redação da Lei Complementar 56/1987) forem prestados por sociedades, estas ficarão sujeitas ao imposto na forma do § 1º, calculado em relação a cada profissional habilitado, sócio, empregado ou não, que preste serviços em nome da sociedade, embora assumindo responsabilidade pessoal, nos termos da lei aplicável".

Da análise do acórdão do STF, verifica-se que os Ministros entenderam não haver isenção para a hipótese do art. 9º, §§ 1º e 3º, mas simplesmente adequação da base de cálculo à hipótese de incidência. Exatamente a hipótese analisada nesta monografia.

Entenderam os Ministros que, por este motivo, o Decreto-lei 406/1968 e seus §§ 1º e 3º foram recepcionados pela CF/1988.

Assim sendo, o Poder Judiciário não têm um posicionamento pacífico sobre o tema em debate, todavia, com base na posição do STF anteriormente transcrita, entendo que é provável que o STF ao analisar casos concretos, ratifique o entendimento de que o art. 9º, § 2º, do Decreto-lei 406/1968, foi recepcionado pela CF/1988.

7. Conclusão

O legislador constituinte concedeu aos Municípios competência para instituir o imposto sobre serviços de qualquer natureza, desde que a hipótese de incidência esteja discriminada em lei complementar.

A lei complementar que estabelece as hipóteses de incidência do ISS é o Decreto-lei 406/1968 com redação da Lei Complementar 56/1987 e, dentre as hipóteses possíveis de se exigir o ISS, encontra-se a prestação de serviços de construção civil.

Verificado o aspecto material da hipótese de incidência, a base de cálculo irá mensurá-lo, transformando a hipótese em um valor.

A base de cálculo, além de mensurar o valor da hipótese de incidência, irá confirmá-la, vez que deverá representar o critério abstrato uniforme e genérico da realidade que pretende medir.

Por força do art. 146 da CF, a base de cálculo do ISS deve ser instituída por lei complementar. Essa disposição legal visa garantir que o tributo será mensurado de forma idêntica em todo o território nacional.

A lei complementar que estabelece a base de cálculo do ISS é o Decreto-lei 406/1968 que tem *status* de lei complementar, pelo fato de ter sido editado quando o Congresso Nacional estava em recesso, por questões políticas.

O art. 9º, § 2º, do Decreto-lei 406/1968, determina que a base de cálculo do ISS para a prestação de serviços de construção civil, será o preço do serviço, deduzidas as parcelas correspondentes ao valor dos materiais fornecidos pelo prestador dos serviços e, do valor das subempreitadas já tributadas pelo imposto.

O Decreto-lei 406/1968 foi recepcionado pela CF/1988, haja visto ser compatível com a nova ordem legal, tanto quanto no seu aspecto formal e material.

A compatibilidade quanto à forma é cristalina, vez que, a Constituição determina que a base de cálculo do ISS deve ser instituída por lei complementar e o Decreto-lei 406/1968 tem esse *status*.

Quanto ao aspecto material, quando o decreto-lei determinou que fossem deduzidos do valor dos serviços os materiais e o valor das subempreitadas, definiu com propriedade e clareza o aspecto material da hipótese de incidência (prestação de serviços de construção civil), tendo em vista que a tributação dos materiais não é fato imponível do ISS.

Outrossim, ao permitir a dedução da base de cálculo, o valor das subempreitadas já tributadas pelo imposto, simplesmente evitou que uma mesma hipótese de incidência gerasse em duplicidade o ISS, conforme determinação constitucional.

Ao permitir essas deduções, o legislador cumpriu também o princípio constitucional da capacidade contributiva, que estabelecendo que ao se exigir um imposto, deve-se analisar a capacidade real de o contribuinte poder arcar com o ônus tributário, sem que lhe seja imposto o confisco de seus bens, sendo garantido a ele, portanto, o direito de propriedade.

Com as deduções o legislador permitiu se apurar realmente o valor dos serviços.

Ocorre que alguns Municípios estão afirmando que o art. 9º, § 2º, do Decreto-lei 406/1968, não foi recepcionado pela Constituição Federal, por se tratar de uma isenção concedida pela União, o que não mais é permitido pela Constituição, bem como, referir-se a um incentivo fiscal não ratificado pelos Municípios, e assim, face ao art. 41 do ADCT da Constituição Federal, teria sido revogado.

Essa não me parece a melhor interpretação. O fato de o legislador ter permitido as deduções já comentadas, não significa deixar de exigir o ISS para o fato imponível *realização de serviços de construção civil.*

Da mesma forma não há o que se falar em incentivo fiscal, que se caracteriza pela eliminação, redução ou diferimento do imposto, concedido pelo legislador por questões políticas, o que não correu no caso em questão, já que o fato imponível *construção civil* está sendo tributado.

O Poder Judiciário não pacificou o seu entendimento quanto ao tema. Entretanto, em caso análogo, o STF ratificou que o art. 9º do Decreto-lei 406/1968, ao permitir deduções específicas da base de cálculo visando apurar o valor real dos serviços, não concedeu isenção, tendo concluído que o art. 9º do Decreto-lei 406/1968 foi recepcionado pela CF/1988.

Analisando cientificamente todas as proposições acima, concluo que o art. 9º, § 2º, do Decreto-lei 406/1968, ao determinar que a base de cálculo do ISS para serviços de construção civil será calculado sobre o preço total, deduzidas as parcelas correspondentes ao valor dos materiais fornecidos pelo prestador dos serviços e do valor das subempreitadas já tributadas pelo imposto, está em perfeita harmonia com todo o sistema jurídico brasileiro.

8. *Bibliografia*

ATALIBA, Geraldo. *Hipótese de Incidência Tributária*, 6ª ed., Malheiros Editores, 2000.

BALEEIRO, Aliomar. *Limitações Constitucionais ao Poder de Tributar*, 7ª ed., atualizado por MACHADO DERZI, Misabel Abreu, Forense, 2001.

BARRETO, Aires. *Base de Cálculo, Alíquota e Princípios Constitucionais*, 1ª ed., Ed. RT, 1987.

BARROS CARVALHO, Paulo. *Curso de Direito Tributário*, 13ª ed., Saraiva, 2000.

———. *Direito Tributário — Fundamentos Jurídicos da Incidência*, 2ª ed., Saraiva, 1999.

BITTAR, Carlos Alberto. *Enciclopédia Saraiva de Direito*, v. 43, 1ª ed., Saraiva, 1977.

CARRAZZA, Roque Antonio. *Curso de Direito Constitucional Tributário*, 16ª ed., Malheiros Editores, 2001.

MAIOR BORGES, José Souto. *Isenções Tributárias*, 2ª ed., Sugestões Tributárias, 1980.

MELO, José Eduardo Soares de. *Aspectos teóricos e práticos do ISS*, 2ª ed., Dialética, 2001.

MIRANDA, Pontes de. *Tratado de Direito Privado*, 1ª ed., Rio de Janeiro, 1962.

MORAES, Bernardo Ribeiro de. *Doutrina e Prática do Imposto sobre Serviços*, 1ª ed., Ed. RT, 1975.

OLIVEIRA ROCHA, Valdir. *Determinação do Montante do Tributo*, 2ª ed., Dialética, 1995.

REZENDE PORTO, Pedro Paulo de. "Alguns aspectos da legislação fiscal estadual aplicados à indústria de construção", in *Fisco e Contribuintes*, anexo XXIII, n. 10, out./1967.

SILVA PEREIRA, Caio Mário da. *Instituições de Direito Civil*, 1ª ed., Forense, 1963.

A ARBITRAGEM NAS SOCIEDADES ANÔNIMAS

José Virgílio Lopes Enei

I — Introdução. II — Perspectiva histórica: A) Precedentes históricos; B) A arbitragem no Brasil. III — Natureza jurídica da arbitragem. IV — Natureza jurídica das sociedades e da assembléia de acionistas. V — A arbitragem nas sociedades anônimas: A) Vinculação dos novos acionistas: A.1) Introdução; A.2) Direitos essenciais do acionista; A.3) Pacto parassocial; A.4) Manifestação de vontade; A.5) Contrato de adesão; A.6) Tratamento do tema no Direito estrangeiro; A.7) Efetividade da Convenção Arbitral; B) Vinculação dos acionistas ausentes e dissidentes: B.1) Introdução; B.2) Manifestação de vontade; B.3) Controle judicial de imparcialidade e equidade; C) Vinculação dos administradores; D) Arbitrabilidade das controvérsias societárias; D.1) Conflitos envolvendo deliberações da assembléia; D.2) Fatos ou conflitos anteriores à adoção da cláusula compromissória. VI — Propostas. VII — Conclusões. VIII — Bibliografia básica.

I — Introdução

"Art. 109. (...) § 3º. O estatuto da sociedade pode estabelecer que as divergências entre acionistas e a companhia, ou entre os acionistas controladores e os acionistas minoritários, poderão ser solucionados mediante arbitragem, nos termos em que especificar."

O texto acima é reprodução literal do art. 109, § 3º, da Lei das Sociedades Anônimas — Lei 6.404, de 15.12.1976 — com a redação que recentemente lhe foi dada pela Lei 10.303, de 31.12.2001, a qual entrou em vigor em 1º.3.2002.

Seguindo modelos extraídos da legislação e práticas internacionais, sobretudo dos países desenvolvidos, bem como tendência que vem se formando há algum tempo no direito brasileiro, principalmente após o advento da Lei 9.307, de 23.9.1996 (Lei da Arbitragem), no sentido de difundir cada vez mais o uso da arbitragem como meio de solução de conflitos relativos a direitos disponíveis, a recente reforma da Lei de Sociedades Anônimas previu, expressamente, a possibilidade de acionistas controladores, minoritários e a própria companhia recorrerem à arbitragem, como alternativa ao Poder Judiciário, mediante convenção de arbitragem constante do estatuto social.

A relevância do tema é evidente e dispensa maiores considerações. Frente a um sistema Judiciário sobrecarregado de demandas e lento como o nosso, movido por juízes que, por força da prática generalista, pouco entendem a realidade societária e as complexas questões legais que lhe estão associadas, muitas das proteções legais conferidas aos acionistas e à sociedade tornam-se inócuas, pois incapazes de receber uma tutela jurisdicional célere e efetiva. Correse o risco de que a justiça no seio das relações societárias se torne um ideal inalcançável, com prejuízos claros ao desenvolvimento de nosso mercado de capitais, tão importante para a economia de um país. Nesse contexto, a arbitragem pode ser, dependendo obviamente da celebração de uma convenção arbitral apropriada às circunstâncias, uma alternativa extremamente vantajosa à sociedade e aos seus acionistas, os quais poderão resolver suas controvérsias de forma muito mais célere e justa, contando com árbitros bastante familiarizados com controvérsias dessa natureza.

Como veremos adiante, a necessidade da expressa previsão legal disposta no art. 109, § 3º é discutível, porquanto se possa defender que, à luz da Lei 9.307/1996, a faculdade dos acionistas e da companhia de se socorrerem à convenção arbitral, no caso à cláusula compromissória, já existia independentemente da expressa autorização legal mencionada.[1] Não nos parece todavia que o intuito da norma legal em comento tenha sido meramente didático. Pelo contrário, o objetivo da norma, conforme revela o intenso debate ocorrido durante o longo processo legislativo a que ela foi submetida bem como os comentários que a ela se seguiram, foi muito mais nobre: de um lado reduzir a insegurança quanto à legitimidade do instituto no âmbito das relações societárias, e de outro, difundir e fomentar seu uso neste mesmo âmbito em razão das inúmeras vantagens que ele pode apresentar em comparação com o Poder Judiciário, seja para a sociedade propriamente dita, ou para os acionistas controladores e minoritários. Como não poderia deixar de ser, a norma não é impositiva mas autorizativa, cabendo em última instância aos acionistas[2] a faculdade de fazer uso ou não desse novo instrumento, conforme recomendarem as circunstâncias específicas da relação societária considerada.

O pensamento dominante é realmente no sentido de apoiar o objetivo pretendido pela norma legal em exame, muito embora haja quem tema o seu uso abusivo, ou eventual intuito escuso, como teremos a oportunidade de discorrer à frente. Igualmente importante é saber se a norma terá o condão de alcançar o seu objetivo e em que medida o fará, ou seja, se a cláusula compromissória inserida no estatuto social será respeitada pelo nosso Judiciário, e se será considerada vinculante para a sociedade e todos os seus acionistas, inclusive para aqueles que tenham divergido quanto à sua adoção, ou não tenham tomado parte na deliberação que a tenha aprovado, seja porque ausentes ou porque tenham adquirido o *status* de acionista em momento posterior.

Visando responder a estas questões, o presente estudo tratará inicialmente da natureza e características fundamentais da arbitragem (Parte III), tema esse que será considerado a partir de uma análise histórica e comparativa do instituto (Parte II), embora sem a pretensão de originalidade nesse aspecto. Posteriormente, examinaremos a natureza jurídica da sociedade e das relações societárias (Parte IV), para, em seguida, aplicando os conceitos fundamentais da arbitragem às relações societárias, concluir acerca da eficácia da cláusula compromissória inserida no estatuto social. Seguir-se-ão então comentários gerais, inclusive *de lege ferenda*, em favor da maior difusão da arbitragem no âmbito das sociedades por ações (Parte V). Por fim, apresentaremos uma síntese das conclusões alcançadas.

1. Apenas para antecipar alguns pontos pertinentes à discussão, pode-se argumentar em favor da arbitragem, mesmo anteriormente à Lei 10.303/2001, o fato de a Lei 9.307/1996 ser uma lei geral que não violaria a garantia prevista no art. 109, § 2º, da Lei das Sociedades Anônimas, da mesma forma como, à luz do entendimento do Supremo Tribunal Federal, tal lei não viola o art. 5º, XXXV, da Constituição Federal. Além disso, note-se que a própria Lei das Sociedades Anônimas já aludia à arbitragem prevista no estatuto social, conforme se depreende do art. 129, § 2º.

2. Com efeito, a adoção da cláusula compromissória dependeria de reforma do estatuto social que, a teor do art. 122, I, da Lei 6.404/1976, é ato privativo dos acionistas via assembléia geral.

II — Perspectiva histórica

A) Precedentes históricos

As origens da arbitragem perdem-se no tempo, permitindo-nos supor que são contemporâneas às próprias origens da civilização humana. Sabe-se, contudo, sem margem de dúvida, que a arbitragem surgiu antes mesmo de qualquer Poder Judiciário organizado, pois já se recorria a esse meio de solução de conflitos anteriormente ao nascimento e organização dos Estados. Os processualistas são unânimes em reconhecer o surgimento da arbitragem como a primeira forma de composição de conflitos vinculante e fora do âmbito exclusivo das partes envolvidas, isto é, reconhecem que a arbitragem surgiu como evolução natural do regime da autotutela, em que o indivíduo que se julgava lesado chamava a si a responsabilidade de fazer justiça com as próprias mãos, normalmente através da vingança privada contra a pessoa do infrator e de sua família, e ao regime da autocomposição, em que uma ou ambas as partes renunciavam a parte de seus direitos em prol de uma composição (desistência, submissão ou transação, conforme o caso).[3]

No que diz respeito à arbitragem internacional, historiadores registram seu emprego para solução de controvérsias entre cidades-estado da Babilônia cerca de 3.000 anos antes de Cristo.

Na Grécia antiga a arbitragem era empregada internamente como alternativa às cortes populares criadas por Péricles, pois estas se subdividiam em tribunais com pelo menos 30 juízes escolhidos dentre os cidadãos, nas questões mais simples, ou centenas deles, nas questões de maior complexidade, tamanho esse que certamente comprometia a celeridade das decisões, incentivando o recurso à arbitragem.[4]

Foi no direito romano que o emprego da arbitragem se fortaleceu, oferecendo maiores subsídios ao estudo histórico do instituto. Nas palavras de Carlos Alberto Carmona, "é com o direito romano que o instituto da arbitragem passa a receber roupagem jurídica relevante".[5]

O processo civil no direito romano,[6] desde a república, era conduzido em duas etapas bastante distintas, prevendo como regra a arbitragem obrigatória, quando, diante de um litígio, as partes se dirigiam a um magistrado, pretor, para que este as encaminhasse à arbitragem, investindo oficialmente um árbitro por elas escolhido para dirimir o conflito (fase *in iure*). O processo então se desenrolava perante o árbitro investido, o chamado *iudex* ou *arbiter* (fase *apud iudicem*). Ao cabo do processo decisório, o Estado assegurava a exeqüibilidade da decisão proferida pelo árbitro.

Esse processo conduzido em duas fases e baseado na arbitragem compulsória perdurou durante os sistemas do *legis actiones* e *per formulas*, tendo evoluído, segundo o sistema da *cognition extraordinaria*, para uma justiça exclusivamente pública, em que o próprio pretor passou a dizer o direito. Entretanto, em qualquer dos sistemas reservava-se às partes a faculdade de recorrer a uma arbitragem voluntária, pois, segundo as palavras de Moreira Alves, durante toda a evolução do direito romano, "sempre se admitiu que os conflitos individuais fossem resolvidos por árbitros escolhidos, sem a interferência do Estado, pelos litigantes".[7] No período pós-clássico, Justiniano introduziu mudanças na arbitragem voluntária, tendo dedicado ao assunto um título inteiro de seu *Digesto* e outro de seu *Codex*.

3. V. Antonio Carlos de Araújo Cintra, Ada Pellegrini Grinover e Cândido Rangel Dinamarco, *Teoria Geral do Processo*, 9ª ed., 2ª tir., p. 25.

4. Sobre a arbitragem na antigüidade e na Grécia, v. Guido Fernando Silva Soares, "Arbitragem Internacional. Introdução histórica", *Enciclopédia Saraiva* 7/374-402.

5. In *A Arbitragem no Processo Civil Brasileiro*, p. 40.

6. Para maiores detalhes, v. José Carlos Moreira Alves, *Direito Romano*, v. I, 6ª ed., pp. 219 e ss.

7. Ob. cit., p. 222.

Durante as invasões bárbaras que resultaram na queda do império romano do ocidente, a arbitragem continuou a ser largamente aplicada pelos povos invadidos, como forma de não se submeterem ao sistema jurídico imposto pelos invasores. Na idade média as circunstâncias contribuíram para o desenvolvimento e emprego contínuo da arbitragem, desta vez em razão da ausência de um Estado forte e centralizado, ou de uma lei conhecida. O desenvolvimento da arbitragem também foi fortemente influenciado pela igreja, a qual preconizava seu uso visando manter-se à margem do poder estatal com o qual competia. O direito canônico do período regulava detalhadamente a arbitragem.

Com o renascimento do comércio, as corporações de ofício instituíram tribunais desvinculados do poder estatal, os quais dirimiam os conflitos a eles submetidos (num primeiro momento, conflitos entre comerciantes matriculados e, posteriormente, conflitos entre um comerciante, matriculado ou não, e um indivíduo qualquer) com base nas práticas e costumes do comércio. Em que pese o fato de tais tribunais guardarem algumas características dos tribunais arbitrais, já que em geral a submissão aos mesmos não se devia a uma imposição soberana, mas a um ato de vontade da parte, qual seja, a matrícula no caso dos comerciantes, e uma submissão voluntária no caso dos particulares não comerciantes, as corporações de ofício em geral também admitiam a arbitragem na sua acepção mais tradicional, com árbitros livremente escolhidos pelas partes.

Na idade moderna, com a consolidação dos Estados soberanos, verificou-se, sobretudo no século XIX sob influência das leis processuais napoleônicas, um retrocesso no instituto da arbitragem. Embora esta não tenha sido banida, houve uma tendência geral de processualização da arbitragem e estatização absoluta da justiça, isto é, sujeição da arbitragem a um controle mais rígido do Estado, com a conseqüente redução da autonomia das partes.

Desde meados do século XX, a arbitragem vem ganhando força e desta forma recuperando o seu prestígio e importância. Isto se deve a diversos fatores, entre os quais vale a pena citar a incapacidade de o Poder Judiciário resolver satisfatoriamente todos os conflitos surgidos no meio social, a proliferação de entes e blocos econômicos supranacionais e a intensificação do comércio internacional.

B) A arbitragem no Brasil

Em Portugal, a arbitragem já era regulada pelas Ordenações Afonsinas, Manuelinas e Filipinas, tendo as Ordenações Filipinas continuado a vigorar no Brasil mesmo após a Independência.

As Leis de 1831 e 1837 instituíram a arbitragem obrigatória em matéria de seguro e locação, tendo o Código Comercial, em 1850, ampliado as hipóteses de arbitragem obrigatória também para as controvérsias de natureza mercantil, inclusive oriundas das relações entre sócios e destes com a sociedade.[8] Após severas críticas, a arbitragem obrigatória foi, em 1866, abolida, permanecendo em nosso ordenamento tão-somente a arbitragem voluntária.

Após o advento da República, os Estados passaram a legislar em matéria processual, tendo sido criados diversos Códigos de Processo Civil estaduais, cada qual trazendo uma regulamentação distinta em matéria de arbitragem.

O Código Civil de 1916 regulou expressamente o compromisso no Livro das Obrigações, no título correspondente aos seus efeitos,[9] muito embora parte da doutrina, atribuindo natureza contratual ao compromisso, propugnasse sua inclusão no título próprio dos contratos (Título V e não II). Com poucas alterações impostas pelo Código de Processo Civil de 1973, as dis-

8. Conforme relatado em Joel Dias Figueira Júnior, *Arbitragem, Jurisdição e Execução*, pp. 32 e 33.

9. Arts. 1.037 a 1.048.

posições do Código Civil de 1916 a respeito da arbitragem vigoraram até bem pouco tempo, quando foram revogadas expressamente pela Lei 9.307/1996. O Código Civil de 1916 silenciou acerca da cláusula compromissória.[10]

O Código de Processo Civil de 1939 tratou do juízo arbitral em 16 artigos, tendo silenciado novamente sobre a cláusula compromissória. O Código de Processo Civil de 1973 reservou, no Livro de Procedimentos Especiais, Título da Jurisdição Contenciosa, 31 artigos para tratar do assunto, todos eles revogados expressamente pela Lei 9.307/1996. O Código de Processo Civil dividiu a matéria em quatro seções,[11] "Do Compromisso", "Dos Árbitros", "Do Procedimento", e "Da Homologação do Laudo", tendo novamente silenciado acerca da cláusula compromissória. Fez, de todo modo, prevalecer o entendimento até então vigente no Brasil e contrário ao tratamento legal existente em quase todo o mundo desenvolvido, no sentido de que apenas o compromisso seria verdadeiramente vinculante, sendo a cláusula compromissória mera promessa, cuja inobservância não comporta execução específica, mas, quando muito, perdas e danos, estes normalmente de difícil comprovação.

Três anteprojetos, datados de 1981, 1987 e 1988, respectivamente, foram produzidos com o objetivo de modernizar o tratamento pátrio dispensado à arbitragem, buscando compatibilizá-lo aos ordenamentos estrangeiros mais modernos.[12] Enquanto os dois primeiros propunham um diploma específico sobre a matéria, o terceiro propôs nova disciplina por meio da reforma do Código de Processo Civil. Todos eles, no entanto, caíram no esquecimento.

A comunidade jurídica, contudo, continuava a reclamar uma nova disciplina que dotasse o instituto da arbitragem de maior efetividade.

Coube à comissão composta por Selma M. Ferreira Lemes, Pedro Antonio Batista Martins e Carlos Alberto Carmona, constituída por iniciativa do Instituto Liberal de Pernambuco, a elaboração do projeto que, sob a liderança política do então vice-presidente da República, Marco Maciel, originou a Lei 9.307, de 23.9.1996, finalmente colocando o Brasil, no que concerne ao seu direito positivo, na vanguarda mundial em matéria de arbitragem. Faltavam ainda, todavia, alguns importantes passos em direção à consolidação e desenvolvimento pleno da arbitragem no país, sobretudo por parte do Poder Judiciário, ao qual competia dar efetividade àquele diploma legal, reconhecendo sua constitucionalidade e legalidade, e aplicando seus comandos sem os preconceitos de outrora.

O primeiro passo, embora lento, foi dado, com a decisão de Ministros representando a maioria da composição do Plenário do Supremo Tribunal Federal no sentido de se reconhecer a constitucionalidade dos artigos da Lei 9.307/1996 que outorgam efeito vinculante à cláusula compromissória, tal qual ao compromisso, e que dispensam o laudo arbitral proferido no exterior de homologação judicial no país de origem.[13]

Um segundo passo, desta vez por parte do Poder Legislativo, foi dado por meio da Lei 10.303/2001, a qual previu expressamente a arbitragem no contexto da sociedade anônima, tema esse que é o objeto deste estudo.

Um terceiro e não menos importante passo em direção ao desenvolvimento da arbitragem em nosso país foi dado mais

10. A conceituação de cláusula compromissória em contraposição ao compromisso, muito clara na Lei 9.307/1996, arts. 4º e 9º, será adiante explorada.

11. Arts. 1.072 a 1.102.

12. V. Carlos Alberto Carmona, ob. cit., pp. 124 em diante.

13. Agravo regimental em sentença estrangeira 5.206, Reino da Espanha, Rel. Ministro Sepúlveda Pertence; Agte.: MBV Commercial and Export Management Establishment; Agdo.: Resil Indústria e Comércio Ltda.

recentemente, em 26.4.2002, com a publicação do Decreto Legislativo 52, de 25.4.2002, o qual ratificou a adesão do Brasil à chamada Convenção de Nova Iorque, para assim, segundo parte das opiniões, dispensar os laudos arbitrais estrangeiros de homologação no Supremo Tribunal Federal,[14] bem como assegurar reciprocidade de tratamento aos laudos arbitrais produzidos no Brasil que precisem ser executados em países signatários da referida Convenção. Nesse sentido, foi muito inteligente a Lei 9.307/1996 pois, já prevendo a necessidade de adesão do Brasil à convenção de Nova Iorque, dispôs expressamente que a execução de laudos estrangeiros no Brasil seguiria primordialmente as convenções e tratados internacionais em vigor, submetendo-se ao procedimento estabelecido na referida lei, inclusive ao chamado *exequatur*, apenas na ausência ou no silêncio de tais tratados e convenções.[15]

Resta agora formar-se uma jurisprudência firme sobre a matéria que traga a necessária segurança às partes quanto à correta e efetiva aplicação dos diversos comandos que compõem a Lei 9.307/1996 e legislação superveniente. Só assim o instituto da arbitragem poderá verdadeiramente prosperar e propiciar todos os benefícios sociais que lhe são próprios. Obviamente, a formação de uma jurisprudência firme sobre a matéria não se dará sem o auxílio da doutrina, a qual tem muito ainda por amadurecer. Daí a importância do presente estudo: contribuir para o debate acerca da arbitragem nas sociedades anônimas e do recém introduzido § 3º do art. 109 da Lei 6.404/1976.

14. Aparentemente, ainda não há um consenso a esse respeito. Alguns respeitáveis autores ainda sustentam a necessidade do procedimento homologatório, argumentando que o texto da convenção, ao exigir tratamento equiparável entre laudos locais e laudos estrangeiros, estaria tratando tão-somente das hipóteses de invalidação do laudo, não do procedimento de homologação ou execução direta. Outros autores, invocando a interpretação que é dada à convenção em outros países, defendem a desnecessidade do procedimento homologatório.

15. Lei 9.307/1996, art. 34.

III — Natureza jurídica da arbitragem

Duas grandes teorias prestam-se a explicar a natureza jurídica da arbitragem: a privatista e a publicista.

De acordo com a teoria privatista, a natureza jurídica da arbitragem é meramente contratual. O acordo das partes no sentido de submeter uma controvérsia à decisão arbitral é um contrato, derivando a competência dos árbitros da vontade das partes. A teoria contratualista pura, no entanto, conduz à necessidade de homologação judicial do laudo arbitral como condição prévia à sua exeqüibilidade, da mesma forma como a execução forçada de um contrato de compra-e-venda dependeria de uma prévia ação de conhecimento da qual se extrairia o título executivo propriamente dito. Em outras palavras, segundo a teoria contratualista, não se pode reconhecer exeqüibilidade ao laudo arbitral propriamente dito, mas sim à sentença judicial que o homologa.

De certa forma a teoria contratualista mostrava-se mais consistente com o regime legal da arbitragem que vigorava antes da Lei 9.307/1996, embora já criticada pela comunidade jurídica.[16] Com efeito, à luz do regime imposto pelo Código de Processo Civil atual, e pelo Código Civil de 1916, a arbitragem não era muito mais do que um contrato. Se acordada antes do surgimento do litígio propriamente dito, a convenção arbitral, ou cláusula compromissória numa acepção mais técnica, era tida como um contrato com obrigação de fazer cuja inexecução se resolvia tão-somente em perdas e danos, não comportando a chamada execução específica. Tratando-se de acordo posterior ao litígio, a convenção arbitral, aí chamada de compromisso, comportaria execução específica, mas a execução do

16. À época já dizia Carmona: "A jurisdicionalização da arbitragem — e não sua simples processualização — é tendência inegável, que cedo ou tarde influenciará as leis dos países sul-americanos, que ainda não estão suficientemente adequadas à nova realidade social e econômica deste final de século" (v. Carlos Alberto Carmona, ob. cit., p. 46).

laudo arbitral sempre dependeria de prévia sentença judicial homologatória.

Essa teoria, todavia, já não mais se presta a explicar o real significado da arbitragem à luz dos regimes mais modernos, inclusive do regime que passou a vigorar no Brasil a partir da Lei 9.307/1996. Isto porque se passou a reconhecer a verdadeira natureza jurisdicional da arbitragem, atribuindo-se ao laudo arbitral os efeitos próprios de uma sentença. Eis aí a essência da teoria publicista, a qual vê no procedimento arbitral o exercício de um poder jurisdicional.

Respeitados autores, como Chiovenda e Carnelutti, entre outros, negam jurisdicionalidade à arbitragem sob o argumento de que o poder jurisdicional só pode ser conferido pelo Estado — como ocorre com aqueles investidos oficialmente na carreira de juiz — e jamais pelas partes. Alegam ainda que aos árbitros falta o poder coercitivo próprio do Poder Judiciário.

Consideradas sob a ótica dos regimes arbitrais mais modernos, entretanto, tais críticas perderam força, passando-se a interpretar a jurisdição como um fenômeno mais amplo, de forma a incluir nesse conceito a atividade dos árbitros no procedimento arbitral. Com efeito, tal qual o juiz, o árbitro exerce uma função pacificadora ao tomar conhecimento da lide e declarar o direito aplicável ao caso. O fato de o árbitro não dispor de poder coercitivo não retira a jurisdicionalidade de seus atos, já que a coercibilidade é apenas uma das espécies de jurisdição, espécies essas que não precisam estar reunidas em um só ente ou uma só pessoa.

A teoria publicista ou jurisdicional foi endossada pela Lei 9.307/1996, cujo art. 18 é bastante ilustrativo a respeito, ao dispor que "o árbitro é juiz de fato e de direito, e a sentença que proferir não fica sujeita a recurso ou a homologação pelo Poder Judiciário". Igualmente elucidativo é o art. 31, segundo o qual "a sentença arbitral produz, entre as partes e seus sucessores, os mesmos efeitos da sentença proferida pelo órgão do Poder Judiciário e, sendo condenatória, constitui título executivo".

Embora a teoria jurisdicional seja mais moderna e condizente com o novo regime legal, seu acolhimento não permite negar a natureza contratual que prepondera na celebração da convenção arbitral, nem tampouco o caráter contratual que impregna todo o procedimento arbitral. Ao contrário de alguns autores que identificam aí uma teoria eclética,[17] pensamos que o reconhecimento da natureza contratual que também fundamenta e limita o alcance da arbitragem não contraria a teoria jurisdicional, a qual apenas vai mais além da teoria contratual pura para reconhecer na arbitragem funções e efeitos públicos que extrapolam as funções e os efeitos de um simples contrato, estes normalmente restritos às partes contratantes.

Assim, embora o instituto da arbitragem tenha efeitos que interessam à sociedade como um todo, sendo capaz de exercer um papel muito semelhante ao do Poder Judiciário no que concerne à pacificação dos conflitos sociais, o fato é que a arbitragem, na perspectiva do regime legal brasileiro bem como das legislações mais modernas, só tem lugar a partir do acordo entre as partes envolvidas no sentido de submeter o conflito (esteja ele já instaurado, ou seja ele apenas potencial) a um tribunal arbitral. A arbitragem pressupõe, portanto, uma aceitação prévia, a qual deve ser revelada por meio de uma vontade manifestada expressamente e por escrito, podendo, a teor do art. 3º da Lei 9.307/1996, tomar a forma de uma cláusula compromis-

17. Conforme citado por José Carlos de Magalhães ("Do Estado na arbitragem privada", *RDP* 71/164), a chamada teoria eclética é defendida sobretudo por Pierre Lalive e Philippe Fouchard, contando com o prestígio do Instituto de Direito Internacional, representado pelo Professor Sauser-Hall. Joel Dias Figueira Júnior (ob. cit., p. 152) também defende o caráter *sui generis* da arbitragem, pois "nasce da vontade das partes (caráter obrigacional = privado) e concomitantemente regula determinada relação de direito processual (caráter público).

sória ou de um compromisso (este entendido como a convenção através da qual as partes submetem um litígio já existente à arbitragem; aquela entendida como a convenção através da qual as partes comprometem-se a submeter à arbitragem determinados litígios que possam vir a surgir relativamente a um determinado contrato[18]). Mais do que isso, os árbitros encontram na vontade das partes o limite de sua competência, pois não podem decidir matéria que não tenha sido a eles voluntariamente submetida.

É justamente a submissão voluntária das partes que assegura a constitucionalidade da arbitragem. Fosse a arbitragem obrigatória às partes por imposição de lei, como aquela que vigorou no país em matéria comercial em meados do século passado, estaria ela claramente eivada de inconstitucionalidade, pois tal arbitragem obrigatória, assim como a lei que a teria imposto, violariam o art. 5º, XXXV, da Constituição Federal, segundo o qual "a lei não excluirá da apreciação do Poder Judiciário lesão ou ameaça a direito".

Conforme acima antecipado, tal entendimento foi corroborado pelo Supremo Tribunal Federal em julgamento bastante recente (acórdão ainda não publicado), por meio do qual a maioria dos Ministros, além de entender dispensável a homologação do laudo arbitral internacional no seu país de origem, concluiu que a parte pode legitimamente renunciar ao direito de recorrer ao Poder Judiciário com o propósito de alternativamente se socorrer à arbitragem, desde que o faça voluntariamente por meio de manifestação inequívoca nesse sentido, e desde que tal renúncia em favor da arbitragem se limite a questões que envolvam direitos disponíveis. Do parecer do il. Subprocurador-Geral Miguel Frauzino Pereira e do em. Procurador-Geral da República Geraldo Brindeiro, que sustentou a posição vencedora, extrai-se a seguinte passagem:

18. Arts. 4º e 9º da Lei 9.307/1996, respectivamente.

"Penso ainda que a Lei 9.307/1996 guarda completa harmonia com as garantias e direitos assegurados pela Constituição Federal, especialmente com o princípio da inafastabilidade do controle jurisdicional, inscrito no art. 5º, inc. XXXV. Essa norma constitucional assegura a todos o acesso à justiça nas hipóteses de lesão ou ameaça de direito, que pode se concretizar através do ajuizamento de ação judicial. Isto não significa, contudo, que as pessoas físicas ou jurídicas estão obrigadas a ingressar em juízo toda a vez que seus direitos subjetivos são afrontados por outrem, pois o princípio garante o direito de ação, não o impõe. O direito de ação, à luz do princípio da autonomia das vontades, representa uma 'faculdade inerente à própria personalidade', e não um dever" (v. Cândido Rangel Dinamarco, *Execução Civil*, 4ª ed., Malheiros Editores, p. 364).

Dentre os diversos argumentos que formaram a convicção do Excelso Pretório, revelou-se especialmente convincente a comparação entre a renúncia voluntária ao Poder Judiciário que se faz em favor da arbitragem, e aquela que resulta de uma transação entre as partes conflitantes, conforme ilustra a seguinte passagem do parecer acima mencionado: "O que o princípio da inafastabilidade do controle jurisdicional estabelece é que 'a lei não excluirá da apreciação do Poder Judiciário lesão ou ameaça a Direito'. Não estabelece que as partes interessadas não excluirão da apreciação judicial suas questões ou conflitos. Não determina que os interessados devem sempre levar ao Judiciário suas demandas. Se se admite como lícita a transação relativamente a direitos substanciais objeto da lide, não se pode considerar violência à Constituição abdicar do direito instrumental de ação através de cláusula compromissória. E, em se tratando de direitos patrimoniais disponíveis, não somente é lícito e constitucional, mas é também recomendável aos interessados — diante do acúmulo de processos e do formalismo excessivo que têm gerado a lentidão das demandas judiciais —

abdicarem do direito ou do poder de ação e buscarem a composição do conflito por meio de sentença arbitral cujos efeitos sejam idênticos àqueles das decisões prolatadas pelo Poder Judiciário".

Outras comparações igualmente elucidativas poderiam ser aqui propostas. Por exemplo, a Constituição Federal também assegura o direito de propriedade (art. 5º, XXII), mas ninguém questiona o direito de o indivíduo voluntariamente se desfazer de sua propriedade, mesmo daquela ainda não incorporada ao seu patrimônio (por exemplo, nos ditos contratos aleatórios, em que uma parte pode alienar uma safra ainda não colhida). A Constituição garante o direito ao contraditório e a ampla defesa, com os recursos a ela inerentes (art. 5º, LV), estando a legislação processual repleta de exemplos de renúncias plenamente legítimas a defesas ou recursos, como aliás ocorre na hipótese de revelia em que se presume o reconhecimento dos fatos alegados pela outra parte.

Do que se expôs até o momento conclui-se que a arbitragem é um meio de solução de conflitos perfeitamente lícito e que não conflita com a garantia constitucional de inafastabilidade do Poder Judiciário. Pressuposto desta conclusão, no entanto, é o de que haja uma submissão voluntária da parte à arbitragem, ainda que previamente ao surgimento do conflito.

Feita essa caracterização, passemos ao exame da sociedade anônima e da assembléia de acionistas justamente para averiguar se a convenção arbitral inserida no bojo do estatuto social satisfaz o pressuposto volitivo acima referido.

IV — Natureza jurídica das sociedades e da assembléia de acionistas

Diversas são as teorias que buscam explicar a natureza jurídica das sociedades, inclusive e sobretudo a da sociedade anônima. Embora a descrição pormenorizada destas teorias não constitua o objeto do presente estudo, façamos uma breve remissão às mesmas visando compreender melhor a arbitragem na sociedade anônima.

No âmbito das teorias que negam a natureza contratual da sociedade, podem ser citadas, entre outras, a teoria do ato coletivo, a teoria do ato complexo e a teoria da fundação. Tais teorias, no entanto, não mantêm muitos partidários entre os comercialistas, sendo estudadas mais pelo seu valor histórico do que por outra razão. Dentre as teorias anticontratualistas e no campo particular das sociedades anônimas, destaca-se ainda a teoria da instituição, segundo a qual a sociedade anônima seria "uma organização social, estável em relação à ordem geral das coisas, cuja permanência é assegurada por um equilíbrio de forças ou por uma separação de poderes, e que constitui, por sim mesma, um estado de direito".[19]

A teoria da instituição distingue-se da teoria contratualista ao atribuir menor importância ao consentimento das partes, o qual teria um papel mais acentuado apenas no ato de adesão e conseqüente aceitação da disciplina, e não nos efeitos gerados durante a existência da sociedade. Deste modo, os efeitos irradiados pela sociedade anônima resultariam em maior grau do regime próprio da instituição, tal qual reconhecido socialmente e regulado por lei, do que da vontade propriamente dita das partes. Além disso, a teoria da instituição explicaria melhor a capacidade de adaptação e evolução constante da sociedade anônima, capacidade essa que seria típica das instituições e geralmente ausente nos contratos.

A nossa Lei 6.404/1976 parece ter se inspirado em grande medida na teoria da instituição, conforme demonstra a seguinte passagem bastante representativa da influência mencionada: "atento ao fato básico de que as *instituições mercantis* — sobretudo na escala que a economia moderna

19. Conforme definição de Hauriou, tido como o criador da teoria da instituição, tal como citado em Rubens Requião, *Curso de Direito Comercial*, v. 1º, 21ª ed., p. 275.

lhes impõe — revestem-se de crescente importância social, com maiores deveres para a comunidade em que vivem e da qual vivem, o Projeto introduziu o fato novo do dever de lealdade dessas *instituições*, imposto como norma de comportamento a controladores e administradores, para com o País; (...)" (grifos nossos).

A teoria mais aceita no meio acadêmico, contudo, continua a ser a teoria do contrato plurilateral, defendida magistralmente pelas clássicas lições de Tullio Ascarelli. Para Ascarelli, a sociedade é um contrato plurilateral segundo o qual todas as partes são titulares de direitos e obrigações para com todas. Quanto à origem da distinção entre contrato plurilateral e contrato bilateral, ensina o autor: "Com efeito, podem, as normas jurídicas, visar quer a uma 'repartição' de bens, quer, porém, ao contrário, a uma 'cooperação' na utilização deles. Na primeira hipótese o aproveitamento, sucessivo, do bem por parte do sujeito fica, em princípio, no âmbito geral do lícito jurídico; na segunda hipótese, ao contrário, é, ele, objeto de disciplina jurídica, e, portanto, o contrato assume um cunho 'instrumental' quanto à disciplina das sucessivas relações jurídicas das partes. Dada a importância da idéia de propriedade considera-se, talvez, prevalentemente, a primeira hipótese: o direito foi, por isso, prevalentemente considerado sob um aspecto que poder-se-ia chamar 'distributivo'. O segundo aspecto, que, de modo geral, poder-se-ia chamar 'cooperativo', não é, no entanto, de escassa importância".[20]

Pensamos ser essa a teoria que melhor captura a essência da sociedade anônima, até porque o reconhecimento de sua natureza contratual não nega a importante função social que a sociedade anônima desempenha na atualidade, nem tampouco os efeitos que extrapolam o regime tradicional dos contratos. Aliás, a função social do contrato é tendência que vem sendo reconhecida em relação aos contratos em geral,[21] conforme demonstra o art. 421 do novo CC.[22]

Note-se, de qualquer forma, que mesmo a teoria da instituição não nega o caráter contratual de que se reveste a formação da sociedade anônima, buscando apenas dar uma ênfase maior ao caráter institucional da sociedade anônima no que diz respeito à sua existência e funcionamento. Daí a crítica à teoria da instituição: ela se baseia num conceito vago e pouco revelador, quando poderia empregar a teoria contratual sem com isso desmerecer o caráter público e a função social da sociedade anônima.

A sociedade anônima deve ser entendida, portanto, como um fenômeno eminentemente contratual, cuja formação e funcionamento derivam fundamentalmente do confronto e convergência entre a vontade de todos os acionistas. Como em qualquer contrato e mais acentuadamente em razão da importância da sociedade anônima na economia e sociedade modernas, a autonomia da vontade encontra seus limites na função social do contrato e nos imperativos de ordem pública.

Quanto à assembléia de acionistas, esta é concebida, segundo a teoria mais aceita entre nós brasileiros, a teoria organicista, como um órgão da sociedade anônima, pelo qual esta vive e se faz presente, assim como o ser humano vive graças a seus órgãos e se faz ouvir mediante a dicção. A assembléia de acionistas é, portanto, o órgão que revela ao mundo a vontade da sociedade, vontade essa que será cumprida e fiscalizada pelos demais órgãos da sociedade, a saber, o conselho de administração, a diretoria e o conselho fiscal.

V — A arbitragem nas sociedades anônimas

Feitas todas essas considerações, começamos a responder às questões que cons-

20. Tullio Ascarelli, *Problemas das Sociedades Anônimas e Direito Comparado*, p. 375.

21. Entre os civilistas, faz-se referência ao fenômeno da publicização do direito civil ou ainda ao direito civil constitucional.

22. "Art. 421. A liberdade de contratar será exercida em razão e nos limites da função social do contrato."

tituem o objeto propriamente dito do presente estudo.

Dentre as diversas questões que certamente ensejarão maior controvérsia, a seguir analisaremos as seguintes: (i) Os novos acionistas que tenham ingressado na sociedade após a aprovação da convenção arbitral, estariam a ela vinculados independentemente de consentimento expresso, ou dependeriam de concordância por escrito e em documento apartado como proposto por Modesto Carvalhosa, Nelson Eizirik[23] e ainda Luiz Leonardo Cantidiano? (ii) A convenção arbitral inserida por meio de reforma no estatuto social é vinculante ou não aos acionistas ausentes e dissidentes? (iii) Poderia a convenção arbitral alcançar os administradores (diretores e conselheiros)? (iv) Quais os limites das matérias que poderiam ser legitimamente submetidas à arbitragem?

A) Vinculação dos novos acionistas

A.1) Introdução

A primeira questão proposta é o efeito da cláusula arbitral, inserida no bojo do estatuto social, sobre novos acionistas, ou seja, acionistas que não tiveram a oportunidade de participar da deliberação da assembléia que elegeu a arbitragem como a forma de resolução dos conflitos societários.

A relevância do tema resulta do fato de que, segundo o cânone fundamental da arbitragem, sobre o qual aliás já discorremos, só se vinculam à mesma, em oposição ao juízo estatal, as partes que com ela aquiesceram, seja por meio da cláusula arbitral, ou por meio do compromisso.[24]

Como o novo acionista integra a sociedade em momento posterior à instituição da cláusula arbitral, poder-se-ia sustentar a inexistência da necessária aquiescência por parte desse novo acionista. Aliás, tratando-se de aquisição que muitas vezes é concretizada por intermediários (corretores) em bolsa de valores ou mercado de balcão, sem maiores formalidades ou investigações por parte do adquirente, é possível até que o novo acionista tenha integrado a sociedade sem sequer ter tomado conhecimento da cláusula arbitral constante do estatuto social. Daí porque seria possível cogitar acerca da não vinculação desses novos acionistas à referida cláusula arbitral.

Os mestres Modesto Carvalhosa e Nelson Eizirik, em sua obra conjunta *A Nova Lei das S/A*, um marco na literatura pós-reforma, vislumbram a necessidade de uma adesão específica e *a posteriori* por parte dos novos acionistas à cláusula arbitral, a ser expressa em documento apartado que lhes seja encaminhado pela companhia após a respectiva aquisição das ações, sob pena de, na ausência de tal adesão específica, não estarem os novos acionistas vinculados à arbitragem.

Os insignes autores, carregando o fardo de serem praticamente os primeiros a enfrentar o novo tema, fundamentam o seu entendimento no fato de que o direito de acesso ao Poder Judiciário, diferentemente dos demais direitos regulados no estatuto social, seria um direito essencial e personalíssimo do acionista, de forma que a sua renúncia dependeria de manifestação expressa e específica, não comportando aceitação tácita ou por referência. Em reforço a essa tese, argumentam que a cláusula compromissória seria um mero pacto parassocial, isto é, um acordo independente e fora do contexto normal do estatuto social. Nesse sentido, afirmam:[25]

"O pressuposto de validade e eficácia da decisão arbitral depende da *expressa*

23. Modesto Carvalhosa e Nelson Eizirik, *A Nova Lei das S/A*, pp. 178 a 206.

24. Cabe aqui uma pequena explicação: por vinculação à arbitragem, quer-se dizer o efeito segundo o qual, dentro dos limites da convenção arbitral, a parte vinculada não poderá recorrer ao Judiciário para fazer valer seus direitos, nem tampouco poderá se esquivar de arbitragem contra ela intentada.

25. Ob. cit., pp. 183 e 184.

declaração de vontade das partes envolvidas, seja na cláusula compromissória, seja no compromisso propriamente dito.

"Há, com efeito, um requisito necessariamente de forma para a validade e eficácia da cláusula compromissória estatutária, que dependente de sua *específica e formal adoção* por parte de todos os compromissados. Sem essa expressa aprovação, a cláusula compromissória é nula, por ferir *o direito essencial do acionista de socorrer-se do Poder Judiciário.*

"E essa aprovação vincula os fundadores na constituição e os acionistas que nas alterações estatutária posteriores tiverem expressamente renunciado ao direito *essencial prescrito no § 2º do art. 109 da Lei 6.404/1976*, para a inclusão desse pacto *parassocial* no estatuto.

"A aplicação de cláusula compromissória apenas aos que tenham subscrito atende ao princípio fundamental de que na sociedade não pode ocorrer qualquer restrição ao direito de disponibilidade dos direitos *essenciais* dos sócios, no caso, o de socorrer-se do Poder Judiciário para a declaração ou a imposição dos seus interesses.

"*Assim, a cláusula compromissória não vincula nem os acionistas atuais que não subscreveram o pacto nem os acionistas que posteriormente adentram a sociedade sem expressamente aderir a ele.*

"Não há presunção de renúncia de direito essencial de qualquer acionista, tanto mais em se tratando de pacto parassocial, cuja natureza é a da cláusula compromissória estatutária" (grifos nossos).

Em que pese o respeitável entendimento desses autores, somos da opinião de que novos acionistas, ao integrarem a sociedade, estarão automaticamente vinculados à cláusula arbitral que porventura conste do estatuto social da companhia, sendo desnecessária qualquer outra exigência, como adesão específica a termo em separado. Ousamos discordar neste aspecto, portanto, dos mestres Modesto Carvalhosa e Nelson Eizirik e de outros que, como eles, se prendem a uma interpretação extremamente restritiva e formalista do instituto da arbitragem, interpretação essa que, em última instância, está calcada na concepção, já ultrapassada e não mais condizente com o novo regime arbitral brasileiro, de que a arbitragem é potencialmente injusta e lesiva quando comparada ao foro tradicional de resolução de conflitos, o Poder Judiciário.

A.2) Direitos essenciais do acionista

Em primeiro lugar, parece-nos um pouco distorcido o argumento de que o direito de acesso ao Poder Judiciário, previsto no art. 109, § 2º, da Lei 6.404/1976, seria direito essencial do acionista e que, portanto, só poderia ser afastado mediante renúncia formal e específica, no caso em documento apartado a ser firmado pelo novo acionista. À luz da nova redação do art. 109 da Lei 6.404/1976, são direitos "essenciais" do acionista "os meios, processos ou ações que a lei confere ao acionista", os quais, a teor da nova redação do próprio art. 109, não podem ser suprimidos, mas podem ser assegurados e concretizados seja pelo Poder Judiciário, seja pelo tribunal arbitral. Ou seja, o direito essencial do acionista não pode ser entendido como o direito irrenunciável e inafastável de acesso ao Judiciário, mas sim o direito a uma dentre duas alternativas, vale dizer, o direito de fazer valer as suas proteções através do Poder Judiciário ou, alternativamente, através de um tribunal arbitral. Desde que o acionista tenha assegurada uma dessas alternativas, não há que se falar em violação a direito essencial, pois dessa forma não se está suprimindo qualquer das proteções legais a que o acionista faria jus, mas tão-somente permitindo que ele, acionista, escolha antecipadamente o foro por meio do qual tais proteções serão concretizadas se necessário.

Importante observar que a via arbitral não exclui nem prejudica qualquer dos meios, processos ou ações conferidos aos acionistas. Processos e ações não podem ser entendidos restritivamente como processos e ações meramente judiciais, mas devem ser entendidos, na acepção legal dos termos, como o direito a deduzir uma pretensão, inclusive pela via arbitral. Recorde-se que, como ensinam Araújo Cintra, Ada Pellegrini e Dinamarco, ação "é o direito ao exercício da atividade jurisdicional (ou o poder de exigir esse exercício)".[26] Ainda segundo os eminentes processualistas, processo seria o "instrumento a serviço da paz social"; ou ainda a soma de atividades em cooperação e de poderes, faculdades, deveres, ônus e sujeições que impulsionam a atividade jurisdicional.[27] Nessa acepção técnica, tanto o processo como o direito de ação são plenamente preservados pela via arbitral, já que ao acionista é assegurado, também no procedimento arbitral, o direito de deduzir suas pretensões (direito de ação), seguindo um conjunto coordenado de atos (direito ao processo), com vistas à obtenção de um provimento jurisdicional (lembremos nesse sentido que a arbitragem tem natureza jurisdicional, possuindo o laudo arbitral os efeitos próprios de uma sentença judicial e sendo a arbitragem, portanto, também um meio de pacificação social).

Observe-se que a via arbitral admite a dedução das mesmas pretensões que poderiam ser deduzidas pelo acionista na via judicial, salvo no que disser respeito a direitos indisponíveis, hipótese em que a matéria não será arbitrável, não obstante a cláusula compromissória estatutária. É possível ainda que o acionista necessite de um provimento jurisdicional urgente e coercitivo (como uma medida liminar), e que o tribunal arbitral não tenha poderes para concedê-lo, já que só o juiz estatal detém o poder coercitivo e executório. Nesse caso, também não haverá qualquer prejuízo ao acionista, pois poderá ele ou o próprio árbitro requerer tais medidas perante o Poder Judiciário (art. 22, § 4º, da Lei 9.307/1996), sem prejuízo do regular prosseguimento do procedimento arbitral.

Em suma, a escolha do foro arbitral em substituição ao Poder Judiciário em nada prejudica o direito essencial do acionista às proteções que a lei lhe confere, inclusive quanto aos meios, processos e ações necessários para concretizar e dar efetividade a tais proteções. Muito pelo contrário, como veremos adiante, a arbitragem pode se mostrar ainda mais apta e eficiente como instrumento assecuratório das proteções legais conferidas aos acionistas.

Se o acesso ao Poder Judiciário fosse um direito essencial em si mesmo, seria ele irrenunciável, ainda que os acionistas quisessem excluí-lo expressamente no estatuto social ou em documento apartado, assim como é irrenunciável, independentemente da forma com que o ato de renúncia se revista, o direito à participação nos lucros sociais (art. 109, I), ou no acervo da companhia em caso de liquidação (art. 109, II). Se esse entendimento fosse correto, portanto, não estaríamos aqui discutindo a forma pela qual o ato de aceitação à cláusula arbitral se daria, mas simplesmente reconhecendo a inviabilidade de adoção da arbitragem na sociedade anônima em virtude de afron-

26. Antonio Carlos de Araújo Cintra, Ada Pellegrini Grinover e Cândido Rangel Dinamarco, *Teoria Geral do Processo*, 9ª ed., 2ª tir., p. 245. Adiante, os ilustres processualistas propõem definição mais detalhada, sem contudo alterar a essência daquela acima proposta: "Trata-se de direito ao provimento jurisdicional, qualquer que seja a natureza deste — favorável ou desfavorável, justo ou injusto — e, portanto, direito de natureza abstrata. É, ainda, um direito autônomo (que independe da existência do direito subjetivo material) e instrumental, porque sua finalidade é dar solução a uma pretensão de direito material. Nesse sentido, é conexo a uma situação jurídica concreta" (p. 252). Lembrando-se que a arbitragem tem natureza jurisdicional, é forçoso reconhecer que o direito de deduzir uma pretensão qualquer no âmbito de uma arbitragem também atende plenamente a todas essas características do direito de ação.

27. Ob. cit., pp. 40 e 41. V. tb. Cândido Rangel Dinamarco, *Instituições de Direito Processual Civil*, v. II, p. 25: "processo é uma série de atos interligados e coordenados ao objetivo de produzir a tutela jurisdicional justa, a serem realizados no exercício de poderes ou faculdades ou em cumprimento a deveres ou ônus".

ta insanável a direito essencial e irrenunciável dos acionistas.

Direitos essenciais do acionista são aqueles apontados como tal pela lei. Se é a própria Lei 6.404/1976 que prevê a possibilidade de o estatuto social estabelecer uma cláusula compromissória como alternativa ao direito de acesso ao Poder Judiciário, é porque esta lei não considera irrenunciável esse referido direito. Configurando o acesso ao Judiciário direito renunciável e, portanto, não essencial a teor do próprio art. 109 da Lei 6.404/1976 e do entendimento já sufragado pelo Supremo Tribunal Federal quanto à constitucionalidade da Lei 9.307/1996, não há porque se lhe negar tratamento equivalente aos demais direitos tratados no estatuto social, cuja disciplina deve ser observada automática e obrigatoriamente pelo acionista que ingressa na sociedade.

A.3) Pacto parassocial

Também não nos parece convincente o argumento de que a cláusula compromissória seria um pacto parassocial, e mesmo que assim o fosse, não conseguiríamos daí extrair quaisquer conclusões desfavoráveis à vinculação da cláusula arbitral aos novos acionistas. Para os ilustres autores acima mencionados, a cláusula compromissória seria um pacto parassocial porque não haveria "uma unidade jurídica entre a cláusula compromissória e as normas organizativas constantes do estatuto social",[28] sendo tal conclusão supostamente corroborada pelo art. 8º da Lei 9.307/1996, segundo o qual "a cláusula compromissória é autônoma em relação ao contrato em que estiver inserta (...)". Acreditamos que a cláusula compromissória constante do estatuto social esteja intimamente ligada às demais normas organizativas da sociedade, podendo a cláusula compromissória servir de instrumento muito útil à rápida solução dos conflitos organizacionais, sendo aliás reconhecida como um importante instrumento às boas práticas de governança corporativa.[29] Quanto ao art. 8º da Lei 9.307/1997, trata ele do princípio já consagrado internacionalmente da autonomia ou separabilidade da cláusula arbitral, princípio esse que foi concebido tão-somente para resguardar a cláusula arbitral de eventual nulidade do contrato no qual ela foi inserida.[30] Permite-se assim ao tribunal arbitral decretar a nulidade do contrato como um todo, sem contudo ter que reconhecer a invalidade da cláusula compromissória que justamente lhe outorga competência decisória. Caso contrário, o reconhecimento da nulidade do contrato pelo tribunal arbitral conduziria à nulidade da cláusula arbitral, a qual, por sua vez, acarretaria a nulidade da própria decisão arbitral por falta de uma cláusula compromissória válida que lhe desse suporte, criando assim um círculo vicioso que só poderia ser resolvido no Judiciário, isso se o Judiciário concordasse com a invalidade do contrato, pois caso contrário seria obrigado a devolver a lide ao tribunal arbitral, dando ensejo a um insolúvel conflito negativo de competência.

Como se vê, o princípio da autonomia ou separabilidade da cláusula arbitral não pretende negar o vínculo e a unidade entre a cláusula arbitral e o contrato do qual ela faz parte, propondo uma independência limitada a um único e específico objetivo, qual seja, preservar a validade da cláusula arbitral na hipótese de nulidade do contra-

28. Ob. cit., pp. 195 a 197.

29. É esse o entendimento da Bolsa de Valores de São Paulo, a qual impôs como requisito para o ingresso das companhias abertas no chamado Novo Mercado e Nível 2 de governança corporativa, a instituição de cláusula compromissória no âmbito do estatuto social. Tal entendimento foi recentemente corroborado pela própria CVM, conforme texto as "Recomendações da CVM sobre Governança Corporativa" (jun. 2002), disponível no endereço eletrônico <www.cvm.gov.br>, clicar em Informativo CVM, Cartilhas.

30. Sobre o princípio da autonomia da cláusula arbitral (*separability*), v. Gary B. Born, *International Commercial Arbitration in the United States — Commentary & Materials*, pp. 192-204.

to. Trata-se de princípio "pró-arbitragem"[31] que não pode ser invocado para os efeitos justamente contrários propostos pelos autores em exame.

A alusão aos direitos essenciais do acionista e a referência à natureza supostamente parassocial da cláusula compromissória, portanto, não servem de respaldo ao entendimento de que o novo acionista não se vincularia automaticamente à cláusula arbitral já constante do estatuto social.

A.4) Manifestação de vontade

À luz do entendimento já firmado pelo STF quando do reconhecimento da constitucionalidade da cláusula compromissória tal qual prevista na Lei 9.307/1997, tudo que se exige para a validade da mesma e conseqüente renúncia ao Poder Judiciário é a manifestação livre da vontade da parte no sentido de se submeter à arbitragem. Tivesse a lei instituído uma arbitragem obrigatória, a exemplo daquela que vigorou entre nós em matéria societária nos idos de 1850, seria tal lei inconstitucional, por ausência do necessário pressuposto volitivo.

No caso em exame, contudo, está claramente presente a manifestação de vontade, pois o novo acionista que voluntariamente integra a sociedade está necessariamente aceitando se submeter às regras societárias então vigentes, incluindo à cláusula compromissória constante do estatuto social. Imaginar que o novo acionista poderia não pretender se vincular ou por qualquer razão não se julgar vinculado às regras societárias vigentes à data de seu ingresso na sociedade seria caminhar na contramão da evolução da sociedade anônima.

Como já vimos acima, a sociedade anônima tem natureza de contrato plurilateral, trazendo o estatuto social as cláusulas fundamentais desse contrato. Assim, quando um novo acionista integra a sociedade, está ele assumindo voluntariamente um pacote de direitos e obrigações atribuíveis a todos os acionistas por meio do estatuto social, podendo haver diferenças nesse conjunto de direitos e obrigações tão-somente em função da espécie ou classe das ações adquiridas. Não se pode conceber que o novo acionista tenha o direito de escolher os direitos e as obrigações a que estará sujeito sob pena de se inviabilizar por completo a condução dos negócios sociais.

O novo acionista não é obrigado a ingressar na sociedade. Se o faz, é porque aceita voluntariamente as regras do jogo. É esse aliás o princípio que permitiu o desenvolvimento da sociedade anônima até os dias de hoje, e a capitalização das grandes corporações que hoje conhecemos.

É de todo irrelevante ainda o fato de o novo acionista eventualmente ingressar na sociedade sem ter tomado conhecimento prévio das cláusulas estatutárias, inclusive da convenção arbitral. Se optou por tomar uma decisão desinformada, deve o novo acionista assumir as conseqüências de sua desídia. Esse novo acionista deve se sujeitar às regras constantes do estatuto social, assim como quem deliberadamente assina um contrato sem lê-lo nem por isso deixa de se sujeitar ao mesmo.

Concluir que o novo acionista não se vincula à cláusula compromissória constante do estatuto social só porque ele talvez não tenha tido conhecimento expresso de tal convenção seria o mesmo que considerar não oponível a cláusula compromissória constante de termo específica e expressamente firmado pelo acionista porque tal acionista talvez não tenha lido o documento que assinou. Ou pior ainda, seria equivalente a dizer que uma eventual limitação do direito de voto ou à circulação das ações adquiridas não seria oponível ao novo sócio que ingressou na sociedade sem tomar conhecimento das referidas limitações constantes do estatuto social.

31. Com efeito, um dos primeiros regimes legais a propor o princípio da autonomia ou separabilidade foi o norte-americano (*separability*), tendo tal princípio se originado no contexto do *Federal Arbitration Act* de 1925 e do então já consagrado princípio do favorecimento da arbitragem em caso de dúvida (*pro-arbitration bias*).

A exigência de aceitação expressa e específica para a cláusula compromissória não encontra respaldo no recém introduzido art. 109, § 3º, da Lei 6.404/1976, nem se justifica pela exegese da Lei 9.307/1996.

A.5) Contrato de adesão

Como regra geral, dada a natureza contratual que prepondera na formação da cláusula compromissória (ainda que, como acima exposto, no mais preponderе a natureza jurisdicional do instituto), a Lei 9.307/1996 sujeita a celebração de tal cláusula aos mesmos requisitos aplicáveis aos contratos em geral, inclusive no que concerne à capacidade e consentimento,[32] exigindo, como requisito adicional, tão-somente a forma escrita.[33]

A única exceção aos requisitos gerais de celebração dos contratos diz respeito aos contratos de adesão. Nesses casos, a Lei 9.307/1996, a teor do seu art. 4º, § 2º, exige, para que o aderente se vincule à cláusula compromissória, que ele concorde "expressamente, com a sua instituição, desde que por escrito em documento anexo ou em negrito, com a assinatura ou visto especialmente para essa cláusula".

Embora em tom de dúvida e portanto sem muita convicção, o ilustre advogado e ex-presidente da nossa Comissão de Valores Mobiliários, Luiz Leonardo Cantidiano, na esteira dos já mencionados Carvalhosa e Eizirik, também aponta, desta vez com base na norma em comento — art. 4º, § 2º, da Lei 9.307/1996 — para a necessidade de aceitação específica e em documento apartado por parte do novo acionista. Vejamos, nesse sentido, trecho de sua obra *Reforma da Lei das S/A — Comentada*, outro marco na literatura posterior à reforma de 2001:[34]

"Cabe indagar se, à vista de disposição expressa que consta do § 2º, do art. 4º, da Lei 9.307/1996, deve ser observado o procedimento ali previsto para que o acionista da companhia fique obrigado a submeter-se ao procedimento arbitral.

"Considerando que o estatuto tem um conteúdo contratual, cujas provisões são estabelecidas pela vontade da maioria do capital, e que o adquirente da ação adere ao que nele (estatuto) está regulado, penso ser prudente fazer com que seja cumprido o ritual estabelecido no referido dispositivo, a fim de evitar discussões paralelas que possam colocar em risco a solução da controvérsia pela adoção do procedimento arbitral."

Em que pese mais essa abalizada opinião, acreditamos que o art. 4º, § 2º, da Lei 9.307/1996 não se aplica à cláusula compromissória no contexto de sociedade anônima.

Em primeiro lugar, porque a sociedade anônima não pode ser juridicamente qualificada como um contrato de adesão, muito embora guarde certas semelhanças com tal modalidade de contrato, na medida em que aos novos acionistas, via de regra, não é permitido renegociar os termos da relação contratual já estabelecidos no estatuto social.

Neste ponto recorde-se a clássica lição de Tullio Ascarelli, afirmando que a natureza jurídica da sociedade anônima é a de um contrato plurilateral, do que também decorre a sua natureza de contrato "aberto", ou seja, contrato que via de regra admite o constante ingresso de novas partes, bem como a possibilidade de desistência daqueles que dele participem, sem que se faça necessária a reforma do contrato. A natureza aberta da sociedade anônima, que guarda certa semelhança com a natureza do

32. Lei 9.307/1997, "Art. 1º. As pessoas capazes de contratar poderão valer-se da arbitragem para dirimir litígios relativos a direitos patrimoniais disponíveis".

33. Lei 9.307/1997, art. 4º, § 1º: "A cláusula compromissória deve ser estipulada por escrito, podendo estar inserta no próprio contrato ou em documento apartado que a ele se refira".

34. Luiz Leonardo Cantidiano, *Reforma da Lei das S/A — Comentada*, pp. 118 e 119.

contrato de adesão, é na verdade decorrência da natureza plurilateral ínsita à sociedade anônima, a qual exige uma uniformidade de direitos e obrigações por parte de cada acionista sob pena de inviabilidade da sociedade.

Não há, contudo, como nos contratos de adesão propriamente ditos, o uso pela parte detentora de uma posição negocial privilegiada de seu poder para impor condições contratuais previamente definidas a uma parte inferiorizada, à qual não é dada a possibilidade de propor modificações de qualquer natureza.[35]

A expressão "contratos de adesão" não faz parte do vocabulário próprio da legislação societária, sendo ignorada, por exemplo, pela Lei 6.404/1976. Trata-se de termo consagrado em outras áreas do direito, sobretudo no direito do consumidor, onde, aliás, encontramos a única definição legal da expressão, conforme art. 54, *caput*, do Código de Defesa do Consumidor, a seguir reproduzido: "contrato de adesão é aquele cujas cláusulas tenham sido aprovadas pela autoridade competente ou estabelecidas unilateralmente pelo fornecedor de produtos ou serviços, sem que o consumidor possa discutir ou modificar substancialmente o seu conteúdo".

Como se vê, o conceito legal pressupõe uma relação de fornecimento, inexistente no âmbito das relações societárias. O art. 4º, § 2º, da Lei 9.307/1996 teve o louvável objetivo de proteger o consumidor, reconhecido como hipossuficiente, ao mesmo tempo em que buscou revogar a vedação à arbitragem que vinha disposta no art. 51, VII, do Código de Defesa ao Consumidor, sob a pecha de cláusula abusiva. Em momento algum o art. 4º, § 2º, da Lei 9.307/1996 teve a pretensão de alcançar as sociedades anônimas, até porque é anterior à Lei 10.303/2001 e, portanto, ao presente debate.[36]

Se é verdade que o acionista minoritário é muitas vezes hipossuficiente, exigindo proteção legal, a legislação societária, aí incluídas a Lei 6.404/1976 e as diversas regulamentações emanadas do órgão regulador, a Comissão de Valores Mobiliários, já se incumbiu da tarefa de protegê-lo, empregando para tanto um conjunto coordenado e sistemático de princípios e normas concebidos para atender às especificidades da sociedade anônima, incluindo exemplificativamente o princípio da transparência, as normas que determinam a divulgação de informações relevantes e o registro de ofertas públicas, as normas que proíbem o uso de informações privilegiadas (*insider trading*), as normas que regulam a publicidade e convocação para os atos societários etc. Até por uma questão de política legislativa e competência regulatória, deve-se reconhecer a autonomia e especificidade do regime legal a que estão sujeitas as sociedades anônimas, não se podendo pretender tomar por empréstimo princípios pertencentes a outras áreas do direito, como aqueles que disciplinam os contratos de adesão, sobretudo no âmbito do direito do consumidor que, como é cediço, jamais se aplicou às relações societárias.

Por último, há de se assinalar ainda que, mesmo que por absurdo atribuíssemos à sociedade anônima a natureza de contrato de adesão, ainda assim não a sujeitaríamos à previsão do § 2º do art. 4º da Lei 9.307/1996. Isto porque a Lei 6.404/1976, sem seu art. 109, § 3º, com a redação que lhe foi dada pela Lei 10.303/2001, foi cla-

35. Como veremos adiante, a doutrina e a jurisprudência majoritárias italianas também entendem que a cláusula compromissória inserida no estatuto social não se sujeita ao mesmo regime dispensado à cláusula compromissória constante de contrato de adesão. Para Giorgio Bianchi, adiante citado, as regras do contrato de adesão aplicam-se tão-somente aos contratos de caráter permutativo (sinalagmáticos), e não aos contratos associativos.

36. Sob a interpretação do art. 4º, § 2º, da Lei 9.307/1996, v. o excelente artigo de uma das co-autoras do projeto de lei que culminou na presente Lei de Arbitragem, Selma M. Ferreira Lemes, "A arbitragem nas relações de consumo no Direito brasileiro e comparado", in *Aspectos Fundamentais da Lei de Arbitragem*, pp. 113 a 141. V. tb., Joel Dias Figueira Júnior, ob. cit., pp. 185 a 190.

ra em dispor que a arbitragem poderia servir de meio de resolução de controvérsias entre os acionistas e entre estes e a companhia, bastando para isso a previsão estatutária. Assim, ainda que a sociedade anônima pudesse ser qualificada como contrato de adesão, o art. 4º, § 2º, da Lei 9.307/1996 não seria aplicável às sociedades anônimas, por ser incompatível e conflitante com o disposto no art. 109, § 3º, da Lei 6.404/1976, prevalecendo este último diploma por se tratar a norma em comento de norma mais recente e mais específica, a despeito de possuir a mesma hierarquia legal.

Não se aplicando o art. 4º, § 2º, da Lei 9.307/1996 à sociedade anônima, não vemos como estender as exigências de cunho excepcional lá contidas (documento anexo ou cláusula em negrito, com visto específico) à hipótese em exame.

A.6) Tratamento do tema no Direito estrangeiro

Poucos são os autores nacionais que já tiveram a oportunidade de se manifestar sobre o tema. Assim, em reforço à opinião aqui sustentada, faz-se necessário buscar respaldo na doutrina estrangeira, o que se faz a seguir.

(i) *A arbitragem societária na Itália*

Cremos que a doutrina e jurisprudência italianas mais recentes, ao menos majoritariamente, confirmam toda a posição ora sustentada.

Com efeito, Giorgio Bianchi, em monografia bastante atual sobre o tema,[37] com amplo apoio da jurisprudência italiana mais recente, comunga da conclusão de que o novo acionista se vincula automaticamente à cláusula compromissória constante do estatuto social, sendo descabida a exigência de qualquer outra condição para tanto.

Nesse sentido, é bastante representativo o trecho abaixo, em que o ilustre autor italiano reconhece a necessidade de se estender os efeitos da cláusula compromissória a terceiros que passem a integrar a relação contratual original em virtude de um evento sucessório qualquer, sob pena de se impor prejuízo injustificado à parte original não sucedida:[38]

"Il principio generale, secondo il quale la clausola compromissoria non puó vincolare soggetti diversi da quelli che l'hanno originariamente sottoscritta, a meno che essi non manifestino la própria accettazione, subisce un temperamento nell'ipotesi della cessione di determinati contratti.

"In caso di cessione del credito, ad esempio, la giurisprudenza ha ritenuto che il trasferimento della clausola debba prescindire dall'accettazione specifica del successore per la prevalente necessitá di tutelare la parte contrapposta a quella che da origine alla successione, la quale potrebbe venire privata del beneficio del giudizio arbitrale, qualora il successore non intendesse accettarlo. Il trasferimento della clausola compromisoria é stato ammesso indistintamente ad ogni successione a titolo particolare, ritnendosi che il consenso prestato alla successione nel rapporto principale compori anche l'accettazione del relativo rapporto compromisorio (Cass. Civ., Sez. II, 16 febbraio 1993, n. 1.930, in Cod. e leggi d'It., cd-rom, I Parte)."

Mais pertinente ainda é o trecho abaixo em que Giorgio Bianchi trata especificamente da hipótese de vinculação da cláusula compromissória estatutária a novo acionista, lembrando que a exigência de adesão em separado não só violaria o princípio segundo o qual o novo acionista não pode alegar ignorância das normas estatutárias, como também criaria o risco de se ter no estatuto social uma cláusula que é válida para alguns sócios e inválida para outros, situação essa insustentável:[39]

"Si discute in dottrina se la clausola compromissoria inserita nella statuto sia

37. Giorgio Bianchi, *L'Arbitrato nelle Controversie Societarie*.

38. Giorgio Bianchi, ob. cit., p. 15.

39. Giorgio Bianchi, ob. cit., pp. 18-19.

vincolante per il socio subentrante in base alla sua adesione alla societá o se sia necesaria la specifica approvazione per iscritto, richiesta dall'art. 1.341 c.c.

"L'opinione prevalente, condivisible, è comunque che non sia necesaria la specifica approvazione da parte dei nuovi soci. La clausola compromisoria societaria si riferisce ad un unico contratto, ache se constituita per una pluralità di parti e non è destinata ad essere inserita in una pluralità di contratti uniformi. È pertanto vincolante nei confronti di qualunque soggetto che asuma la qualità di socio, senza necessita de un'expressa approvazione scritta (Cass. Civ., Sez. I, 7 ottobre 1991, n. 10.444, Cod. e leggi d'It., cd-rom, Parte I; Coll. Arb., Milano, 28 aprile 1999, in *Riv. Arb*, 1999, p. 159).

"Si impone l'inapplicabilità dell'art. 1341 c.c., perchè, diversamente, ne deriverebbe la nullità della clausola non solo per i nuovi soci ma anche per i soci originari, non potendo una clausola statutaria essere valida per alcuni e nulla per altri. La norma citata sarebbe inoltre operante solo nell'ambito dei contratti di scambio e non anche die quelli associative, nei confronti dei quail sarebe totalmente estranea, nel senso che chi entra a far parte di una società non può eccepire di averne ignorato le regole che la governano."

Também a jurisprudência italiana vem, majoritariamente, reconhecendo a oponibilidade da cláusula compromissória a terceiros no caso de sucessão, como aquela que se daria na hipótese de venda de ações de um acionista a outro, e aos novos sócios, no caso de cláusula inserida no estatuto social. Além das duas decisões citadas nos trechos de Giorgio Bianchi acima reproduzidos,[40] podemos citar ainda a decisão judicial da Corte de Cassação Civil, de 9.4.1993, n. 4.351, confirmando a desnecessidade de aprovação por escrito específica por parte de cada novo sócio, bastando a previsão estatutária para que a cláusula compromissória seja reconhecida como vinculante a todos os acionistas.[41]

(ii) *A arbitragem societária nos Estados Unidos*

O regime da arbitragem nos Estados Unidos é um ótimo exemplo dos caminhos que a arbitragem no Brasil provavelmente seguirá em seu processo evolutivo.

Embora seja conhecido como um país integrante do regime de *common law*, os Estados Unidos adotam na verdade um regime misto, intensamente influenciado e regulado por leis escritas (*statutes*) à semelhança do regime romano-germânico, e em algumas matérias ainda sujeito a leis emanadas basicamente das decisões judiciais (o chamado *case law*).[42] A arbitragem é matéria originariamente reservada a lei escrita, embora o Poder Judiciário daquele país tenha exercido um importantíssimo papel no sentido de interpretar tais leis.

40. De uma das quais extraímos o seguinte trecho: "La clausola compromissoria può essere validamente contenuta nell'atto constitutivo o nello statuto di una societá [e] (...) è vincolante nei confronti di qualunque soggetto che assuma la qualità di socio successivamente al'acquisto della personalità giuridica da parte della società, senza necessita di un'espressa approvacione scritta ex art. 1.341 c.c." (Corte de Cassação Civil italiana, 7.10.1991, n. 10.444).

41. A referida decisão é por vezes citada como exemplo de exigência de aprovação escrita e específica no caso de cláusula compromissória contida em contrato de adesão. De fato, a referida decisão reconhece tal exigência quando a cláusula compromissória é inserida não no corpo de um instrumento contratual único, mas em cláusulas gerais que, na ausência de tal exigência, poderiam não ser sequer exibidas ao aderente, já que um instrumento contendo condições específicas, submetido à assinatura do aderente, as incorporaria por mera referência. Tal conclusão aliás decorre do próprio teor do art. 1.341 do Código Civil italiano, o qual exige aprovação escrita e específica nessas hipóteses. A própria decisão da Corte de Cassação Civil italiana, todavia, na esteira de outras decisões e do entendimento doutrinário sobre a matéria, vai mais além para reconhecer que o comando previsto no art. 1.341 do Código Civil italiano e que, portanto, a exigência de aprovação específica, não se aplicam às cláusulas compromissórias inseridas em estatuto social ou regulamento de sociedade ou associação das quais as partes sejam ou venham a ser sócios ou associados.

42. V. Guido Fernando Silva Soares, *Common Law — Introdução ao Direito dos EUA*.

A lei de arbitragem norte-americana (o *Federal Arbitration Act*) em vigor data de 1925, tendo a sua redação praticamente inalterada desde então. Embora os Estados norte-americanos também possam legislar em matéria de arbitragem, como de fato fizeram, não podem eles impor restrições à arbitragem maiores do que aquelas contidas na lei federal, pois isso é interpretado como uma restrição inaceitável ao comércio interestadual. A lei de arbitragem norte-americana está para aquele país assim como a nossa Lei 9.307/1996 está para o Brasil. Ambas as leis são parecidas em sua essência, exigindo cláusula escrita e afastando a competência judiciária. A exemplo do regime que vigorava no Brasil anteriormente à Lei 9.307/1996, nos Estados Unidos, anteriormente à lei de arbitragem de 1925, as cláusulas arbitrais insertas num contrato não eram vinculantes, ou seja, não comportavam execução específica. A grande diferença, portanto, entre as duas leis é que a lei norte-americana já tem quase 80 anos de existência, enquanto a lei brasileira tem pouco mais de cinco anos.

Nesses quase 80 anos de existência, a lei de arbitragem norte-americana pôde evoluir consideravelmente, sobretudo graças à intensa atividade interpretativa judicial, já que não houve grandes alterações legislativas. Em termos gerais, reconhecendo-se a importância para a sociedade dos meios alternativos de resolução de disputas (os *alternative dispute resolutions — ADRs*), dentre os quais se inclui a arbitragem, como forma de se alcançar uma maior efetividade na prestação jurisdicional, a interpretação da lei de arbitragem evoluiu no sentido de se incentivar cada vez mais o seu uso, removendo-se na medida do possível os óbices à sua disseminação.

A arbitragem no âmbito das sociedades anônimas fechadas já se encontra bastante disseminada nos Estados Unidos, sendo uma prática adotada sem maiores dificuldades já há algumas décadas. Como provavelmente ocorrerá no Brasil, houve uma resistência inicial que aos poucos foi sendo superada. Em Nova Iorque, por exemplo, após algumas decisões judiciais na primeira metade do século passado que restringiram as matérias societárias consideradas arbitráveis, foi necessária intervenção legislativa para esclarecer que, de um modo geral, questões como avaliação de preço, exercício do controle e administração da sociedade poderiam ser decididas no foro arbitral. Aos poucos, a própria jurisprudência foi se liberalizando para reconhecer a arbitrabilidade de quase todas as questões surgidas da relação entre os sócios e destes com a sociedade, inclusive questões atinentes a dissolução, questões envolvendo toda uma classe de sócios etc.

Um precioso artigo escrito em 1989 por Richard Shell, então Professor da Universidade da Pensilvânia, exatamente sobre a matéria em exame (Arbitragem e Governança Corporativa),[43] nos dá conta por exemplo de que apenas uma instituição arbitral, a Associação Americana de Arbitragem (AAA), patrocinou mais de mil arbitragens entre os anos de 1984 e 1988 para resolver disputas no âmbito de sociedades anônimas fechadas, envolvendo no total um valor superior a U$118,000,000.

Embora as sociedades anônimas abertas também recorram à cláusula arbitral, tal prática ainda não foi tão disseminada como no caso das sociedades anônimas fechadas. Richard Shell atribui essa menor disseminação no âmbito das sociedades anônimas abertas não a dificuldades de adesão ou manifestação de vontade em favor da cláusula compromissória estatutária, mas a características próprias das proteções legais atribuídas aos acionistas destas sociedades naquele país.

Com efeito, uma das principais proteções legais conferida aos acionistas em corporações abertas norte-americanas é a chamada "ação derivada" (*derivative suit*). Tal modalidade de ação difere de uma medida

43. G. Richard Shell, "Arbitration and Corporate Governance", *North Carolina Law Review* 67/517 e ss.

judicial mais tradicional por que nela o acionista não demanda a empresa ou outros acionistas para defender seus próprios e imediatos interesses. Por meio da ação derivada, qualquer acionista é autorizado a acionar diretamente administradores e terceiros, fazendo-o no próprio nome mas para defesa dos interesses originariamente detidos pela sociedade. Geralmente, exige-se que o acionista insurgente notifique à sociedade para que ela tome uma providência contra aquilo que o acionista julga ser uma lesão aos interesses da sociedade. Na omissão da sociedade, o acionista é então autorizado a agir, sendo que na hipótese de sucesso da demanda, o administrador ou terceiro demandado indenizará a sociedade e não o acionista. Esse aproveitará a indenização apenas indiretamente, ou seja, da mesma forma como qualquer outro acionista se beneficiaria de uma valorização da sociedade. Embora a indenização resultante de uma ação derivada julgada procedente caiba à sociedade, o acionista litigante, na verdade o seu advogado, faz jus a honorários advocatícios muitas vezes proporcionais ao valor envolvido, alcançando assim cifras milionárias e tornando a medida bastante popular como forma de controle da administração pelos acionistas minoritários.

Embora Richard Shell não veja nenhum impedimento à arbitrabilidade de uma ação derivada, reconhece ele que, dadas as peculiaridades do instituto e até mesmo por uma questão cultural, a via judicial se mostra ainda mais atrativa ao acionista no que diz respeito ao exercício da ação derivada. Essa é, para ele, a razão pela qual a arbitragem não é mais difundida no âmbito das sociedades anônimas abertas.

Acredita o referido autor, todavia, que essa maior atratividade da via judicial tende a ser superada, pois os direitos que hoje são discutidos nas chamadas ações derivadas podem ser igualmente discutidos no foro arbitral, não havendo razões para crer que as decisões arbitrais sejam substancialmente diversas daquelas que vêm sendo proferidas no Judiciário. Além disso, baseado em estudos de política econômica e legislativa que apontam a necessidade de maiores restrições ao exercício da ação derivada, acredita o autor que a ação derivada perderá, num futuro próximo, importância dentre as proteções legais asseguradas aos acionistas.

Depois de tratar dessa peculiaridade do sistema norte-americano, o autor trata de questões que bastante se assemelham àquelas que ora enfrentamos.

Inicialmente, Richard Shell enfrenta a questão de se saber se os documentos de constituição da empresa, incluindo o estatuto social,[44] seriam contratos para fins de se aceitar como vinculante uma cláusula arbitral neles incluída. Invocando a jurisprudência norte-americana, o autor conclui que o estatuto social e demais documentos constitutivos são instrumentos de natureza contratual e portanto meios idôneos para conter uma cláusula arbitral vinculante a todos os sócios, independente de termo de adesão ou qualquer outro documento firmado individualmente por cada sócio. Nas suas palavras:[45] "Charters operate as organizational constitutions that bind their members to general sets of rights and duties, and the common law recognizes such constitutions as contracts. Therefore, courts have frequently upheld arbitration provisions contained in bylaws or constitutions of private associations, even when the member has not signed a separate agreement to be bound by the rules of the association".

O autor então enfrenta a exata questão que ora se coloca, qual seja, a de se saber se um novo acionista se vincularia à cláusula arbitral estatutária mediante a mera aquisição de ações da corporação. Embora

44. No sistema norte-americano, as corporações são constituídas por meio do registro de um certificado (*charter* ou *certificate of incorporation*) no registro de comércio, o qual, grosso modo, pode ser entendido como um resumo do que seria o nosso estatuto social. Posteriormente, a companhia deliberará o seu estatuto social propriamente dito (*by-laws*), ou seja, normas organizacionais mais detalhadas,

45. Richard Shell, ob. cit., p. 546.

reconhecendo a dificuldade da questão e a ausência de uma jurisprudência já pacificada sobre o tema, o autor responde afirmativamente à questão, entendendo que a cláusula arbitral estatutária tem o poder de vincular automaticamente novos acionistas, desde que, no entanto, a companhia tome providências no sentido de levar ao conhecimento dos novos acionistas a existência da cláusula arbitral. O autor propõe inicialmente que se faça referência à cláusula arbitral no próprio certificado da ação, ou na cautela que a represente. Reconhecendo, todavia, que na maior parte das sociedades tal medida não surtirá efeito, tendo em vista que não há entrega física de certificados ao acionista, mas mero registro escritural, propõe o autor ainda que a corporação tome o cuidado de divulgar a existência da cláusula arbitral nos documentos registrados periodicamente no órgão regulador (no caso a *Security Exchange Comission – SEC*), bem como manter investidores institucionais, intermediários e outros agentes que tenham um papel importante na distribuição de valores mobiliários (por exemplo, a própria bolsa de valores) constantemente informados acerca da existência de cláusula arbitral estatutária que exclui a competência judiciária. Acredita o autor que, em sendo tomados esses cuidados, as cortes tenderão a consolidar o entendimento de que a cláusula arbitral inserida no estatuto social vincula o novo acionista, independentemente de adesão específica. Nesse sentido:[46]

"There remains the question whether public shareholders have 'accepted' a charter arbitration clause by purchasing shares in the corporation. In most membership organizations, members share important professional, personal, or religious interests. Consent to arbitration can therefore be implied from the member's general willingness to be subject to the prevailing professional or organizational norms. In the public corporation, literally millions of shareholders share no common ground other than their investment preferences.

"(...)

"Even if stock certificates are embossed with the words 'subject to arbitration', there may still be a problem of actual notice to shareholders. Shareholders do not sign any document signaling their acceptance of the charter, and most investors hold their shares through nominees and thus would never see the stock certificates that might explicitly discuss the arbitration provision. Finally, whatever information the stockholder does receive is received after the purchase of the stock is complete.

"The notice problem makes it difficult to predict whether the courts would find that public shareholders 'accepted' arbitration when they purchased shares in the corporation. Corporation could allay this concern by taking affirmative steps to bring the arbitration provision to the attention of shareholders in meaningful ways. At a minimum, the arbitration clause could appear prominently on the share certificates. In addition, the corporation should inform shareholders of the provision in annual reports, SEC filings and like communications, and by periodically notifying the professional investment community of this feature of the charter. Because shareholders are free to sell their shares and invest in other ventures if they strongly disagree with the arbitration provision, such notification would go a long way toward addressing the policy concerns implicit in Section 2 (...)."

Em reforço à sua conclusão, o autor vai ainda mais além para analisar a questão sob o prisma do contrato de adesão e de uma possível aceitação "inconsciente" da cláusula arbitral, concluindo que tais considerações não devem afetar a oponibilidade da cláusula arbitral a novos acionistas, seja porque, diferentemente de consumidores propriamente ditos, acionistas geralmente gozam de uma maior sofisticação e um maior entendimento das circunstâncias negociais, seja porque a invalidade de uma

46. Richard Shell, ob. cit., pp. 547 e 548.

cláusula arbitral estatutária sob tal fundamento constituiria um perigoso precedente em relação às demais normas organizacionais contidas no estatuto. Mais uma vez recorremos às oportunas lições do autor:[47]

"(...) The corporation has vastly superior bargaining power with respect to charter amendments as compared to most individual shareholders. Such a great disparity in bargaining strength, combined with the adhesive nature of the agreement and its surprising consequences, add up to refusing to enforce an arbitration clause under the 'revocation' exception contained in Section 2. As strong as this argument is, the unconscionability issue is not likely to block enforcement of the public corporation arbitration. The courts have been singularly unreceptive to claims by investors that arbitration clauses in standard form adhesive contracts are unconscionable. (...) The unstated premise behind such claims, after all, is that there is something unfair or inferior about arbitration as a means of resolving commercial disputes. The Supreme Court has stated in the strongest possible terms that it believes this premise to be false (...).

"(...) Unconscionability is most often found in the consumer context and operates to relieve unwary, disadvantaged consumers from onerous contract terms imposed by more powerful business parties. People who have sufficient funds and sophistication to invest in the equity securities of individual corporations do not fit this mold comfortably and may, in many cases, be quite wealthy. Thus, although such investors may not have bargaining power equal to their corporations', they are probably sophisticated enough to bear the risk of being bound by otherwise legal provisions in a corporate charter.

"Finally, a ruling that a corporate charter arbitration clause is unenforceable as an adhesive provision would set an alarming precedent in the area of corporate governance. An arbitration provision will not be in place unless it was contained in the original charter or adopted as a charter amendment by a vote of the shareholders. The clause will thus have the same status as every other arbitration provision in the charter. Although shareholders may not see or inquire about an arbitration provision in the corporation's charter prior or subsequent to purchasing their shares, they are likely to be equally ignorant of every other provision in the charter. Unless a court is willing to strike down an arbitration clause on the broad ground that all charter provisions are 'adhesive' and subject to claims by shareholders for special exemptions, no part of the charter should be subject to challenge on this basis."

Também John Coffee, Professor da Universidade de Columbia, teve a oportunidade de escrever artigo sobre a arbitragem estatutária.[48] Embora reconhecendo as dificuldades que o seu emprego apresenta no contexto da sociedade anônima aberta (ou melhor, do seu equivalente no direito norte-americano, as *public held corporations*),[49] Coffee conclui pela admissibilidade da cláusula compromissória estatutária bem como pela sua vinculação tanto aos novos acionistas como aos acionistas omissos e dissidentes, independentemente de adesão específica. Coffee propõe apenas

47. Richard Shell, ob. cit., pp. 550 e 551.

48. John C, Coffee Jr., "No exig?: opting out, the contractual theory of the corporation, and the special case of remedies", *Brooklyn Law Review* 53/919.

49 Dentre as dificuldades citadas por Coffee encontram-se: (i) possível inviabilização do exercício independente da administração (*sterilization of the board*), (ii) possível incompatibilidade da arbitragem com certas políticas legais, (iii) direito adquirido dos acionistas que integraram a companhia antes da reforma estatutária (*vested rights*), (iv) adequação procedimental, e (v) efeitos de acordo entre as partes, sem revisão judicial. Alguns desses problemas dizem respeito especificamente a características próprias do direito societário norte-americano. Não obstante, John Coffee acredita que as dificuldades podem ser superadas, satisfeitas algumas condições que garantam a imparcialidade da cláusula compromissória.

que a sociedade se incumba do ônus de comprovar a imparcialidade da cláusula compromissória acordada, o que, segundo ele, poderia ser cumprido mediante a adoção de uma cláusula compromissória baseada em um modelo previamente referendado por um órgão ou associação de classe reconhecidamente imparcial.

"Thus, the compromise I would propose requires neither that we swallow shole the rhetoric of private ordering nor insist upon the unrealistic constraint of unanimous consent as a precondition to contracting out; (...) Put simply, where major deviations from the traditional norms of corporate governance are to be adopted — such as either a ceiling on due care liability, or *an arbitration provision that would foreclose access to the courts* — the corporation should be required to sustain the burden of proving that the amendment was not against public policy. Elusive as this public policy standard is, it would mean showing that the provision was not vulnerable to opportunistic manipulation. Generally, the corporation could meet this standard by adopting a model provision draft by a representative group, such as the ABA or ALI."[50]

Como se vê, embora não livre de controvérsias, a doutrina e jurisprudência norte-americanas se posicionaram, majoritariamente, a favor da arbitragem estatutária, seja em relação à corporação fechada, onde a questão não desperta maiores dificuldades, seja em relação à corporação aberta. Mesmo em relação a esta última, os autores demonstram que muitos dos temas que ora enfrentamos no Brasil, já foram lá discutidos, prevalecendo o entendimento por exemplo de que o novo acionista deve se vincular automaticamente à cláusula arbitral estatutária, independentemente de adesão específica, e de que os princípios aplicáveis aos contratos de adesão não devem ser aplicados no contexto da sociedade anônima.

50. Coffee, ob. cit., p. 972. As abreviaturas ABA e ALI se referem à *American Bar Association* e ao *American Legal Institute*.

A.7) Efetividade da Convenção Arbitral

A discussão acerca da oponibilidade da cláusula compromissória estatutária a novos acionistas está longe de ser uma questão meramente acadêmica. Estamos convencidos que a cláusula compromissória estatutária só será efetivamente empregada e disseminada, assim como só será capaz de atingir o seu objetivo, se a quando for consolidado o entendimento no sentido de que o novo acionista se vincula automaticamente a ela.

Qualquer entendimento contrário suprimiria da cláusula arbitral toda a efetividade e todos os benefícios que ela seria capaz de proporcionar. Isto porque a cláusula compromissória só trará benefícios à sociedade e de um modo geral aos acionistas se todos os acionistas estiverem vinculados a ela. Caso contrário, se apenas alguns acionistas estiverem vinculados à arbitragem, qualquer demanda de interesse geral de uma certa categoria de acionistas poderá suscitar a propositura de demandas paralelas, tanto na via arbitral, como na via judiciária, com sério risco de decisões conflitantes e com um inegável desperdício de recursos.

As grandes vantagens que a arbitragem pode oferecer no contexto das sociedades anônimas, tanto para a sociedade, como para os acionistas controladores e minoritários, seriam (i) a celeridade na solução das disputas societárias; (ii) a probabilidade de uma decisão mais técnica e justa, tendo em vista a notória *expertise* dos árbitros em contraposição aos juízes estatais; e (iii) a redução de custos associados ao litígio. Neste último caso nem tanto pelas custas processuais propriamente ditas (que via de regra são bem mais elevadas no procedimento arbitral do que no judicial), mas pela economia de recursos e diminuição de desperdícios que uma decisão mais célere certamente proporcionaria.

Pois bem. Todos esses objetivos podem ser potencialmente alcançados na medida em que a cláusula arbitral seja vinculante e oponível a todos os acionistas. Basta, todavia, que um acionista não esteja vinculado à cláusula arbitral para que todas essas vantagens sejam seriamente comprometidas.

Imaginemos que uma determinada controvérsia de interesse geral de uma certa categoria de acionistas, envolvendo, exemplificativamente, a anulação de uma deliberação da assembléia, seja submetida com êxito à arbitragem e que dela resulte uma decisão arbitral proferida com grande celeridade e com alto rigor técnico. Em que pese tudo isso, bastará um único acionista não vinculado à cláusula arbitral para, ajuizando uma medida judicial, colocar por terra todos os benefícios propiciados pela arbitragem. Isto porque, nessa hipótese, a assembléia não poderá ser considerada definitivamente anulada enquanto não proferida a decisão judicial a respeito. Ainda que a decisão judicial confirme o entendimento manifestado pela decisão arbitral, a arbitragem não terá sido capaz de alcançar uma tutela jurisdicional mais célere e menos custosa, já que a sociedade e os acionistas não só terão esperado o desfecho da medida judicial, como também terão se sujeitado a custas e gastos processuais em duplicidade, com evidente desperdício de recursos e de tempo que, ao afetar a sociedade, atinge indiretamente a todos os acionistas. Aliás, é provável que o gasto de tempo fosse até mesmo superior ao de uma ação judicial isoladamente considerada (isto é, na ausência de uma cláusula arbitral), tendo em vista que o acionista não vinculado à arbitragem provavelmente se valeria do benefício de poder aguardar estrategicamente o desfecho da decisão arbitral para só então, dependendo do resultado desta, ajuizar uma medida judicial (ao invés de ajuizá-la imediatamente após a deliberação).

Mas isso nem é o pior. O que aconteceria se a decisão judicial fosse oposta à conclusão alcançada pelo laudo arbitral? É difícil conceber uma deliberação da assembléia sendo anulada para alguns acionistas e confirmada para outros, já que a assembléia é órgão uno e indivisível, a não ser que para ambos os grupos de acionistas a disputa pudesse se converter em perdas e danos. Assim, é provável que o conflito gerado pelas duas decisões suscitasse novos litígios para se discutir qual decisão deveria prevalecer na hipótese, sendo provável que, ao final, prevalecesse a decisão judiciária em detrimento da arbitral. As partes vinculadas à arbitragem poderiam ainda pleitear perdas e danos da sociedade em razão da frustração da arbitragem. Em suma, o caos se instalaria nas relações entre sócios e sociedade, e o resultado final seria pior do que a mera aniquilação das vantagens associadas à arbitragem, pois a arbitragem estatutária não vinculante a todos os acionistas acabaria por acarretar imensos prejuízos de tempo e recursos à sociedade, abalando gravemente a sua vida organizacional.

Também por essas razões, não nos parece razoável convidar o novo acionista para aderir especificamente à cláusula compromissória, pois a sua recusa conduziria ao caos acima narrado.

Não bastasse isso, há de se ter em conta que a exigência de adesão específica por parte do novo acionista representa entrave burocrático que caminha na contramão da evolução da sociedade anônima no Brasil e no mundo. Fosse o direito de ação ainda negociado por meio de certificados de ações que circulassem fisicamente entre os acionistas, a inserção de referência à cláusula compromissória, ou do seu texto integral, em tal certificado não traria maiores dificuldades, sendo aliás útil para assegurar a ciência efetiva do novo acionista, até mesmo daquele menos diligente. Ocorre que, já há bastante tempo, reconhecendo o dinamismo das operações de compra e venda de ações, e considerando ainda a vedação dos chamados instrumentos ao portador, a quase totalidade das sociedades anônimas evoluíram para um sistema de controle de acionistas meramente escritural, na maior parte das vezes computadorizado e delegado a instituições financeiras ou sociedades de liquidação e custódia. Exigir uma aprovação específica por parte de cada novo acionista significaria abrir mão dessas importantes conquistas, retornando-se ao sistema arcaico de operações dependentes da troca de papéis.

Não se trata aqui de mero capricho tecnológico. O controle eficiente e desburocratizado das operações com valores mobiliários e outros títulos ou valores é questão de alta relevância para a política econômica nacional e mundial. É disso que trata, por exemplo, o novo sistema de pagamentos brasileiros, tema atualmente bastante em voga na mídia brasileira.[51] A capacidade de desenvolvimento de uma economia está muito ligada às suas estruturas e instituições. Um sistema arcaico e burocrático que exige troca de papéis entre sociedade e novos acionistas, ainda que para o objetivo específico de adesão à cláusula compromissória estatutária, constitui um fator de limitação ao desenvolvimento do sistema, estando, portanto, fadado ao insucesso.

Além disso, sob um ponto de vista negocial e mesmo lógico, parece óbvio que a sociedade ou uma determinada categoria de acionistas não terão interesse algum em propor e adotar a cláusula compromissória estatutária se esta não vincular a todos os acionistas. A cláusula compromissória só faz sentido lógico quando fundada na reciprocidade. Como os acionistas não vinculados poderiam a qualquer momento aderir à cláusula compromissória, mesmo após o surgimento do litígio (a teor do próprio art. 4º, § 2º, da Lei 9.307/1996), a inserção de uma cláusula compromissória no estatuto social que vincula apenas à sociedade e a alguns acionistas equivaleria a uma doação, destes, para os acionistas não vinculados, de uma opção valiosíssima de posteriormente se submeter ou não à arbitragem, se os acionistas não vinculados assim julgassem conveniente dependendo das circunstâncias específicas da disputa em concreto.

De fato, o procedimento arbitral propriamente dito, em geral, será mais favorável a uma das partes e menos favorável à outra, já que, quando comparada com a via judicial, a arbitragem tende a favorecer a parte mais próxima da razão, pois a decisão arbitral tende a ser mais célere do que a decisão judicial, dificultando assim as manobras procrastinatórias tão comuns nos processos judiciais. A cláusula compromissória só tem lugar porque, antes do surgimento do litígio, as partes se encontram em posições equivalentes, não sendo possível saber qual parte estará mais próxima da razão diante de um litígio futuro e portanto qual parte tenderá a ser favorecida pela arbitragem ao invés da morosa via judiciária. As partes aceitam celebrar uma cláusula compromissória, abrindo mão de eventuais benefícios que o Judiciário poderia lhes conferir, porque, antes do surgimento do litígio, se preocupam mais com a possibilidade de fazer valer seus direitos e menos com estratégias protelatórias de que poderiam se socorrer para dificultar o exercício dos direitos das demais partes. Todavia, uma parte só terá incentivos de renunciar ao Poder Judiciário, se as outras também o fizerem reciprocamente. Se uma parte tiver a opção de se submeter ou não à arbitragem, ao seu exclusivo arbítrio, estará ela numa posição estratégica muito superior à posição das demais partes, configurando privilégio injustificado que via de regra não seria aceito pelas demais partes contratantes.

Assim, como na nossa realidade econômica não é razoável supor que investidores tenham interesse em fazer doações e liberalidades, sem qualquer contraprestação, em favor de outros investidores, é igualmente improvável que os acionistas de

51. Sobre o Sistema Brasileiro de Pagamentos, v. a Lei 10.214, de 27.3.2001. Sobre o sistema de liquidação, custódia e transferência de ações no Brasil em comparação com os padrões internacionais, v. *CVM's Responses to the COSRA* [Comissão dos Reguladores de Valores das Américas] *Clearance and Settlement Work Program Questionnaire*, disponível no endereço eletrônico <www.cvm.gov.br>, clicar em Informativo CVM; Publicações e Artigos; e Estudos Apresentados em Fóruns Internacionais.

uma determinada sociedade tenham interesse em deliberar uma cláusula compromissória estatutária se houver a chance de que novos acionistas, ao ingressarem nesta mesma sociedade, tenham a opção privilegiada de aderir ou não à arbitragem.

Por fim, se a aprovação específica da cláusula arbitral fosse necessária para cada novo acionista, a possibilidade de o novo acionista optar por não aderir à cláusula compromissória daria margem a manobras por parte dos acionistas de companhias abertas que, na iminência de um conflito em que a via arbitral não lhes parecesse tão favorável, quisessem se escusar da cláusula compromissória anteriormente aceita. Bastaria que eles alienassem suas ações para pessoas de sua confiança, ainda que posteriormente viessem a recomprá-las, para assim fazer jus à opção de declinar a via arbitral. Obviamente, tal expediente não pode ser aceito, devendo-se afastar a interpretação da norma que o incentiva.

B) Vinculação dos acionistas ausentes e dissidentes

B.1) Introdução

Tema ainda mais controvertido é o da oponibilidade de cláusula compromissória acordada por meio de reforma estatutária aos acionistas que tenham se ausentado da assembléia que deliberou a reforma, expressamente divergido da maioria votante, ou ainda que, dadas as restrições ao seu direito de voto, não tenham podido se manifestar quanto à conveniência da adoção da cláusula compromissória estatutária.

Estaremos tratando aqui, portanto, de um acionista que, diferentemente do novo acionista, não tem a opção de deixar de adquirir as ações por discordar dessa nova modalidade de resolução dos conflitos societários. Se aceita a oponibilidade irrestrita da cláusula arbitral, restaria ao acionista dissidente quando muito vender sua participação societária, isso se houver mercado e liquidez para tanto.

Em que pese o entendimento majoritário da doutrina brasileira pós-reforma em sentido contrário, incluindo as posições dos mestres Carvalhosa, Eizirik e Cantidiano, entendemos que também os acionistas dissidentes e ausentes deveriam se vincular à cláusula compromissória inserida no estatuto social por voto da maioria.

Reconhecemos, todavia, que se trata de entendimento que, dado o estágio ainda insipiente de nossa cultura arbitral, dificilmente receberá, por um bom tempo, guarida de nosso Poder Judiciário que, há poucos meses atrás, ainda se debatia com a questão da constitucionalidade per si da cláusula compromissória.

Acreditamos, no entanto, que o sistema brasileiro evoluirá para, seguindo a tendência internacional de favorecimento da arbitragem, reconhecer a oponibilidade da cláusula compromissória a todos os acionistas, inclusive ausentes e dissidentes, pelos motivos que passamos a expor no próximo subtópico. Até lá, parece-nos que, pelos desincentivos já expostos, poucas serão as sociedades que adotarão por maioria de votos a cláusula compromissória, ficando tal instituto reservado em maior parte às novas sociedades e àquelas que consigam deliberar por unanimidade (ou seja, algumas companhias fechadas).

B.2) Manifestação de vontade

O grande óbice invocado pela doutrina brasileira para a vinculação da cláusula compromissória aos acionistas dissidentes e ausentes seria a falta do necessário requisito volitivo, eis que, como já tivemos a oportunidade de expor, a arbitragem só pode nascer do contrato, ou seja, do acordo de vontade das partes, estando os seus limites diretamente associados a esse acordo.

Para os autores partidários dessa posição, no caso dos acionistas dissidentes, estaríamos diante não só da ausência da necessária manifestação de vontade, como na verdade diante de uma recusa expressa, a justificar ainda mais a inoponibilidade a esses da cláusula arbitral.

A nosso ver, tais argumentos são equivocados e superficiais. Como órgão da sociedade, a assembléia, embora manifestando em primeiro plano a vontade da sociedade, manifesta por via indireta a vontade dos acionistas. Assim como, numa democracia, o poder legislativo representa o povo que o legitimou,[52] a assembléia representa os acionistas que a legitimaram.

Quando voluntariamente ingressam na sociedade, os acionistas se submetem às regras corporativas, dentre as quais a regra de que, na ausência de quórum especial previsto no estatuto, as questões da sociedade poderão ser deliberadas por maioria de votos. A decisão por maioria, portanto, não se dá à revelia do acionista dissidente, mas decorre de sua prévia e voluntária submissão às regras do jogo. É essa sua prévia e voluntária aceitação das regras corporativas que dá legitimidade à assembléia, conferindo-lhe poderes para deliberar em nome de todos os acionistas, e a todos vincular, ainda que por maioria de votos.[53]

Como já exposto, a sociedade tem natureza contratual e, assim, a aquisição da condição de sócio eqüivale à celebração de um contrato pelo novo acionista, contrato esse que tem como uma de suas cláusulas a regra de que a assembléia de acionistas poderá deliberar por maioria de votos e não obstante vincular a todos os acionistas, inclusive a ele, acionista dissidente. O acionista, portanto, consente previamente, dentro dos limites da lei, com qualquer deliberação da assembléia, ainda que, ao tomar parte desta, reste vencido. O acionista dissidente não pode se escusar de cumprir a deliberação da assembléia cuja decisão não tenha coincidido com o que seria a sua decisão pessoal pelas mesmas razões pelas quais um mandante não pode se escusar do ato praticado pelos seus mandatário nos limites do contrato de mandato entre eles celebrado.

A esse respeito, são sempre pertinentes as clássicas lições de Tullio Ascarelli:

"Em via preliminar pode-se observar concernir à 'deliberação' a formação de vontade de 'um' sujeito; constitui, ela, a vontade de 'uma' parte, sendo, por isso, um ato unilateral.

"Esta vontade decorre, porém, das manifestações de vontade de mais pessoas; estas se fundem naquela que vale como manifestação única da parte, conforme as regras da maioria."[54]

E ainda: "A possibilidade de a assembléia constituinte deliberar por maioria, bem como os limites dessa possibilidade, decorrem da circunstância de que já foram manifestadas as declarações de vontade, necessárias para formar o contrato".[55]

Portanto, a deliberação da assembléia que, por maioria, promove a reforma do estatuto social para nele incluir uma cláusula compromissória carrega a prévia manifestação de vontade de todos os acionis-

52. Sobre comparações entre a sociedade anônima e uma república democrática, v. Alfredo Lamy Filho e José Luiz Bulhões Pedreira, *A Lei das S/A — Pressupostos, Elaboração, Modificações*, 1º v., 3ª ed., pp. 59 e 60. A respeito, os autores citam Ripert: "'Uma sociedade não é um Estado dentro do Estado, pois não tem nem soberania nem território, mas é concebida sobre o modelo de Estado. É um grupamento de forças destinado a reunir e utilizar capitais. Este grupamento copia a forma do Estado democrático. Uma sociedade anônima é legalmente o tipo perfeito de democracia com governo popular. A soberania é exercida pela assembléia geral da sociedade. Os acionistas não formam apenas um colégio eleitoral chamado a eleger representantes; a assembléia exerce o poder'". E, continuam os autores: "O conjunto dos acionistas é o povo — fonte de todo poder, que se manifesta em assembléia, como numa democracia direta. A assembléia delibera sobre os assuntos mais importantes, fixa a orientação geral dos negócios da sociedade e designa os administradores, que não são representantes dos acionistas, porém órgãos da sociedade".

53. Devendo-se respeitar tão-somente os direitos essenciais do acionista que, a teor do art. 109 da Lei 6.404/1976, são irrenunciáveis, não se incluindo aí, como já tivemos oportunidade de discorrer, um suposto direito irrestrito de acesso ao Judiciário.

54. Tullio Ascarelli, ob. cit., p. 533.

55. Tullio Ascarelli, ob. cit., p. 393.

tas,[56] satisfazendo assim o requisito volitivo exigido para que a cláusula compromissória seja vinculante a todos os acionistas.

É essa opinião também do autor italiano já citado neste estudo, Giorgio Bianchi, o qual deixa claro que a inserção da cláusula compromissória no estatuto social pode se dar por maioria de votos, sem que seja necessária a manifestação específica de cada acionista:[57]

"Per la società di capitali la modifica è soggetta alle disposizioni che regolano l'assemblea straordinaria ed è perciò *assunta a maggioranza, senza che debba necesariamente constare lo specifico assenso di ciascun socio.*

"Anche l'inserimento nello statuto della clausola compromissoria in un momento successivo alla costituzione, avviene necessariamente nel rispetto della forma scritta richiesta dall'art 808 c.p.c., in quanto la decisione dei soci (*sia unanime che a maggioranza*) di modificare l'atto costitutivo viene sempre riportata in un atto scritto" (grifos nossos).

Aliás, muito do que já foi anteriormente aqui exposto reforça a conclusão de que a cláusula compromissória deve vincular a todos os acionistas, inclusive os acionistas dissidentes e os recém ingressos. Giorgio Bianchi já dizia que uma cláusula estatutária não pode ser válida para alguns acionistas e inoponível a outros, na linha do que defendemos ao discorrer sobre os efeitos catastróficos que uma arbitragem vinculante a apenas alguns sócios geraria na vida societária. Também Richard Shell compartilhou dessa conclusão de que a cláusula compromissória deve vincular a todos os acionistas, recomendando apenas, aliás com grande propriedade, que a sociedade se incumbisse de divulgar amplamente ao mercado a adoção da cláusula compromissória em seu estatuto social.

B.3) Controle judicial de imparcialidade e equidade

De uma forma geral, deve-se ter em mente que a arbitragem está aí como uma opção para contribuir para a melhor condução da vida organizacional e das relações societárias no âmbito da sociedade anônima. A possibilidade de resolver os conflitos societários de forma muito mais célere e com um resultado muito mais técnico e, portanto, justo, evitando-se assim diversas formas de desperdícios, permitirá um uso muito mais eficiente da empresa enquanto reunião dos fatores de produção para geração de riquezas. Acionistas e sociedade se desviarão menos daquilo que deveria ser o foco principal de atenção, qual seja, a persecução do objeto social e, via de regra, do lucro. Isso obviamente favorecerá a todos: sociedade, acionistas controladores e acionistas minoritários.

Para os acionistas minoritários, o benefício tende a ser maior ainda. Como é o acionista controlador que exerce pessoalmente ou quando menos controla a administração da sociedade, em caso de conflito entre o acionista controlador e o acionista minoritário, é este último que, via de regra, precisará se socorrer do Poder Judiciário para fazer valer os seus direitos. Desnecessário dizer, portanto, que é o acionista minoritário o maior prejudicado com a morosidade e atecnicidade do Poder Judiciário, sendo vítima em potencial de uma imensa gama de expedientes protelatórios disponíveis ao acionista controlador ao longo do processo judicial. A morosidade pode ser tamanha que, ao final da prestação jurisdicional, a decisão final porventura favorável ao acionista minoritário já não traga a ele qualquer proveito prático, situação essa que esvazia completamente as proteções legais a ele conferidas.

56. Poder-se-ia dizer que os acionistas que votaram em assembléia a favor da arbitragem emitiram uma dupla manifestação de vontade, mas não se pode dizer que os acionistas dissidentes não tenham emitido uma manifestação de vontade prévia dando legitimidade à assembléia.

57. Giorgio Bianchi, ob. cit., p. 9.

A arbitragem, como alternativa mais expedita e especializada do que a via judicial, tende a favorecer ainda mais o acionista minoritário, revelando-se um instrumento muito mais apto a fazer valer as proteções legais a ele conferidas. Esse é o entendimento aliás da própria Bolsa de Valores de São Paulo que, seguindo a tendência dos mercados de capitais mais desenvolvidos do mundo, buscou ampliar as proteções de que dispõem os acionistas minoritários, criando o chamado novo mercado — vitrine das empresas com maior transparência, respeito aos acionistas e às práticas mais idôneas de governança corporativa — e impondo como condição de ingresso nesse mercado a adoção da arbitragem para a resolução dos conflitos societários. Recentemente, o próprio órgão regulador, a CVM, manifestou-se expressamente a favor da arbitragem, como nos dá conta o seu texto "Recomendações da CVM sobre Governança Corporativa", de junho de 2002, apelidada de "Cartilha de Governança".[58]

Por mais essas razões não há que se falar em violação ao direito essencial do acionista, pois o direito essencial previsto no art. 109, § 2º, da Lei 6.404/1976 — direito aos meios, processos ou ações que a lei confere ao acionista — restará ainda melhor assegurado na via arbitral.

Como já demonstrado, todavia, a arbitragem só estará apta a atingir seus objetivos, beneficiando a sociedade, o acionista controlador e duplamente o acionista minoritário, se for vinculante e oponível a todos os acionistas, sob pena de se instaurar nada menos que o caos nas relações societárias.

Alguns autores objetam a possibilidade de uma cláusula compromissória ser inserida no estatuto social de uma sociedade já existente por voto da maioria sob o argumento de que a arbitragem poderia ser estruturada de forma a dificultar o exercício das proteções legais conferidas aos acionistas minoritários, favorecendo ainda mais os acionistas controladores. Ou seja, teme-se o uso abusivo e escuso da cláusula compromissória. Tal argumento, no entanto, não merece prosperar, pelas diversas razões que passamos a expor.

Em primeiro lugar, aproveitando-nos, por analogia, das palavras da co-autora do projeto de lei que resultou na nossa Lei 9.307/1996, Selma M. Ferreira Lemes,[59] "porque cria o vezo de interpretação, a falsa assertiva e a antipatia ao instituto da arbitragem, deixando a impressão de que é nociva" no caso, ao acionista minoritário.

Em segundo lugar, porque o regime legal que rege a arbitragem tem mecanismos próprios para impedir que a arbitragem seja empregada de forma abusiva e escusa, como instrumento de opressão do mais fraco pelo mais forte. Com efeito, caberá ao Poder Judiciário anular a arbitragem que não tiver assegurado respeito aos princípios da imparcialidade dos árbitros, da igualdade das partes e do contraditório (arts. 21, § 2º, e 32, VIII, da Lei 9.307/1996).

Será, portanto, nula a cláusula compromissória estatutária que, por exemplo, não assegurar ao acionista minoritário uma participação equânime na escolha dos árbitros, que imponha custos excessivos ou desarrazoados, ou que preveja como sede local remoto ou de difícil acesso. Mais do

58. Do referido texto, extrai-se a seguinte recomendação em favor das boas práticas de governança corporativa: "III.6 O estatuto da companhia deve estabelecer que as divergências entre acionistas e companhia ou entre acionistas controladores e acionistas minoritários serão solucionadas por arbitragem. A adoção da arbitragem visa acelerar a solução de impasses, sem prejuízo da qualidade do julgamento. A eficácia de uma tal disposição estatutária depende de que sejam escolhidas câmaras arbitrais cujos membros tenham reconhecida capacidade em matérias societárias" (p. 8). Disponível no endereço eletrônico <www.cvm.gov.br>, clicar em Informativo CVM, Cartilhas.

59. Selma M. Ferreira Lemes, *A Arbitragem em Relações de Consumo no Direito Brasileiro e Comparado*, in Pedro A. Batista Martins, Selma M. Ferreira Lemes e Carlos Alberto Carmona, *Aspectos Fundamentais da Lei de Arbitragem*, 1ª ed., p. 121, nota 25.

que isso, será nula a arbitragem que, por qualquer que seja a razão, coloque em dúvida a parcialidade dos árbitros ou o respeito ao princípio do contraditório.

Note-se, aliás, que tal controle poderá ocorrer não só na esfera judiciária, nos termos da Lei 9.307/1996, mas também pelo órgão regulador, a CVM, e pela respectiva Bolsa de Valores, as quais certamente estarão atentas para cláusulas arbitrais empregadas com fins escusos, vale dizer, com o propósito de dificultar o exercício dos direitos legais e estatutários conferidos aos acionistas minoritários.

Em último lugar, porque, como vimos, a arbitragem não está mais suscetível a abusos do que o processo judicial. É justamente no processo judicial que os expedientes procrastinatórios são mais acessíveis às partes menos interessadas no deslinde da controvérsia. A possibilidade de abuso, por si só, não é suficiente para que uma determinada modalidade de resolução de controvérsias seja descartada. Cabe sim ao sistema criar mecanismos que evitem e desestimulem tais manobras, como aliás foram criados na Lei 9.307/1996.

Conclusões muito semelhantes são compartilhadas por Richard Shell, em seu estudo sobre a arbitragem nas corporações abertas norte-americanas:[60]

"The charge that corporations could 'stack the deck' by appointing arbitration panels sure to make findings favorable to management ignores the fact that the FAA, as well as other arbitration statutes, provides relieve from awards that result from such obvious bias.

"(...)

"In sum, the policy arguments against arbitration are based largely on doubtful behavioral assumptions and unwarranted skepticism about the efficacy of arbitration. Corporations bent on abusing arbitration would, of course, have opportunities to do so, but these same corporations may presently abuse the litigation system. It is not the fault of a dispute resolution system that parties use abusive tactics; but it is up to the dispute resolution system to adjust its procedures o minimize the likelihood that such tactics will succeed. Arbitration law is as capable as corporate law of making such adjustments to accommodate shareholders claims."

Em semelhante direção foram também as considerações de John Coffee acima reproduzidas no sentido de que a arbitragem é admissível no contexto da sociedade anônima, inclusive aberta, e que a sua adoção vincularia tanto os novos acionistas como aqueles que, por qualquer razão, não consentiram com a reforma do estatuto social para essa finalidade. Para Coffee, abusos e manipulações por parte do controlador seriam evitados mediante a imposição à sociedade do ônus de provar no Poder Judiciário que a cláusula compromissória adotada é imparcial e eqüitativa, ônus esse que poderia ser satisfeito mediante a adoção de uma cláusula compromissória baseada em modelo desenvolvido por entidades especializadas imparciais.[61]

Igualmente pertinentes mostram-se as considerações de Selma M. Ferreira Lemes que, embora retiradas de um outro contexto, aplicam-se perfeitamente às questões ora examinadas:[62]

"(...) o instituto jurídico da arbitragem possui defesa própria contra vícios intrínsecos. Referimo-nos à presença do *due process of law*, ou seja, aplicam-se ao procedimento arbitral os mesmos princípios informadores do procedimento judicial. Os princípios do contraditório, da igualdade das partes, da independência e imparcialidade do árbitro. Enfim, não estando presentes estas condições, a arbitragem será suscetível de anulação.

"(...)

60. Richard Shell, ob. cit., pp. 562 e 565.

61. V. Parte V, item A.6 (ii), acima, penúltimo parágrafo.

62. Ob. cit., pp. 122 e 132.

"A arbitragem, como mencionado, para ser válida, o laudo arbitral para ser firme, haverá de refletir os princípios acima mencionados que a doutrina denomina de teoria garantista do procedimento arbitral.

"(...)

"Assim, por exemplo não será permitido que a indicação do árbitro ou árbitros fique a cargo exclusivo de uma parte, privando a outra de escolha; não pode a sede da arbitragem ser em localidade muito distante, impondo ônus excessivo ao hipossuficiente, etc."

C) Vinculação dos administradores

Parece-nos ainda que, para maior efetividade da cláusula compromissória no âmbito da sociedade anônima, necessário seria não só que a cláusula fosse vinculante e oponível a todos os acionistas, mas que o fosse também aos administradores da sociedade, vale dizer, aos seus conselheiros e diretores.

Com efeito, muitas das controvérsias geradas no âmbito de uma sociedade anônima envolvem também os administradores. Em alguns casos tal envolvimento dá-se não por escolha das partes, mas por tratar-se de hipótese de litisconsórcio necessário, ou seja, hipótese em que o provimento jurisdicional perseguido trata de direitos e obrigações comuns aos administradores e à sociedade e/ou aos acionistas, revelando-se necessária à participação daqueles para a defesa de seus interesses, em respeito ao contraditório.

Se for necessário o envolvimento dos administradores na demanda, mas estes não estiverem vinculados à cláusula compromissória, aos acionistas e à sociedade só restará a via judicial, por se tratar de litígio não passível de arbitragem. Por outro lado, se o envolvimento dos administradores for apenas conveniente, continuarão os acionistas e a sociedade obrigados a, entre si, submeter-se à arbitragem, devendo em seguida percorrer a via judicial para alcançar os administradores, com evidente desperdício de tempo e dinheiro, e ainda com sério risco de decisões conflitantes. Pode suceder ainda que as partes não tenham certeza quanto ao fato de ser o envolvimento dos administradores necessário ou somente conveniente, hipótese em que não saberão se o juízo adequado seria o judicial ou o arbitral. Ou seja, em qualquer uma das hipóteses, a não vinculação dos administradores traria graves incertezas e prejuízos à solução do conflito.

Parece-nos mais acertado, entretanto, o entendimento de que o administrador não se vincula automaticamente à cláusula compromissória estatutária já que ele não é parte do contrato plurilateral em que consiste a sociedade, muito embora pudéssemos extrair de sua permanência voluntária no cargo uma concordância tácita quanto às cláusulas estatutárias, muitas das quais, aliás, regem a sua atividade, regulando seus poderes e obrigações.

Um maior conservadorismo quanto à vinculação dos administradores à arbitragem, no entanto, não cria dificuldades intransponíveis, como aquelas que resultariam de exigências adicionais para que o novo acionista se vinculasse à cláusula compromissória estatutária. Isto porque, no caso dos administradores, não há maiores dificuldades para se lhes exigir uma adesão específica, em documento apartado, à arbitragem societária. Com efeito, os administradores certamente não são tão numerosos nem tampouco tão cambiantes como os acionistas, sendo perfeitamente lícito à sociedade, em defesa de um meio de resolução de conflitos mais eficiente para todos os interessados, exigir a adesão à arbitragem como condição à contratação ou permanência no cargo.

Tal problema também foi enfrentado por Richard Shell no contexto das corporações norte-americanas, revelando-se extremamente pertinentes as suas considerações abaixo reproduzidas:[63]

"Directors and officers who are likely to be defendants in some derivative actions

63. Richard Shell, ob. cit., pp. 551 e 552.

have available to them a technical argument that they should not be bound by the arbitration provision. Directors and officers are, respectively, trustees and agents of the corporation and are sued as such for breaches of fiduciary duty. Whatever the contractual status of the charter, it has not been traditionally viewed as a contract between the shareholders and the corporation's management elite. Therefore, a director might argue that he should not be bound by the charter to arbitrate any more than a third party, such as a supplier, would be bound on a contract or tort claim brought against it by the corporation.

"This argument is unpersuasive. Directors and officers are much more intimately associated with the corporation than outside suppliers, other contracting parties, or even lower-level employees of the corporation. As the individuals who govern the corporation, they should be bound by any dispute resolution system provided for in the charter just as they must honor any chart rules determining the number of seats on the board, voting requirements for removal of directors, or other basic governance matters.

"(...) as a precautionary measure, drafters of corporate arbitration clauses may wish to include reference to the duty of officers and directors to arbitrate shareholder derivative claims in the bylaws as well as the charter. In this way, the duty to arbitrate will be brought home to those who may find themselves defendants in such actions.

"*Another means of eliminating any dispute regarding the duty of directors and officers to arbitrate would be through the use of signed employment agreements between them and the corporation calling for arbitration or referencing the duty to arbitrate set forth in the charter and bylaw*" (grifos nossos).

D) Arbitrabilidade das controvérsias societárias

Segundo o art. 1º de nossa Lei 9.307/1996, poderão ser submetidos à arbitragem todos os litígios relativos a direitos patrimoniais disponíveis.

Seria uma pretensão tola querer listar neste trabalho todos os tipos de conflitos societários potencialmente arbitráveis. De qualquer forma, como regra geral, dada a natureza eminentemente contratual da sociedade anônima, pode-se entender que a maioria dos conflitos serão passíveis de arbitragem, incluindo, a título ilustrativo, conflitos relacionados com (i) a interpretação do estatuto social ou dos demais documentos societários, (ii) a interpretação da lei societária, exceto quanto às matérias de ordem pública ou direito indisponível, (iii) abusos por parte dos controladores, (iv) o exercício do direito de voto, do direito de preferência na compra de ações ou na integralização de capital, ou do direito de não ser diluído, (v) a distribuição de dividendos, (vi) o exercício do direito de retirada, inclusive no que diz respeito à aferição do valor econômico da sociedade, (vii) ofertas públicas, (viii) responsabilidade dos administradores e dos acionistas controladores etc.

D.1) Conflitos envolvendo deliberações da assembléia

Questão interessante diz respeito à arbitrabilidade dos conflitos relacionados com a invalidade de deliberações da assembléia de acionistas. Adotando-se a teoria geral das nulidades, tal qual consagrada no direito civil, seriam arbitráveis tão-somente as questões que envolvessem a anulabilidade da deliberação da assembléia, eis que a anulabilidade comporta renúncia ou mesmo prescrição, convalidando-se o ato praticado. Por outro lado, as questões que envolvessem a nulidade da deliberação não seriam arbitráveis, pois a nulidade é geralmente associada a questões de ordem pública e, portanto, a direitos indisponíveis que, inclusive, devem ser reconhecidos de ofício pelo juiz.[64]

64. Segundo Ascarelli: "A violação das normas que disciplinam as assembléias e as suas deliberações ou os direitos renunciáveis dos acionistas

A aplicação da teoria geral acima mencionada conduziria a um novo obstáculo à arbitragem na medida em que, diante da incerteza quanto à natureza do vício incorrido pela deliberação assemblear (nulidade ou anulabilidade), a questão teria que ser submetida ao Poder Judiciário, seja originariamente pelas partes, ou pelos próprios árbitros, na forma do art. 25 da Lei 9.307/1997.

Todavia, como vem reconhecendo nossa doutrina e jurisprudência, os vícios que podem atingir a deliberação da assembléia em uma sociedade anônima não seguem a teoria geral das nulidades. Entende-se que mesmo a nulidade é passível de convalidação, sendo prova disso o exíguo prazo prescricional previsto no art. 286 da Lei Societária. Nessa direção já decidiu o Superior Tribunal de Justiça em acórdão de relatoria do Ministro Sálvio de Figueiredo, com quem votaram os Ministros Ruy Rosado de Aguiar, Antonio Torreão Braz e Fontes de Alencar:

> Recurso especial 35.230-0-Brasília
>
> *Sociedade anônima. Teoria geral das nulidades. Impugnação de decisão assemblear. Prescrição. Direito a dividendos.*
>
> Em face das peculiaridades de que se reveste a relação acionistas *versus* sociedade anônima, não há que se cogitar da aplicação, em toda a sua extensão, no âmbito do direito societário, da teoria geral das nulidades, tal como concebida pelas doutrina e dogmática civilistas.
>
> Em face disso, o direito de impugnar as deliberações tomadas em assembléia, mesmo aquelas contrárias à ordem legal ou estatutária, sujeita-se à prescrição, somente podendo ser exercido no exíguo prazo previsto na lei das Sociedades Anônimas.
>
> Pela mesma razão, não pode o juiz, de ofício, mesmo nos casos em que ainda não atingido o termo *ad quem* do lapso prescricional, reconhecer a ilegalidade da deliberação e declará-la nula.[65]

Bastante pertinentes a respeito do tema de invalidades no contexto da sociedade anônima são também os ensinamentos de Erasmo Valladão Azevedo e Novaes França: "A especialidade do regime de invalidade aplicável às companhias, portanto, assenta-se, em grandes linhas, nas seguintes principais diferenças com relação ao direito comum: 1º) prazos muito mais curtos de prescrição ou decadência (o que não significa que não haja casos de vícios imprescritíveis, (...)); 2º) irretroatividade dos efeitos da invalidade, acarretando tão-somente a dissolução da companhia (em contraste com o que dispõe o art. 158 do Código Civil, que determina, primacialmente, a restituição das partes ao *statu quo ante*); 3º) ampla possibilidade de sanação do vício, ainda que se trate, por vezes, de defeito que, segundo o direito comum, acarretaria a nulidade do ato (em contraste com o que determina o art. 146 do Código Civil, que veda a possibilidade de ratificação do ato nulo, mesmo que a requerimento das partes); 4º) diverso enfoque da distinção entre atos nulos e anuláveis".[66]

Por todo o exposto, parece-nos que um conflito acerca da nulidade de uma deliberação da assembléia não necessariamente estará fora do alcance da arbitragem. Pelo contrário, parece-nos que, dada a possibilidade de convalidação das deliberações da assembléia, mesmo daquelas inquinadas de vício de nulidade (o que faz transparecer uma certa idéia de disponibilidade dos direitos envolvidos), a regra geral será a da

acarreta a anulabilidade da deliberação, ao passo que a violação das normas de ordem pública, ou emanadas no interesse de terceiros, acarreta a nulidade ou a ineficácia da deliberação" (*apud* Egberto Lacerda Teixeira e José Alexandre Tavares Guerreiro, *Das Sociedades Anônimas no Direito Brasileiro*, p. 821).

65. Trecho da ementa oficial do REsp 35.230-0–Brasília, TV Globo de São Paulo S/A *versus* Aryovaldo Guimarães Nogueira, Rel. Ministro Sálvio de Figueiredo Teixeira, j. 10.4.1995, *Revista Forense* 334/298 a 308.

66. Erasmo Valladão Azevedo e Novaes França, *Invalidade das Deliberações de Assembléia das S/A*, p. 23.

arbitrabilidade dos conflitos a esse respeito. Não obstante, caberá obviamente um exame da questão de mérito que suscitou a nulidade, pois esta sim poderá envolver direito claramente indisponível e portanto não passível de arbitragem.

D.2) Fatos ou conflitos anteriores à adoção da cláusula compromissória

Outra questão interessante é a dos conflitos que porventura digam respeito a fatos ocorridos antes da adoção da cláusula compromissória pela sociedade e seus acionistas. Imaginemos, por exemplo, o caso de um determinado acionista que pretenda contestar a validade de uma deliberação da assembléia, mas, antes de propor a medida judicial correspondente, é surpreendido pela reforma do estatuto social para adoção da convenção arbitral. Assumindo que a cláusula arbitral seja oponível ao referido acionista, estaria ele obrigado a fazer uso da arbitragem ou poderia se valer do Judiciário?

Qualificando-se o instituto da arbitragem como um corpo de regras eminentemente processuais, poderíamos invocar o princípio geral segundo o qual a nova regra processual se aplica de imediato, preservando apenas os atos processuais já concluídos ou ainda pendentes.[67] Deste modo, seríamos levados a crer que a demanda ainda não iniciada teria que respeitar a nova realidade processual e, assim, no nosso exemplo, caberia ao acionista propor sua demanda na via arbitral.

Contudo, dada a extrema significância da alteração da via judiciária pela via arbitral e levando-se em conta o fato de que o instituto da arbitragem envolve muito mais do que um mero conjunto de regras procedimentais, tratando também de questões contratuais e jurisdicionais, parece-nos mais correto entender que a cláusula arbitral recém adotada não deveria retroagir para colher conflitos relacionados com atos consumados anteriormente à sua adoção. Evitar-se-ia assim margem para manobras oportunísticas, como a do acionista controlador que quisesse, casuisticamente, submeter um determinado conflito ao procedimento arbitral quando as circunstâncias lhe indicassem um melhor resultado do que aquele esperado no Judiciário.[68]

Com efeito, como já discorrido acima, em face de um conflito já instaurado, a cláusula compromissória, quando comparada ao Judiciário, pode mostrar-se mais favorável a uma parte do que a outra. A possibilidade de que o benefício maior possa se dar tanto para uma como para a outra parte é que torna a cláusula compromissória justa e, portanto, aceitável. Na pendência de um conflito, devem as partes recorrer não a uma cláusula compromissória com a generalidade que lhe é própria, mas a um compromisso, por meio do qual sejam delimitados pormenorizadamente os pontos de controvérsia que formam o litígio, sejam eleitos os árbitros, e sejam especificadas as regras arbitrais mais adequadas ao conflito apresentado.

67. Cândido Rangel Dinamarco, *A Reforma da Reforma*, p. 49. Aludindo às diversas teorias de direito intertemporal possivelmente aplicáveis ao processo, o referido autor comenta: "Nenhuma dessas linhas prevalece, mas a do chamado isolamento dos atos processuais, pela qual a lei nova, encontrando um processo em desenvolvimento, respeita a eficácia dos atos processuais já realizados e disciplina o processo a partir de sua vigência (Amaral Santos). Tal é a *mens* do art. 1.211 do Código de Processo Civil, segundo o qual 'este Código regerá o processo civil em todo o território brasileiro. Ao entrar em vigor, suas disposições aplicar-se-ão desde logo aos processos pendentes'".

68. Essa é a posição de John Coffee, traçando uma analogia a uma regra intertemporal encontrada na lei societária de Delaware (Coffee, ob. cit., p. 963). "A further refinement on this question is whether any such substitution of remedies could apply retroactively with respect to causes of action that arose prior to the adoption of the charter provision (even if no suit was commenced). By analogy, Delaware's recent authorization of charter provisions limiting damages for due care liability applies only prospectively and does not limit the liability of a director for any act or omission occurring prior to the date when such provision becomes effective".

VI — Propostas

A conclusão deste trabalho no sentido de que a cláusula compromissória estatutária seria vinculante a todos os acionistas (inclusive dissidentes, ausentes, acionistas sem direito de voto e novos acionistas), não significa que não se reconheça a possibilidade de eventuais abusos por parte dos acionistas controladores com eventual prejuízo aos minoritários. Como demonstrado acima, nenhum regime de solução de controvérsias estará imune a abusos. Aliás, o próprio Poder Judiciário é bastante sujeito a manobras procrastinatórias capazes de esvaziar as proteções legais concedidas aos acionistas minoritários.

Conforme exposto no item V-B.3 acima, o Poder Judiciário exercerá um importante papel na revisão das cláusulas compromissórias que não satisfaçam os requisitos mínimos de imparcialidade, com atenção ao princípio do contraditório e ampla defesa.

Acreditamos, contudo, que outras medidas protetivas poderiam ser introduzidas no sistema, sem que se criem maiores obstáculos ao emprego e disseminação da arbitragem.

Em primeiro lugar, dada a importância da escolha da via arbitral na vida da sociedade e de seus sócios, pensamos que seria justificada a introdução na lei de um quórum qualificado para aprovação da reforma estatutária visando a inserção de cláusula compromissória. Nesse sentido, poderia ser utilizado o quórum previsto no art. 136 da Lei 6.404/1976, isto é, maioria absoluta em vez de maioria simples (maioria de todos os acionistas em vez de maioria dos acionistas presentes na deliberação). A lei poderia prever até mesmo um quórum superqualificado, como sessenta por cento ou dois terços dos acionistas com direito de voto.

Poder-se-ia também conceder ao acionista dissidente o direito de retirada na forma do art. 137. Aos preferencialistas, reunidos em assembléia especial, poderia ser dado o direito de vetar a alteração estatutária.

No âmbito da bolsa de valores ou mercado de balcão organizado, seria prudente introduzir um sinal ou referência que pudesse distinguir as sociedades sujeitas a arbitragem estatutária das demais. Aliás, isso ocorrerá normalmente em relação às sociedades listadas no Novo Mercado ou no chamado Nível 2 da Bolsa de Valores de São Paulo, já que estes novos segmentos impõem, como condição ao ingresso, a adoção de cláusula compromissória estatutária. Passado um certo período de transição, os novos investidores saberão que, ao adquirirem uma ação listada num desses segmentos, estarão aderindo à uma convenção arbitral.

Por fim, caberá à Comissão de Valores Mobiliários, na sua função reguladora, editar normas que visem à maior publicidade da arbitragem, bem como dificultem ainda mais os abusos. Por exemplo, a CVM poderá negar registro às ofertas públicas cujos prospectos não façam menção clara à adoção da cláusula compromissória estatutária, bem como aos fatores de risco a ela associados. Poderá a CVM, ainda, regulamentar alguns tipos de cláusula compromissória que não seriam aceitos em razão de inadequação ou imparcialidade evidentes como, por exemplo, cláusulas compromissórias que suprimissem dos acionistas minoritários o direito de participar na eleição do tribunal arbitral, ou que impusessem custos exorbitantes às partes. Ou de outro lado, poderia propor modelos de cláusulas compromissórias que seriam considerados imparciais e, portanto, admissíveis, salvo prova em contrário.

VII — Conclusões

Demonstramos ao longo do presente trabalho que a adoção da cláusula compromissória estatutária, conforme expressamente autorizado pela nova redação do art. 109, § 3º, da Lei 6.404/1976, pode trazer grandes benefícios à companhia, aos seus acionistas controladores e sobretudo aos acionistas minoritários, haja vista propiciar uma grande economia de custos e tempo na solução dos conflitos societários, e ao mesmo tempo conduzir a decisões mais técnicas e justas.

Mais do que isso, a adoção da arbitragem no contexto societário contribui para o fortalecimento das proteções legais conferidas aos minoritários na medida em que dificulta as manobras protelatórias e abusivas tão comuns na esfera judiciária. Conforme defendido pela moderna doutrina internacional, a lei pode prestar uma contribuição fundamental para o desenvolvimento de um mercado de capitais saudável, ao conferir maiores proteções aos minoritários contra potenciais abusos dos controladores. Só a lei, no entanto, não é suficiente para atingir esse objetivo, sendo necessário um sistema institucional que assegure a efetividade das proteções previstas em lei. Nesse sentido, a arbitragem contribuirá para o fortalecimento dessas instituições, para a efetividade das proteções legais e, por via de conseqüência, para o desenvolvimento do nosso mercado de capitais.

Concluímos ainda que a cláusula compromissória estatutária dever ser considerada vinculante e oponível automaticamente ao novo acionista, independentemente de uma adesão específica, conforme aliás vem entendendo a doutrina estrangeira. Embora reconhecendo as controvérsias que o tema certamente ensejará, expusemos nossa opinião no sentido de que a cláusula compromissória estatutária, mesmo quando introduzida após a constituição da companhia, deve vincular a todos os acionistas, inclusive àqueles que não votaram favoravelmente, em assembléia, à reforma do estatuto social para essa finalidade, ou seja, acionistas dissidentes, ausentes ou sem direito de voto.

Demonstramos que o próprio regime legal da arbitragem contém mecanismos que asseguram a sua imparcialidade bem como o atendimento aos princípios do contraditório e ampla defesa. Ausentes esses requisitos, a cláusula será anulável perante o Poder Judiciário.

Demonstramos a possibilidade de vinculação dos administradores à cláusula compromissória, neste caso mediante acordo ou adesão em separado. Em seguida tratamos da arbitrabilidade dos conflitos societários para concluir que mesmo as questões relacionadas com a anulabilidade ou nulidade de deliberações da assembléia poderão em princípio ser arbitradas, salvo quando inequivocamente envolverem direito indisponível das partes. Discorremos ainda sobre o efeito intertemporal da cláusula arbitral adotada via reforma estatutária. Por fim, apresentamos propostas no sentido de coibir ainda mais os possíveis abusos por parte dos controladores, sem contudo inviabilizar o emprego e a disseminação da cláusula arbitral.

O papel mais importante na consolidação e disseminação da convenção arbitral no âmbito da sociedade anônima caberá, sem sombra de dúvida, ao Poder Judiciário, pois só com uma jurisprudência firme e familiarizada com as questões aqui discutidas teremos um ambiente em que se possa, com a redução das incertezas, empregar com maior segurança a arbitragem, bem como extrair dela todos os seus potenciais benefícios.

No mais, superado o período de transição e incertezas, o tempo se incumbirá de incutir no povo brasileiro a cultura arbitral, livrando-nos da mentalidade retrógrada que ainda reina em nosso país.

VIII — Bibliografia básica

ANDRADE JR., Áttila de Souza Leão. *Comentários ao Novo Código Civil, Direito das Sociedades*. v. IV, Rio de Janeiro, Forense, 2002.

ASCARELLI, Tullio. *Problemas das Sociedades Anônimas e Direito Comparado*. Campinas, Bookseller, 2001.

BIANCHI, Giorgio. *L'Arbitrato nelle Controversie Societarie*. Milão, Cedam, 2001.

BORN, Gary B. *International Commercial Arbitration in the United States — Commentary & Materials*. Kluwer, 1994.

CANTIDIANO, Luis Leonardo. *Reforma da Lei das S/A*. Rio de Janeiro/São Paulo, Renovar, 2002.

CARMONA, Carlos Alberto. *A Arbitragem no Processo Civil Brasileiro*. São Paulo, Malheiros Editores, 1993.

CARVALHOSA, Modesto. "Cláusula compromissória estatuária e juízo arbitral (§ 3º do art. 109)", in *Reforma da Lei das Sociedades Anônimas, Inovações e Questões Controvertidas da Lei 10.303, de 31.10.2001*. Coord. Jorge Lobo e Modesto Carvalhosa, Rio de Janeiro, Forense, 2002.

———. e EIZIRIK, Nelson. *A Nova Lei das S/A*. São Paulo, Saraiva, 2002.

CINTRA, Antonio Carlos de Araújo, GRINOVER, Ada Pellegrini e DINAMARCO, Cândido Rangel. *Teoria Geral do Processo*, 9ª ed., 2ª tir., São Paulo, Malheiros Editores, 1993.

COFFEE JR., John C. "No exig?: opting out, the contractual theory of the corporation, and the special case of remedies", *Brooklyn Law Review* 53/919, Nova Iorque, 1988.

DINAMARCO, Cândido Rangel. *A Reforma da Reforma*. São Paulo, Malheiros Editores, 2002.

FIGUEIRA JÚNIOR, Joel Dias. *Arbitragem, Jurisdição e Execução, Análise Crítica da Lei 9.307, de 23.9.1996*. São Paulo, Ed. RT, 1999.

FRANÇA, Erasmo Valladão Azevedo e Novaes. *Invalidade das Deliberações de Assembléia das S/A*. São Paulo, Malheiros Editores, 1999.

GARCEZ, José Maria Rossani e outros. *A Arbitragem na Era da Globalização — Coletânea de Artigos de Autores Brasileiros e Estrangeiros*. Rio de Janeiro, Forense, 1997.

LAMY FILHO, Alfredo e PEDREIRA, José Luiz Bulhões. *A Lei das S/A — Pressupostos, Elaboração, Modificações*. 1º v., 3ª ed., Rio de Janeiro, Renovar, 1997.

MARTINS, Pedro A. Batista, LEMES, Selma M. Ferreira e CARMONA, Carlos Alberto. *Aspectos Fundamentais da Lei de Arbitragem*. 1ª ed., Rio de Janeiro, Forense, 1999.

PINHO, Themistocles e PEIXOTO, Álvaro. *A Reforma da Lei das S/A através da Lei 10.303, de 31.10.2001*. Rio de Janeiro, Freitas Bastos, 2001.

PONTES, Aloysio Lopes. *Sociedades Anônimas*. v. I, 5ª ed., Rio de Janeiro, Forense, 1999.

REQUIÃO, Rubens. *Curso de Direito Comercial*. 1º v., 21ª ed., São Paulo, Saraiva, 1993.

SHELL, G. Richard. "Arbitration and Corporate Governance", *North Carolina Law Review* 67/517 e ss., Carolina do Norte (EUA), 1989.

Espaço Discente

REFORMA REGULATÓRIA E SISTEMA FINANCEIRO NACIONAL

MARCO AURÉLIO GUMIERI VALÉRIO

Introdução. 1. Transformações no Estado brasileiro. 2. Modelo regulacional norte-americano. 3. Características do modelo regulacional brasileiro. 4. Estrutura do Sistema Financeiro Nacional. 5. Subsistema da intermediação financeira. 6. Subsistema normativo. 7. Características dos órgãos normativos do Sistema Financeiro Nacional. 8. Reforma regulatória e Sistema Financeiro Nacional. Conclusão. Referências bibliográficas.

Introdução

Com a materialização do chamado Programa Nacional de Desestatização (PND), criado pela Lei 8.031/1990, objetivando a promoção e a reorganização estratégica do Estado, a redução do déficit público, o aumento dos investimentos na economia, a modernização da indústria e o fortalecimento do mercado de capitais, o Estado brasileiro passa a mudar sua forma de atuação como agente produtor de bens e serviços em determinados setores da economia, redimensionando sua atuação como agente normativo e regulador da atividade econômica, no sentido dado pelo art. 174 da Constituição Federal de 1988 (CF/1988).[1]

A fundamentação teórica e prática para tal mudança encontra-se em dois fenômenos contemporâneos: os processos de privatização que tomaram conta da Europa, e a política de desregulação da economia que passou a ser adotada nos Estados Unidos da América.

Conforme a lição de Gilberto Dupas, cada uma dessas experiências de redução do grau e alterações na forma de intervenção estatal na economia corresponde a respostas tanto à crise do Estado, que se deu a partir do final da década de 1970 e ao longo da de 1980, quanto à globalização econômica, durante a de 1990.[2]

"As conclusões são claras: no mundo da globalização, a intervenção do mercado tem de ser combinada com a intervenção do Estado. A questão é determinar o papel e a efetividade do Estado. O desenvolvimento requer um Estado atuante e catalisador, facilitando, encorajando e regulando os negócios privados" (Dupas: 1999, p. 114).

Assim, as experiências européia e norte-americana foram tomadas como modelos de reforma no Brasil, também atingido

1. Art. 174 da CF: Como agente normativo e regulador da atividade econômica, o Estado exercerá, na forma da lei, as funções de fiscalização, incentivo e planejamento, sendo este determinante para o setor público e indicativo para o setor privado.

2. Gilberto Dupas, *Economia Global e Exclusão Social. Pobreza, Emprego, Estado e Futuro do Capitalismo*, pp. 114-115.

em cheio pela crise do Estado e pelas conseqüências da globalização econômica.

Setores até então considerados estratégicos da infra-estrutura e da prestação de serviços, como as áreas de energia elétrica, telecomunicações, águas, petróleo e gás natural, foram drasticamente reestruturados, culminando com a criação de agências administrativas, órgãos autônomos, caracterizados pela autonomia funcional e inexistência de vínculo hierárquico, com o intuito de regular e fiscalizar a atividade nesses sistemas.

Há alguns meses, a possibilidade de se adequar um setor em especial dentro desse molde foi alvo de acalorados bate-bocas públicos entre representantes do governo e da oposição.

Essas discussões surgiram no momento em que foram propostas mudanças que atingissem os órgãos normativos do Sistema Financeiro Nacional (SFN) composto por três atores, a saber: Conselho Monetário Nacional (CMN), Banco Central do Brasil (BACEN), criados pela Lei 4.595, de 31.12.1964, e Comissão de Valores Mobiliários (CVM), instituída pela Lei 6.385 de 7.12.1976.

O BACEN e o CVM são autarquias vinculadas ao CMN, órgão do poder executivo central ligado ao Ministério da Fazenda.

Apesar dessas instituições já possuírem poder normativo, regulando e fiscalizando a política monetária nacional, antes mesmo das reformas recém-implantadas em outros setores, os situacionistas defendem a adequação de suas estruturas, tornando-as entes especiais com independência funcional e administrativa *a la Fed* (*Federal Reserved*), agência que responde pela política monetária dos EUA, país onde primeiro se desenvolveram esses entes, inspirando, posteriormente, o legislador brasileiro.

Argumentação rebatida pelos oposicionistas, que apontam o intuito do atual presidente em continuar governando mesmo depois do final de seu mandato.

Desavenças políticas à parte, o que motivou esse trabalho foi, em especial, a existência de divergências na doutrina, não apenas quanto à reestruturação do Sistema Financeiro Nacional dentro do esquema aplicado a outros setores de infra-estrutura e prestação de serviços, mas, também, em relação às mudanças ocorridas no aparato estatal brasileiro como um todo.

Daí esse estudo partir de uma análise ampla da reforma estatal brasileira, apresentando as agências reguladoras como a principal inovação inserida nesse contexto de mudanças, abordando, posteriormente, a estrutura funcional do SFN e a possibilidade ou conveniência desse setor se adequar às inovações legislativas que estão surgindo no ordenamento jurídico brasileiro.

1. Transformações no Estado brasileiro

A transformação no aparato administrativo brasileiro, iniciada nos anos 1990, teve como principais diretrizes estabelecidas no Plano Diretor da Reforma do Estado (PDRE): fortalecer o núcleo estratégico encarregado da formulação de políticas públicas, integrado pela administração direta, que seria reduzida pela alocação de funções nos outros segmentos, além dos Poderes Legislativo e Judiciário; instituir agências reguladoras com novos instrumentos de controle para as atividades exclusivas, voltadas para a fiscalização, regulação, arrecadação e polícia; fomentar o surgimento de organizações sociais autônomas para o setor de atividades não exclusivas, como a educação, a saúde, a cultura, a pesquisa, o meio ambiente, atividades que devem ser incentivadas pelo Estado, porém, dispensável que ele as administre diretamente; e privatizar setores de atividades que podem ser desenvolvidas pelo mercado, ligadas à produção de bens e serviços.[3]

3. Marcos Juruena Villela Souto, "Agências reguladoras", *Revista de Direito Administrativo* 216/125-126.

Segundo o ex-ministro da Fazenda Luiz Carlos Bresser Pereira, a adoção de tais medidas correspondem à reação do Estado brasileiro frente à crise institucional e à globalização da economia.[4]

"A crise do Estado impôs a necessidade de reconstruí-lo; a globalização, o imperativo de redefinir suas funções. Antes da integração mundial dos mercados, e dos sistemas produtivos, os Estados podiam ter como um de seus objetivos fundamentais proteger as respectivas economias da competição internacional. Depois da globalização, as possibilidades — e a desejabilidade — de o Estado continuar a exercer esse papel diminuíram muito. Seu novo papel é garantir a universalidade dos serviços de educação básica e de saúde, financiando a formação de capital humano, e promover a competitividade internacional das empresas. A regulação e a intervenção continuam necessárias, na educação, na saúde, na cultura, no desenvolvimento tecnológico, nos serviços públicos monopolistas, nos investimentos em infra-estrutura — uma intervenção que não apenas compense os desequilíbrios distributivos provocados pelo mercado globalizado, mas principalmente que capacite os agentes econômicos a competir mundialmente" (Bresser Pereira: 1998, p. 34).

A reestruturação estatal pode ser sintetizada a partir da Recomendação de 31.5.1996, do Conselho de Reforma do Estado (CRE), criado pelo Decreto 1.738/1996, órgão vinculado ao até então existente Ministério da Administração e Reforma do Estado: "O Projeto de Reforma do Estado visa substituir o antigo estatismo pelo moderno Estado regulador. O aparato regulatório existente é enorme, obsoleto, burocratizante e, em essência intervencionista, sendo necessário primeiro desregular para, a seguir, regular por novos critérios e formatos mais democráticos, menos intervencionistas e burocratizados".

4. Luiz Carlos Bresser Pereira, *Reforma do Estado para a Cidadania*, pp. 33-34.

Assim, percebe-se que não se trata, tão-somente, de uma reorganização do Estado, mas da substituição do modelo de gestão burocratizada por um dinâmico voltado para os resultados, procurando aumentar a capacidade de intervenção de forma efetiva, agindo de forma direta, tanto na sociedade, quanto no mercado.[5]

Essa tendência reformadora pode ser verificada desde a aprovação da Lei 8.031/1990, instituidora do PND,[6] seguida pela aprovação de uma série de Emendas Constitucionais (EC),[7] e a promulgação de Leis Ordinárias (LO),[8] destinadas a reformular o aparato jurídico-institucional brasileiro.

Assim, a mudança na forma de atuação estatal como agente regulador e fiscalizador da atividade econômica constitui o elemento fundamental de transformação

5. Souto, ob. cit., p. 125.

6. Esta lei foi alterada, posteriormente, sob o governo do Presidente Fernando Henrique Cardoso.

7. São exemplos as Emendas Constitucionais 5, 6, 7 e 8, todas de 15.8.1995, a 9, de 9.11.1995, e a 19, de 4.6.1998. A EC 5 dispõe sobre o regime de exploração de gás canalizado pelos Estados; a EC 6, sobre o regime de pesquisa e lavra de recursos minerais; a EC 7, sobre a ordenação dos transportes aéreo, aquático e terrestre; a EC 8, sobre o regime de prestação de serviços de telecomunicações e prevê a criação de um órgão regulador para o setor; a EC 9, flexibiliza o monopólio do petróleo e gás natural e também prevê a criação de órgão regulador; e a EC 19, entre outras alterações, introduziu o princípio da eficiência para reger a administração pública, e estabeleceu que deve ser disciplinada, por lei, as formas de participação do usuário na administração pública direta e indireta.

8. Como exemplos de Leis Ordinárias, tem-se o Código de Defesa do Consumidor (Lei 8.078/1990), Lei de Defesa da Concorrência (Lei 8.884/94), a Lei de Concessão de Serviços Públicos (Lei 8.987/1995); a Lei Geral de Telecomunicações, que criou a ANATEL — Agência Nacional de Telecomunicações (Lei 9.472/1997); a Lei Geral de Energia Elétrica, que criou a ANEEL — Agência Nacional de Energia Elétrica (Lei 9.427/1996); e a Lei Geral do Petróleo e Gás Natural, que criou a ANP — Agência Nacional do Petróleo (Lei 9.478/1997); a Lei 9.782/1999, que criou a ANVISA — Agência Nacional de Vigilância Sanitária; a Lei 9.961/2000, que criou a ANSS — Agência Nacional de Saúde Suplementar; e a Lei 9.984/2000, que criou a ANA — Agência Nacional de Águas.

introduzido pelo projeto reformista brasileiro.

2. *Modelo regulacional norte-americano*

A concretização da principal transformação introduzida pela Reforma no Brasil deu-se pela criação de agências responsáveis pela regulação e fiscalização de setores, como os de infra-estrutura e de serviços públicos.

Nos EUA, país onde se pratica, tradicionalmente, o mínimo de intervenção pública nesses setores, sentiu-se a necessidade de disciplinar as atividades econômicas exercidas por particulares, tencionando a proteção dos usuários e evitar abusos do poder econômico.[9]

Assim, segundo Francisco de Queiroz Bezerra Cavalcanti: "Dessa natural necessidade surgiram as agências reguladoras que são, efetivamente, um dos pilares da administração pública dos EUA e é, com a criação delas, que o Estado procura responder aos anseios democráticos de participação do setor público na disciplina da vida em sociedade" (2000, p. 258).

O autor lembra que a *Federal Administrative Procedure Act* (APA), legislação editada em 1946, conceituou o instituto de forma ampla, compreendendo qualquer ente da administração federal que seja distinto dos poderes previstos na Constituição norte-americana: "Agência é qualquer autoridade do Governo dos Estados Unidos, que esteja ou não sujeita ao controle de outra agência, excluindo-se: (A) Congresso, (B) Tribunais, (C) Governos Regionais e (D) Governo do Distrito de Columbia" (tradução nossa).[10]

Ainda conclui que: "Pela definição, entende-se que elas correspondem a diferentes unidades que compõem a Administração Federal dos Estados Unidos, excluídos os órgãos diretamente integrantes do *Executive Office of the President*, como, por exemplo, o *Department of State*, o *Department of Justice*, dentre outros, e as *Government Corporations*" (Cavalcanti: 2000, p. 159).

O *Fed* (*Federal Reserved*), expoente máximo do Sistema Financeiro Nacional dos EUA, é uma agência reguladora, com os poderes normativos de regulação e fiscalização, além de seu diretor, personificado atualmente na figura de Allan Greenspan, possuir mandato fixo e estabilidade no cargo, podendo ser afastado somente pelo Congresso Nacional, decisão que deve ser fundamentada e amparada nos motivos específicos previstos em lei.

O desenvolvimento da regulação nesse país pode ser dividido em dois momentos: o *New Deal* (1933-1940) e a *New Social Regulation* (1965-1980), predominando, inicialmente, a preocupação de controle da concorrência e, posteriormente, buscou-se a defesa dos consumidores, a segurança dos produtos, a proteção ao meio ambiente, dentre outros.

Esse quadro aponta que, no contexto da administração norte-americana, as agências comportam classificação em duas espécies: *regulatory agency* e *non-regulatory agency*. Como a própria denominação já denota, as agências reguladoras são aque-

9. Foi também no sistema norte-americano que primeiramente surgiu e desenvolveu-se a proteção ao consumidor, a partir de *Act* de 1872. Cass R. Sunstein, *After of the Rights Revolution Reconceiving the Regulatory State*, Massachussets, Harvard University Press, 1990, pp. 242-243, *apud* Francisco de Queiroz Bezerra Cavalcanti, "A independência da função reguladora e os entes reguladores independentes", *Revista de Direito Administrativo* 219/257-258.

10. "Agencies means each authority of the Government of the United States, whether or not it is within or subject to review by another agency, but does not include (A) the Congress, (B) the Courts of the United states, (C) the Governments of the territories of the United States, (D) the Government of the district of Columbia" (Bernard Shwartz, *Administrative Law*, Boston-Toronto, Little Brown & Company, p. 5, *apud* Francisco de Queiroz Bezerra Cavalcanti, "A independência...", cit., *Revista de Direito Administrativo* 219/258).

las com poderes, normativo e decisório, enquanto que as agências não reguladoras correspondem àquelas que prestam serviços públicos e sociais, com poderes limitados.

Delimitada a noção de agência no sistema norte-americano, cabe ressaltar que o modelo que serviu de fonte inspiradora para a criação de órgãos reguladores, não apenas no Brasil como em outros países latino-americanos e na Europa Ocidental, é o de agência reguladora.[11]

3. *Características do modelo regulacional brasileiro*

A criação de agências administrativas setoriais como novo modelo de regulação da economia por parte do Estado, bem como suas principais características, é esclarecida pelo Presidente Fernando Henrique Cardoso, que aponta a intenção do legislador de instalar uma administração ágil e flexível, destinada a corresponder às necessidades pelas quais passa o país, bem como seus cidadãos.[12]

"No caso das ações do governo relativas à infra-estrutura e aos serviços públicos, estão sendo constituídas agências reguladoras que substituem as burocracias ministeriais — e os antigos *lobbies* nelas incrustados — por um grupo de pessoas indicadas pelo Executivo em bases de conhecimento técnico e competência administrativa, e aprovadas pelo Senado. Esses reguladores têm mandato (para proteger-se de pressões políticas indevidas) e devem, em nome do interesse público e dos consumidores (os quais estão também presentes nos conselhos consultivos), controlar a seriedade, a eficiência e a universalização dos serviços — para atender a todos os setores da sociedade e não apenas os mais bem aquinhoados. Assim, ao privatizar e ao dar concessões de serviços públicos, o Estado, já não sob a forma burocrática, mas com novos personagens, continua presente em sua função social e reguladora" (Cardoso: 1998, p. 10).

Assim, tem-se que o modelo de agência de regulação introduzido no Brasil possui quatro características: a independência decisória, o poder regulamentar, a realização do interesse público e o controle social da prestação de serviços públicos.

A independência decisória, característica própria do modelo de regulação do direito administrativo norte-americano, advém da própria estrutura funcional das agências, composta por presidentes e conselhos com mandato fixo, orçamentos próprios, o que subentende autonomia financeira, além da impossibilidade de recurso administrativo hierárquico das decisões tomadas por esses órgãos.

Apesar da autonomia institucional, o vínculo mantido entre as agências administrativas e os Ministérios, permanece existindo no plano político, uma vez que compete ao Presidente da República escolher os Conselheiros, bem como definir, em conjunto com os Ministros, a política econômica para cada setor.

Cabe não olvidar, ainda, que o poder jurisdicional, conferido aos entes reguladores, no plano do direito administrativo, continua subordinado ao controle do Judiciário, diferentemente dos EUA, onde o controle desse poder sobre os atos da administração pública, em geral, e das agências reguladoras, em especial, não tem a amplitude do previsto na CF brasileira.[13]

11. Eloísa Carbonel Porras e José Luiz Muga Muñoz, *Agencias y Procedimiento Administrativo en Estados Unidos de América*, pp. 175-180; cf., no mesmo sentido, Cavalcanti, ob. cit., p. 159.

12. Fernando Henrique Cardoso, "Notas sobre a reforma do Estado", *Revista Novos Estudos do CEBRAP* 50/10.

13. Há previsão legal no *Federal Administrative Procedure Act* de exclusão do controle judicial em relação a determinadas competências das agências. Prevê aquele diploma legal que a revisão judicial é cabível, exceto quando a norma proibir ou quando a agência agir dentro de suas atribuições legais, contudo, tanto a doutrina quanto a jurisprudência norte-americana fixaram-se no sentido de que essa

No que diz respeito ao poder regulamentar das agências, a reforma, seguindo também o modelo norte-americano, procura ampliar a capacidade normativa desses órgãos, ao prever competências amplas e genéricas em lei, procurando-se desviar, do Poder Legislativo, a produção normativa e, do Executivo, o poder regulamentar privativo.

Parte da doutrina questiona a constitucionalidade do poder regulamentar conferido às agências, embasando sua argumentação no art. 84 da CF, que prevê a competência privativa do Presidente da República para regulamentar matéria prevista em lei, porém, o princípio da legalidade, que consta tanto do sistema jurídico brasileiro como do norte-americano, deixa claro que as agências não podem legislar fora dos limites previstos em lei em ambos os sistemas.[14]

Assim, a competência da agência não só é passível de fiscalização, quando da edição da norma que a criar, como também no momento em que expedir um regulamento autônomo.

A realização do interesse público, terceira característica do modelo regulacional brasileiro, a partir da defesa do consumidor, da livre concorrência e da eficiência na administração pública, deve ser compreendida no contexto de um modelo jurídico-econômico, onde a integração da sociedade se dá pelo mercado, identificando-se o cidadão como consumidor.

Claro está que, diferentemente da fonte de inspiração norte-americana, essa identificação não pode ser feita ainda na sociedade brasileira, onde uma parcela substancial da população não foi sequer integrada pelo direito, o que dizer pelo mercado.

Por fim, a quarta característica, a pretensão de criar mecanismos de controle social da prestação de serviços públicos coloca em questão a consciência de participação e efetivo controle da sociedade civil nos espaços democráticos, respectivamente, nas audiências públicas e através de associações de usuários.[15]

4. Estrutura do Sistema Financeiro Nacional

Grande parte do desenho institucional do Sistema Financeiro Nacional (SFN) alterou-se em uma ampla reforma estrutural do setor a partir de 1964 quando, até então, era composto por bancos de desenvolvimento, nacionais ou estaduais, como o Banco Nacional de Desenvolvimento Econômico e Social (BNDES), o Banco do Nordeste (BN) ou, ainda, o Banco da Amazônia (BA), Caixas Econômicas, Federal (CEF) e Estaduais (CEE), além de bancos comerciais, cooperativas de crédito financiadoras e de capitalização, distribuidoras e bolsas de valores.[16]

A função de Banco Central era exercida pela Superintendência da Moeda e do Crédito (SUMOC), instituição que funcionava junto ao Banco do Brasil (BB), acumulando, assim, as funções de banco comercial e banco do governo.

Nessa reestruturação, foram criados o Banco Central do Brasil (BACEN), o Conselho Monetário Nacional (CMN), o Banco Nacional de Habitação (BNH), a Comissão de Valores Mobiliários (CVM), além de bancos de investimento e empresas corretoras de valores.

Até 1986, o Banco do Brasil (BB) era, ao lado do BACEN, CMN e CVM, uma das autoridades monetárias, perdendo essa

previsão não é aplicável, em se tratando da proteção de direitos e liberdades garantidas na Constituição Federal, ou, ainda, quando a agência agir arbitrariamente, extrapolando seu poder dirigente (*apud* Cavalcanti, ob. cit., p. 257-258).

14. No mesmo sentido: Carlos Ari Sundfeld, "Introdução às agências reguladoras", *Direito Administrativo Econômico*, pp. 27-28.

15. Alexandre Santos de Aragão, "O poder normativo das agências reguladoras independentes e o Estado Democrático de Direito", *Revista de Informação Legislativa* 148/278-280.

16. Wilson Cano, *Introdução à Economia: uma Abordagem Crítica*, pp. 175-177.

condição após o Plano Cruzado que, dentre outras medidas, retirou sua conta movimento, que lhe dava a prerrogativa de sacar dinheiro contra o Tesouro Nacional (TN) sem custo algum, atendendo às demandas de crédito do setor estatal. Também nesse ano, o Banco Nacional de Habitação (BNH), foi extinto, alterando-se sensivelmente a configuração do sistema habitacional.[17]

Depois dessas transformações, a configuração atual do SFN pode ser dividida em dois subsistemas: o *subsistema da intermediação financeira*, enquadrando-se, nesse tipo, instituições bancárias, como o Banco do Brasil e os bancos comerciais, e não bancárias como o Sistema Financeiro da Habitação, os bancos de desenvolvimento e de investimento, e o *subsistema normativo*, onde estão todas as autoridades monetárias, ou seja, o Conselho Monetário Nacional, o Banco Central do Brasil e a Comissão de Valores Mobiliários.[18]

5. Subsistema da intermediação financeira

No subsistema da intermediação financeira, como já exposto anteriormente, enquadram-se instituições bancárias, como Banco do Brasil, bancos comerciais, e não bancárias como o Sistema Financeiro da Habitação, bancos de desenvolvimento e de investimento.

Segundo Marco Antonio Vasconcelos e Manuel Garcia: "A atividade bancária compreende as funções de recepção de depósitos e efetuação de empréstimos. São obrigados, por lei, a manter reservas obrigatórias iguais a um certo percentual dos depósitos a vista, fixado pelo BACEN, fazendo parte dos investimentos que essa instituição dispõe para controlar os meios de pagamento, além disso, esses órgãos mantêm um certo volume de títulos federais, estaduais e municipais, com o intuito de atender a desequilíbrios momentâneos de caixa, em geral, provocados pelo serviço de compensação de cheques" (2000, p. 157).

Com a extinção do BNH, que tinha a função de propiciar o financiamento para habitação, ficou, como órgão máximo no cumprimento da política habitacional, a Caixa Econômica Federal (CEF), atrelada às decisões do CMN. No Sistema Financeiro da Habitação encontram-se também as Caixas Econômicas Estaduais equiparadas, pelo art. 24 da Lei 4.380, de 21.8.1964, à CEF, além das sociedades de crédito imobiliário.

Os bancos de desenvolvimento têm no Banco Nacional de Desenvolvimento Econômico e Social (BNDES) a principal instituição financeira do Governo Federal, nos termos das Leis 1.628, de 20.6.1952, e 2.973, de 26.11.1956, criado juntamente com o Banco do Nordeste do Brasil (BNB) e do Banco da Amazônia (BA) e Banco de Desenvolvimento do Extremo-Sul (BDES). Posteriormente, surgiram os bancos estaduais de desenvolvimento.[19]

Finalmente, os bancos de investimento tiveram sua base legal estabelecida no art. 29 da Lei 4.278/1965.

"Estabeleceu a lei competência ao BACEN para autorizar a construção de bancos de investimento de natureza privada, cujas operações e condições de funcionamento são reguladas pelo CMN. Essas instituições foram criadas para canalizar recursos de médio e longo prazo para supri-

17. Marco Antonio S. Vasconcelos e Manuel E. Garcia, *Fundamentos de Economia*, p. 157.

18. Segundo a CF/1988, art. 192, I a VIII, o sistema financeiro, estruturado de forma a promover o desenvolvimento equilibrado do país e a servir aos interesses da coletividade será regulado em lei complementar, que disporá, inclusive, sobre: autorização para o funcionamento de instituições financeiras, assegurado às instituições bancárias, oficiais e privadas, acesso a todos os instrumentos do mercado financeiro bancário, sendo vedada a essas instituições a participação em atividades não previstas na autorização de que trata esse inciso; a organização, o funcionamento e as atribuições das instituições financeiras públicas e privadas.

19. Marco Antonio S. Vasconcelos e Manuel E. Garcia, ob. cit., p. 158.

mento de capital fixo e de giro das empresas, operando, assim, em um sistema específico da intermediação financeira" (Vasconcelos e Garcia: 2000, p. 157).

6. Subsistema normativo

Por ser o subsistema normativo o núcleo básico dessa análise, torna-se necessário examiná-lo mais profundamente, cabendo detalhar as funções exercidas por cada uma dessas instituições.

O CMN é órgão do Poder Executivo, enquanto que o BACEN e a CVM são autarquias, com a obrigação de operacionalizar as diretrizes políticas do Governo Federal, conferindo agilidade e dinamismo à sua atuação em matéria econômico-financeira.[20]

Criado pela Lei 4.595, de 31.12.1964, o CMN é, segundo o art. 16, VII, da Lei 9.649/1998, órgão máximo do Sistema Financeiro Nacional (SFN), integrante da estrutura do Ministério da Fazenda, presidido, por disposição legal dada pela Lei 9.069/1995, em seu art. 8º, pelo Ministro dessa pasta. Os objetivos e a competência de sua política são ditados nos arts. 2º e 3º da Lei de 1964, em conjunto com o art. 3º, I e II, da Lei 6.385/1976.

Tem como finalidade a formulação de políticas de crédito, monetária e cambial, objetivando o progresso econômico e social do país, além de disciplinar as demais instituições do sistema, exercida segundo diretrizes estabelecidas pelo Presidente da República, embora alguns dos seus atos dependam da autorização ou homologação pelo Poder Legislativo.[21]

O BACEN, também criado pela Lei 4.595, de 31.12.1964, é, na letra do art. 8º, uma autarquia federal, com competência, definida nos arts. 9º e 10 e em normas expedidas pelo CMN, que tem atribuição, pelo art. 14, de escolher sua diretoria e designar seu diretor. Nos termos do art. 1º do Decreto 91.961, de 19.12.1985, todos os membros da diretoria serão nomeados pelo Presidente da República, sendo possível sua demissão a qualquer tempo.[22]

"Compete ao BACEN cumprir e fazer cumprir as disposições que lhe são atribuídas pela legislação em vigor e as normas expedidas pelo CMN, através de resoluções, circulares e instruções. É órgão executor da política monetária, além de exercer a regulamentação e fiscalização de todas as atividades de intermediação financeira do país" (Moreira: 2000, pp. 95-97).

Por fim, a Comissão de Valores Mobiliários (CVM), instituída pela Lei 6.385, de 7.12.1976, é, segundo os arts. 5º e 6º, § 1º de sua lei instituidora, uma autarquia vinculada ao Ministério da Fazenda, cuja diretoria e presidente são nomeados pelo Chefe do Executivo, podendo ser demissíveis, a exemplo do BACEN, a qualquer tempo.

Esta instituição destina-se, pelos arts. 1º e 3º, a disciplinar e fiscalizar atividades relativas ao mercado de capitais, segundo política e regulação definidas pelo CMN, muitas delas em coordenação com o BACEN.[23]

"Suas principais atribuições, segundo o art. 8º são a de regulamentar, as matérias expressamente previstas nesta Lei e na Lei de Sociedades por Ações, e fiscalizar as bolsas de valores e a emissão de valores mobiliários negociados nessas instituições, como ações, debêntures, partes beneficiárias, os cupões desses títulos, os bônus de subscrição e os certificados de depósito de valores mobiliários" (Vasconcelos e Garcia: 2000, p. 157).

A CVM também exerce funções de regulação, fiscalização e supervisão dos

20. Egon Bockmann Moreira, "Agências administrativas, poder regulamentar e o Sistema Financeiro Nacional", *Revista de Direito Administrativo* 218/95-97.

21. Cf. no mesmo sentido: Marco Antonio S. Vasconcelos e Manuel E. Garcia, ob. cit., p. 157; Egon Bockmann Moreira, ob. cit., pp. 95-97.

22. Egon Bockmann Moreira, ob. cit., pp. 95-97.

23. Marcos Juruena Villela Souto, "Agências reguladoras", *Revista de Direito Administrativo* 216/131.

mercados de títulos e contratos de investimentos coletivos.[24]

7. *Características dos órgãos normativos do Sistema Financeiro Nacional*

Tanto o Conselho Monetário Nacional (CMN), quanto o Banco Central do Brasil (BACEN), ou, ainda, a Comissão de Valores Mobiliários (CVM), são partes integrantes de um mesmo todo, estruturado de forma a promover o desenvolvimento equilibrado do país e a servir aos interesses da coletividade, portanto, nada mais natural que possuam muitas características comuns, relativas ao controle hierárquico, à estabilidade no cargo de diretor, a competência regulamentar e de fiscalização.[25]

Quanto ao controle hierárquico, são diretamente subordinadas ao Presidente da República e ao Ministro da Fazenda, cumprindo determinações da administração direta de maneira imediata, acatando as diretrizes da presidência, ou mediata, com o CMN definindo políticas e regulando atividades, tanto do BACEN, quanto da CVM.

Não há mandato nem estabilidade nos cargos diretivos, assim, a qualquer tempo e sem motivação, seus membros podem ser afastados pelo Chefe do Executivo.

Todos são dotados de competência regulamentar, diferenciando-se, apenas, o grau e o conteúdo de tais outorgas, o mesmo em relação à fiscalização, controlando as áreas de sua atribuição, podendo apurar irregularidades e impor sanções.[26]

8. *Reforma regulatória e Sistema Financeiro Nacional*

A propalada pretensão governamental em reestruturar o Sistema Financeiro Nacional, atribuindo autonomia institucional a seus órgãos normativos, nos moldes das agências reguladoras implantadas para regular e fiscalizar determinados setores de infra-estrutura e serviços, apesar de discutível, seria uma atitude no mínimo coerente, tendo-se em vista a atual política de Estado adotada desde 1990.

Há quem diga que a reestruturação é, na verdade, uma política de governo e não de Estado.

Desde Fernando Collor de Melo (1990-1991), passando por Itamar Franco (1992-1994), até o atual presidente Fernando Henrique Cardoso (1995-2002), todos promoveram o processo de reestruturação, em maior ou menor grau, refletindo ser essa a postura do novo Estado.

Os entes do Sistema Financeiro Nacional devem atuar de forma coordenada, para enfrentar as turbulências do mercado, tendo a responsabilidade coletiva de manter a estabilidade, procurando criar, assim, um ambiente propício a investimentos estrangeiros. As bruscas mudanças de direção do mercado, que ameaçam a saúde econômica do país, são inevitáveis, sendo necessária uma ação coordenada e apropriada desses órgãos em momento oportuno.

Um dos fatos mais importantes dos últimos anos, ocorridos no Brasil, foi a passagem de um ambiente de expectativas inflacionárias a um de baixa inflação, sendo importante que este progresso seja mantido.

Comparando-se as características desses entes às das agências reguladoras, percebe-se o contraste existente entre esses e aqueles. Há de comum, ainda que substancialmente diversos, o poder normativo e o fiscalizador, todavia, no que tange à autonomia, nota-se a diversidade entre eles, já que, ao contrário da independência funcional das agências, esses órgãos possuem vínculo funcional e gerencial com a administração direta.

A ausência de vínculo hierárquico formal com a administração, compreendendo mandato fixo e impossibilidade de exone-

24. Medida Provisória 1.742-15, de 11.3.1999, *DOU*-I 12.3.1999, p. 9.

25. Moreira, ob. cit., pp. 98-99.

26. Os recursos contra suas decisões poderão atingir o Conselho de Recursos do Sistema Financeiro Nacional, órgão do Ministério da Fazenda criado pelo Decreto 91.152, de 1985.

ração, independência institucional, prerrogativa de emanar normas regulamentares exclusivas, e possibilidade de decidir questões controversas, acarretariam o inevitável fortalecimento institucional desses órgãos, fato que tende a contribuir para o tão desejado cenário de estabilidade.

O atual desenho institucional do SFN possui força, porém, em se tratando de um setor de essencial importância, não basta a esses órgãos serem fortes, é preciso que eles pareçam fortes, impressão que não é transmitida aos investidores, haja vista os ataques especulativos que atingem o país, fruto de uma possível mudança nos rumos políticos pós-eleição presidencial.

Nesse momento, há que se cogitar se o tormentoso cenário esperado para os próximos meses seria o mesmo se esses órgãos fossem autônomos e institucionalmente independentes em relação ao Poder Executivo coordenados por uma diretoria com mandato fixo, e estabilidade no cargo, imunes, assim, às mudanças de rumo políticas.

Ideologias à parte, o modelo de reorganização do Estado adotado no Brasil favorece a abertura de discussões públicas, que não devem ficar limitados à política partidária, sendo este um fator importante na concretização de um Estado Democrático de Direito.

Conclusão

Evidentemente, a reforma regulatória e o Sistema Financeiro Nacional apresentam outras facetas que não foi possível estudar aqui.

Ao reunir a opinião de vários autores renomados e estudiosos da matéria, tencionou-se contribuir para o desenvolvimento dos debates em torno do assunto, não havendo, em hipótese alguma, a preocupação em se esgotar a matéria, cingindo-se a buscar certa sistematização sem eliminar eventuais divergências de opiniões sobre problemas específicos.

Nesse sentido, procurou-se analisar dogmática e criticamente o instituto jurídico da agência administrativa, bem como o Sistema Financeiro Nacional, sob a luz do ordenamento jurídico brasileiro e comparado.

Para o desenvolvimento do presente trabalho, partiu-se do objetivo inicial de se enquadrar o tema dentro da reforma estrutural estatal, causa de todas as inovações no âmbito da administração pública.

Posteriormente, passou-se a tecer considerações a respeito da origem das agências administrativas dentro do direito norte-americano, modelo para o Brasil e para vários outros ordenamentos, embasados, anteriormente, numa maior presença do Estado intervindo na economia, apontando-se, ainda, para as suas principais características.

Em outro momento, traçou-se detidamente a estrutura funcional do Sistema Financeiro Nacional, dividindo-o em dois subsistemas: o da intermediação financeira, composta pelos bancos comerciais, de fomento e de investimento, e o normativo, formado pelo Conselho Monetário Nacional, Banco Central do Brasil e Comissão Valores Mobiliários, cada um com sua função e agindo de forma coordenada, todavia dependentes, intimamente, das políticas governamentais.

Em derradeiro, analisou-se a proposta governamental de transformá-los em agências reguladoras, com autonomia e independência institucional, apresentando-se as vantagens e desvantagens desse projeto, concluindo-se que não se trata de um assunto que se esgote em desentendimentos político-partidários mais preocupados com interesses individuais do que com o fim primordial do Estado, qual seja, o bem comum.

Referências bibliográficas

ADEODATO, João Maurício. "Bases para uma metodologia da pesquisa em Direito", *Re-*

vista do Instituto dos Advogados de Pernambuco 1, n. 2, Recife, 1998, pp. 13-39.

ARAGÃO, Alexandre Santos de. "O poder normativo das agências reguladoras independentes e o Estado Democrático de Direito", *Revista de Informação Legislativa* 148/275-299, Brasília, out.-dez. 2000.

ATALIBA, Geraldo. "Poder regulamentar do executivo", *Revista de Direito Público* 57-58/184-208.

———. "Delegação normativa: limites às competências do Conselho Monetário Nacional (CMN) e Banco Central do Brasil (BACEN)", *Revista de Direito Público* 98/50-69.

AZEVEDO, Eurico de Andrade. "Agências reguladoras", *Revista de Direito Administrativo* 213/141-148, Rio de Janeiro, jul.-set. 1998.

BANDEIRA DE MELLO, Celso Antônio. *Curso de Direito Administrativo.* 11ª ed., São Paulo, Malheiros Editores, 1999.

BANDEIRA DE MELLO, Oswaldo Aranha. *Princípios Gerais de Direito Administrativo.* v. 1, 2ª ed., Rio de Janeiro, Forense, 1979.

BARROSO, Luís Roberto. "Dez anos da Constituição de 1988", *RTDP* 20/29-49.

BENJÓ, Isaac. "A urgência do aparato regulatório no Estado brasileiro", *Revista do Instituto Brasileiro das Relações de Concorrência e de Consumo: Doutrina, Jurisprudência e Legislação*, São Paulo, abr. 1997.

BRESSER PEREIRA, Luiz Carlos. *Reforma do Estado para a Cidadania.* Brasília, ENAP Editora 34, 1998.

CANO, Wilson. *Introdução à Economia: uma Abordagem Crítica.* São Paulo, Ed. UNESP, 1998, pp. 175-177.

CARBONEL PORRAS, Eloísa e MUGA MUÑOZ, José Luiz. *Agencias y Procedimiento Administrativo en Estados Unidos de América.* Madri, Marcial Pons, 1996.

CARDOSO, Fernando Henrique. "Notas sobre a reforma do Estado", *Revista Novos Estudos do CEBRAP* 50, São Paulo, 1998.

CARRAZZA, Roque Antônio. *O Regulamento no Direito Tributário Brasileiro.* São Paulo, Ed. RT, 1981.

CAVALCANTI, Francisco de Queiroz Bezerra. "A independência da função reguladora e os entes reguladores independentes", *Revista de Direito Administrativo* 219/253-270, Rio de Janeiro, jan.-mar. 2000.

FARIA, José Eduardo. *Direito e Economia na Democratização Brasileira.* São Paulo, Malheiros Editores, 1993.

DUPAS, Gilberto. *Economia Global e Exclusão Social. Pobreza, Emprego, Estado e Futuro do Capitalismo.* São Paulo, Paz e Terra, 1999.

DUTRA, Pedro. "Órgãos reguladores: futuro e passado", *Revista de Direito Econômico* 24/59-64, Brasília, jul.-dez. 1996.

———. "Regulação na forma da lei", *Revista do Instituto Brasileiro das Relações de Concorrência e de Consumo: Doutrina, Jurisprudência e Legislação*, 1998.

———. "Regulação: o desafio de uma nova era", *Revista do Instituto Brasileiro das Relações de Concorrência e de Consumo: Doutrina, Jurisprudência e Legislação*, 1998.

———. "Regulação: segurança jurídica e investimento privado", *Revista do Instituto Brasileiro das Relações de Concorrência e de Consumo: Doutrina, Jurisprudência e Legislação*, abr. 1998.

FERREIRA FILHO, Manoel. "A reforma do Estado", *Revista de Direito Administrativo* 205/1-10, Rio de Janeiro, jul.-set. 1995.

GASPARINI, Diógenes. *Poder Regulamentar.* 2ª ed., São Paulo, Ed. RT, 1982.

GRAU, Eros Roberto. *O Direito Posto e o Direito Pressuposto.* São Paulo, Malheiros Editores, 1996.

HABERMAS, John. *Direito e Democracia — Entre Facticidade e Validade.* v. 2, São Paulo, Tempo Brasileiro, 1997.

HENTZ, Luis Antonio Soares. *Direito Administrativo e Judiciário.* São Paulo, Ed. Leud, 1998.

JUSTEN FILHO, Marçal. *Competência Normativa do Conselho Monetário Nacional (CVM). Condições Gerais dos Contratos Bancários e a Ordem Econômica.* Curitiba, Juruá, 1988.

MATTOS, Mauro Gomes. "Agências reguladoras e suas características", *Revista de Direi-*

to Administrativo 218/93-112, Rio de Janeiro, out.-dez. 1999.

MEIRELLES, Hely Lopes. *Direito Administrativo Brasileiro*. 20ª ed., São Paulo, Malheiros Editores, 1995.

MORAES, Reginaldo. *Neoliberalismo: de Onde Vem, para Onde Vai?*. São Paulo, Ed. Senac, 1999.

MOREIRA, Egon Bockmann. "Agências administrativas, poder regulamentar e o Sistema Financeiro Nacional", *Revista de Direito Administrativo* 218/93-112, Rio de Janeiro, out.-dez. 1999.

OLIVEIRA, Fernando A. Albino de. "CVM — Comissão de Valores Mobiliários e Mercado de Capitais", *Revista de Direito Público* 89/256-262.

SOUTO, Marcos Juruena Villela. "Agências reguladoras", *Revista de Direito Administrativo* 216/125-162, Rio de Janeiro, abr.-jun. 1999.

SUNDFELD, Carlos Ari. *Direito Administrativo Econômico*. São Paulo, Malheiros Editores, 2000.

TÁCITO, Caio. "Comissão de Valores Mobiliários. Poder regulamentar", *Temas de Direito Público* 2, Rio de Janeiro, Renovar, 1997.

VASCONCELOS, Marco Antonio S. e GARCIA, Manuel E. *Fundamentos de Economia*. São Paulo, Saraiva, 2000, p. 157.

WALD, Arnoldo. "Dos princípios constitucionais e da limitação do poder regulamentar na área bancária", *Revista de Direito Mercantil* 88/5-9.

———. e MORAES, Luiza Rangel. "Agências reguladoras", *Revista de Informação Legislativa* 141/143-171, Brasília, jan.-mar. 1999.

ARBITRAGEM NA LEI DAS SOCIEDADES ANÔNIMAS

LIVIA ROSSI

Introdução. Capítulo I — Evolução da arbitragem no Brasil. Capítulo II — 1. Noção de arbitragem e sua natureza jurídica; 2. Conceito de convenção de arbitragem: cláusula compromissória e compromisso arbitral; 3. Natureza jurídica da cláusula compromissória. Capítulo III — Requisitos de validade da cláusula compromissória no direito positivo brasileiro: uma análise dos arts. 1º, 3º e 4º da Lei 9.307/1996. Capítulo IV — 1. Aplicabilidade da arbitragem nos conflitos societários, diante do § 3º do art. 109 da Lei das Sociedades Anônimas; 2. Inclusão da cláusula compromissória de arbitragem quando da constituição de sociedade anônima; 3. Inclusão de cláusula compromissória de arbitragem em sociedade anônima já constituída, através da reforma do estatuto social; 4. Aquisição de ação de sociedade anônima já constituída, na qual consta em seus estatutos cláusula compromissória arbitral. Conclusão. Bibliografia.

Introdução

O presente trabalho aborda o instituto da arbitragem no Brasil e sua aplicabilidade em relação às lides surgidas no âmbito das sociedades anônimas.

Com a promulgação da Lei 10.303, de 31.12.2001, que promoveu uma reforma na Lei das Sociedades Anônimas, procurou o legislador, por meio da inserção do § 3º ao art. 109 da LSA, realçar a possibilidade de utilização da arbitragem como instrumento de solução de litígios em matéria societária, o qual, como adiante se verificará, constitui-se em alternativa preferível, no mais das vezes, à tradicional jurisdição estatal.

O trabalho foi estruturado em Capítulos, sendo alguns divididos em itens, conforme o grau de afinidade entre os assuntos.

Deste modo, segue-se a essa Introdução o Capítulo I, no qual fez-se uma apreciação histórica da evolução da arbitragem no Brasil até o desenvolvimento alcançado nos dias atuais.

No Capítulo II, apresentou-se a noção de convenção arbitral, o conceito de compromisso e cláusula compromissória e sua natureza jurídica.

Já no Capítulo III, apreciou-se o tema da arbitragem no direito positivo brasileiro (Lei 9.307/1996), no tocante aos requisitos de validade da cláusula compromissória: a) as pessoas que podem instituir a convenção arbitral; b) o objeto litigioso do juízo arbitral; e c) as formalidades extrínsecas da cláusula compromissória.

Finalmente, no Capítulo IV, realizou-se um estudo sobre a aplicabilidade das disposições da Lei 9.307/1996 quanto aos conflitos surgidos no seio da sociedade anônima, no tocante aos pressupostos de eficácia da cláusula compromissória estatutária e as matérias societárias que dela podem ser objeto.

Ainda neste Capítulo, foram analisadas as polêmicas e divergências doutrinárias que poderão surgir quando da inclusão de cláusula compromissória em sociedade anônima em processo de constituição, ou em sociedade anônima já constituída, esta última por meio de reforma do estatuto social. Além disso, mencionado capítulo aborda a controvérsia que poderá surgir no que diz respeito à submissão do acionista que ingressar na companhia, mediante aquisição de ações, à cláusula compromissória arbitral, diante da aceitação dos termos do estatuto social preexistente.

A Conclusão traz, resumidamente, ao leitor, o objetivo perseguido com a elaboração do presente trabalho monográfico, bem como a singela opinião da autora no tocante à importância da implementação e difusão da arbitragem como meio eficaz de solução de conflitos de ordem societária, em razão da falta de especialização do Poder Judiciário para julgar causas dessa natureza e da morosidade do aparelho jurisdicional estatal.

Capítulo I — Evolução da arbitragem no Brasil

O instituto da arbitragem não é novidade no Direito brasileiro, estando presente desde a Constituição Imperial de 1824, que, no seu art. 160, assim já dispunha: "Art. 160. Nas causas cíveis e nas penais civilmente intentadas, poderão as partes nomear árbitros. Suas sentenças são executadas sem recurso, se assim o convencionarem as partes".

No tempo do Brasil Império, o Código Comercial brasileiro, de 1850, influenciado pelo Código Comercial francês, de 1807, instituiu o juízo arbitral obrigatório para a composição de determinadas causas, dentre as quais as surgidas no âmbito dos contratos comerciais (v. art. 245, que trata da "locação mercantil"), bem como as oriundas de conflitos entre os sócios de sociedades comerciais, durante a sua existência ou por ocasião da sua liquidação e partilha (v. arts. 294, 302, § 5º, e 348). Também o Regulamento 737, de 25 de novembro de 1850, abordou o instituto da arbitragem, diferenciando as hipóteses de uso obrigatório e facultativo, reservando aquele para as causas comerciais e este para as demais causas.

A Constituição republicana de 1891 não reproduziu o preceito constante do art. 160 da Constituição do Império, mas nem por isso o direito pátrio ab-rogou a arbitragem, cuja prática foi mantida e autorizada por leis esparsas.

A Constituição Federal de 1934, retornando ao sistema da unidade processual, vetou o pluralismo processual voluntário e obrigatório, o que foi mantido pela Carta Magna de 1937.

Segundo os ilustres doutrinadores Modesto Carvalhosa e Nelson Eizirik: "o instituto da arbitragem vem sendo construído no direito brasileiro desde a Constituição de 1824, passando pela Constituição de 1934, de 1937, e como *norma de excepcional procedimento*, contemplada nos Códigos Civil e de Processo Civil" (Carvalhosa, 2002:179) (grifos nossos).

O Código de Processo Civil de 1973, em seus arts. 1.072 a 1.102, instituiu o chamado "Juízo Arbitral", prevendo que o laudo arbitral deveria ser homologado pelo juízo competente para adquirir eficácia de título executivo entre as partes e seus sucessores.

A Constituição Federal de 1988, diferentemente de suas antecessoras, volta a tratar do instituto da arbitragem, consagrando-o expressamente como forma de solução de dissídios individuais e coletivos entre trabalhadores e empregadores, consoante o disposto nos §§ 1º e 2º do art. 114 (Seção V — Dos Tribunais e Juízes do Trabalho, do Capítulo III — Do Poder Judiciário, do Título IV — Da Organização dos Poderes).

Com a promulgação da Lei 9.307, de 23.9.1996, foi disciplinada, em nível infraconstitucional, a arbitragem, ficando derrogados os arts. 1.037 a 1.048 do Código Civil de 1917 e os arts. 101 e 1.072 a 1.102 do Código de Processo Civil, de 1973.

No entanto, nas palavras do ilustre Dr. Marcelo M. Bertoldi e seus colaboradores: "a arbitragem, antes da edição da Lei 9.307, de 23.9.1996 — lei hoje vigente e que regula o instituto da arbitragem entre nós, inclusive no âmbito das relações societárias, nunca chegou a se apresentar como um instrumento eficaz de solução de litígios. A razão para isto é muito simples, para que a sentença arbitral viesse a surtir efeito era necessária a homologação da mesma perante o Poder Judiciário, ocasião em que se iniciava um novo processo perante o juízo estatal, onde se analisava, inclusive, a justiça da decisão, abrindo-se então a possibilidade de se proferir outra que se entendesse mais adequada ao caso. Assim, as partes não viam utilidade em recorrer ao juízo arbitral, na medida em que o laudo arbitral, para tornar-se exeqüível, deveria necessariamente passar pelo crivo do juízo estatal, fato este que minimizava sobremaneira as vantagens da arbitragem, especialmente no que se refere à celeridade inerente àquele procedimento" (Bertoldi, 2002:70-71).

Deste modo, a edição da Lei 9.307/1996 alterou substancialmente o tratamento dispensado à arbitragem no âmbito processual civil brasileiro. As novidades trazidas pela lei foram responsáveis pelo surgimento de um instrumento para a solução dos litígios, o qual conta com inegáveis vantagens quando comparado ao juízo estatal, dentre elas a rapidez, o sigilo e a especialização dos árbitros quanto à matéria em discussão. Além disso, a reforma da Lei das Sociedades Anônimas, com a promulgação da Lei 10.303/2001, que incluiu o § 3º no art. 109, veio ao encontro da revolução operada pela Lei 9.307/1996, ao assegurar expressamente a possibilidade de o estatuto da companhia vir a determinar que os conflitos de interesses entre os acionistas e a sociedade, ou entre aqueles e os detentores do poder de controle, possam ser solucionados através da arbitragem.

Capítulo II

1. Noção de arbitragem e sua natureza jurídica

A arbitragem é um sistema antigo de solução de controvérsias, com exemplos que remontam à antigüidade. O poeta grego Homero, tido como o autor da obra literária *Ilíada*, que narra a Guerra de Tróia, cita a figura do árbitro Páris:

"Tudo teve início um certo dia, numa data muito especial, tanto para os habitantes da terra como do céu, pois era celebrado o casamento entre Tétis, ninfa do mar — muito querida e respeitada entre as divindades — e seu amado mortal, Peleu.

"Todos os deuses haviam sido convidados para a festa, menos a deusa Éris (Discórdia), que, mesmo assim, acabou justificando o motivo de sua indesejável presença.

"Procurando vingar-se daqueles que a negligenciaram, Éris tratou de semear a discórdia, razão de seu viver, entre os participantes da cerimônia de casamento. Para isso, atirou furtivamente um pomo dourado gravado com a inscrição 'à mais bela', fazendo-o cair propositadamente na frente de três vaidosas divindades: a rainha dos deuses, Hera (Juno); a sábia e guerreira Atena (Minerva); e a senhora do amor, Afrodite (Vênus).

"Como era esperado, as três deusas alegaram ser a verdadeira merecedora do fruto e seu título. Em vista disso, recorreram juntas a Zeus (Júpiter), deus dos deuses, para que ele decidisse o impasse.

"Como Zeus percebeu que corria o risco de indispor-se com duas deusas, as quais seriam obrigatoriamente preteridas na escolha, delegou a um mortal, o príncipe troiano Páris, a difícil tarefa de arbitrar a questão.

"O assim eleito juiz viu cada uma das deusas prometer-lhe um magnífico dom em troca de sua preferência. Diante dessa condição, Afrodite mostrou-se mais afortunada, sendo escolhida a mais bela entre todas e, portanto, merecedora do pomo dourado. Ela havia garantido a Páris o que ele mais desejava na vida: o amor da rainha Helena, esposa do rei de Esparta, Menelau, por quem Páris nutria um amor incondicional, mas não correspondido" (Mattiuzzi, 2000: 161-164). Assim, iniciou-se a guerra entre Esparta e Tróia.

Deixando de lado a mitologia, nas fases primitivas da civilização dos povos, não existia um órgão estatal soberano, dotado de autoridade suficiente, bem como de força para impor o direito acima da vontade dos particulares. Também sequer havia normas gerais e abstratas (leis) impostas aos particulares pelo Estado.

Assim, os conflitos de interesses entre as pessoas eram resolvidos particularmente, através da chamada autotutela (ou autodefesa) ou regime da vingança privada. Deste modo, "quem pretendesse alguma coisa ou que outrem impedisse de obter haveria de, com sua própria força e na medida dela, tratar de conseguir, por si mesmo, a satisfação de sua pretensão" (Cintra, 1994:21).

Nos sistemas primitivos, além da autotutela, outra solução possível era a autocomposição, onde uma das partes, ou ambas, abriam mão do interesse ou de parte dele, pela desistência, submissão ou transação.

A transposição dessa modalidade de justiça privada para a justiça pública foi produto de uma lenta e necessária evolução. O eminente José Carlos Moreira Alves, em sua obra, registra que tal evolução deu-se em quatro etapas:

"a) na primeira, os conflitos entre particulares são, em regra, resolvidos pela força (entre a vítima e o ofensor, ou entre os grupos de que cada um deles faz parte), mas o Estado — então incipiente — intervém em questões vinculadas à religião; e os costumes vão estabelecendo, paulatinamente, regras para distinguir a violência legítima da ilegítima;

"b) na segunda, surge o arbitramento facultativo: a vítima, em vez de usar a vingança individual ou coletiva contra o ofensor, prefere, de acordo com este, receber uma indenização que a ambos pareça justa, ou escolher um terceiro (o árbitro) para fixá-la;

"c) na terceira etapa, nasce o arbitramento obrigatório: o facultativo só era utilizado quando os litigantes o desejassem e, como esse acordo nem sempre existia, daí resultava que, as mais das vezes, se continua a empregar a violência para a defesa do interesse violado; por isso o Estado não só passou a obrigar os litigantes a escolherem árbitro que determinasse a indenização a ser paga pelo ofensor, mas também a assegurar a execução da sentença se, porventura, o réu não quisesse cumpri-la; e

"d) finalmente, na quarta e última etapa, o Estado afasta o emprego da justiça privada e, por meio de funcionários seus, resolve os conflitos de interesses surgidos entre os indivíduos, executando, à força se necessário, a decisão" (Moreira Alves, 1971:203-204).

Assim, com o fortalecimento do Estado, passou ele a impor, ainda que de forma autoritária, a solução para os conflitos de interesses, por meio da denominada jurisdição. Todavia, tal situação não significou o fim da arbitragem, uma vez que ela continuou representando, no sistema romano, medieval e até nos dias de hoje, um dos modos de pôr fim às contestações jurídicas, compreendendo um instrumento jurisdicional alternativo e, como tal, facultativo.

A expansão econômica nacional e mundial do comércio foi responsável pelo ressurgimento, prestígio e relevância do instituto da arbitragem nos dias atuais. Muitos países compreenderam a imperiosidade da criação de mecanismos mais eficazes de composição das desavenças como premissa para a integração ao processo de globalização econômica, em razão da necessidade de atrair negócios e investimentos nacionais e estrangeiros (Coutinho, 1999:17-18).

Desta forma, nos dizeres de Alexandre Lima Verde: "(...) as novas realidades econômicas dos últimos tempos que conformam um novo Direito Mercantil e Empresarial, quais sejam a abertura de mercados, desenvolvimento dos meios de comunicação, tendências para a integração européia e interamericana, inovação das estratégias comerciais e o desenvolvimento do tráfego de massa, assim como as lógicas preferências do comerciante moderno, pela rapidez, a economia de custos e a especialização, vão reforçar a virtualidade da instituição arbitral como meio idôneo de resolução de controvérsias" (Coutinho, 1999:18).

Após as considerações supra traçadas, é possível trazer o conceito de arbitragem, sendo escolhido aquele construído por um dos mais árduos defensores do desenvolvimento deste instituto, o ilustre Professor Carlos Alberto Carmona: "A arbitragem — meio alternativo de solução de controvérsias através da intervenção de uma ou mais pessoas que recebem seus poderes de uma convenção privada, decidindo com base nela, sem intervenção estatal, sendo a decisão arbitral destinada a assumir a mesma eficácia da sentença judicial — é colocada à disposição de quem quer que seja para solução de conflitos relativos a direitos patrimoniais acerca dos quais os litigantes possam dispor" (Carmona, 1998:44).

Muito já se escreveu sobre a natureza jurídica da arbitragem. Apesar dessa matéria não ser o objeto principal do presente trabalho, a sua compreensão é necessária para o desenvolvimento do estudo a que se propõe elaborar. Assim, em breves linhas, explanar-se-ão as três principais correntes doutrinárias que procuram enquadrar a natureza jurídica da arbitragem:

a) *Natureza privatista*: para os defensores desta corrente, liderados por Chiovenda, a arbitragem seria puramente de natureza contratual, uma vez que as partes ao firmarem o compromisso se obrigam a cumprir o laudo, em virtude do princípio da obrigatoriedade dos contratos e a sentença proferida pelo Juízo Arbitral só se aperfeiçoaria quando recebesse a força e a autoridade do Estado. Portanto, ausente no árbitro o poder jurisdicional;

b) *Natureza publicista* (ou *processualista*): a segunda corrente, comandada por Ludovico Mortara e, no Brasil, por Carlos Alberto Carmona, vê na convenção arbitral a fonte dos poderes dos árbitros. O Juízo Arbitral seria verdadeira jurisdição, em razão de ser atividade sucedânea e complementar do Poder Judiciário, tendo em vista que, antes da vontade das partes, é a vontade da lei que lhes permite celebrar a convenção arbitral;

c) *Natureza mista/intermediária* ou *conciliadora*: a última corrente, a qual tem como expoente Carnelutti, sustenta, de um lado, que a decisão do árbitro não é uma sentença, porquanto precisa do decreto de executoriedade; de outro, o árbitro e o juiz concorrem para o julgamento do litígio, o que evidencia que a sentença é constituída tanto pelo laudo como pelo decreto do juiz (Alvim, 2000:60).

Atualmente, o posicionamento dos doutrinadores brasileiros sobre a questão é muito bem retratado pelo eminente Professor mineiro Humberto Theodoro Júnior: "Se, no regime anterior à Lei n. 9.307, mostrava-se forte a corrente que defendia a natureza contratual ou privatística da arbitragem, agora não se pode mais duvidar que saiu vitoriosa, após o novo diploma legal, a corrente jurisdicional ou publicística" (Theodoro Júnior, 1998:373).

2. *Conceito de convenção de arbitragem: cláusula compromissória e compromisso arbitral*

Para se obter a exata noção do que vem a ser convenção arbitral, tomar-se-á como parâmetro a Lei-Modelo da UNCITRAL (*United Nations Commission for International Trade Law*), que, em seu art. 7º, assim define:

"1. 'Convenção de arbitragem' é uma convenção pela qual as partes decidem submeter à arbitragem todo ou alguns dos litígios surgidos ou a surgir entre elas com respeito a uma determinada relação jurídica, contratual ou extracontratual. Uma convenção de arbitragem pode revestir a forma de uma cláusula compromissória num contrato ou a de uma convenção autônoma.

"2. A convenção de arbitragem deve ser reduzida a escrito. Considera-se que uma convenção tem forma escrita quando constar de um documento assinado pelas partes ou de uma troca de cartas, telex, telegramas ou qualquer outro meio de comunicação que prove a sua existência, ou ainda a troca de alegações referentes à petição e à contestação na qual a existência de uma tal convenção for alegada por uma parte e não seja contestada pela outra. A referência num contrato a um documento que contenha uma cláusula compromissória eqüivale a uma convenção de arbitragem, desde que o referido contrato revista a forma escrita e a referência seja feita de tal modo que faça da cláusula uma parte integrante do contrato."

Resumindo: a convenção arbitral, assim definida como o acordo escrito através do qual as partes se obrigam a submeter seus litígios civis, atuais ou futuros, ao juízo arbitral, assume duas formas: a cláusula compromissória e o compromisso arbitral que serão a seguir estudados.

A definição de cada uma das formas de arbitragem pode parecer um pouco óbvia de início, principalmente quando apreciada de forma teórica e abstrata. No entanto, a prática coloca um espectro infinitamente variado de situações, o que exige do jurista a fixação de elementos mínimos que, se não estiverem simultaneamente presentes, implicam ausência de pactuação válida de arbitragem.

Para proceder a uma definição rápida, separaremos em duas partes os elementos a serem identificados: a) elementos da cláusula compromissória; e b) elementos do compromisso arbitral, que juntos compõem a convenção de arbitragem.

2.1 Elementos da cláusula compromissória

A cláusula compromissória, na visão geral da doutrina, pode ser assim definida: "ato mediante o qual as partes convencionam remeter a árbitros o conhecimento de todas ou de algumas questões que surjam, *no futuro*, entre elas, relativas a matérias ou assuntos que assinalam, subtraindo-as dos tribunais de jurisdição ordinária" (Arredondo, 1969:102) (grifo nosso).

Assim, de forma geral, a cláusula compromissória, por ser um negócio jurídico, deve atender aos requisitos de (i) capacidade das partes, (ii) objeto lícito e (iii) forma prescrita ou não defesa em Lei, requisitos esses que adiante serão minuciosamente estudados à luz do ordenamento jurídico brasileiro.

2.2 Elementos do compromisso arbitral

O compromisso arbitral, por sua vez, constitui espécie de convenção de arbitragem pela qual as partes submetem à via arbitral uma controvérsia já existente. Neste sentido: "Como vemos, do ponto de vista funcional, a diferença entre compromisso e cláusula compromissória é que a primeira se refere a conflito atual e a segunda a conflito futuro ou eventual, relacionado a contrato existente entre as partes" (Rocha, 1997:44).

Em regra, o funcionamento da arbitragem se opera pelo seguinte mecanismo. Primeiro, insere-se no contrato cláusula compromissória genérica prevendo a adoção do aludido instituto como forma de dissolução de disputas que possam surgir no futuro. Havendo, então, uma disputa concreta e presente, as partes se reúnem com o fim de elaborar o compromisso arbitral, que indicará a composição e o funcionamento do juízo específico que solucionará a questão.

Tal mecanismo, baseado nos momentos anterior e posterior ao início de uma disputa, visam permitir às partes, em princípio, prever abstratamente a arbitragem, dando a elas a oportunidade de, após o surgimento do litígio específico, indicar os árbitros que o dirimirão. A indicação dos árbitros posteriormente ao nascimento da lide se justifica na medida em que pode não ser possível às partes eleger previamente o Juízo Arbitral adequado para cada tipo de controvérsia que o contrato pode dar causa.

Há ainda certas cláusulas compromissórias, denominadas *cheias*, em oposição às chamadas *cláusulas vazias*, que já indicam, antes mesmo de configurada uma disputa concreta, as regras de um órgão arbitral ou entidade especializada responsável pela condução do Juízo Arbitral (Carmona, 1993:85).

Tais cláusulas cheias dispensariam a elaboração do compromisso arbitral, uma vez que trazem em si todos os elementos necessários à instauração do juízo, nos termos do Protocolo de Genebra de 1923. Ressalte-se que há doutrinadores, como César Fiúza, Alexandre Freitas, Celso Barbi Filho, Humberto Theodoro Júnior, que sustentam que a instalação do procedimento da arbitragem *não pode prescindir do compromisso arbitral, ou de decisão judicial que o supra* (Alvim, 2000:229).

3. Natureza jurídica da cláusula compromissória

Para os fins do estudo a respeito da aplicabilidade da cláusula compromissória arbitral na solução dos conflitos societários, a explanação restringir-se-á apenas à natureza jurídica de tal espécie de convenção arbitral, tendo em vista que ela é o foco do presente trabalho.

Primeiramente, faz-se necessário destacar que a cláusula compromissória, por ser uma espécie de convenção de arbitragem, não pode ter natureza jurídica diversa do juízo arbitral, porquanto a arbitragem nasce com a convenção; e a convenção de arbitragem, por sua vez, é que dá vida ao juízo arbitral. Assim, os argumentos expendidos acima acerca da teoria privatista e publicista sobre a natureza jurídica da arbitragem aplicam-se, *mutatis mutandis*, à cláusula compromissória.

Conforme já explicitado, a cláusula compromissória é o ato mediante o qual as partes convencionam remeter a árbitros o conhecimento de lides ainda por nascer, consubstanciando-se, portanto, em uma obrigação sujeita a condição, de que se produza, no futuro, controvérsia entre as partes.

Para Arredondo, o ato jurídico é o fato voluntário em que a vontade é dirigida à obtenção de um efeito jurídico determinado, sendo, portanto, um negócio jurídico bilateral (Arredondo, 1969:102).

Segundo o eminente José Eduardo Carreira Alvim: "admitir-se o caráter de negócio jurídico da cláusula compromissória e do compromisso arbitral não infirma sua natureza de pacto convencional, porquanto, na base de uma e outro está a vontade das partes, que, pela própria estrutura da arbitragem, se move em mais de uma direção, ora impulsionada por uma causa comum, imediata, cumprindo uma função processual, ora por causas opostas, mediantes, de satisfação do próprio interesse, na busca da realização da pretensão material" (Alvim, 2000:213).

A doutrina nacional, antes da nova Lei de Arbitragem, via na cláusula compromissória um *pactum de compromitendo*, isto é, uma convenção celebrada entre os contratantes pela qual estipulava-se que as divergências surgidas entre eles sobre um dado negócio jurídico (geralmente acerca da execução ou interpretação de um contrato) seriam resolvidas por meio de arbitragem. No entanto, os tribunais, seguindo a doutrina civilista de Clóvis Bevilácqua, não reconheciam valor vinculativo a esse pacto preliminar, vendo nele uma simples obrigação de fazer (de celebrar o compromisso) que, descumprida, não comportava execução específica, rendendo apenas ensejo a perdas e danos (Alvim, 2000:215).

A Lei 9.307/1996 trouxe, em seu art. 4º, a conceituação de cláusula compromissória, definindo-a como "a convenção através da qual as partes em um contrato comprometem-se a submeter à arbitragem os litígios que possam vir a surgir, relativamente a tal contrato". Trata-se, portanto, de autêntica obrigação de fazer relativamente a litígio futuro, que pode ou não ocorrer, mas ocorrendo, pode ser mantido na via arbitral por acordo espontâneo das partes ou judicialmente, se uma delas resistir em cumprir a cláusula compromissória (Alvim, 2000:213-214).

Capítulo III — Requisitos de validade da cláusula compromissória no direito positivo brasileiro: uma análise dos arts. 1º, 3º e 4º da Lei 9.307/1996

Analisando a convenção de arbitragem sob o ângulo contratual, seus pressupostos de existência e validade são aqueles relacionados ao ato jurídico ou negócio jurídico, ao passo que, sob a ótica jurisdicional, tais pressupostos referem-se à relação jurídica processual.

Será deixado de lado no presente estudo o âmbito processual, tendo em vista não ser esse o escopo do trabalho, focando-se nos requisitos legais que devem ser observados quando da pactuação da cláusula compromissória. Ressalte-se, nesse passo, a necessidade de observância de tais requisitos, sob pena de invalidade da pactuação arbitral.

Assim, a cláusula compromissória, por ser um pacto convencional, deve atender aos requisitos de validade dos atos jurídicos em geral, contemplados no art. 82 do Código Civil, quais sejam: (i) capacidade das partes, (ii) objeto lícito e (iii) forma prescrita ou não defesa em Lei, os quais estão presentes na Lei 9.307/1996.

1. Art. 1º da Lei 9.307/1996: das pessoas que podem convencionar arbitragem

A capacidade dos contratantes constitui condição *sine qua non* para a utilização da arbitragem, sem a qual não pode ser firmada a cláusula compromissória.

A capacidade jurídica consiste na aptidão de se tornar sujeito de direito e deveres. Esta aptidão está estampada no art. 2º do Código Civil brasileiro, sendo certo que a capacidade jurídica da pessoa natural pode ser limitada ou sofrer restrições, já que uma pessoa pode ter o gozo de um direito sem ter, necessariamente, o exercício, em razão da ocorrência de fatores físicos, de idade ou psicológicos. Essas pessoas, denominadas de incapazes, a lei possibilita o exercício de direitos através da representação ou assistência, conforme o caso.

Deste modo, aqueles que não têm capacidade para dispor do direito, não podem contratar a arbitragem. Trazem-se como exemplos, o inventariante do espólio e o síndico do condomínio, os quais não podem, sem permissão judicial, submeter demanda a julgamento arbitral, sob pena de nulidade da cláusula ou compromisso arbitral.

Analisando o art. 1º da Lei de Arbitragem, o Professor Irineu Strenger sustenta, com muita propriedade, que: "só poderão valer-se da arbitragem as pessoas *sui juris*, isto é, que sejam maiores ou emancipadas, nos termos da lei interna vigente, podendo esse fato tornar-se, eventualmente, gerador de controvérsias no plano internacional, se ocorrerem conflitos na aplicação do direito, pois esse é o sentido da expressão 'pessoas capazes de contratar'" (Strenger, 1998:17).

Continua o ilustre doutrinador: "No que concerne ao alcance da legitimação para figurar em uma arbitragem, interpretada a disposição com ortodoxia gramatical, chega-se à conclusão de que as pessoas jurídicas estão à margem dessa modalidade jurisdicional, mas, se admitirmos como propositada ou não a falta de explicitação podemos considerar que inclusive as pessoas jurídicas entram nesse permissivo, pois a generalidade do vocábulo 'pessoas' engloba esse raciocínio, o mesmo ocorrendo com o vocábulo 'capazes'" (Strenger, 1998:18).

Conclui-se, portanto, que apesar de o texto legal não ser expresso em permitir que as pessoas jurídicas possam se valer da arbitragem para a solução de conflitos em que estejam envolvidas, por meio de uma interpretação sistemática do direito positivo brasileiro, a outra conclusão não se há que chegar senão a de que essas pessoas integram o permissivo legal.

2. Art. 3º da Lei 9.307/1996: o objeto litigioso do Juízo Arbitral

Não basta a capacidade para comprometer um litígio perante árbitros, é necessário, ainda, que a desavença diga respeito a direito patrimonial disponível, nos termos do art. 3º da Lei 9.307/1996.

Conforme definição proposta pelo Professor Carlos Alberto Carmona, "diz-se que um direito é disponível quando ele pode ser ou não exercido livremente pelo seu titular, sem que haja norma cogente impondo o cumprimento do preceito, sob pena de nulidade ou anulabilidade do ato praticado com sua infringência. Assim, são disponíveis (do latim *disponere*, dispor, pôr em vários lugares, regular) aqueles que podem ser livremente alienados ou negociados, por encontrarem-se desembaraçados, tendo o alienante plena capacidade jurídica para tanto" (Carmona, 1998:48).

Conclui o eminente Professor: "de maneira geral, não estão no âmbito do direito disponível as questões relativas ao direito de família — e em especial ao estado das pessoas (filiação, pátrio poder, casamento, alimentos) — aquelas atinentes ao direito de sucessão, as que têm por objeto as coisas fora do comércio, as obrigações naturais, as relativas ao direito penal, entre tantas outras, já que ficam estas matérias todas fora dos limites em que pode atuar a autonomia da vontade dos contendentes" (Carmona, 1998:48).

3. Art. 4º da Lei 9.307/1996: do requisito formal da cláusula compromissória

A cláusula compromissória no direito brasileiro não exige forma solene, contentando-se a lei que seja estipulada por escrito (art. 4º, § 1º da Lei 9.307/1996).

Segundo a grande maioria dos doutrinadores brasileiros, pode a cláusula compromissória ser avençada mediante troca de correspondência epistolar entre as partes, telex, telegrama, fac-símile, desde que comprovada a proposta de uma das partes e a aceitação da outra (Alvim, 2000:217 e Carmona, 1998:84), sendo esta inclusive a redação do § 2º do art. 7º da Lei-Modelo da UNCITRAL (*United Nations Commission for International Trade Law*), citado no Item 2, do Capítulo II, do presente trabalho.

Nas palavras esclarecedoras do Mestre mineiro José Eduardo Carreira Alvim: "*primo oculi*, a denominação 'cláusula' compromissória dá a impressão de só poder ela fazer parte de um contrato — por isso seria uma cláusula — e que sua função seria a de resolver controvérsias sobre as outras estipulações. Mas a cláusula compromissória não se atrela, necessariamente, a um contrato, posto que ela tem individualidade própria, preserva em relação a ele a sua independência e se incorpora no mesmo instrumento contratual por uma questão de mera comodidade prática; em geral, nem sofre as vicissitudes por que possa passar o próprio contrato, que não a atinge. A cláusula compromissória é, ela própria, um outro contrato, que serve de bússola aos contratantes relativamente a litígios futuros, nascidos ou não de um contrato, indicando-lhes o caminho para chegarem ao juízo arbitral" (Alvim, 2000:217).

Ultrapassados esses esclarecimentos preliminares e indispensáveis para a compreensão do instituto da arbitragem, passa-se a examinar o assunto sob o âmbito societário, mais precisamente, à luz do ordenamento jurídico regulador das sociedades anônimas que, com a reforma da Lei das Sociedades Anônimas em 2001, passou a contar com um permissivo legal para a utilização da arbitragem na solução de suas controvérsias.

Capítulo IV

1. Aplicabilidade da arbitragem nos conflitos societários, diante do § 3º do art. 109 da Lei das Sociedades Anônimas

O § 3º do art. 109 da Lei das Sociedades Anônimas estabelece que as companhias poderão inserir em seus estatutos regra que submeta ao procedimento arbitral as controvérsias entre os acionistas e a sociedade, assim como as divergências entre os acionistas minoritários e os controladores, devendo o estatuto especificar os termos que devem vigorar durante a arbitragem.

Com muita propriedade foi salientado pelo ilustre Professor paranaense Marcelo M. Bertoldi e seus colaboradores que já era perfeitamente possível a utilização do instituto da arbitragem para a solução de conflitos de interesses no âmbito societário, mesmo antes da reforma da Lei das Sociedades Anônimas de 2001. A introdução do § 3º ao art. 109, que trata dos direitos essenciais dos acionistas, denotou a intenção do legislador em realçar ainda mais a possibilidade de utilização deste instrumento de solução de litígios, o qual constitui uma alternativa, na maioria das vezes, mais benéfica para assegurar, com maior agilidade, adequada proteção aos investidores (Bertoldi, 2002:73).

Aliás, algumas sociedades já vinham incluindo em seus estatutos norma prevendo que a solução de tais conflitos seria submetida à arbitragem. Tal prática decorria das notórias dificuldades de o Poder Judiciário dirimir complexas divergências surgidas no âmbito das intrincadas relações entre os acionistas, a companhia e seus controladores, tendo em vista que os Magistrados, na maioria das vezes, ou estão sobrecarregados pelo acúmulo de processos ou não possuem conhecimentos específicos da matéria.

Outra entidade que vem se destacando no incentivo à utilização da arbitragem no Brasil é a Bolsa de Valores de São Paulo, pois, quando da instituição do Novo Mercado, estabeleceu que os conflitos surgidos no âmbito das sociedades listadas nos segmentos especiais da Bovespa (Novo Mercado e Nível 2 de Governança Corporativa) deveriam ser dirimidos por arbitragem. Além disso, foi organizada pela referida entidade a Câmara de Arbitragem do Mercado, em cuja composição encontram-se especialistas de diversas formações, tais como advogados, contadores, empresários e auditores (Cantidiano, 2002:116).

Podemos citar, também, como grande incentivador da difusão da arbitragem e sua aplicabilidade no campo societário, notadamente quanto à amplitude dos sujeitos a ela submetidos, o ilustre Siegbert Rippe, Professor Catedrático de Direito Comercial da Universidade do Uruguai:

"No obstante, se advierte que el proceso arbitral tiene alta viabilidad de operar en la solución de conflictos que se plantean en el ámbito estrictamente interno de las sociedades: conflictos entre directores y administradores, conflictos entre accionistas, conflictos entre los órganos sociales entre sí, conflicto entre los órganos y los accionistas, incluso respecto de impugnaciones contra resoluciones de los directores y administradores o de las asambleas sociales.

"Tiene, incluso, idoneidad para funcionar como medio alternativo de solución de conflictos entre sociedades de un mismo grupo económico, así como en el contexto asociativo de empresas en conflicto agrupadas de una manera más o menos estable o temporal (grupos de interés económico o uniones transitorias de empresas, respectivamente), o en el marco de acuerdos parasocietarios como son, por ejemplo, los convenios de sindicación de acciones o accionistas, por lo pronto, en aquellas legislaciones que admiten la licitud de dichos pactos.

"La no obligatoriedad legal del arbitraje determina, en su caso, la necesidad de incorporar la cláusula compromisoria en los contratos sociales respectivos, se en el acto fundacional, se a través de una reforma o modificación de los mismos, y de vos o subjetivos, o si se limita a la resolución de sólo ciertas controversias o cuando sólo involucra a ciertas personas: por ejemplo, socios o accionistas" (Rippe, 2001:375).

Assim, após todas as considerações levantadas nos capítulos anteriores, no tocante aos requisitos de validade da cláusula compromissória arbitral no direito positivo brasileiro, é possível concluir-se que a posição adotada pelo legislador respeita o sistema vigente, na medida em que: (i) segundo a melhor doutrina, o estatuto social, como parte integrante do contrato plurilateral onde as partes convergem seus interesses na criação da sociedade, é instrumento apto para a instituição da arbitragem como modalidade de solução de divergências de natureza societária; (ii) a solução alternativa das divergências de que fala o § 3º, do art. 109, da LSA, decorre da liberdade das partes que lhes permite vincularem-se a um foro de eleição de natureza privada, ou seja, ao juízo arbitral, em substituição ao juízo estatal.

Os eminentes doutrinadores Modesto Carvalhosa e Nelson Eizirik relatam as características e o conteúdo que deve conter a cláusula compromissória estatutária, os quais, resumidamente, transcreve-se:

a) "a cláusula compromissória constante do estatuto social deve ser explícita quanto às partes e às relações societárias entre elas e sobre os limites da competência arbitral";

b) "deve, assim, constar da cláusula compromissória a configuração dessas divergências que não poderão ser universais, restritas que estão à esfera dos direitos patrimoniais disponíveis, decorrentes dessas relações de natureza exclusivamente societária";

c) "é prudente que a entidade arbitral seja desde logo indicada na cláusula arbitral estatutária para o efeito de tornar indiscutível a sua competência, na conformidade preestabelecida das suas regras e regulamentos, que regerão, o processamento da arbitragem" (Carvalhosa, 2002:186-187).

d) "no que respeita à cláusula compromissória estatutária, esta se aplica unicamente a controvérsias originadas da aplicação da Lei Societária e do estatuto social. Não pode haver extensão do objeto e das partes nas lides submetidas ao juízo arbitral. Assim, as controvérsias e lides em que, além dos acionistas e da sociedade, haja o envolvimento de administradores, fiscais ou terceiros estão excluídas do juízo arbitral instituído pela cláusula compromissória estatutária. Ademais, não pode ser objeto do compromisso arbitral a discussão sobre as cláusulas organizativas da sociedade, pois estas interessam à coletividade dos acionistas como um todo e não podem, assim, ser objeto de decisão arbitral. As cláusulas organizativas da sociedade originam-se de normas imperativas do ordenamento e, por isso, são indisponíveis por parte de alguns acionistas compromissados ou mesmo pela totalidade deles, por se tratar de matéria de ordem pública. (...) Para a concreção do campo de aplicação da cláusula compromissória estatutária a fonte segura é o elenco de ações que estão previstas nos arts. 285 a 287 da Lei Societária" (Carvalhosa, 2002:201-202).

Em que pese a inovação legislativa, controvérsias poderão surgir com a instituição e utilização da convenção de arbitragem no estatuto social das sociedades anônimas, mormente no que tange aos efeitos relativos aos acionistas quando da inclusão de cláusula compromissória em companhia já existente. Outro ponto polêmico diz respeito à vinculação dos novos acionistas quando da aquisição de ação de sociedade, de capital aberto e/ou fechado, onde conste em seus estatutos cláusula compromissória arbitral.

Visando a melhor compreensão da matéria citada no presente item, prefere-se dividi-la em segmentos, dentro dos quais é citada a opinião preciosa dos poucos doutrinadores que já trataram do assunto.

2. *Inclusão de cláusula compromissória de arbitragem quando da constituição de sociedade anônima*

A — Por subscrição pública

Nos termos dos arts. 82 a 87 da Lei das Sociedades Anônimas, a constituição por subscrição pública destina-se à criação de uma companhia aberta, apta a se capitalizar no mercado de capitais. A pessoa que toma a iniciativa de organizar a companhia é o fundador, o qual é, em geral, um empresário, que identifica uma oportunidade de negócio para cuja viabilização seria necessário um volume de recursos do qual não dispõe.

A constituição por subscrição pública compreende três fases:

a) registro de emissão na Comissão de Valores Mobiliários, cujo pedido deve ser instruído com o projeto do estatuto, o estudo de viabilidade econômica e financeira do empreendimento e a minuta do prospecto. Caso a CVM considere o empreendimento viável, os fundadores idôneos, e caso não identifique impropriedades no projeto do estatuto ou no prospecto, deferirá o pedido de emissão, permitindo o início da segunda fase;

b) colocação das ações junto aos investidores em geral, para fins de subscrição, por meio de instituição financeira intermediária e dos demais agentes do mercado de capitais envolvidos com a operação. Ao término dessa fase, todas as ações devem ter sido subscritas, sob pena de se frustrar a operação como um todo;

c) realização da assembléia para deliberação da fundação da sociedade, aprovação do estatuto, avaliação dos bens oferecidos à integralização do capital social, eleição dos administradores e fiscais, entre outras matérias (Coelho, 2001:178-185).

Ressalte-se que, na assembléia de constituição, cada ação, independentemente de sua espécie ou classe, dá direito a um voto, sendo que o projeto do estatuto social só poderá ser alterado por deliberação unânime dos subscritores (§ 2º do art. 87 da LSA).

Assim, caso o projeto do estatuto apresentado à CVM contenha previsão de cláusula compromissória arbitral, quando da realização da assembléia de constituição, a exclusão de tal convenção só poderá ser efetivada através de decisão unânime dos subscritores. É de se observar que a própria norma estatutária constitui-se na cláusula compromissória que vincula, de um lado, a sociedade e, de outro, os acionistas que manifestam duplamente essa vontade, pela sociedade e por si mesmos (Carvalhosa, 2002:194).

Nessa hipótese de inclusão de cláusula compromissória arbitral, pode-se entender pela sua validade e eficácia perante todos os subscritores, sob o fundamento de que os acionistas tiverem prévio conhecimento do teor do projeto do estatuto social, o qual foi apresentado e aprovado pela CVM.

Desse modo, pode-se sustentar que os acionistas, ao subscreverem suas ações, teriam concordado com os termos e cláusulas do estatuto social, manifestando inequívoca, livre e expressamente sua intenção de se submeter individualmente ao juízo arbitral, nos conflitos societários que se envolverem.

Segundo os insignes doutrinadores Modesto Carvalhosa e Nelson Eizirik: "Assim, no momento da constituição da sociedade (arts. 80 e ss. da Lei 6.404/1976) estarão vinculados à cláusula compromissória todos os fundadores que subscreveram o capital social. São eles que fundam a sociedade e aprovam o seu estatuto. Pode-se dizer, portanto, que os fundadores-subscritores não aderem ao estatuto, mas efetivamente o aprovam. Fique bem clara aqui a distinção. No caso, os atos constitutivos e, dentre eles, a aprovação do estatuto, são *tractatus* entre os fundadores e não *dictatus*" (Carvalhosa, 2002:191).

Resumindo, pode-se sustentar, como é defeso alegar desconhecimento da lei, que os acionistas que subscreverem publicamente ações de companhia em constituição, em cujo projeto de estatuto social estava incluída cláusula compromissória arbitral, anuíram aos termos do estatuto, bem como ao referido pacto, tendo em vista que, por lei, a alteração estatutária para a exclusão de referida cláusula só poderia ser realizada através do consenso de todos os sócios. Além disso, os acionistas, caso não concordassem com referida convenção arbitral, tinham a faculdade de não adquirir as ações e, portanto, não ingressar no quadro social.

Contudo, como melhor será explicitado no Item 4 abaixo, há doutrinadores que entendem que o acionista, ao subscrever publicamente ações de companhia, estaria "*aderindo*" ao projeto do estatuto social apresentado pelo fundador, ficando obrigado a acatar a decisão que viesse a ser proferida em juízo arbitral, o que poderia ser interpretado como uma "*renúncia tácita à jurisdição estatal*", que é proibida, por tratar-se de "*um direito essencial que tem caráter personalíssimo*". Para evitar a invalidade da cláusula compromissória, nesse caso, alguns doutrinadores advertem acerca da necessidade de os subscritores das ações assinarem "*termo de adesão*", nos termos do art. 4º, § 2º da Lei 9.307/1996.

B — Por subscrição particular

A constituição por subscrição particular destina-se à formação de sociedade anônima fechada, que não pretende a captação de recursos no mercado de capitais, pelo menos no seu início, sendo que o seu processo de constituição é mais simples que o das abertas.

Nos termos do art. 88 da Lei das Sociedades Anônimas, duas são as alternativas para a constituição por subscrição particular:

a) realização de uma assembléia de fundação dos subscritores, sujeita às mesmas regras supra referidas, devendo ser entregue à assembléia o projeto do estatuto, assinado por todos os subscritores do capital; ou

b) lavratura de escritura pública em cartório de notas, que deverá ser assinada por todos os subscritores.

Nessa hipótese, caso o projeto do estatuto contenha previsão de cláusula compromissória arbitral, não pode haver dúvida quanto à validade e eficácia de tal convenção em face de todos os sócios, tendo em vista que todos os subscritores assinaram o projeto do estatuto, e/ou a escritura pública de constituição da companhia, concordando, assim, expressamente com seus termos.

3. *Inclusão de cláusula compromissória de arbitragem em sociedade anônima já constituída, através da reforma do estatuto social*

Polêmica pode surgir, quando da aprovação, por sociedade anônima já constituída, de alteração estatutária com a finalidade de incluir cláusula compromissória arbitral, quanto à abrangência dos efeitos desse pacto sobre os acionistas.

Em conformidade com o acima explicitado, "a sociedade é parte vinculante à cláusula compromissória, ao declarar em seu estatuto que as controvérsias surgidas entre a sociedade e seus acionistas serão deferidas à decisão do juízo arbitral. (...) Assim os acionistas, ao mesmo tempo, exprimem coletivamente a vontade compromissória da sociedade e individualmente a sua própria vontade compromissória. (...) Essa cláusula compromissória estatutária vincula, portanto, a sociedade e individualmente os acionistas que a instituíram nos atos de constituição da sociedade ou em alteração estatutária, seja para dirimir divergências e litígios entre eles, acionistas compromissados, e a sociedade, como também nas pendências entre eles, acionistas compromissados, surgirem no futuro" (Carvalhosa, 2002:194).

A assembléia geral, convocada e instalada de acordo com a lei e o estatuto, tem poderes para decidir sobre todos os negócios relativos ao objeto da companhia, inclusive para reformar o estatuto social (art. 122, I, LSA) com a finalidade de incluir cláusula estabelecendo que as divergências entre os acionistas e a companhia, ou entre os acionistas controladores e os minoritários, devam ser solucionadas através da arbitragem. Ressalte-se que é importante que os titulares de ação sem direito a voto participem de referida assembléia, a fim de manifestar seu consentimento acerca da deliberação.

Sustentam os eminentes juristas Modesto Carvalhosa e Nelson Eizirik que:

"A cláusula compromissória não é norma organizativa da sociedade, não vinculando, portanto, a todos os seus acionistas. (...) A sociedade despe-se, portanto, do seu poder de impor a todos os acionistas a cláusula compromissória, na medida em que se coloca como parte no compromisso diante de outras partes, ou seja, os acionistas que individualmente aceitarem essa convenção arbitral para dirimir seus conflitos.

"A cláusula compromissória não adquire caráter associativo, não sendo, por isso, imponível aos acionistas que não votaram favoravelmente à sua adoção no estatuto e que, posteriormente, não aderiram expressamente os seus termos, na estrita conformidade com o disposto no § 2º do art. 4º da Lei 9.307/1996" (Carvalhosa, 2002:194-195).

Na mesma linha de raciocínio, o notável advogado Luiz Leonardo Cantidiano:

"Cabe indagar se as pessoas já eram acionistas da companhia antes da realização da assembléia geral, e que se opuseram à referida alteração estatutária, estarão obrigados a submeter-se ao procedimento arbitral.

"A resposta a tal indagação me parece negativa; o acionista que vota contra não optou pela submissão de suas eventuais divergências à referida alteração estatutária, até mesmo porque inexistia previsão estatutária regulando a matéria.

"Considerando que ninguém pode ser obrigado a submeter-se, contra a sua vontade, ao processo arbitral, e tendo presente que o antigo acionista da companhia manifestou sua expressa divergência à reforma estatutária, entendendo que a decisão adotada pela maioria não obriga a aceitar a arbitragem se requerida por terceiro (outro acionista ou a própria companhia)" (Cantidiano, 2002:119-120).

Como se vê, tais autores entendem, resumidamente, que os acionistas que não comparecerem à assembléia que deliberar sobre a apontada modificação estatutária, assim como os acionistas que se abstiverem de votar, não estão obrigados a submeter-se à arbitragem, quando instituída por terceiro; enquanto que a sociedade, através da decisão da maioria dos acionistas votantes, bem como estes que votaram expressamente favoravelmente à inclusão da cláusula estão obrigados a cumpri-la.

Fundamenta, Cantidiano, seu ponto de vista: "penso que não pode haver renúncia tácita ao direito que é assegurado pelo art. 5º, inciso XXXV da Constituição Federal, de submeter-se à apreciação do Poder Judiciário lesão ou ameaça ao direito. A arbitragem só pode ser instituída se houver manifestação formal e voluntária da pessoa (física ou jurídica) convencionando submeter-se à decisão arbitral" (Cantidiano, 2002:120).

4. Aquisição de ação de sociedade anônima já constituída, na qual consta em seus estatutos cláusula compromissória arbitral

Controvérsia, ainda, pode surgir no que diz respeito à submissão à cláusula compromissória arbitral de acionista que venha a ingressar na companhia mediante aquisição de ações, diante da aceitação dos termos do estatuto social preexistente.

Segundo Modesto Carvalhosa e Nelson Eizirik: "a instituição ou adesão do acionista à cláusula compromissória estatutária não se transmite aos seus sucessores *causa mortis* ou aos adquirentes de suas ações a qualquer título, sejam pessoas físicas ou jurídicas. Ainda, não estarão vinculados os novos acionistas subscritores de aumentos de capital ou originados de conversão de debêntures, ou de opções" (Carvalhosa, 2002:199).

Continuam os eminentes juristas: "As partes do pacto compromissório estatutário vinculam-se de diversas maneiras. Assim a sociedade vincula-se pela manifestação da vontade que em seu nome fazem os fundadores-subscritores e os acionistas majoritários em alteração do estatuto social. Essa inserção da cláusula compromissória, na constituição da sociedade ou posteriormente, inclui-se na categoria dos contratos *trattati*, ou seja, a manifestação da vontade é instituidora do juízo arbitral, vinculando-se desde logo a sociedade e todos os fundadores ou, então, os acionistas que individualmente votaram favoravelmente à criação dessa cláusula em assembléia geral instalada para a respectiva alteração societária. Para os demais acionistas aderentes, a cláusula compromissória estatutária constitui pacto *detatti*, formulado com conteúdo predisposto, em que falta, portanto, a liberdade de fixação do seu conteúdo, como ocorreu na sua aprovação pelos fundadores ou, posteriormente, pelos acionistas majoritários. Neste caso os aderentes passam a integrar o pacto compromissório. A forma de expressar essa adesão é a determinada pelo § 2º do art. 4º da Lei 9.307/1996" (Carvalhosa, 2002:197-198).

Justificam tal opinião, os ilustres juristas, no fato de que "a renúncia ao direito essencial de valer-se do Poder Judiciário para dirimir controvérsias e litígios de natureza societária é personalíssima, não podendo, sob nenhum pretexto, ainda que contratual, convencionar essa sucessão. Em hipótese alguma a cláusula compromissória pode impor-se aos novos sócios, ainda que herdeiros ou sucessores ou por aquisição de qualquer título" (Carvalhosa, 2002:199).

Resumindo, referidos doutrinadores entendem que, inserida no estatuto norma que estabeleça a submissão de eventuais conflitos à arbitragem, o acionista, ao tornar-se titular de ações de emissão da companhia, estaria aderindo ao "*contrato*", pelo que ficaria obrigado a acatar a decisão que viesse a ser proferida em juízo arbitral, o que poderia ser interpretado como uma "*renúncia tácita à jurisdição estatal*", que é proibida, por tratar-se de "*um direito essencial que tem caráter personalíssimo*". Para evitar a invalidade da cláusula compromissória, tais doutrinadores militam a favor da observância, neste caso, das condições previstas no art. 4º, § 2º da Lei 9.307/1996, através da obtenção do chamado "*termo de adesão*".

Referido dispositivo legal dispõe que: "Nos contratos de adesão, a cláusula compromissória só terá eficácia se *o aderente tomar a iniciativa de instituir a arbitragem ou concordar, expressamente, com a sua instituição, desde que por escrito em documento anexo ou em negrito, com a assinatura ou visto especialmente para essa cláusula*" (grifos nossos).

Para dar suporte a referido entendimento, é necessário aceitar como premissa que a aquisição de ações e o ingresso no quadro social de companhia configuram celebração de contrato de adesão, tendo em vista que o acionista, ao adquirir ações de emissão de determinada companhia, estaria "*aderindo*" às disposições estatutárias que foram aprovadas pela maioria dos seus acionistas, dentre elas a cláusula compromissória.

Sem o intuito de solucionar a questão, mas tão-somente no de levantar dúvidas ocorridas quando da análise de referida premissa, pedimos vênia para lançar a seguinte pergunta: será que tal premissa é verdadeira?

Contrato de adesão, como bem refere Lucy Toledo das Dores Niess, citada por Irineu Strenger, "é ilustrado de novas técnicas de troca surgidas com as transformações da sociedade (...). Tem o contrato de adesão como denominador o recuo da autonomia da vontade e mais precisamente da liberdade de contratar. O conceito se insere em um momento geral descrito, muitas vezes, como dirigismo contratual, que se manifesta não somente por atentar o contrato à liberdade de fixação do conteúdo, mais igualmente por atentar à liberdade de conclusão: *as partes são obrigadas juridicamente a contratar*" (Strenger, 1998:50-51) (grifos nossos).

No direito brasileiro, o contrato de adesão está definido no Código de Defesa do Consumidor, mais precisamente no *caput* do art. 54, que assim dispõe: "contrato de adesão é aquele cujas cláusulas tenham sido aprovadas pela autoridade competente ou estabelecidas unilateralmente pelo fornecedor de produtos ou serviços, sem que o consumidor possa discutir ou modificar substancialmente o seu conteúdo".

Vemos, pois, que a intenção do legislador, ao impor certas condições para a validade da cláusula compromissória nos contratos de adesão (art. 4º, § 2º da Lei 9.307/1996), foi proteger os aderentes considerados hipossuficientes — parte economicamente mais fraca — no sentido de evitar que os mesmos se vissem obrigados a resolver seus conflitos fora do Judiciário, sem que, entretanto, pudessem negociar tal pacto (Coutinho, 1999:58-59).

Outra conclusão que se pode tirar é o fato de que os contratos de adesão são contratos de consumo, onde os aderentes são consumidores e, na outra parte, temos fornecedores de bens ou serviços.

Por outro lado, é de amplo conhecimento de que as pessoas, físicas ou jurídicas, subscrevem ações, ingressando na companhia, motivadas por diferentes interesses: ou estão interessadas especificamente na realização do objeto social, porque sua implementação atenderá alguma necessidade preexistente; ou estão interessadas no lucro que a atividade industrial desenvolvida pela companhia possa gerar; ou ainda, estão interessadas em manter um fundo de pensão para manter seus ativos empregados em investimentos diversificados (Coelho, 2001:111).

Assim, restam latentes outras questões: levando-se em consideração a definição lançada por Lucy Toledo das Dores Niess de contrato de adesão, as pessoas naturais ou jurídicas estão obrigadas juridicamente a contratar com a sociedade — adquirir suas ações? É possível enquadrar os acionistas como aderentes, sujeitos às regras do Código de Defesa do Consumidor? Os acionistas podem ser considerados como parte hipossuficiente em relação à sociedade do qual fazem parte?

Além disso, quando as partes celebram a convenção arbitral estariam elas "*renunciando à jurisdição estatal*"?

Mais uma vez, sem a intenção de esgotar a matéria, mas sim trazer à tona outras posições concernentes à questão levantada no parágrafo anterior, transcreve-se abaixo a opinião dos respeitáveis juristas José Eduardo Carreira Alvim e Nelson Nery Júnior:

"Dizer-se que, ao se louvarem em árbitros, as partes renunciam à jurisdição estatal significa reconhecer, na arbitragem, um substitutivo da jurisdição, ou equivalente jurisdicional, o que tem sido uma constante na doutrina, tanto nacional quanto estrangeira. Tal enfoque tem sido tão freqüente que vem adquirindo o foro de dogmatismo, dando-se por resolvido um problema que definitivamente não está.

"A renúncia ou revogação da jurisdição não esclarece, convincentemente, por que a jurisdição estatal cede diante do consenso das partes, em submeter o seu litígio ao julgamento de árbitros; e um consenso com tal força coercitiva, que, uma vez firmado, não admite que uma das partes rompa, unilateralmente, esse acordo, para dirigir-se ao Judiciário. Se o fizer, pode o juiz intervir, a pedido de uma delas (art. 7º, *caput*, LA), mas para garantir a supremacia da jurisdição arbitral sobre a sua própria jurisdição.

"Este poder quase absoluto que se reconhece à autonomia da vontade das partes não pode ser explicado pela renúncia ou pela revogação da jurisdição estatal, o que nem lhes seria lícito fazer, dado a jurisdição não funcionar no interesse imediato das partes, senão no do próprio Estado, afinal o maior interessado na administração da Justiça (de direito ou de eqüidade); independentemente da existência ou não do direito material invocado, a jurisdição é exercida, em qualquer caso, atuando uma vontade positiva ou uma vontade negativa de lei (Chiovenda). Tanto não se trata de uma renúncia ou de uma revogação da jurisdição que não pode ser declarada de ofício pelo juiz (*ope legis*), dependendo, necessariamente, da alegação da parte (*ope excepciones*). Ademais, se de renúncia ou revogação se tratasse, não poderiam as partes recuperá-la, caso a arbitragem não chegasse ao bom termo, pois não se readquire aquilo a que se renuncia ou revoga.

"Para Nelson Nery Júnior, o objetivo do compromisso arbitral é excluir da cognição judicial a lide entre as partes ou, por outras palavras, excluir, fechar as portas à jurisdição estatal, tendo relevância publicística negativa, pelo que tem prevalecido na doutrina seu caráter de negócio jurídico processual (*Prozessvertag*). Evita esse jurista o emprego das expressões 'renúncia' ou 'revogação' da jurisdição, de todo impróprio para traduzir o fenômeno que buscam exprimir.

"Por fim, admitir-se a renúncia ou a revogação da jurisdição estatal, pela arbitragem, estar-se-ia admitindo renúncia ou revogação de um direito fundamental (ou constitucional) absolutamente irrenunciável, da pessoa, o que, por si só, basta para afastar esta perspectiva doutrinária" (Alvim, 2000:144-145).

Influenciado por doutrinadores italianos (Massimo Zaccheo, Annibale Marini e Rileva Bianca), sustenta o notável Professor mineiro José Eduardo Carreira Alvim, grande estudioso do instituto da arbitragem, posição contrária a dos doutos doutrinadores Modesto Carvalhosa, Nelson Eizirik e Luiz Leonardo Cantidiano, no tocante à extensão subjetiva da cláusula compromissória na cessão de contrato:

"Problema de maior importância, na arbitragem, é a questão relativa à transferência do contrato a terceiros, devido ao caráter vinculante da cláusula compromissória.

"A solução poderia pender no sentido negativo, não só por ser o terceiro estranho à estipulação da cláusula como, também, por inexistir expressa aceitação dela; mormente quando ela vem pactuada em instrumento em apartado. No entanto, a doutrina tende no sentido positivo, em vista da instrumentalidade da cláusula em relação ao contrato, sobretudo do seu caráter unitário, compreensivo da cláusula e do contrato cedido a terceiro.

"Sendo a cláusula compromissória um negócio jurídico distinto em relação ao contrato, ela confere ao contratante um direito próprio, embora acessório do próprio crédito (*Acessorium sequitur principale*).

"No que tange à existência de expressa aceitação pelo terceiro da cláusula compromissória, deve-se considerá-la absorvida pela relação (*per relacionem*) decorrente da aceitação do contrato pelo mesmo. Neste caso, a cláusula compromissória entra em linha de conta, não como um negócio jurídico independente do contrato que acede, senão como uma cláusula no sentido próprio ou parte de uma complexa regulamentação contratual. A cláusula compromissória se aplica aos compromitentes, e, conseqüentemente, a quem assume a posição jurídica de um deles, em razão da cessão do contrato, importando na transferência, pelo cedente ao cessionário, dos direitos e obrigações contratuais no seu complexo unitário" (Alvim, 2000:238-239).

Ainda sobre o assunto, é valiosa a opinião do insigne Siegbert Rippe, Professor Catedrático de Direito Comercial da Universidade do Uruguai:

"En los casos en que la cláusula compromisoria esté incluida en el propio contrato o estatuto social, se dan o pueden darse situaciones conflictivas tales como las relativas a la sociedad misma, los directores o administradores sociales, los sucesores de los socios o accionistas, los cesionarios a cualquier título de las participe sociales, sean éstas partes de interés, cuotas sociales o acciones, incluso los adquirentes de nuevas partes de interés, cuotas sociales o acciones derivadas de un aumento de capital, cuando ello fuere legalmente admisible.

"(...)

"En el caso de los herderos de los socios o accionistas, asuman o no la posición de tales — ello dependerá de la ley o del contrato, según el tipo social, y la actitud que adopten en caso de requerirse o condicionarse a su decisión y voluntad — en la medida que la ley sucesoria determina que aquéllos quedan ubicados en la misma posición que tenía el causante, esto es, el socio o accionista, por lo que también se las impone el contrato, por ende, la propria cláusula arbitral.

"En el caso de los cesionarios o adquirentes de participaciones sociales a cualquer título, en la medida que los mismos ingresan la sociedad, que conforme a su naturaleza en el marco de los contratos plurilaterales de organización, y se constituyen en causahabientes de los derechos y obligaciones de los cedentes o enajenantes de esas participaciones sociales, resultan sometidos a las mismas reglas contractuales que éstos, presuponiendo su aceptación de la calidad o *status* de socios o accionistas, la aceptación del contrato mismo y de sus cláusulas en su integridad, entre las que se incluyen las propias cláusulas compromisorias" (Rippe, 2001:376-377).

Concluindo, não existe consenso na doutrina a respeito da extensão dos efeitos da cláusula compromissória aos novos acionistas que ingressarem na companhia, seja através da cessão gratuita ou onerosa das ações, da sucessão *causa mortis*, da subscrição de aumentos de capital ou da conversão de debêntures e opções. Alguns juristas mais conservadores (dentre eles, Modesto Carvalhosa, Nelson Eizirik e Luiz Leonardo Cantidiano) entendem que se faz necessária a expressa adesão dos novos acionistas à cláusula compromissória arbitral; outros, mais liberais (dentre eles destaca-se José Eduardo Carreira Alvim, Siegbert Rippe, Massimo Zaccheo, Annibale Marini e Rileva Bianca), manifestam-se favoravelmente à absorção da cláusula compromissória, pela relação decorrente da aceitação do contrato plurilateral de sociedade.

Como tal discussão é bastante recente no direito brasileiro, e os argumentos das duas linhas de pensamento são bastante coerentes, porém, ao nosso ver, ainda incompletos, revela-se mais prudente aguardar um posicionamento definitivo e majoritário da doutrina e da jurisprudência que nascerá da solução imposta aos conflitos que emergirão das relações societárias.

Conclusão

Este trabalho certamente não abrange todos os aspectos relacionados ao complexo tema da aplicação da arbitragem na solução das lides societárias. Seu objetivo foi bem mais simples: procurar identificar a origem, natureza jurídica do instituto da arbitragem, seus requisitos de validade diante do direito positivo brasileiro e descrever sucintamente as questões polêmicas que poderão surgir com a instituição e utilização da convenção de arbitragem nas sociedades anônimas. Além disso, objetivou-se retratar o pensamento das principais correntes doutrinárias que trataram acerca da extensão dos efeitos da cláusula compromissória em relação aos acionistas, e, por fim, levantar algumas questões que as posições doutrinárias abordadas ainda não responderam.

As correntes doutrinárias estudadas têm pontos relevantes e a opção por qualquer uma delas deverá levar em conta, sobretudo, a preservação e a estimulação da adoção de convenção de arbitragem no âmbito societário.

A arbitragem é reconhecidamente um dos principais remédios para solução dos males por que passa a prestação jurisdicional no país, vez que é capaz de dar rápida solução aos litígios e de proferir decisões mais técnicas e especializadas nas matérias levadas à apreciação.

Desta forma, a segurança, celeridade, profundidade técnica e sigilo foram os fatores que levaram a arbitragem a ganhar espaço, internacionalmente, no âmbito comercial e societário, onde as empresas ou grupos econômicos não podem se submeter a processos longos, custosos e muitas vezes pouco efetivos para a solução de questões que demandam respostas rápidas e satisfatórias, sob pena de comprometimento de suas atividades e interesses, elevação de custos e o retardamento de projetos.

Assim, o rigor excessivo na estipulação da cláusula compromissória arbitral entre as partes de uma relação societária, preexistente ou futura, pode acabar acarretando a inviabilização da arbitragem na solução dos conflitos que emergirem dessa relação. Deve-se levar em conta que as ações emitidas por companhia de capital aberto têm alta circulação, e rápida mudança de titularidade, sendo que, se as formalidades para a convenção do pacto arbitral entre as partes forem exageradas, a sua celebração constituirá um encargo árduo e dispendioso para a companhia, e muitas vezes, desencorajador.

Ademais, a não unanimidade entre os acionistas acerca da pactuação da cláusula compromissória, na maioria das vezes, prejudicará a solução de litígios societários, uma vez que o interesse em conflito pode envolver toda a gama de acionistas titulares de ações de uma mesma espécie ou classe. Desta forma, caso alguns acionistas de determinada "classe" pactuem a cláusula arbitral e outros não, correr-se-á o risco de existir divergência e conflito entre os termos da sentença arbitral e a judicial, o que implicará violação ao tratamento igualitário dos sócios, além de tal situação tornar-se bastante custosa para a companhia, visto que terá de contratar advogados para atuar nas duas esferas.

No intuito de estimular os sócios a convencionarem, em unanimidade, a arbitragem, evitando-se, assim, os problemas descritos no parágrafo anterior, o legislador pátrio poderia incluir *a discordância da disposição estatutária arbitral*, dentre as hipóteses autorizadoras do direito de retirada. Desse modo, aqueles que se opuserem à contratação de aludida fórmula alternativa de solução de lides poderão utilizar a via do recesso.

Sobre o assunto, interessantes são as informações trazidas pelo notável Professor Pedro A. Batista Martins, em seu artigo denominado "Tópicos relevantes na estipulação da arbitragem comercial": "Por certo que a espinha dorsal da arbitragem está ligada à cláusula compromissória: estipulação, amplitude dos meios de cumprimento da obrigação e eficácia. *Quanto à estipulação, avançam as legislações e jurisprudências no sentido de se mitigarem as formalidades que lhe cercam, admitindo-se sua existência independentemente de assinatura das partes* e, conseqüentemente, validando a estipulação compromissória por meio de telex, correio eletrônico, se constante de conhecimento de embarque (*bill of lading*), ordens e faturas comerciais (cf. Vicenzo Vigoriti, "Em busca de um direito comum arbitral: notas sobre o laudo arbitral e sua impugnação", in *Revista Forense*, v. 345, p. 156, e Nigel Blackaby e Alessandro Spinillo, "La nueva legislación sobre arbitraje de Inglaterra", in *Jurisprudência Argentina* 6.116, 18.11.1998). A convenção do Panamá, incorporada ao sistema legal brasileiro pelo Decreto 1.902, de 9.5.1996, registra em seu art. 1º que '(...) o acordo (de arbitragem) constará do documento assinado pelas partes, ou de troca de cartas, telegramas ou comunicação por telex'" (Martins, 2001:299).

Desta feita, a derrocada do formalismo excessivo e a flexibilização da pactuação arbitral impulsionarão a utilização desse instituto no âmbito do direito societário, atendendo melhor às exigências das relações desenvolvidas *intra corporis*, em razão do caráter dinâmico e moderno do mundo econômico e empresarial dos nossos dias.

1º Semestre de 2002.

Bibliografia

ALVIM, José E. Carreira. (**2000**) *Tratado Geral da Arbitragem*. Belo Horizonte: Mandamentos.

ARREDONDO, Leonardo Avarena. (**1969**) *Natureza Jurídica del Arbitrage*. Santiago do Chile: EJC.

BERTOLDI, Marcelo M. e seus colaboradores: SOBRINHO, Carlos Augusto F. Alves; TOKARS, Fábio; OLIVEIRA, Fernando A. Albino de; RIBEIRO, Márcia Carla Pereira. (**2002**) *Reforma da Lei das Sociedades Anônimas — Comentários à Lei 10.303, de 31.10.2001*. São Paulo: Ed. RT.

CANTIDIANO, Luiz Leonardo. (**2002**) *Reforma da Lei das S/A Comentada*. Rio de Janeiro: Renovar.

CARMONA, Carlos Alberto. (**1993**) *Arbitragem no Processo Civil Brasileiro*. São Paulo: Malheiros Editores.

———. (**1998**) *Arbitragem e Processo: um Comentário à Lei 9.307/1996*. São Paulo: Malheiros Editores.

CARVALHOSA, Modesto e EIZIRIK, Nelson. (**2002**) *A Nova Lei das S/A*. São Paulo: Saraiva.

CINTRA, Antonio Carlos de Araújo, GRINOVER, Ada Pellegrini e DINAMARCO, Cândido R. (**1994**) *Teoria Geral do Processo*. São Paulo: Malheiros Editores.

COELHO, Fábio Ulhoa. (**2001**) *Curso de Direito Comercial*. v. 2. São Paulo: Saraiva.

COUTINHO, Cristiane Maria Henrichs de Souza. (**1999**) *Arbitragem e a Lei 9.307/1996*. Rio de Janeiro: Forense.

FIGUEIRA JR., Joel Dias. (**1999**) *Arbitragem, Jurisdição e Execução*. 2ª ed. São Paulo: Ed. RT.

MARTINS, Pedro A. Batista. (**2001**) "Tópicos relevantes na estipulação da arbitragem comercial", in *Aspectos Atuais da Arbitragem*, coord. Adriana Noemi Pucci, Rio de Janeiro: Forense.

MATTIUZI, Alexandre A. (**2000**) *Mitologia ao Alcance de Todos*. São Paulo: Nova Alexandria.

MOREIRA ALVES, José Carlos. (**1971**) *Direito Romano*. v. 1. 3ª ed. Rio de Janeiro: Forense.

RIPPE, Siegbert. (**2001**) "El arbitraje como médio alternativo de solución de controvérsias comerciales", in *Aspectos Atuais da Arbitragem*, coord. Adriana Noemi Pucci, Rio de Janeiro: Forense.

STRENGER, Irineu. (**1998**) *Comentários à Lei Brasileira de Arbitragem*. São Paulo: LTr.

THEODORO JR., Humberto. (**1998**) *Curso de Direito Processual Civil*. v. III. 17ª ed. Rio de Janeiro: Forense.

OFERTA PÚBLICA DE AQUISIÇÃO DE AÇÕES NA ALIENAÇÃO DE CONTROLE DE COMPANHIAS ABERTAS

Apontamentos sobre o art. 254-A da Lei das Sociedades Anônimas

JOSÉ ALBERTO CLEMENTE JÚNIOR

1. Introdução. 2. Histórico legislativo. 3. O conceito de poder de controle. 4. Divergência dos interesses dos acionistas. 5. A natureza do prêmio pago pelo controle. 6. Princípios do direito ao "tag along" na Reforma da LSA. 7. Encerramento. Bibliografia.

1. Introdução

A faculdade concedida aos acionistas minoritários de receberem, na oportunidade da alienação do controle, o mesmo pagamento por suas ações que os controladores, de há muito tem sido objeto de controvérsia, no campo econômico e jurídico, tendo havido debates sobre cada um dos elementos dessa garantia: sua justificação econômica, a natureza do prêmio pelo controle, a definição de alienação de controle e sua caracterização, a definição de "minoritários" no âmbito do instituto; dentre outros tão ou mais importantes.

A permanência da prerrogativa no direito positivo, introduzida pelo art. 254, e seus §§, da Lei 6.404, de 15.12.1976 (LSA), permitiu que a doutrina e a prática convergissem os entendimentos sobre esse instituto, em suas linhas gerais; mais ainda assim, na época de sua revogação pela Lei 9.457, de 5.5.1997, havia dissensões acerca de alguns aspectos desse direito, que foram assim sepultadas.

A recente promulgação da Lei 10.303, de 31.10.2001, reformando de modo abrangente a LSA, reintegrou, com sua redação do art. 254–A, ao direito positivo a faculdade da participação dos minoritários no que chamaremos de "prêmio pelo poder de controle", mas com algumas diferenças em relação ao instituto original; assim, ressuscitam-se os questionamentos e a polêmica a respeito.

Pretendemos, com o estudo, reavivar algumas definições e conceitos que já haviam sido tidos como pacíficos, e verificar como as alterações na disciplina original podem ser interpretadas e aplicadas. Mas, primeiro, é interessante um breve histórico das alterações.

2. Histórico legislativo

O direito positivo tem garantido aos acionistas minoritários a prerrogativa de receber uma participação no prêmio de controle, quando da sua transferência nas companhias abertas. Essa prerrogativa integrou-se ao direito positivo a despeito de muita resistência de facções ultraconservadoras, merecendo crédito pela vitória parlamentares dos mais diversos matizes, como os deputados Alberto Hoffman, Herbert Levy, Cunha Bueno e Franco Montoro, cujo esforço afinal logrou aprovar Emenda, de autoria do senador Otto Cirillo Lehmann,[1] que passou a integrar o texto da Lei 6.404/1976 (§ 1º do art. 254).[2]

A justificativa dos defensores do direito dos minoritários, além da igualdade de tratamento para "*todos os acionistas da mesma categoria*",[3] era a de que a autorização para que as companhias pudessem abrir seu capital e lançar mão da *poupança popular*[4] exigia o estabelecimento de regras que assegurassem, aos minoritários, igualdade de acesso às ofertas de compra de ações, de modo a evitar "*que cada ação do majoritário possua valor de mercado superior a cada ação do minoritário*".[5]

A regulamentação do procedimento coube ao Conselho Monetário Nacional — CMN, o qual aprovou a Resolução 401, de 22.12.1976,[6] que foi alvo de muitas objeções por seu caráter restritivo no entendimento do conceito de acionistas minoritários;[7] além de ter sido criticada por "*ser muito ampla*", então no que toca à "'*fattispecie*' *controle*".[8]

Apesar das tentativas de alteração no regime legal das companhias para reduzir os direitos dos minoritários — como foi o caso da Lei Lobão, n. 7.958/1989[9] — a

1. Sobre o tema da aprovação da Lei 6.404/1976, consultaram-se diversos autores: Waldirio Bulgarelli, *Regime Jurídico de Proteção às Minorias nas S/A*, p. 163; Modesto Carvalhosa, *Comentários à Lei de Sociedades Anônimas*, v. 4, t. II, p. 143; Mauro Rodrigues Penteado, "Apontamentos sobre a alienação do controle de companhias abertas", in *RDM* 76/17-18; Arnoldo Wald, "Do descabimento da oferta pública de compra em relação às ações preferenciais", *RDM* 45/12-13. Merece destaque, ainda, pela extensão da pesquisa, Roberta Nioac Prado, "Da obrigatoriedade por parte do adquirente do controle de sociedade por ações de capital aberto de fazer simultânea oferta pública, em iguais condições, aos acionistas minoritários — Art. 254 da Lei 6.404/1976 e Resolução CMN 401/1976 — É efetivo mecanismo de proteção aos minoritários?", in *RDM* 106/81-82.

2. "§ 1º. A Comissão de Valores Mobiliários deve zelar para que seja assegurado tratamento igualitário aos acionistas minoritários, mediante oferta pública para a aquisição de ações."

3. Arnoldo Wald, ibid., p. 12, aspas no original.

4. "A mobilização da poupança popular e o seu encaminhamento voluntário para o setor empresarial exigem, contudo, uma sistemática que assegure ao acionista minoritário o respeito a regras definidas e eqüitativas" (Exposição de Motivos 196, do Ministro da Fazenda, de 24.6.1976, encaminhando o projeto Lamy-Bulhões, cf. Nélson Cândido Motta, "Alienação de controle de instituições financeiras. Acionistas minoritários. Notas para uma interpretação sistemática da Lei das S/A", in *RDM* 46/39-40).

5. Projeto do II PND, set. 1974, publicação do IBGE, p. 119; aprovado pela Lei 6.515, de 4.12.1974, *apud* Arnoldo Wald, "Do descabimento...", cit.

6. "Na companhia cujo controle é exercido por pessoa, ou grupo de pessoas que não é titular de ações que asseguram a maioria absoluta dos votos do capital social, considera-se acionista controlador, para os efeitos desta Resolução, a pessoa ou o grupo de pessoas vinculadas por acordo de acionistas, ou sob controle comum, que é o titular de ações que lhe asseguram a maioria absoluta dos votos dos acionistas presentes nas três últimas assembléias gerais da companhia."

7. Nélson Cândido Motta, ibid., pp. 33-50; Modesto Carvalhosa, *Comentários* ..., v. 4, t. II, p. 143.

8. Calixto Salomão Filho e Mário Stella Richter Jr., "Interesse social e poderes dos administradores na alienação de controle", in *RDM* 89/66. Os autores também criticam a Resolução 401 por ser restritiva no que chamam "*requisitos subjetivos*", ou seja, quanto aos destinatários da oferta (em contraponto aos "*requisitos objetivos*", isto é, caracterizadores do controle), em especial por conta da negativa do direito aos sócios minoritários em sociedades fechadas.

9. O direito de retirada, tema afeto à proteção dos minoritários, assim como o *tag along* sofreu investidas pela sua restrição, mas também tem resistido no direito positivo. Acerca da Lei Lobão — que suprimiu a remissão do art. 137 da LSA aos incs. VI e VIII do art. 136, visando restringir o exercício do direito de retirada —, Mauro Rodrigues Penteado formulou percuciente análise em estudo publicado na *RDM* 77/29-49 ("A Lei 7.958/1989 e a pretensa modificação do direito de retirada dos acionistas: uma discussão inócua").

Ainda sobre a Lei Lobão, merece destaque Paulo Salvador Frontini, cujo comentário a acórdão publicado na *RDM* 86/71-77 ("Sociedade anônima prerrogativa do art. 254 resistiu a investidas de opositores durante 21 anos, tendo sido finalmente ceifada do direito positivo pela Lei 9.467, de 5.5.1997.

A ocasião da implementação de um programa de privatizações ensejou o fortalecimento da corrente contrária ao instituto, originando um Projeto de Lei (o Projeto Kandir) que, relatado pelo então senador José Serra, converteu-se na Lei 9.457/1997 e terminou por revogar, dentre outros dispositivos protetivos das minorias, o art. 254, como forma de facilitar as reorganizações societárias, mormente no que toca ao processo das privatizações — evitando que os antigos controladores (União, Estados) fossem forçados a dividir os prêmios com os acionistas minoritários. A justificativa explícita, entretanto, era a de que a regra elevava os custos da aquisição de controle de modo ineficiente, desviando recursos que poderiam ser mais bem utilizados na capitalização da companhia.[10]

Encerrada a onda privatista, ou ao menos arrefecida, e diminuídos os fluxos de capital especulativo que sustentavam o mercado de capitais, a pressão pelo retorno de uma legislação que protegesse os interesses dos acionistas minoritários voltou a tomar vigor, resultando em uma nova reforma da LSA (Lei 10.303/2001), que reintroduziu a sistemática, com algumas alterações importantes, que implicaram a adoção de algumas das correntes do debate. O texto merece ser transcrito:

"Art. 254-A. A alienação, direta ou indireta, do controle de companhia aberta somente poderá ser contratada sob a condição, suspensiva ou resolutiva, de que o adquirente se obrigue a fazer oferta pública de aquisição das ações com direito a voto de propriedade dos demais acionistas da companhia, de modo a lhes assegurar o preço no mínimo igual a 80% (oitenta por cento) do valor pago por ação com direito a voto, integrante do bloco de controle.

"§ 1º. Entende-se como alienação de controle a transferência, de forma direta ou indireta, de ações integrantes do bloco de controle, de ações vinculadas a acordos de acionistas e de valores mobiliários conversíveis em ações com direito a voto, cessão de direitos de subscrição de ações e de outros títulos ou direitos relativos a valores mobiliários conversíveis em ações que venham a resultar na alienação de controle acionário da sociedade.

"§ 2º. A Comissão de Valores Mobiliários autorizará a alienação de controle de que trata o *caput*, desde que verificado que as condições da oferta pública atendem aos requisitos legais.

"§ 3º. Compete à Comissão de Valores Mobiliários estabelecer normas a serem observadas na oferta pública de que trata o *caput*.

"§ 4º. O adquirente do controle acionário de companhia aberta poderá oferecer aos acionistas minoritários a opção de permanecer na companhia, mediante o pagamento de um prêmio equivalente à diferença entre o valor de mercado das ações e o valor pago por ação integrante do bloco de controle."

3. *O conceito de poder de controle*

A compreensão do conceito de *controle* é de fundamental importância para a correta apreensão do significado da prerrogativa conhecida como *tag along*, do art. 254–A da LSA.

Em seu fundamental estudo *O Poder de Controle na Sociedade Anônima*, o ge-

— Direito de retirada — Recesso de dissidente — Lei Lobão: um precedente judicial") levanta importante questão, admitindo o direito de retirada como um direito essencial do acionista, não restrito às hipóteses do art. 137.

Sobre o tema específico do direito de recesso, na disciplina anterior à Lei Lobão, imprescindível a consulta à Tese de Doutorado de Rachel Sztajn, *Direito de Recesso*, a qual, embora se debruce sobre assunto diverso do objeto deste estudo, trata também da questão do controle (pp. 286-297) e, em especial, da oferta pública do art. 254 da LSA, a partir da p. 293.

10. Modesto Carvalhosa e Nelson Eizirik, *A Nova Lei das S/A*, p. 386.

nial jurista Fábio Konder Comparato admite controle como um poder-dever de disposição do empresário sobre os bens sociais, sua faculdade de decidir, quanto às iniciativas empresariais, citando definições esclarecedoras: controle é o poder de decidir o que "se deve fazer, e como e quando fazê-lo, assumindo as conseqüências e, pois, o risco de tais decisões";[11] é a "particular situação em razão da qual um sujeito é capaz de marcar com a própria vontade a atividade econômica de uma determinada sociedade".[12] Afinal, o preclaro jurista externa a sua própria, em face do direito nacional, tão concisa quanto precisa: "o núcleo da definição de controle, na sociedade anônima, reside no poder de determinar as deliberações da assembléia geral".[13]

Essa importante distinção delimita o negócio de alienação de controle da simples transferência de ações (por venda ou permuta), mais do que por seu caráter quantitativo, pelo qualitativo. Não diferem os negócios por um percentual qualquer que seja, mas pela circunstância de conferirem ao acionista ou bloco detentor dessa diferença poderes que serão negados aos demais. Portanto, o controle é um *plus* qualitativo. E a esse *plus* qualitativo é reconhecido um "*valor próprio e distinto*".[14]

11. Remo Franceschelli, *Imprese e Impreditor*, 3ª ed., pp. 21-22, *apud* Fábio Konder Comparato, *O Poder de Controle na Sociedade Anônima*, 3ª ed., p. 100.

12. Giuseppe Ferri, *Le Società, Trattato di Diritto Civile di Filippo Vassali*, v. 10º, p. 252, *apud* Comparato, ibid., p. 100. Essa definição, contudo, não distingue entre o poder de controle interno e o externo. Modesto Carvalhosa oferece uma definição, da lavra de Champaud, que também não compreende a distinção ("Controle societário pode ser entendido como o poder de dirigir as atividades sociais", *apud Comentários*..., v. 2, p. 429). O controle de que trata o art. 254-A é o interno, isto é, exercido a partir do comando dos órgãos societários, não importando as modalidades de poder externo, como a exercida por credores. Para uma melhor visão do tema, Fábio Konder Comparato, *O Poder de Controle*..., 3ª ed., pp. 68-82.

13. Fábio K. Comparato, ibid., p. 67.

14. Fábio K. Comparato, ibid., p. 248.

A LSA refoge a definir controle, tangenciando o tema ao definir acionista controlador (art. 116 e alíneas, da LSA). Indiretamente, todavia, podem-se encontrar os requisitos legais que caracterizam o poder de controle: 1) a maioria dos votos nas deliberações da assembléia geral e o poder conseqüente de eleger a maioria dos administradores da companhia; 2) a asseguração dessa maioria em caráter permanente; 3) o efetivo exercício desse poder para dirigir as atividades sociais e comandar os órgãos societários.

Os requisitos são, portanto: maioria de votos, estável, que resulte na eleição da maioria dos administradores nos órgãos societários e, uma vez eleitos, por meio deles comande a sociedade. Aliás, antes de admitir que estes são *requisitos*, melhor seria dizer que são *características* do controle interno das companhias. O vocábulo *requisito* tem uma dupla conotação, de atributo ou formalidade,[15] que não raro leva a uma exigência que eventualmente pode ser complementada. Não é essa a acepção correta de requisito, na hipótese. Na verdade, são características, ou atributos, do poder de controle, sem os quais não se pode identificar um fenômeno como tal. Ou, para dar um colorido mais exótico, são como as corcovas nas alimárias: se não forem duas, não é camelo — é dromedário.

Essa imagem, um tanto heterodoxa, servirá para desnudar as reais implicações da adoção do conceito de *permanência*, que inclusive já deu causa à expressa regulamentação, pela Resolução 401, de 23.12.1976, do Conselho Monetário Nacional,[16] que não passou sem críticas, como a de

15. A lição de Plácido e Silva calha à perfeição para elucidar a distinção. Distingue entre requisitos fundamentais, ou elementares, e os formais. Aqueles são os requisitos intrínsecos, que "são os que devem vir com a própria coisa. São partes integrantes dela, que não pode mostrar-se sem eles. Fazem a individualidade da coisa". Já requisitos formais são extrínsecos, e só se materializam quando da exteriorização do ato — são as chamadas formalidades (*Vocabulário Jurídico*, v. IV, 4ª ed., p. 1.356).

16. Vide nota 5.

Carvalhosa, que considerou o conceito regulamentar "*bastante precário*",[17] embora admitindo a dificuldade em precisá-lo. Todavia, e ousando assumir posição avançada, essa preocupação é dispensável, ao menos nos estreitos limites das ofertas públicas de aquisição nas alienações de controle. Porque, de fato, o que importa para configurar o direito dos minoritários é, pura e simplesmente, o pagamento de um prêmio. Uma vez pago o prêmio, pelo adquirente a um acionista, ou a um bloco de acionistas que exerça o controle, a evidência é a de que o adquirente pretende o estar comprando — embora possa não estar. Não importa para os demais acionistas que aqueles que estão recebendo o prêmio não o possuam e, portanto, não o possam vender; essa é uma *res inter alios*, isto é, há de se resolver entre as partes do negócio de venda de controle.

Clarificando: interiormente, entre adquirente e alienante do controle, indispensável a investigação dos requisitos. Se, após a formalização do negócio, o adquirente, que tendo pago o prêmio ao alienante presume seja controlador ou faça parte do bloco de controle, constata que não tem condições de o exercer, pela ausência de algum dos requisitos, então pode exigir a rescisão do negócio e pleitear perdas e danos do alienante. Entretanto, se o adquirente concretiza o negócio e imediatamente assume, em decorrência da aquisição, o controle interno da companhia, a conclusão é a de que o *plus* econômico representa o prêmio pelo poder de controle.

Em verdade, a maior parte da doutrina a respeito da alienação de controle dedica-se a investigar se o novo controlador adquiriu-o do antigo ou se o poder que exerce é dele desvinculado. No primeiro caso, o adquirente substitui o antigo controlador porque o sucede em seus direitos: é o que se chama *aquisição de controle derivada*.[18] No segundo, o adquirente substitui o antigo controlador porque comprou ações suficientes para confrontá-lo e, por conseqüência, exerce seus votos para suplantá-lo em força: é a *aquisição originária*.[19]

Por esse motivo, importa é que, à época do negócio, o alienante controle a companhia, ou então faça parte do bloco de controle; e que, nessa condição, venda ao adquirente ações com direito de voto, com base nas quais este passe a exercer o controle, individual ou coletivamente.

Poder-se-ia argumentar contra o critério de simplesmente apreciar se o alienante recebeu um sobrepreço por suas ações para caracterizar a alienação de controle com a hipótese de ter sido pago um *plus* a um acionista que não integrasse o bloco de controle da companhia, mas cujas ações se mostrassem fundamentais para o adquirente a fim de concentrar votos necessários à imposição de um novo controle. Nesse caso, o pagamento do sobrepreço justificaria, segundo esse conceito, a proteção ao acionista minoritário? Ora, claramente que não, e a hipótese não desdoura a formulação. Não é demais apontar que o § 1º do art. 254-A exige uma relação de causalidade entre a aquisição das ações e a obtenção do controle acionário da companhia. A proteção se dá aos minoritários em face dos controladores; nesse caso, o alienante é, também ele, minoritário e a aquisição de controle é evidentemente originária; o que o alienante pretendeu vender não foi o controle, que não detinha.

Logo, a exigência da estabilidade como requisito intrínseco do controle não

17. *Comentários...*, v. 2, p. 432.

18. Carvalhosa e Eizirik apontam ainda uma terceira espécie, a aquisição *semiderivada*, pela qual o alienante controlador vende apenas parte de suas ações, mas essa parte já é suficiente para transmitir o controle em favor do adquirente (ibid., pp. 406-407). Também nessa hipótese, a nosso ver, na esteira dos ilustres comercialistas, preenchidos os requisitos legais para caracterizar a prerrogativa do *tag along*.

19. Luiz Leopoldo Cantidiano, *Reforma da Lei das S/A Comentada*, pp. 238-250; Carvalhosa e Eizirik, ibid., pp. 405-408; Nélson Cândido Motta, "Alienação do Poder...", in *RDM* 89/42-46.

pode ser imposta aos minoritários, excluí-los da participação no prêmio. O poder de controle é, repita-se, algo que se exercita e, portanto, um fato que só se completa quando se externaliza.[20] Verificado que o adquirente assume, ou tenta assumir, o controle da companhia em sucessão do controlador anterior, por uma aquisição derivada, tendo sido pago um prêmio por esse direito, identifica-se na sua pretensão a relação de causalidade que a lei impõe: acerca-se do controle para tomá-lo, porque acredita tê-lo comprado. No primeiro caso, em que o adquirente de fato assume o controle e o exerce, ainda que por pouco tempo, deve ser garantida aos minoritários a prerrogativa legal de compartilhar desse *plus* econômico. Se, porém, esse mesmo adquirente, por um rearranjo de forças, perde em seguida o controle, que se apresenta instável, então se trata de venda *a non domino*, e a questão resolve-se entre as partes do negócio, pela aplicação do art. 622 do Código Civil.[21]

Há que se discutir se, nessa hipótese, com a rescisão do negócio, o alienante responderá isoladamente pelas perdas e danos, inclusive quanto aos valores eventualmente pagos aos minoritários, ou se em relação a estes o negócio se resolve, retomando suas ações e devolvendo o preço pago. A apreciação, a nosso ver, terá de ser casuística, dependendo da boa-fé do acionista minoritário. Por outro lado, evidente que, se houver resistência à tomada de controle, é inconcebível imaginar a aplicação do *tag along* até que a realidade do controle tenha se exteriorizado: enfeixado o controle pelo adquirente, e caracterizando-se a aquisição como derivada, ou semiderivada,[22] configura-se o direito dos minoritários à participação no prêmio.

Nota-se a importância que se dá a ser o controle de uma companhia uma realidade de fato, verificável a partir da atividade do controlador, o que implica dizer que as noções de maioria e controle não são necessariamente coincidentes.[23] O controle pode estar com uma minoria dos acionistas titulares de direito de voto,[24] se a maioria não se organiza para exercê-lo. É um cenário bastante comum, e não só em países com elevado grau de dispersão acionária. Nas companhias abertas, mesmo no Brasil, não é incomum o exercício do controle por maiorias estáveis, embora não absolutas.

Igualmente visível é o caráter político do conceito, que se apura na ocasião da eleição dos administradores e das votações das deliberações, ambos na assembléia geral. *Ergo*, pode-se concluir que o conceito de controle está indissoluvelmente ligado ao direito de voto.[25] Retomando, assim, a definição de Comparato, importante notar que o campo de investigação da titularidade do poder de controle, isto é, se existe e quem o exerce, se situa na assembléia geral. Os

20. Sobre esse aspecto do poder de controle, além do já citado Comparato (ibid., *passim*), excelente estudo de Luiz Gastão Paes de Barros Leães, "Poder de controle", in *Estudos e Pareceres sobre Sociedades Anônimas*, pp. 255-291.

21. "Nos sistemas jurídicos modernos, o termo continuou a ser usado nessa acepção romana. A alienação ou alheação (veja-se a norma do art. 242, IV, do CC brasileiro) supõe a prévia existência do direito sobre a coisa no patrimônio do alienante, pois, segundo o lugar-comum, *nemo ad alium transferre potest quan ipse habet*. Exatamente porque, nos sistemas jurídicos que adotaram a solução do direito romano, como o brasileiro, a alienação supõe um título e um modo (transcrição para os imóveis e tradição para os bens móveis), dispõe a lei que, 'feita por quem não seja proprietário, a tradição não alheia a propriedade' (CC, art. 622), ou seja, não há alienação. O modo de transferência, no caso, é totalmente ineficaz pela ausência de objeto: o direito a ser transferido" (Fábio K. Comparato, "Alienação de controle de companhia aberta", in *Direito Empresarial — Estudos e Pareceres*, p. 79).

22. V. nota 16.

23. Modesto Carvalhosa discute a alteração do princípio majoritário para o de controlador nos seus *Comentários*..., v. 2., p. 420.

24. Assim considerada em relação ao conjunto dos acionistas com direito a voto, isto é, com menos de 50% + 1 das ações.

25. Nélson Cândido Motta (ibid., pp. 33-34), discordou em parte dessa afirmação que, todavia, restou aceita pela doutrina e foi expressamente acolhida pela recente reforma.

conceitos de acionista majoritário e minoritário, vistos pelo prisma do controle, são expressos com melhor técnica em duas novas realidades, a de acionista controlador (ou bloco de controle) e acionistas não-controladores.

4. *Divergência dos interesses dos acionistas*

Identificado o fenômeno do controle, nascem as realidades distintas dos acionistas controladores e não-controladores. Nasce, também, a conclusão de que seus interesses não são necessariamente coincidentes — toda a problemática societária surge justamente quando esses interesses são colidentes. A previsão legal, que exara o dever dos acionistas controladores de exercer o controle em vista da função social da companhia (parágrafo único do art. 117 da LSA), o qual se conjuga com o dever dos administradores de perseguir o interesse da companhia e não o dos acionistas que os elegeram (art. 154, *caput*, e § 1º da LSA), serve como evidência indireta, pela necessidade da norma, das constantes e reiteradas agressões ao patrimônio dos acionistas não-controladores, com a utilização dos mais diversos expedientes para concentrar os lucros da companhia nas mãos dos controladores, expropriando os demais.[26]

É um truísmo dizer que os interesses de acionistas controladores e não-controladores é potencialmente distinto;[27] assim como são muitas vezes divergentes os interesses dentro do conjunto de acionistas não-controladores. A doutrina tem como pacífica a distinção entre duas categorias de acionistas não-controladores: a dos "especuladores", que visam o lucro imediato e cujo interesse é, de regra, a valorização das ações no curto prazo, sem compromisso com a manutenção da empresa; e a dos "rendeiros", cujo objetivo é auferir dividendos e, portanto, têm mais interesse na sua continuidade.[28] À vista dessa disparidade de interesses, os debates passados não conseguiram chegar a um acordo a respeito de como proteger com mais eficiência os acionistas alijados do controle, de forma a não privilegiar indevidamente o "especulador" em prejuízo do "rendeiro".

Para compreender essa discussão, indispensável adentrar no tema basilar de qualquer debate relativo ao *tag along*, que é a investigação a respeito da natureza do prêmio que se paga ao acionista controlador pelo poder de controle.

5. *A natureza do prêmio pago pelo controle*

Pode-se concluir que alienação de controle consiste no negócio jurídico pelo qual os detentores desse poder (integrantes do bloco de controle) transferem-no a outrem (desnecessário dizer, juntamente com as respectivas ações que o sustentam), mediante o pagamento de um prêmio. Não se trata, assim, da aquisição de ações fora do bloco de controle, suficientes para a formação de um novo controle originário.[29]

Resta, contudo, perquirir a natureza desse prêmio. Por que as ações do controlador valem mais que as do não-controlador? É lícito que exija esse sobrepreço? Se for lícito, por que há de se ferir seu direito

26. Bulgarelli (ibid., pp. 19-20) cita Hernani Estrela que, em conferência realizada no Instituto dos Advogados de São Paulo, denunciou os diversos processos de que os órgãos societários lançam mão para sonegarem lucros ou não os distribuir. Vale a consulta para o aprofundamento do tema, assim como Fábio K. Comparato (ibid., pp. 303 e ss., nos §§ 118 a 131).

27. "Urge reconhecer, em resumo, que há um componente humano gerador, nas sociedades anônimas que façam jus a essa titulação, de uma constante tensão entre controladores e não-controladores" (Paulo Salvador Frontini, "Sociedade Anônima...", in *RDM* 86/75).

28. Fábio K. Comparato, ibid., p. 249; Bulgarelli (ibid., p. 36), citando também Rubens Requião, "O controle e a proteção dos acionistas", in *RDM* 15-16/28; Arnoldo Wald, ibid., p. 7. Calixto Salomão Filho e Mário Stella Richter Jr., admitem a distinção, embora abordando sob outro foco.

29. V. nota 15.

de propriedade, impondo-lhe compartilhá-lo com os não-controladores?

Sobre esse tema, a doutrina encontra-se francamente dividida. Comparato assume uma visão absolutamente crítica do *tag along*, distinguindo a propriedade dos bens da empresa ("propriedade estática") do poder de comando sobre esses bens ("propriedade dinâmica").[30] E assim o faz para concluir que, embora todos os acionistas sejam proprietários, em alguma proporção, dos bens da empresa, o controle — propriedade dinâmica — pertence a apenas alguns deles.

A noção de controle tem estreita relação com a de responsabilidade, como bem apontou Comparato.[31] Se a responsabilidade cabe ao controlador, pelo poder que exerce, como se justifica partilhar o valor que decorre exatamente desse exercício com aqueles que não assumiram tais responsabilidades? E, ademais, como justificar que os não-controladores exijam igualdade apenas em função do lucro, estando isentos da reciprocidade no que toca aos eventuais ônus?[32] Portanto, a responsabilidade e o risco inerentes ao controle justificam a apropriação, pelos controladores, do *plus* econômico que sua gestão criou. O argumento de que o ágio é fruto de um abuso do controlador, que de algum modo evitou a transferência para a companhia dos resultados positivos de sua gestão, prejudicando os demais acionistas, não comove o insigne jurista, que redargúi ser preferível, então, instituir controles legais efetivos sobre a atuação do controlador, impedindo e punindo esses alegados abusos.[33]

A posição foi brilhantemente resumida por Bulgarelli:[34] o "ágio que o controlador obtém quando da venda do controle justifica-se porque constitui o pagamento dos seus esforços em dirigir a companhia, e que os rendeiros e especuladores que se mantêm indiferentes às vicissitudes da vida societária não podem, por isso, reivindicar igualdade de tratamento".

Bulgarelli, entretanto, rebate o argumento, apontando que o próprio exercício do controle traz vantagens concretas que já compensam as tais responsabilidades; além do que os minoritários não assumem essa condição necessariamente por opção, mas também por falta dela, isto é, pela impossibilidade de participarem do controle. O argumento certamente pode ser estendido, sem prejuízo à lógica: em um primeiro momento, o modo de exercício do controle é conhecido do não-controlador; a partir da alienação do controle, sem elementos que lhe permitam estar seguro dos rumos que o novo controlador imporá à administração, é razoável conceder-lhe o direito de retirar-se da companhia, recebendo por suas ações o valor devido — e, uma vez que suas ações sejam semelhantes às ações envolvidas no negócio de alienação de controle, impõe-se, pelo princípio do tratamento igualitário, receber o pagamento no mesmo preço e em idênticas condições. E, voltando ao comentarista: o prêmio representa o pagamento pelos intangíveis e, mais propriamente, o aviamento da empresa, o qual pertence, como conseqüência do raciocínio, a todos os acionistas.[35]

30. Fábio K. Comparato, ibid., p. 95.

31. Fábio K. Comparato, ibid., p. 248.

32. Como no exemplo que cita, do caucionamento de ações do controlador para garantia de empréstimos em favor da companhia (ibid., pp. 248-249).

33. A posição de Comparato, por espantoso que pareça, encontra um certo paralelo com a filosofia da Escola de Chicago, que se opõe ao *tag along* por não ver nada de ilícito no ágio, senão um meio de substituição de uma administração à vista do potencial de que a nova gestão da companhia venha a produzir mais lucros (cf. Roberta N. Prado, ibid., p. 89).

34. Bulgarelli, ibid., pp. 157-158.

35. Retorna-se aqui ao conceito de que o prêmio representa uma expropriação do valor das ações dos acionistas não-controladores, uma vez que os controladores lograram obter uma valorização de suas ações às expensas da valorização da companhia como um todo. Todavia, o argumento é rico por não afastar a eventualidade de se tratar não de sobrevalorização do preço de venda, mas de sub-valorização do valor de mercado. É ressabido que o mercado de capitais no Brasil sofre de liquidez limitada e está sujeito a ciclos de depressão de preços, por conta da volatilidade da situação econômica. *Muitas vezes, é*

Wald, em rico estudo que coteja o direito comparado,[36] conclui que, no Brasil, o fundamento da norma consolidou-se como a regra de igualdade de oportunidade, e desse modo tem sido aplicada, desde o art. 254 original (§ 1º). Essa formulação, entretanto, tem uma outra implicação: a de que a igualdade se justifica apenas entre ações da mesma classe.[37] Este argumento foi a pedra angular de interpretação que inicialmente vicejou para o art. 254 antigo, ou seja, de que os preferencialistas estariam excluídos da prerrogativa legal de participação no prêmio. E assim seria em decorrência da própria natureza dos conceitos de majoritário/minoritários ou, melhor dizendo, controlador/não-controlador, que só pode ser apurado pelo exercício do poder político nos órgãos societários e, em última instância, pelo voto na assembléia geral. Como as ações preferenciais, de regra, são desprovidas de direitos políticos, não poderiam ser alcançadas pela norma igualitária, visto não constituírem ações iguais.

A referida Resolução CMN 401/1976 deu um passo além e estatuiu que apenas os titulares de ações com direito de voto tinham direito ao *tag along* e eram, todos, destinatários de oferta pública;[38] critério que, por fim, se viu adotado pela esmagadora maioria dos comentaristas e persistiu até a revogação do instituto pela Lei 9.457/1997.

6. Princípios do direito ao "tag along" na Reforma da LSA

Com esses pressupostos, podem ser tiradas algumas conclusões para esclarecer a interpretação e permitir uma correta aplicação do art. 254-A, e seus §§, da LSA. Baseia-se a proteção em quatro fundamentos, o primeiro, genérico, e os demais, restritivos: o tratamento igualitário; a proteção à poupança popular; a valorização da responsabilidade do controlador; e o direito de opinar.

O *tratamento igualitário*, cujo fundamento já se expôs, constitui o princípio basilar do direito dos acionistas não-controladores à participação no prêmio de controle. A redação do art. 254-A, neste sentido, contribuiu para sepultar a antiga polêmica, visto que identifica com clareza e abrangência os destinatários da oferta pública bem como as hipóteses concretas de alienação de controle. Assim, não são apenas os negócios envolvendo ações que estarão sujeitos à condição de realizar oferta pública de aquisição, mas a "transferência, de forma direta ou indireta, de ações integrantes do bloco de controle, de ações vinculadas a acordos de acionistas e de valores mobiliários conversíveis em ações com direito a voto, cessão de direitos de subscrição de ações e de outros títulos ou direitos relativos a valores mobiliários conversíveis em ações que venham a resultar na alienação de controle acionário da sociedade" (§ 1º do art. 254-A).

Exsurge a adoção do conceito de controle como um fato e, portanto, a definição

o preço de mercado das ações que está deprimido, e não o valor da venda que está exagerado. Veja-se que, então, o sobrepreço não corresponderá, em termos teóricos, à remuneração do controle, mas ao valor econômico da companhia, o que afasta a hipótese do centro do presente estudo; entretanto, ainda neste caso, e principalmente nele, justifica-se a realização da oferta pública de que trata o art. 254, pelo princípio do tratamento igualitário.

36. Quanto ao direito comparado e as diversas teorias justificando o tratamento igualitário, interessante consultar Arnoldo Wald, "A oferta pública, a igualdade dos acionistas e o direito comparado", in *RDM* 43/15-18. Merece igual interesse o estudo de Roberta Nioac Prado, ibid., pp. 89-93.

37. Para emoldurar seu argumento, Wald recorre ao aforisma imortalizado por Ruy Barbosa, em sua Oração aos Moços, que transcrevemos em homenagem ao gênio do Águia de Haia: "A regra da igualdade não consiste senão em quinhoar desigualmente os desiguais, na medida em que se desigualam. (...) Tratar com desigualdade a iguais, ou desiguais, com igualdade, seria desigualdade flagrante e não igualdade real".

38. Ainda que persistissem vozes isoladas propugnando a extensão do direito inclusive aos acionistas sem direito de voto, cf. Carvalhosa e Eizirik, ibid., p. 391.

da alienação pelo resultado do negócio: independente de envolver ações, valores mobiliários ou direitos de qualquer espécie, e desde que presente no direito negociado o conteúdo político (correspondente direito de voto), importa é que o resultado da aquisição seja a integração do adquirente na estrutura de controle interno, isto é, na assunção do controle solitário em sucessão ao do alienante, ou na integração ao bloco de controle preexistente em lugar daquele.

Se bem que a nova redação soluciona a questão de se reconhecer o direito também ao acionista não-controlador preferencialista, desde que com direito de voto, impõem-se outras dúvidas ainda não esclarecidas. A primeira diz respeito ao direito de voto decorrente da falta de pagamento aos preferencialistas dos dividendos fixos por três exercícios consecutivos (art. 111, § 1º, da LSA). Este direito implica a participação destes como destinatários da oferta pública? Há quem considere que não, porque o direito de voto não teria o requisito da permanência, exigido no art. 116 da LSA. Essa não é, todavia, a melhor interpretação. O requisito da permanência, ou estabilidade, é exigido para a caracterização do poder de controle. Ora, na hipótese em questão, o art. 254-A trata justamente da participação de *acionistas não-controladores* na oferta pública. Não há como, em decorrência, estender a não-controladores requisitos ou exigências que tipificam o poder de controle, do qual, por definição, não participam. Ademais, a hermenêutica não admite que o intérprete restrinja ou distinga se o legislador não o fez, e a lei exige, pura e simplesmente, para a participação no *tag along*, a titularidade de ações com direito de voto.

No entanto, uma segunda questão, decorrente da primeira, surge, relativa ao conteúdo do direito de voto. Qualquer direito de voto, por mais limitado que seja, autoriza o preferencialista a participar da oferta? Já na norma antiga havia a discussão.[39] De acordo com o conceito exposto de poder de controle, a conclusão é a de que apenas o direito de voto que abranja a eleição de administradores concede ao titular da ação respectiva o direito previsto no art. 254-A. Se, todavia, houver restrição no direito de voto que implique o impedimento de votar na eleição dos administradores, então claramente não assiste ao preferencialista o direito a compartilhar do prêmio de controle.[40]

O próprio princípio do tratamento igualitário impõe uma nova questão, absolutamente nova, decorrente da interpretação do *caput* do art. 254-A à vista do seu § 1º: o § 1º reconhece, como títulos cuja negociação é passível de resultar na alienação do controle, "ações integrantes do bloco de controle, de ações vinculadas a acordos de acionistas e de valores mobiliários conversíveis em ações com direito a voto, cessão de direitos de subscrição de ações e de outros títulos ou direitos relativos a valores mobiliários conversíveis em ações". Sendo assim, é possível estender o direito à participação no prêmio de controle a todos os titulares dos direitos supra relacionados, apesar de não serem acionistas, no sentido estrito?

A aplicação do princípio obriga a concluir que sim. Se a venda de um determinado direito resultou na transferência do poder de controle, com o pagamento de um prêmio, então o titular de um direito idêntico merece tratamento idêntico e é, também, destinatário da oferta pública, ainda que não seja propriamente acionista.

Já o princípio da *proteção à poupança popular* fundamenta a limitação, muito criticada e de outra forma inexplicável, da aplicação do art. 254-A apenas às companhias abertas, excluindo as companhias fe-

39. Roberta N. Prado, ibid., p. 91.

40. Roberta N. Prado indica como melhor solução o "*exame caso a caso*". De fato, as hipóteses fáticas de restrições são tão abrangentes que é difícil teorizar sobre todas. Entretanto, o princípio geral é o da titularidade de ações que permitam uma potencial participação em atos típicos de controle.

chadas. De fato, os críticos[41] têm toda razão em diagnosticar o ambiente das companhias fechadas como muito mais propício a abusos, havendo muito mais dificuldades para os acionistas de companhias fechadas desfazerem-se de suas ações, no caso de lhes faltar confiança nos desígnios do novo controlador. No entanto, nas companhias fechadas não houve o recurso à poupança pública, que foi tido com fundamento informativo de todas as disposições legais em defesa dos acionistas minoritários;[42] razão pela qual não se concede, aos acionistas daquelas companhias, a proteção do art. 254-A.

O princípio da *valorização da responsabilidade do controlador* é uma novidade trazida pela Lei 10.303/2001, e fundamenta a mitigação do tratamento igualitário, ao conceder ao adquirente a possibilidade de eximir-se da obrigação legal estatuída no art. 254-A, *caput*, mediante a oferta de apenas 80% (oitenta por cento) do valor pago às ações integrantes do bloco de controle. Assim, o que a lei implicitamente admite é que o controlador tem o direito de apropriar-se desse *plus* em pagamento das responsabilidades assumidas pelo exercício do poder de controle.

Por fim, mas não menos importante, o princípio do *direito de opinar*. É fato que o art. 254-A concede ao acionista não-controlador a igualdade de oportunidade, isto é, o direito de aproveitar a ocasião da venda das ações pelo controlador para também desfazer-se de suas posições. Esse direito reverte ou em um custo maior para o adquirente, que se vê obrigado a despender maior quantia do que a que pretendia, ou para o alienante, considerando que o sobrepreço proposto já computou a necessidade de proceder a oferta pública e assim descontou esse custo do valor pago.

Para permitir a acomodação dos interesses de todos os envolvidos, o legislador introduziu, com o § 4º do art. 254-A, a possibilidade de o adquirente oferecer ao acionista não-controlador, além da compra das ações pelo preço mínimo de 80% do valor pago ao controlador, o pagamento da diferença entre o valor de mercado e o preço pago ao controlador, permanecendo na condição de acionista da companhia. Referido prêmio seria um estímulo ao acionista destinatário da oferta pública, para que fique na companhia aberta e não exerça o direito de exigir a compra de suas ações.

Sobre esse tema, já desponta a polêmica na doutrina. Cantidiano[43] entende que esta é uma "*decisão unilateral*" do adquirente, ou seja, cabe a ele decidir se realiza uma oferta pública de aquisição de ações, ou se simplesmente paga aos acionistas não-controladores a diferença entre o valor de mercado das ações o preço pago ao controlador, não cabendo escolha para estes. Já Carvalhosa e Eizirik[44] defendem que a oferta do prêmio é uma alternativa a ser oferecida aos acionistas não-controladores cumulativamente com a opção de compra das ações.

Esposa-se aqui o entendimento de Carvalhosa e Eizirik, não apenas pela interpretação do § 4º do art. 254-A à luz das regras de hermenêutica, mas elevando a possibilidade de retirada do acionista não-controlador a um princípio, decorrente da proteção à poupança popular, que se denomina *direito de opinar*. Admite-se, assim, que o direito do acionista não-controlador de discordar da transferência do controle só é

41. Carvalhosa e Eizirik, ibid., p. 391; Fábio K. Comparato, ibid., p. 247; Mauro R. Penteado, ibid., p. 17; Roberta N. Prado, ibid., p. 93.

42. Sobre a origem da lei, v. nota 4. Contemporaneamente, o conceito de proteção à poupança popular foi retomado pelo deputado federal Antônio Kandir, como se pode ler na Exposição de Motivos do Substitutivo que apresentou ao Projeto de Reforma: "Aquele que atende a um apelo público para capitalização de um empreendimento, confiando seus recursos a terceiros, de quem dependerá o sucesso de seu investimento, faz jus a que seus interesses tenham uma proteção minimamente adequada" (cf. Carvalhosa e Eizirik, ibid., p. 15).

43. Luiz Leonardo Cantidiano, *Reforma...*, p. 248.

44. Ibid., p. 410.

adequadamente protegido se lhe for garantida a opção de vender suas ações. Assim, a adesão à oferta pública passa a ser o instrumento pelo qual o acionista não-controlador pode manifestar sua dissensão, retirando-se da companhia.

O texto do § 4º permite essa interpretação valorativa, e se pode dizer mesmo teleológica, porque vai na esteira da intenção expressa do legislador, de se devolver aos acionistas minoritários direitos que em má hora lhe foram amputados, pela Lei 9.457/1997. Ora, o § 4º é expresso em atribuir aos acionistas minoritários a "*opção de permanecer na companhia*". O vocábulo "*opção*", tanto na sua acepção jurídica como na vulgar, subentende a existência de duas ou mais alternativas à disposição de quem cabe a escolha.[45]

Trata-se, na verdade, de duas opções: a primeira, do adquirente do controle, que pode, segundo sua conveniência, simplesmente realizar a oferta pública, permitindo que o acionista minoritário venda suas ações; ou pode, segundo sua conveniência, oferecer-lhe a alternativa de receber o pagamento do prêmio, calculado pela diferença entre o valor de mercado das ações e o valor pago pelo bloco de controle. Ao acionista minoritário, destinatário da oferta, cabe o ato de optar, isto é, escolher entre uma e outra alternativa a que mais lhe convenha.

Não avançando nessa seara da conveniência econômica, que deve ser decidida casuisticamente pelos acionistas em tal posição, o fato é que, em contrapartida à opção do adquirente, há uma segunda opção, que é a do minoritário, de aceitar o pagamento da diferença, ou insistir na aquisição de suas ações, conforme lhe concede o *caput*.

O que não se pode admitir é que uma norma como o art. 254-A, contextualizada como protetiva dos interesses dos minoritários, seja interpretada de modo a transubstanciar o que é uma opção garantida ao destinatário da oferta pública em uma imposição, por ato unilateral do adquirente, excluindo a decisão de sua órbita jurídica. A lei confere, expressamente, ao acionista minoritário o direito de optar, que não é compatível com a sua sujeição a um ato unilateral do adquirente.

7. Encerramento

A recente reforma da LSA padece de atecnias e, mesmo, de absurdos, que os comentaristas fartam-se de apontar; não apresenta consistência ideológica ou programática; os avanços indiscutíveis são contrapostos a retrocessos inacreditáveis. É, por conseqüência, fruto genuíno do processo legislativo brasileiro, democrático, mas ainda um tanto tateante, suscetível a pressões de toda ordem e seduzido pelas soluções de compromisso. Foi o resultado de uma iniciativa que nasceu sob a divisa do resguardo dos direitos dos acionistas minoritários e da *corporate governance*, mas que se viu obrigada a entregar alguns anéis para que não se perdessem os dedos.

No contexto da oferta pública para aquisição de ações na alienação de controle, o simples fato de ter sido reintegrada ao direito positivo é motivo de júbilo, eis que a intenção de proteger o direito dos minoritários é justificável em qualquer esfera, seja administrativa, política, jurídica ou econômica. Que o legislador tenha encontrado uma solução de compromisso (o redutor dos 80%) para tentar agradar a gregos e troianos, e não tenha agregado forças capazes de radicalizar o princípio da proteção aos minoritários, é apenas uma seqüela dos vícios estruturais do processo políti-

45. "Do latim *optio*, de *optare* (escolher, eleger), é, na terminologia jurídica, tomado em seu sentido originário: significa a escolha ou a eleição. Nesta acepção, portanto, o direito de opção é o direito de escolha, quando há mais coisas para escolher. Em semelhante circunstância, a opção, necessariamente, pressupõe a existência de uma obrigação alternativa, em que se cumpre de maneiras diferentes: de uma ou de outra forma" (De Plácido e Silva, *Vocabulário Jurídico*, v. III, 4ª ed., p. 1.095). "2. aquilo por que se opta; uma de duas ou mais possibilidades pelas quais se pode optar; alternativa" (*Dicionário Houaiss da Língua Portuguesa*, 1ª ed., p. 2.069).

co nacional. Mas não se deve permitir frutifique interpretação da lei que nela encontre o que lá não está, restringindo ainda mais o direito dos minoritários.

Encerra-se o estudo com a pretensão de ter contribuído para uma análise sistemática do direito do acionista não-controlador a participar do prêmio de controle, em especial com a explicitação dos princípios que regem o instituto, de modo a facilitar sua compreensão e aplicação, no interesse da proteção aos minoritários.

São Paulo, junho de 2002.

Bibliografia

BULGARELLI, Waldirio. *Regime Jurídico de Proteção às Minorias nas S/A*. Rio de Janeiro, Renovar, 1998.

CANTIDIANO, Luiz Leonardo. "Alienação e aquisição de controle", in *Revista de Direito Mercantil* 59, jul.-set. 1985.

———. *Reforma da Lei das S/A Comentada*. 1ª ed., Rio de Janeiro, Renovar, 2002.

CARVALHOSA, Modesto. *Comentários à Lei de Sociedades Anônimas*. v. 2, São Paulo, Saraiva, 1998.

———. *Comentários à Lei de Sociedades Anônimas*. v. 4, t. II, São Paulo, Saraiva, 1998.

———. e EIZIRIK, Nelson. *A Nova Lei das S/A*. 1ª ed., São Paulo, Saraiva, 2002.

COMPARATO, Fábio Konder. *O Poder de Controle na Sociedade Anônima*. 3ª ed., Rio de Janeiro, Forense, 1983.

———. "Alienação de controle de companhia aberta", in *Direito Empresarial — Estudos e Pareceres*, São Paulo, Saraiva, 1990.

DE PLÁCIDO E SILVA. *Vocabulário Jurídico*. v. III e IV, 4ª ed., Rio de Janeiro, Forense, 1975.

FRONTINI, Paulo Salvador. "Sociedade anônima — Direito de retirada — Recesso de dissidente — Lei Lobão: um precedente judicial", in *Revista de Direito Mercantil* 86, abr.-jun. 1992.

HOUAISS, Antônio. *Dicionário HOUAISS da Língua Portuguesa*. 1ª ed., Rio de Janeiro, Objetiva, 2001.

LAMY FILHO, Alfredo e BULHÕES PEDREIRA, José Luiz. *A Lei das S/A*. v. II, "Pareceres", 2ª ed., Rio de Janeiro, Renovar.

LEÃES, Luiz Gastão Paes de Barros. "Poder de controle", in *Estudos e Pareceres sobre Sociedades Anônimas*, São Paulo, Ed. RT, 1989.

LOBO, Jorge. "Proteção à minoria acionária", in *Revista de Direito Mercantil* 105, jan.-mar. 1997.

MOTTA, Nélson Cândido. "Alienação de controle de instituições financeiras. Acionistas minoritários. Notas para uma interpretação sistemática da Lei das S/A", in *Revista de Direito Mercantil* 46, abr.-jun. 1982.

———. "Alienação do poder de controle compartilhado", in *Revista de Direito Mercantil* 89, jan.-mar. 1993.

PENTEADO, Mauro Rodrigues. "Apontamentos sobre a alienação do controle de companhias abertas", in *Revista de Direito Mercantil* 76, out.-dez. 1989.

———. "A Lei 7.958 e a pretensa modificação do direito de retirada dos acionistas: uma discussão inócua", in *Revista de Direito Mercantil* 77, jan.-mar. 1990.

———. "20 anos de promulgação da Lei das S/A: anteprojetos e projeto visando sua reforma", in *Revista de Direito Mercantil* 105, jan.-mar. 1997.

———. "Direito de retirada dos acionistas na Lei 9.457/1997", in *A Reforma da Lei das S/A*. 1ª ed., São Paulo, Atlas, 1998.

PRADO, Roberta Nioac. "Da obrigatoriedade por parte do adquirente do controle de sociedade por ações de capital aberto de fazer simultânea oferta pública, em iguais condições, aos acionistas minoritários — Art. 254 da Lei 6.404/1976 e Resolução CMN 401/1976 — É efetivo mecanismo de proteção aos minoritários?", in *Revista de Direito Mercantil* 106, abr.-jun. 1997.

REQUIÃO, Rubens. "O controle e a proteção dos acionistas", in *Revista de Direito Mercantil* 15/16, 1974.

SALOMÃO FILHO, Calixto e RICHTER JR., Mário Stella. "Interesse social e poderes dos administradores na alienação de controle", in *Revista de Direito Mercantil* 89, jan.-mar. 1993.

SZTAJN, Rachel. *Direito de Recesso*. Tese de Doutorado, 1982, disponível na Biblioteca Tullio Ascarelli, da Faculdade de Direito da Universidade de São Paulo.

WALD, Arnoldo. "A oferta pública, a igualdade dos acionistas e o direito comparado", in *Revista de Direito Mercantil* 43, jul.-set. 1981.

———. "Do descabimento da oferta pública de compra em relação às ações preferenciais", *Revista de Direito Mercantil* 45, jan.-mar. 1982.

Jurisprudência Comentada

INDENIZATÓRIA MOVIDA POR FILHOS ALEGANDO MORTE DA MÃE POR CÂNCER DE PULMÃO DECORRENTE DE TABAGISMO

Comentários de
PAULO ROGÉRIO BRANDÃO COUTO
ao acórdão da apelação cível 200.2.001.02666, do TJRJ

Apelação cível 200.2.001.02666-Capital

16ª Câmara Cível do TJRJ

Aptes.: Mauro Henrique da Costa e Outros

Apda.: Souza Cruz S/A

Rel. Desembargador Miguel Ângelo Barros

Ementa: Processual e civil. Indenizatória movida por filhos alegando morte da mãe por câncer de pulmão decorrente de tabagismo. Cerceamento de defesa. Sentença anulada. Nova sentença. Apelação insistindo em cerceamento de defesa e atacando o mérito.

1. Se a primeira sentença foi anulada porque o seu prolator entendeu que os autores não produziram provas de ilicitude, de falta de informação, de propaganda enganosa e de vício do produto (o que cerceou o direito de defesa deles, que haviam requerido provas relativas àqueles pontos), não é nula a nova sentença que, embora também dê pela improcedência, o faz sob outro argumento, qual seja o de que a prova pericial antecipada produzida fixou a inexistência de nexo causal entre o tabagismo da mãe dos autores e o câncer de pulmão que a matou.

2. O consumidor não é obrigado a consumir os produtos à venda no mercado e se o faz pratica ato de seus exclusivos arbítrio e responsabilidade, não podendo depois atribuir ao produtor a culpa por ter consumido aquele produto, de forma que o fato de alguém fumar durante 40 anos e morrer de câncer no pulmão não autoriza seus filhos a pedirem indenização por dano moral e material sem provarem o nexo de causalidade entre a prática do tabagismo e o surgimento do câncer.

3. Preliminar que se rejeita e apelo a que se nega provimento.

Comentários de

Paulo Rogério Brandão Couto

O Acórdão segue um entendimento unânime da Justiça brasileira em julgar improcedente pedido de indenização, em ação movida por ex-fumante.

Até dezembro de 2002, momento em que foram elaboradas estas notas, havia 297 ações propostas, sem decisões favoráveis aos fumantes e ex-fumantes.

Bastante esclarecedor é o julgado que enfrentou as principais questões relacionadas aos pedidos de indenização por ex-fumantes.

O nexo causal, como elemento caracterizador da obrigação de indenizar, não está presente no caso concreto e seria bastante difícil de relacioná-lo em casos semelhantes. Eventual doença manifestada, como se sabe, pode ter muitas causas, sem que o nexo seja demonstrado com clareza.

Como explica Maria Helena Diniz,[1] "causa é o motivo *determinante* de um fato, sua fonte, sua origem; aquilo em virtude do qual se tem a existência de algo ou do qual advém um efeito". Ou seja, não pode haver simples suspeita. Para que exista o nexo deve haver *certeza* da causa.

O Supremo Tribunal Federal, no v. Acórdão relatado pelo Min. Moreira Alves, acolheu a teoria da não indenizabilidade pela inexistência do nexo causal direto (interrupção do nexo causal): "ora, em nosso sistema jurídico, como resulta do disposto no art. 1.060 do CC, a teoria adotada quanto ao nexo de causalidade é a teoria do dano direto e imediato, também denominada teoria da interrupção do nexo causal. Não obstante aquele dispositivo da codificação civil diga respeito à impropriamente denominada responsabilidade contratual, aplica-se ele também à responsabilidade extracontratual, inclusive à objetiva, até por ser aquela que, sem quaisquer considerações de ordem subjetiva, afasta os inconvenientes das outras duas teorias existentes: a da equivalência das condições e da causalidade adequada (cf. Wilson de Melo da Silva, *Responsabilidade sem Culpa*, ns. 78 e 79, pp. 128 e ss., Saraiva, 1974)".

Ou seja, havendo incontornável incerteza sobre a existência do nexo de causalidade certo e direto, não há como haver responsabilização.

Deve-se considerar, ainda, que o hábito de fumar é exercício do livre arbítrio. O autor daquela ação não foi obrigado a fumar. Aliás, o princípio da autonomia da vontade é parte da expressão da liberdade individual e é considerado princípio fundamental do direito privado. Não se pode permitir a criação de fatos e a obtenção de vantagem indevida por conta desses fatos. Segundo Orlando Gomes, a autonomia privada é *o poder atribuído ao particular de partejar, por sua vontade, relações jurídicas concretas, admitidas e reguladas, "in abstracto", na lei.*[2] Limitar incoerentemente a autonomia da vontade ou visualizá-la de maneira distorcida poderia causar um seriíssimo transtorno para a própria sociedade. Assim, se o Estado limitar incoerentemente a autonomia da vontade em determinada situação, poderia, em tese, até mesmo ser responsabilizado por não fazê-lo em todos os outros casos nos quais supostamente deveria limitar. Algo muito absurdo, mas completamente coerente com o pensamento que desconsidera a autonomia da vontade e a livre escolha do próprio indivíduo em seguir este ou outro caminho. Se o Estado diz uma vez: "siga este caminho", deverá sempre fazê-lo sob pena de ser responsabilizado; uma verdadeira incoerência que pode vir a se tornar realidade e um gigantesco problema para a sociedade se admitirmos a idéia de que a autonomia da vontade não existe para o caso de o indivíduo consumir este ou aquele produto. Ainda mais: seria necessário que o Estado proibisse a venda de quase todos os produtos em comercialização: açúcar, por exemplo, pelas cáries que pode causar; detergentes, pela possibilidade de alguém querer ingeri-los e, assim, ter algum tipo de problema de saúde. Também deveria proibir todos os inseticidas, pois alguém também poderia ingerir e colocar sua vida em risco; veículos, pela possibilidade de alguém ser atropelado, daí por diante...

Também bastante coerente o julgado ao salientar a licitude da atividade, aliás, questão indiscutível. Sendo atividade econômica autorizada legalmente, incide no

1. *Dicionário Jurídico*, São Paulo, Saraiva, 1998, pp. 522 e ss.

2. Cf. *Obrigações*, pp. 40 e ss.

caso a excludente do exercício regular de direito.

Há outra decisão proferida nesse sentido, pelo MM. Juiz de Direito da 30ª Vara Cível da Comarca de São Paulo (proc. 99.013480-5) : "(...) as atividades relacionadas ao cultivo do tabaco e à produção e comercialização de cigarros nunca foi considerada ilícita entre nós, sendo, provavelmente, a atividade que dispõe do maior número de regramentos a disciplina-la. (...) Muito embora — repita-se — o cigarro cause males a saúde, tal fato é público e notório há muitos anos, sem que, por causa disso, sua produção e comercialização tivesse sido proibida entre nós, ou mesmo em qualquer outro país. (...) E tal responsabilidade, não é demais repetir, apenas poderia ser caracterizada, em correndo a prática de atos ilícitos ou o desrespeito às normas do Código de Defesa do Consumidor aplicáveis ao caso, o que não ocorreu — ressalta-se, uma vez mais — no caso presente. Por isso, não se pode imputar à requerida a responsabilidade pelos mencionados danos padecidos pelo requerente, em vista da atividade lícita e regulamentada pelo poder público que ela exerce, pagando, aliás, elevadíssimos tributos, para tanto".

Não se pode esquecer dos empregos gerados pela atividade da empresa e o considerável valor dos tributos arrecadados com o produto, ambos que revertem efeitos ao Estado e à coletividade. Aqui se pode ver efetivamente a função social exercida não só pela empresa, como também por um ramo de atividade lícita.

Por outro lado, como ficou salientado pelo julgado, não há propaganda enganosa veiculada pelas empresas fabricantes de cigarro. Publicidade enganosa por omissão é aquela que omite dado essencial do produto ou serviço, pois só a omissão deste configurará a enganosidade. Este é o entendimento de Antonio Herman Benjamin: "Enquanto que na publicidade enganosa comissiva qualquer dado do produto ou serviço presta-se para induzir o consumidor em erro, na publicidade enganosa por omissão só a ausência de dados essenciais é reprimida. De fato, não seria admissível que, em 15 segundos de um anúncio televisivo, o fornecedor fosse obrigado a informar o consumidor sobre todas as características e riscos de seus produtos e serviço. Assim, nos termos da lei e nos passos do direito comparado, só aquelas informações essenciais são obrigatórias. Por essenciais entendam-se as informações que têm o condão de levar o consumidor a adquirir o produto ou serviço".[3]

Sabendo-se que os riscos associados ao hábito de fumar são amplamente conhecidos pelo público há muito tempo (mais de um século como se pode constatar em estudo preparatório para estes comentários), sequer poder-se-ia alegar ignorância quanto a tal fato. Nesse particular, é digno de nota o fato de que, a despeito do bombardeio de alertas sobre os riscos para a saúde associados ao consumo do produto, milhares de pessoas se iniciam a cada ano no consumo de cigarros e de que, por outro lado, milhares de pessoas permanecem fumando.

Como bem salientado pelo Acórdão, qualquer atividade, pelo ponto-de-vista da má-fé e oportunismo, poderá ser vítima da indústria das indenizações. Cita o exemplo de arma de fogo, mas toda atividade pode gerar algum tipo de risco, qualquer produto pode trazer, de maneira distorcida, algum tipo de imaginário dano ao consumidor. Se alguém é atropelado porque o condutor do veículo dirige em alta velocidade, o fabricante do veículo não pode ser responsabilizado; se alguém é ferido com a utilização de uma faca, é absurdo querer responsabilizar seu fabricante. É preciso viver no mundo real e afastar os oportunistas e os indivíduos que, agindo com reserva mental, buscam enriquecimento ilícito subestimando a atuação inteligente e unânime do Poder Judiciário brasileiro.

3. Antonio Herman de Vasoncellos e Benjamin, *Código Brasileiro de Defesa do Consumidor*, 1992, p. 204.

Nesse sentido o Brasil tem dado um bom exemplo, adotando a idéia de que nem tudo que é bom para os outros países é bom para o Brasil, pondo cobro à simples importação de idéias que acabam por não funcionar aqui. Se começarem a processar todos os fabricantes de bens por aqui, criando motivos absurdos, como há em outros países, teremos um grave problema, além do crescimento do custo dos bens e serviços, que terão em seu preço embutidas as provisões para as indenizações.

O Acórdão foi bastante correto ao dizer que o Brasil é um país independente. Se há julgados em outros países, não há que considerá-los aqui.

Temos exemplos absurdos nos Estados Unidos: (a) Stella Liebeck foi a senhora de 79 anos que se queimou com café quente no carro e ganhou uma polpuda indenização do McDonald's, alegando que não se deve servir o café tão quente. Em sua homenagem, foi criado nos EUA o "Prêmio Stella", para sentenças judiciais verdadeiras, mas absurdas; (b) Carl Truman, de Los Angeles, ganhou o reembolso de despesas médicas e US$ 74 mil de indenização do motorista de um carro que passou em cima de sua mão. O motorista deu partida e andou, sem perceber que Truman estava roubando suas calotas; c) Terence Dickson, de Bristol, roubou uma casa e quis sair pela garagem. Portão enguiçado. Tentou voltar para a casa, mas a porta tinha batido e se trancara. Passou oito dias na garagem, com algumas latas de Pepsi e um saco de ração de cachorro. Só saiu quando os donos voltaram de viagem. Ganhou US$ 500 mil de indenização por "angústia mental indevida"; (d) Merv Grazinski, de Oklahoma, levou o *motor-home* para a estrada, regulou a velocidade em 120km/h e saiu do volante para fazer um cafezinho. O *motor-home* saiu da pista e capotou. Grazinski processou a fábrica porque o manual não dizia que o motorista precisava ficar na direção com o veículo em movimento. Ganhou um *motor-home* novo, mais US$ 1,75 milhão de indenização.[4]

Não é isso que queremos para o Brasil!

O Poder Judiciário, apesar de injustas críticas que lhe são dirigidas e da falta de condições materiais, tem tido um relevantíssimo papel social no Brasil ao evitar que, a exemplo de outros países, o Brasil se torne um paraíso para a indústria de indenizações, gerando efeitos econômicos e sociais negativos.

Esse julgado nos leva a refletir: será que a população quer uma sociedade abusivamente litigiosa, em que uns processam os outros com a finalidade única de enriquecer indevidamente?

4. Estes e outros absurdos da "indústria das indenizações" podem ser consultados em <http://www.citizen.org/congress/civjus/tort/myths/articles.cfm?ID=785> e <http://www.power-of-attorneys.com/> (páginas acessadas em 15.1.2003).

Textos Clássicos

"LEX MERCATORIA"*

FRANCESCO GALGANO
Tradução de ERASMO VALLADÃO A. E N. FRANÇA

Introdução

1. Da antiga à nova "lex mercatoria"

A história da *lex mercatoria* é a história de um modo particular de criar direito, a história do "particularismo" que distinguiu a regulação normativa das relações comerciais, tornando-a diversa da regulação normativa de qualquer outra espécie de relações sociais.

É, na origem, o *ius mercatorum* ou *lex mercatoria*, e é tal não só porque regula a atividade dos *mercatores*, mas também, e sobretudo, porque é direito criado pelos *mercatores*, que nasce dos estatutos das corporações mercantis, do costume mercantil, da jurisprudência da corte dos mercadores. É *ius mercatorum*, diretamente criado pela classe mercantil, sem mediação da sociedade política, imposto a todos em nome de uma classe, não já em nome da inteira comunidade; e isto conquanto a classe mercantil fosse classe politicamente dirigente, força de governo da sociedade comunal, que podia ditar lei — e em outra esfera de relações ditava lei — para o trâmite das instituições públicas, sob o signo da autoridade comunal. As regras do comércio foram, assim, subtraídas à "compromissória" mediação da sociedade política; elas puderam, ao mesmo tempo, ultrapassar os confins comunais e expandir-se, como regras profissionais da classe mercantil, até onde se estendiam os mercados. Um direito comercial "grande, universal" — dirá Frémery[1] — "como o comércio que o havia produzido".

Na época moderna, que é a época da codificação do direito privado, a época da mediação do Estado na regulação de todas as relações sociais, o antigo particularismo jurídico se reapresenta em formas mudadas; o direito comercial é o direito dos códigos de comércio, separados dos códigos civis; da jurisdição comercial, separada da jurisdição civil. Conquanto direito do Estado, como o direito civil, o direito comercial se separa deste por uma razão que diz respeito, ainda uma vez, a um diverso modo de criar direito: é tornado autônomo do direito civil por ser mais facilmente e mais rapidamente emendável, em consonância com as mutáveis exigências do comércio, e por ser um direito, o mais possível, "a-nacional", em antítese à acentuada caracterização nacional do direito civil, aberto às

* N. do T.: o texto, a seguir, consiste no item 1 da Introdução feita por Francesco Galgano à obra de sua autoria denominada *Lex Mercatoria* (ed. Il Mulino, Bolonha, 2001, pp. 9-14). A *Lex Mercatoria* representa uma atualização, acrescida de alguns capítulos novos, do livro que se denominou, originalmente, *Storia del Diritto Commerciale* (a 1ª edição é de 1976).

1. A. Frémery, *Études de Droit Commercial, ou du Droit Fondé par la Coutume Universelle des Comerçants*, Paris, 1833, p. 19.

exigências de uniformidade metanacional, funcional para as necessidades de um mercado interestadual. E, no século passado, ter-se-ão um só código civil, mas dois códigos de comércio na Alemanha, dois códigos de comércio na Espanha, dois códigos de comércio na Itália (onde um novo projeto de código de comércio estará já em execução nos primeiros decênios do novo século); entre os dois séculos terá início o processo de uniformização internacional de múltiplos setores do direito comercial, da concorrência e dos direitos exclusivos de propriedade industrial, ao cheque e à cambial.

A matéria sobre a qual esse "particularismo jurídico", historicamente, se exerceu, não é facilmente delimitável.[2] O direito comercial não tem, para desonra do seu nome, um preciso referente nas categorias da economia, não corresponde a um específico setor do sistema econômico; o seu limite com respeito ao direito civil não pode ser traçado — bem o advertiu Ascarelli — decompondo o direito privado em direito da produção, da distribuição, da circulação, do consumo e assim por diante.[3]

O direito comercial não é o direito do comércio: não regula, nem nunca regulou, *todo* o comércio; não foi nunca um sistema normativo auto-suficiente, ordenador de um inteiro setor da vida econômica; e, a regular o comércio, sempre concorreu, com as normas sobre obrigações e sobre contratos, também o direito civil. Ao *ius civile*, que era então o direito privado romano, extraído do *Corpus iuris*, faziam expressa remissão, qual fonte subsidiária do *ius mercatorum*, os estatutos mercantis; e, aos códigos civis, fariam análoga remissão os modernos códigos de comércio, advertindo que a "matéria de comércio" era regulada *in primis* pelo código de comércio e pelos usos comerciais e, onde estes não tivessem estatuído, pelo código civil.[4]

Se não é *todo* o direito do comércio, tampouco é o direito comercial *somente* o direito do comércio: também as atividades industriais são, e desde o seu surgimento, matéria do direito comercial. O primeiro código de comércio da era moderna, o *Code de Commerce* de 1808, considerava "ato de comércio" a aquisição de mercadorias com o escopo de revenda, mas "seja em *natura*", precisava, "seja depois de as ter elaborado ou beneficiado (*messe in opera*)" (art. 632, 1º parágrafo), e fazia expressa menção, como atos de comércio, às "empresas de manufatura" (art. 632, 2º parágrafo) e às "empresas de construção" (art. 663, 2º parágrafo).

A essência da "comercialidade" dessa partição do direito não se colhe em uma visão sincrônica do direito privado, distinguindo-a *ratione materiae* do direito civil;[5] colher-se-á se se coloca em uma perspectiva diacrônica: o direito comercial aparece, então, como a inovação jurídica introduzida na regulação das relações econômicas, o conjunto de "especiais" regras de comér-

2. O conceito de "particularismo jurídico", que é próprio dos juristas positivistas dos Oitocentos e, em particular, da literatura histórico-jurídica francesa e italiana, pode hoje ser empregado como categoria de conhecimento histórico, já que — como adverte G. Tarello, *Le Ideologie della Codificazione nel Secolo XVIII*, Gênova, sem data (mas de 1973), p. 21 — "as valorações e as esperanças", que nele estão implícitas, "podem-se reencontrar seja na cultura jurídica contemporânea ao fenômeno qualificado, seja na cultura e na mentalidade do futuro historiador".

3. T. Ascarelli, *Saggi di Diritto Commerciale*, Milão, 1955, p. 15; id., *Corso di Diritto Commerciale*, Milão, 1962, pp. 87 e 124.

4. E já com respeito ao *Code de Commerce*, que não continha uma expressa remissão de tal sorte, G. G. Locrè observava que o "código de comércio, não sendo senão uma lei de exceção, destinada a regular os negócios de natureza particular, não pode subsistir por si mesmo, liga-se ao direito comum" (*Spirito del Codice di Commercio*, trad. italiana, Milão, 1811, p. VII).

5. E no vigor do nosso Código de Comércio de 82 acabou-se por acolher um critério de todo tautológico, concluindo que "matéria de comércio", para os efeitos do art. 1º do Código, outra coisa não era senão a matéria regulada pelo Código mesmo (cf. L. Bolaffio, "Disposizioni generali", em *Il Codice di Commercio Commentato*, Turim, 1913, *sub* arts. 1-2, pp. 7 e ss.).

cio que, nas diversas épocas históricas, a classe mercantil diretamente criou ou pretendeu do Estado; e são, muito freqüentemente, regras destinadas a traduzirem-se, nas épocas sucessivas, em direito privado comum, a tornarem-se direito civil. Advertiu-o Pasukanis, quando escreveu que "o direito comercial, com respeito ao direito civil, cumpre a mesma função a que é chamado a cumprir o direito civil em relação a todos os outros setores; ou seja, aquele indica a este a via do desenvolvimento".[6]

As vicissitudes italianas se destacam, durante o período fascista, do contexto europeu. Em 1942 o direito comercial perde, no nosso país, a antiga autonomia legislativa; um unitário código civil toma o posto precedentemente ocupado, e ainda ocupado alhures, por separados códigos civis e de comércio. Não obstante isso, os juscomercialistas italianos dão vida novamente ao direito comercial, com uma hábil operação de "retalho", no interior do código civil, de diversos conjuntos de normas, algumas do Quinto, outras do Quarto Livro, cujo elemento unificador em outra coisa não reside senão no fato de que elas eram, uma época, encerradas dentro do código de comércio (e ao mesmo título são incluídas no "direito comercial" algumas leis especiais, aquelas sobre falência, sobre a cambial e sobre o cheque etc., cuja "comercialidade" deriva também do fato de elas regularem matérias já reguladas pelo código de comércio).

O antigo particularismo se transformou, assim, em "autonomia científica" do direito comercial. A integração do direito comercial ao direito civil é, quanto menos em sede de sistematização e interpretação, esconjurada; a juscomercialística continua, como no passado, a elaborar separadamente as próprias categorias. Uma operação de mera restauração, inspirada por uma filosofia conservadora? Ou não, ao invés, uma visão cosmopolita do direito, a aspiração a reproduzir no direito nacional o modelo dos outros grandes países do continente europeu? O sentido dessa operação da juscomercialística italiana será claramente percebido por Tullio Ascarelli quando o Tratado de Roma relançar, sobre o nosso continente, o projeto de um direito comercial uniforme.[7]

O projeto é enunciado pelo art. 3º, letra *h*, do *Tratado*, segundo o qual "a ação da Comunidade importa", entre outras coisas, "a aproximação das legislações nacionais na medida necessária ao funcionamento do mercado comum"; e o objetivo da "aproximação das legislações", referida ao funcionamento de um mercado comum europeu, torna evidente a alusão às legislações comerciais nacionais (dentro do direito comercial se coloca, além disso, o mais específico objetivo, expresso pelo art. 44, 2º parágrafo, letra *g*, que consiste no "tornar equivalentes as garantias que são exigidas, pelos Estados-membros, das sociedades, para proteger os interesses tanto dos sócios como de terceiros").

Nesse projeto, o "particularismo" do direito comercial reemerge em toda a sua importância histórica: retorna a antiga idéia de um direito comercial "despoliticizado", a uniformidade ultranacional do qual se possa realizar independentemente da unidade política e não associar a nada mais senão à unidade do mercado. E retorna, com essa, também a idéia de que as normas reguladoras da atividade comercial possam ser produzidas de modo inteiramente "particular", externamente àquelas sedes de mediação política e social nas quais se forma qualquer outra norma de direito. Segundo o art. 94 do Tratado, as legislações nacionais se "harmonizam" por diretiva vinculante de um órgão comunitário, qual seja, o Conselho da Comunidade Européia, que é emanação exclusiva dos executivos nacio-

6. E. B. Pasukanis, *La Teoria Generale del Diritto e il Marxismo*, trad. italiana de E. Martellotti, com ensaio introdutório de U. Cerroni, Bari, 1975, p. 55.

7. Ascarelli, *Corso di Diritto Commerciale*, cit., p. 142; e *infra*, cap. 5, par. 5.

nais, enquanto o Parlamento Europeu, eleito por sufrágio universal, tem voto somente consultivo.

O particularismo do direito comercial é, em termos "gramscianos", "economismo"; a sua valoração histórica é valoração histórica do "economismo" no direito, e o particularismo do direito comercial das origens foi somente um aspecto daquele geral "economismo" da burguesia medieval que foi a razão da sua rápida fortuna, mas também de seu igualmente rápido declínio.[8] O economismo no direito do nosso tempo é a pretensão de separar o direito da política, de abstraí-lo da sociedade, qual mero "acessório" da economia, pura técnica de regulação das relações de produção. Ele contradiz — baste aqui o exemplo, há pouco citado, do modo de criar direito comercial uniforme na Comunidade Européia — as instâncias, jamais sopitadas, de formação democrática do direito, contradiz a aspiração a um desenvolvimento econômico coordenado com o progresso civil e social. A idéia de uma constituição européia, que hoje se anuncia, apoia essas exigências, como as apoia a anunciada atribuição de um voto deliberativo ao Parlamento Europeu.

É hoje somente uma curiosidade histórica, mas não é aqui fora de lugar recordar a áspera polêmica que, nos anos Trinta, dividiu os juristas soviéticos sobre o tema do "direito econômico". A quantos haviam propugnado "a substituição do direito civil pelo direito econômico", Vysinskij acusou de haver "feito do ser vivente, com os seus direitos pessoais e patrimoniais, um acessório do mecanismo econômico. Não compreenderam que o socialismo postula o desenvolvimento e o fortalecimento dos direitos pessoais e patrimoniais dos trabalhadores. Ignoram a importância da propriedade individual. Sobre um ponto agora estão todos de acordo: é preciso criar o mais rapidamente um novo código civil".[9]

As razões do particularismo parecem, todavia, destinadas a levar vantagem no último quartel do vigésimo século; a economia mundial veio assumindo sempre mais marcadamente os caracteres de uma economia global, que tende a superar os confins políticos dos Estados e a reduzir o planeta à unidade econômica. A economia global se sobrepôs ao antigo comércio internacional. No passado, a produção era sempre nacional; eram internacionais os mercados do aprovisionamento de matérias-primas e da colocação de produtos acabados. Na economia que se diz global não são as mercadorias que circulam além dos confins nacionais; em âmbitos internacionais se desloca e se ramifica a própria organização produtiva e distributiva.

8. Recordo as páginas de Antonio Gramsci em *Note sul Machiavelli, sulla Politica e sullo Stato Moderno*, Turim, 1949, pp. 45 e ss., 90 e ss., 133; e aquelas, mais numerosas, depois aparecidas nos *Quaderni dal Carcere*, Turim, 1975, pp. 475 e ss., 641, 694 e ss., 758 e ss., 787 e ss., 935, 1.053 e ss., 1.149. Às pp. 460 e ss. dos *Quaderni* (pp. 29 e ss. das *Note*) está a crítica do "economismo"; e aí se lê que "é preciso combater o economismo não só na teoria da historiografia, mas também na teoria e na prática política" (p. 464 dos *Quaderni*).

9. A passagem faz parte da nota requisitória de 37; no sucessivo escrito de 49, sobre *Problemi del Diritto e dello Stato in Marx*, A. J. Vysinskij repele ainda "a redução do direito civil soviético à esfera da produção e da troca. O que é feito, porém, daquela parte do direito civil que disciplina as relações matrimoniais e familiares? Ou também essas relações devem ser disciplinadas do ponto de vista da 'planificação socialista'? É claro que o direito civil compreende uma esfera de relações mais ampla do que somente as relações de troca (como afirmou Pasukanis) ou também somente as relações de produção e de troca (como afirmou Stucka)"; é contra "a divisão do direito soviético que disciplina as relações econômicas em dois 'direitos': o direito civil e o direito econômico", uma divisão que comporta a "contraposição dos interesses da economia socialista aos interesses do homem socialista, a depreciação do direito civil como direito que disciplina, sanciona e tutela os interesses pessoais e patrimoniais dos trabalhadores, dos cidadãos da URSS, construtores do socialismo" (em P. L. Stucka, E. B. Pasukanis, A. J. Vysinskij, M. S. Strogovic, *Teorie Sovietiche del Diritto*, aos cuidados de U. Cerroni, Milão, 1964, pp. 265 e ss.). Stucka tinha, por sua vez, criticado o "economismo" de Pasukanis; cf. o ensaio introdutório de Cerroni a Pasukanis, *La Teoria Generale del Diritto e il Marxismo*, cit., p. 25.

As grandes empresas assumem dimensões mundiais; caracterizam-se como empresas multinacionais; colocam as próprias unidades de produção diretamente sobre os mercados de consumo dos produtos; ou articulam em países diversos, segundo critérios de conveniência, as diversas fases e os diversos setores da própria atividade, tirando vantagem das diversas oportunidades que aí encontram ofertadas, como o mais vantajoso mercado de trabalho, ou o mais vantajoso mercado de capitais, ou o sistema fiscal preferível; e obtendo ao mesmo tempo o resultado de separar os riscos relativos aos diversos mercados.

As multinacionais constituem um potente fator de propagação, no mundo, de práticas e de modelos contratuais uniformes; concorrem para a formação daquela nova *lex mercatoria*, tão universal quanto foi universal a *lex mercatoria* da era pré-industrial, à qual se tende hoje a reconhecer o caráter de originário e supranacional ordenamento jurídico, como o ordenamento jurídico da *business community*, que não conhece nacionalidade e se estende à inteira "aldeia global". Ao mesmo tempo a economia global, da qual as multinacionais são as principais protagonistas, produz um efeito gravemente perturbador sobre as estruturas jurídicas e políticas dos Estados, frustra-lhes a política econômica, exautora-lhes as leis. Os Estados soberanos, por potentes que sejam, não são mais tão soberanos quanto no passado. Eles não governam senão um minúsculo fragmento do mercado global, enquanto as multinacionais estão em grau de controlá-lo na sua inteireza.

Nada ou bem pouco das experiências político-constitucionais maturadas dentro das sociedades nacionais podem ser utilizadas diante da globalização da economia e da nova *lex mercatoria*. São necessárias novas idéias e experiências de todo originais — que estão agora amadurecendo, como se dirá no último capítulo deste livro.

Pareceres

LEGITIMAÇÃO DO SÓCIO DA SOCIEDADE CONTROLADORA PARA PLEITEAR A ANULAÇÃO DE ASSEMBLÉIA DA CONTROLADA SUBSIDIÁRIA INTEGRAL

ERASMO VALLADÃO A. E N. FRANÇA

Consulta

1. O douto advogado Dr. Paulo Benedito Lazzareschi solicita o nosso parecer acerca de questões formuladas na consulta que a seguir vai transcrita:

"A sociedade *X* Ltda. tem as quotas de seu capital social divididas entre o *Consulente A*, titular de 50% (cinqüenta por cento) delas e seu irmão *B*, titular das outras 50% (cinqüenta por cento).

"A *X* Ltda., por sua vez, até o meado do ano de 1998 era a detentora da totalidade (100%) das ações da *Y* S/A Crédito, Financiamento e Investimento, subsidiária integral, portanto, da *X* Ltda.

"Em Assembléia Geral Extraordinária da *Y* S/A, ocorrida no dia 3 de julho de 1998, foi aprovado aumento do capital social da companhia com subscrição das ações a serem emitidas por novos acionistas, deixando a companhia, em conseqüência, de ser subsidiária integral da *X* Ltda.

"Dispõe o art. 253, II, da Lei 6.404/1976, que na hipótese de aumento do capital social de subsidiária integral com ingresso de novos acionistas, os sócios da controladora têm o direito de preferência na subscrição dessas novas ações da subsidiária, na proporção das ações que possuírem do capital da controladora.

"Por essa razão, o Consulente, enquanto sócio quotista da controladora *X* Ltda., era titular do direito de subscrever e integralizar as novas ações da *Y* S/A, cuja emissão foi aprovada na mencionada Assembléia Geral Extraordinária, de 3.7.1998.

"Não tendo sido convocado para exercer esse seu direito de preferência, o Consulente não compareceu à Assembléia Geral Extraordinária ocorrida no dia 12 de agosto de 1998, na qual seu irmão, *B*, o outro quotista da *X* Ltda., subscreveu e integralizou ... ações da *Y* S/A, no valor de R$ ..., de modo que a companhia passou a ter por acionistas a *X* Ltda., titular de 99,88% das ações, e *B*, titular das 0,12% remanescentes.

"Por não se ter respeitado o direito de preferência que lhe assegura o art. 253, II, da Lei 6.404/1976, e por vários outros vícios apontados na petição inicial, o Consulente ajuizou, contra a *Y* S/A, ação de anulação de deliberação assemblear que se processou perante a 35ª Vara Cível do Foro Central de São Paulo (processo 000.00568899-0).

"A ação foi extinta sem julgamento do mérito, sob o fundamento de que o autor *A*, embora quotista da *X* Ltda., não teria legitimidade para pleitear a anulação da deliberação assemblear da *Y* S/A, que lhe violou o direito à subscrição de novas ações, tendo o MM. Juiz, para fundamentar a decisão, citado o seguinte trecho do livro de V. Sa., *Invalidade das Deliberações de Assembléia das S/A*: 'a regra geral é de que a legitimação *ad causam* só compete, em princípio, ao acionista que votou contrariamente, ou àquele que se absteve de votar no conclave, seja declaradamente, seja por estar ausente. Em casos de determinados vícios do voto, evidentemente, admite-se a impugnação por parte do acionista que tenha votado favoravelmente à realização da assembléia, ou às suas deliberações. Também está legitimado a propor a ação anulatória o acionista sem direito de voto, especialmente se lhe foi sonegado o direito de participar do conclave ou da discussão que nele se travou' (ed. 1999, pp. 121-122).

"Com essa fundamentação, a r. sentença extinguiu o processo sem julgamento do mérito porque o quotista de controladora de subsidiária integral, a quem é negado o exercício do direito de preferência na subscrição de novas ações da controlada, não teria legitimidade para promover ação de anulação de deliberação assemblear da controlada, afirmando que o ora Consulente 'não pode demandar em nome próprio pelo direito de terceiro'.

"Expostos esses fatos, o Consulente formula as seguintes questões:

"**1ª**) O art. 253, II, da Lei 6.404/1976 assegura ao quotista de sociedade por quotas de responsabilidade limitada, que por sua vez detém a totalidade das ações de subsidiária integral, o direito de preferência na subscrição de novas ações da subsidiária quando esta deliberar aumentos do capital com o ingresso de novos acionistas?

"**2ª**) O sócio de controladora de subsidiária integral, a quem é negado o direito de preferência de que trata o art. 253, II, da Lei 6.404/1976, ao promover ação de anulação das deliberações assembleares que aprovaram e homologaram o aumento do capital social da subsidiária integral com ingresso de novo sócio está pleiteando direito próprio ou de terceiro?

"**3ª**) Do trecho do livro de autoria de V. Sa., transcrito na r. sentença, decorre a conclusão de que o sócio de controladora de subsidiária integral, a quem é negado o direito de preferência de que trata o art. 253, II, da Lei 6.404/1976, não tem legitimidade para pleitear a anulação das deliberações assembleares que aprovaram e homologaram o aumento do capital social dessa subsidiária integral, com ingresso de novo sócio?

"**4ª**) O sócio de controladora de subsidiária integral, a quem é negado o direito de preferência de que trata o art. 253, II, da Lei 6.404/1976, tem legitimidade para promover ação de anulação das deliberações assembleares que aprovaram e homologaram o aumento do capital social dessa subsidiária integral, com ingresso de novo sócio?

"**5ª**) O terceiro, não acionista, prejudicado por deliberação assemblear, tem legitimidade para promover ação para anulação dessa deliberação ou dessa assembléia?"

Parecer

2. A demanda proposta pelo Consulente, segundo se vê, gira em torno da "subsidiária integral", companhia regulada nos arts. 251 a 253 da Lei 6.404/1976 (Lei de S/A).

A subsidiária integral, como se sabe, é absolutamente excepcional em nosso sistema jurídico, pois trata-se da assim chamada "sociedade unipessoal", ou seja, da sociedade que pode ser constituída e funcionar normalmente durante toda a sua existência *com um único sócio*.[1]

De outra parte, a lei tanto admite que a companhia seja *constituída* como subsidiária integral (art. 251, *caput*), como permite seja ela *convertida* em subsidiária integral (art. 251, § 2º).

1. Afora a hipótese da subsidiária integral, a companhia deve ser *constituída* por, no mínimo, dois sócios (art. 80, I, da Lei de S/A) e, se ficar reduzida a um só, deverá reconstituir o número de dois até a assembléia geral ordinária do ano seguinte, sob pena de dissolução de pleno direito (art. 206, I, *d*).

Os dispositivos legais retrocitados, a propósito, têm o seguinte teor:

"Art. 251. A companhia pode ser constituída, mediante escritura pública, tendo como único acionista *sociedade brasileira*.

"(...).

"§ 2º. A companhia pode ser convertida em subsidiária integral mediante aquisição, *por sociedade brasileira*, de todas as suas ações, ou nos termos do art. 252" (itálicos nossos).

O único acionista da subsidiária integral, portanto, *não pode ser pessoa natural*, mas tão-somente uma pessoa jurídica, especificamente uma *sociedade*, com o que se mitiga, de certa forma, a excepcionalidade da situação, já que o único acionista da subsidiária integral tem, na verdade, mais de um sócio...

De outra parte, a lei não exige que o único acionista seja, *também*, uma sociedade anônima ou companhia, mas qualquer "sociedade brasileira", podendo, pois, cuidar-se, como ocorre na hipótese concreta, de uma sociedade por quotas de responsabilidade limitada.

3. No caso vertente, a subsidiária integral *Y* S/A tinha como única acionista, ou acionista controladora, a sociedade por quotas *X* Ltda.

A *X* Ltda., por sua vez, tinha dois únicos quotistas, cada um detendo 50% do seu capital social, a saber: o Consulente *A* e seu irmão *B*.

4. Em meados de 1998, a *Y* S/A decidiu aumentar o seu capital, *com admissão de novos acionistas*.

Ou seja, a *Y* S/A deixaria de ser uma subsidiária integral, que tem um único acionista, para se tornar uma sociedade anônima comum, com mais de um acionista. É a hipótese que a doutrina denomina de *reversão*.[2]

E a lei acionária permite expressamente essa possibilidade. Só que, *atenta à realidade das coisas* — e não ao fetiche das formas —, determina que, nesse caso, seja assegurado *aos sócios* da *acionista controladora direito de preferência* para subscrever o aumento de capital da subsidiária integral, *in verbis*:

"*Admissão de Acionistas em Subsidiária Integral*

"Art. 253. *Na proporção das ações que possuírem no capital da companhia, os acionistas terão direito de preferência para*:

"I — adquirir ações do capital da subsidiária integral, se a companhia decidir aliená-las no todo ou em parte; e

"II — *subscrever aumento de capital da subsidiária integral, se a companhia decidir admitir outros acionistas*.

"Parágrafo único. As ações ou o aumento de capital de subsidiária integral serão oferecidos aos acionistas da companhia em assembléia geral convocada para esse fim, aplicando-se à hipótese, no que couber, o disposto no art. 171" (itálicos nossos).

Dada a excepcionalidade da situação, pois, a lei trata os sócios da acionista controladora como se fossem sócios da própria subsidiária integral, eis que, normalmente, o direito de preferência compete aos acionistas e não a terceiros.[3]

A esse respeito, assim esclarece a própria Exposição de Motivos da Lei 6.404/1976:

"A incorporação de ações, regulada no art. 253 (*atual art. 252*), é meio de tornar a companhia subsidiária integral, e eqüivale a incorporação de sociedade sem extinção da personalidade jurídica da incorporada. A disciplina legal da operação é necessária porque ela implica — tal como na incorporação de uma companhia por outra — em

2. Cf. Modesto Carvalhosa, *Comentários à Lei de Sociedades Anônimas*, v. 4, t. II, Saraiva, 1998, pp. 139-141.

3. Segundo Carvalhosa, há, aí, "um direito de preferência *sui generis*, que tem por objeto ações a serem emitidas por alienação de outra companhia, a subsidiária integral" (ob. cit., p. 253).

excepcionar o direito de preferência dos acionistas da incorporadora de subscrever o aumento de capital necessário para efetivar a incorporação. Em compensação, para evitar que a subsidiária integral possa servir de instrumento para prejudicar acionistas minoritários da companhia controladora, o art. 254 assegura o direito de preferência para aquisição ou subscrição de ações do capital da subsidiária integral."

5. Transplantando-se a previsão legal supracitada para o caso controvertido, tem-se a seguinte situação:

A *Y* S/A, sociedade anônima com um único acionista, a *X* Ltda., desejava aumentar o seu capital, com a admissão de novos acionistas.

Para tanto, seria necessário outorgar *aos quotistas da X Ltda.* — vale dizer, aos Srs. *A* e *B* — o direito de preferência para subscrição das ações decorrentes do aumento de capital da *Y* S/A, nos termos do art. 253, II, da Lei 6.404/1976.

Com efeito, os doutrinadores são indiscrepantes no entendimento de que, quando a acionista controladora da subsidiária integral é uma sociedade contratual, como sucede no caso vertente, impõe-se também outorgar aos seus sócios o direito de preferência:

"A doutrina tem levantado a questão do direito de preferência quando a controladora é sociedade de pessoas (limitada ou em nome coletivo). Evidentemente que tais sócios terão idêntico direito de preferência de aquisição ou subscrição de ações da subsidiária integral revertida. Nada impede, com efeito, que a controladora seja sociedade de pessoas. E seria absurdo imaginar que, por revestir tal tipo, os seus sócios estariam excluídos da preferência. Prevalece, no caso, a lei societária, mesmo porque o direito origina-se da subsidiária integral, que é sempre uma companhia (art. 251)" (cf. Modesto Carvalhosa, ob. cit., p. 141; no mesmo sentido, Fran Martins, *Comentários à Lei das S/A*, v. III, Forense, 1979, pp. 325-326 e 331-332).

6. Para finalizar, resta dizer que o direito de preferência para a subscrição do aumento de capital da subsidiária consiste em *direito próprio* dos sócios da acionista controladora da subsidiária integral, como também esclarece Modesto Carvalhosa:

"Assim, se a assembléia geral da subsidiária deliberar sobre sua *reversão*, para receber outros acionistas, terão os acionistas da controladora o direito de preempção. ***Trata-se de direito próprio***, exercido por acionista na esfera da sociedade controladora. Com efeito, o acionista único da subsidiária é a companhia e não os seus acionistas. ***Trata-se, portanto, de um direito 'sui generis' de exercício de direito 'sobreposto' ao do titular direto das ações da subsidiária***. Mais do que isto, o direito de preferência será exercido pelo acionista da controladora na proporção da sua participação no capital desta, como de resto não poderia ser diferente" (ob. cit., p. 140, grifos e negritos nossos).

Isto posto, passamos a responder aos quesitos formulados na consulta.

1º) O art. 253, II, da Lei 6.404/1976 assegura ao quotista de sociedade por quotas de responsabilidade limitada, que por sua vez detém a totalidade das ações de subsidiária integral, o direito de preferência na subscrição de novas ações da subsidiária quando esta deliberar aumentos do capital com o ingresso de novos acionistas?

Sim, indubitavelmente.

2º) O sócio de controladora de subsidiária integral, a quem é negado o direito de preferência de que trata o art. 253, II, da Lei 6.404/1976, ao promover ação de anulação das deliberações assembleares que aprovaram e homologaram o aumento do capital social da subsidiária integral com ingresso de novo sócio, está pleiteando direito próprio ou de terceiro?

Está pleiteando direito próprio. E, como esclarece Carvalhosa, no trecho por nós citado, "um direito *sui generis* de exercício de direito sobreposto ao do titular direto das ações da subsidiária".

3º) Do trecho do livro de autoria de V. Sa., transcrito na r. sentença, decorre a conclusão de que o sócio de controladora de subsidiária integral, a quem é negado o direito de preferência de que trata o art. 253, II, da Lei 6.404/1976, não tem legitimidade para pleitear a anulação das deliberações assembleares que aprovaram e homologaram o aumento do capital social dessa subsidiária integral, com ingresso de novo sócio?

Não. Na verdade, não cuidamos dessa hipótese, que é absolutamente excepcional, em nosso estudo — e que merece, por isso mesmo, um tratamento de exceção. Aliás, dissemos ali que "a regra geral é de que a legitimação *ad causam*", nas ações anulatórias, "só compete, *em princípio*, ao acionista", mas lembramos várias hipóteses em que se atribui a legitimação a terceiros, como no caso do usufrutuário de ações, do credor pignoratício, do credor garantido por alienação fiduciária de ações e do depositário judicial (cf. pp. 123-125 da obra citada).

4º) O sócio de controladora de subsidiária integral, a quem é negado o direito de preferência de que trata o art. 253, II, da Lei 6.404/1976, tem legitimidade para promover ação de anulação das deliberações assembleares que aprovaram e homologaram o aumento do capital social dessa subsidiária integral, com ingresso de novo sócio?

Sem dúvida. No caso, o sócio da controladora foi indiscutivelmente prejudicado pela deliberação de aumento de capital, feita à revelia de seu direito de preferência. Se ele fosse sócio diretamente da companhia controlada, ninguém lhe negaria essa legitimidade. Mas, como vimos, justamente pelo caráter inusitado da situação — a companhia controlada, ou seja, a subsidiária integral, é uma sociedade com um único sócio — a lei trata o sócio da controladora como se fosse sócio da própria subsidiária integral, outorgando-lhe direito de preferência para a subscrição de ações desta última, da qual ele não é acionista. Seria um absurdo que, ao mesmo tempo, a lei lhe negasse legitimação para agir, no caso de desrespeito ao direito de preferência que ela própria lhe concede.

Acresce notar que, na hipótese vertente, o Consulente alega ainda *não ter sido convocado* para qualquer assembléia ou reunião de sócios, o que constitui hipótese de ***nulidade absoluta***, que pode ser alegada por *qualquer interessado* e deve ser pronunciada *ex officio* pelo juiz, nos termos do art. 146 e seu parágrafo único do Código Civil.[4]

5º) O terceiro, não acionista, prejudicado por deliberação assemblear, tem legitimidade para promover ação para anulação dessa deliberação ou dessa assembléia?

Em alguns casos, sim, conforme esclarecido nas respostas aos quesitos ns. 3 e 4 supra.[5]

É o parecer, s.m.j.

São Paulo, 15 de maio de 2002.

4. A doutrina é indiscrepante nesse sentido, distinguindo a hipótese de convocação irregular para a assembléia (que dá lugar à mera *anulabilidade* do conclave) da hipótese de ausência de convocação (que enseja a *nulidade absoluta* ou, segundo alguns ainda, a *inexistência* do conclave). Cf. Pontes de Miranda (*Tratado de Direito Privado*, t. 50, 3ª ed., Ed. RT, § 5.322, n. 6, pp. 287 e ss., 1984); Carvalhosa (*Comentários ...*, cit., v. 2, p. 514); Comparato (em parecer publicado na *RT* 507/35-49); Wilson de Souza Campos Batalha (*Comentários à Lei das Sociedades Anônimas*, v. III, Rio, Forense, p. 1.205, 1977) e Waldemar Ferreira (*Tratado de Direito Comercial*, v. IV, São Paulo, Saraiva, p. 366, 1961, e, também, *Tratado das Sociedades Mercantis*, v. V, 5ª ed., Ed. Nacional de Direito, pp. 1.808-1.809, 1958). V., ainda, o nosso *Invalidade das Deliberações de Assembléia das S/A*, cit., pp. 90-91, nota 57.

5. Carvalhosa ainda aponta outros terceiros, não acionistas, legitimados à ação de anulação, como os debenturistas, os titulares de partes beneficiárias e os agentes fiduciários (ob. cit., pp. 422-425).

DEMANDA REPARATÓRIA AJUIZADA POR ACIONISTA EM VIRTUDE DE ADIMPLEMENTO IMPERFEITO. FUNÇÃO E NATUREZA JURÍDICA DAS DEMONSTRAÇÕES FINANCEIRAS. CARÁTER CONSTITUTIVO DAS DECISÕES ASSEMBLEARES TOMADAS POR ÓRGÃOS DAS SOCIEDADES ANÔNIMAS. A AÇÃO REGULADORA E PRINCÍPIOS ESSENCIAIS VINCULADORES DE COMPANHIAS ABERTAS COM VALORES MOBILIÁRIOS NO MERCADO DE CAPITAIS. IMPOSIÇÕES DA ORDEM CONSTITUCIONAL ECONÔMICA. PRAZOS DE PRESCRIÇÃO NA LEI DAS SOCIEDADES ANÔNIMAS

LEANDRO BITTENCOURT ADIERS

O Mercado de Capitais e a Ordem Econômica. O enfoque societário. Mercado de Capitais. A prescrição. A indicação das regras aplicáveis à espécie através dos princípios e valores envolvidos. Conclusões.

1. Acionistas prejudicados no processo de capitalização da CRT, ocorrido no ano de 1990 — plasmado o equívoco nas demonstrações financeiras aprovadas em Assembléia Geral realizada no final daquele exercício —, estão intentando ações ordinárias contra a Companhia objetivando a emissão e subscrição da totalidade das ações a que faziam *jus* por conta de *contratos de participação financeira* a que aderiram objetivando a prestação de serviços de telefonia fixa em caráter individualizado. Sua retribuição acionária não foi efetuada de acordo com as disposições legais e estatutárias, além de criar situação discriminatória com outros acionistas em idêntica situação, que obtiveram a correta retribuição.

2. A existência do direito pleiteado já foi reconhecida em trabalho anterior de nossa autoria.[1] Cabe, entretanto, investigar se o mesmo, à luz dos princípios e normas que regem as sociedades anônimas de capital aberto, com títulos negociáveis em Bolsa de Valores, mostra-se ***exigível*** ou ***prescrito***, sempre se tendo em linha de conta que se trata de pretensão ajuizada por milhares de acionistas e que, caso deferidas pelo Judiciário, poderá gerar um custo financeiro no valor de dezenas de milhões

1. "Natureza jurídica da sociedade de economia mista concessionária de serviços públicos e direitos dos contratantes particulares e acionistas", *RDM* 122, Malheiros Editores, abr.-jun. 2001.

de dólares norte-americanos, com evidente abalo na saúde financeira da Companhia, nas suas projeções de lucratividade e no retorno dos investimentos dos acionistas.

O Mercado de Capitais e a Ordem Econômica

3. O Professor Miguel Reale[2] ensina que é da natureza do ordenamento jurídico nacional desdobrar-se em ***unidades normativas distintas***, cada qual correspondendo a diferentes realidades sociais subjacentes, obedecendo à exigência de adequação de natureza[3] ao mesmo tempo *lógica* e *axiológica*. Subsistemas com vértice fundante na Constituição Federal, dirigidos à sua realização através de uma ***funcionalidade própria***.[4]

4. O renomado jurista demonstra, com base nas lições de Canaris,[5] que todo o conceito de sistema ou de subsistema obedece a uma razão de *globalidade* que não resulta apenas de motivos *lógico-formais*, mas sim de exigências *factuais* e *axiológicas*, obedecendo a sistematização normativa aos postulados básicos de *unidade* e *adequação*. Em virtude disto, a ordem legal "não obedece a critérios indiscriminados e genéricos, mas sim a critérios adequados a cada campo da realidade social, visando a ordenar cada um deles segundo os seus valores peculiares de justiça".[6]

5. Delimitando a questão apresentada, temos o enfoque dirigido para dois microssistemas específicos, que dialogam entre si e interpenetram-se, formando uma estrutura própria:[7] a Legislação Societária, que

2. Miguel Reale, "A Lei de Imprensa de 1967 e a nova Constituição", Parecer in *Temas de Direito Positivo*, São Paulo, Ed. RT, 1992, p. 193.

3. É conhecida a matriz da divisão do Direito Privado em Direito Civil e Direito Comercial — originalmente, mais um Direito dos Comerciantes —, oriunda da Idade Média, quando, sob influência do Direito Canônico o Direito Civil, entravava o fornecimento de crédito, pela impossibilidade de cobrança de juros, além de não fornecer aos comerciantes um instrumental jurídico apto a proteger seus negócios e investimentos, gerando a necessidade de uma regulação especial.

4. Ensina Carlos Maximiliano que "varia a interpretação conforme o ramo do direito. Preceito preliminar e fundamental da Hermenêutica é o que manda definir, de modo preciso, o caráter especial da norma e a matéria de que é objeto, e indicar o ramo de Direito a que a mesma pertence, visto variarem o critério de interpretação e as regras aplicáveis em geral, conforme a espécie jurídica de que se trata (Emilio Caldara). A teoria orientadora do exegeta não pode ser única e universal, e mesma para todas as leis, imutáveis no tempo; além dos princípios gerais, observáveis a respeito de quaisquer normas, há outros especiais, exigidos pela natureza das regras jurídicas, variável conforme a fonte de que derivam, o sistema político a que se acham ligadas e as categorias diversas de relações que disciplinam. O que não partir desse pressuposto essencial à boa Hermenêutica, incidirá em erros graves e freqüentes (Francesco Degni). As disposições de Direito Público se não interpretam do mesmo modo que as do Direito Privado; e em um e outro ainda os preceitos variam conforme o ramo particular a que pertencem as normas: os utilizáveis no Constitucional diferem dos empregados no Criminal; no Comercial não se procede exatamente como no Civil, e, no seio deste, ainda a exegese dos contratos e das leis excepcionais se exercita mediante regras especiais (Sabino Jandoli)" (Carlos Maximiliano, *Hermenêutica e Aplicação do Direito*, Rio de Janeiro, Forense, 1980, p. 303).

5. "Assim, por exemplo, segundo Savigny, o sistema é a 'concatenação interior que liga todos os institutos jurídicos e as regras de Direito numa grande unidade', segundo Stammler, 'uma unidade totalmente coordenada', segundo Binder, 'um conjunto de conceitos jurídicos ordenado segundo pontos de vista unitários', segundo Hegler, 'a representação de um âmbito do saber numa estrutura significativa que se apresenta a si própria como ordenação unitária e concatenada', segundo Stoll, um 'conjunto ordenado' e segundo Coing uma 'ordenação de conhecimentos segundo um ponto de vista unitário'" (Claus-Wilhelm Canaris, *Pensamento Sistemático e Conceito de Sistema na Ciência do Direito*, trad. Menezes Cordeiro, Lisboa, 1989, pp. 11 e ss.).

6. Miguel Reale, ob. cit., p. 194.

7. Carlos Maximiliano traça distinções entre o Direito Comum e o Direito Especial, explicando que o primeiro contém regras gerais, aplicáveis universalmente a todas as relações jurídicas a que se referem, o segundo atendem a condições particulares e especiais e, por esse motivo, subtrai determinadas classes de matérias ou pessoas às regras de Direito Comum, substituídas propositadamente por disposições de alcance limitado. *Sua matéria é, na íntegra, regulada de modo particular, constituindo, por sua vez, um sistema orgânico* (*Hermenêutica e Aplicação do Direito*, 9ª ed., Rio de Janeiro, Forense, 1980, p. 228).

rege as relações entre a Companhia e seus acionistas (a) e, por tratar-se de companhia de capital aberto (posteriormente privatizada e cindida), a legislação reguladora das operações praticadas no Mercado de Capitais (b). Os fundamentos e as finalidades destas legislações complementares irão fornecer o norte orientador da solução da controvérsia.

O enfoque societário

6. Fosse a relação simplesmente contratual, reger-se-ia pelo Código Comercial ou Civil. Sendo societária, regç-se ***exclusivamente*** pelas disposições a ela inerentes. Tendo sido conseqüência do contrato discutido o surgimento da posição de acionista[8] aos autores, sua natureza atrai a regência da legislação societária para, à luz de sua lógica interna, orientada pelos princípios e valores constitucionais pertinentes, seja solucionada a questão.

7. Os acionistas sustentam seus pleitos (a) no contrato de *participação financeira*, (b) no Estatuto da Companhia e (c) na legislação societária. Aderindo ao contrato atípico antes referido, e pagando o valor nele previsto, os aderentes estavam integralizando capital e fazendo *jus* à emissão de ações a serem subscritas em seus nomes. Considerando-se a operação como uma integralização de capital, esse seria, no campo societário, os efeitos previstos na lei de regência e no Estatuto da Companhia. Como e quando, entretanto, iriam materializar-se os efeitos deste negócio? Em que momento o acionista teve seu direito violado? Qual o órgão responsável por esta violação? Esta violação foi fruto de algum ato decisório dos órgãos da Companhia? Necessário determinar se o dano foi fruto de ***ação ou omissão***, bem como ***qual o agente responsável*** e o ***momento*** e a ***forma*** pela qual consumou-se o aludido dano.

8. Bulgarelli ensina que "a sociedade, como pessoa jurídica, adquire e exercita direitos e contrai obrigações através de seus órgãos",[9] indicando a Assembléia Geral, a Diretoria e o Conselho Fiscal como os três órgãos básicos. A primeira constitui-se no órgão de deliberação da sociedade, com amplo poder de decisão. A competência privativa da Assembléia Geral encontra-se descrita nos incisos do art. 122 da Lei 6.404/1976. Entre aquelas, lê-se, no inciso III: "tomar, anualmente, as contas dos administradores, e *deliberar sobre as demonstrações financeiras por eles apresentadas*". Quanto às aludidas demonstrações financeiras, o art. 176 determina que "ao fim de cada exercício social, a diretoria fará elaborar, com base na escrituração mercantil da companhia, as seguintes demonstrações financeiras, que deverão exprimir com clareza a situação do patrimônio da companhia e as mutações ocorridas no exercício: I — *balanço patrimonial*; II — demonstração dos lucros ou prejuízos acumulados; III — demonstrações do resultado do exercício e IV — *demonstração das origens e aplicação dos recursos*. § 4º. As demonstrações serão complementadas por notas explicativas e outros quadros analíticos ou demonstrações contábeis necessários para esclarecimento de situação patrimonial e dos resultados do exercício. § 5º. As notas deverão indicar: f) *o número, espécies e classes de ações do capital social*".

9. O autor cita lição de Brunetti no sentido de que o capital social constitui-se numa *fictio juris* concebida para a salvaguarda dos credores sociais, sendo tutelado por duas séries de normas, uma regulando a constituição da sociedade, a fim de que o valor efetivo do patrimônio inicial não seja inferior ao capital social e outra visando a integridade do capital durante a vida da sociedade. Entre estas últimas si-

8. "O conceito jurídico de capital na sociedade anônima determina, *internamente*, a posição de sócio, e *externamente* diz quanto à garantia dos credores, sendo, portanto, sua importância não apenas *fundacional* (...), mas também *funcional*" (Waldirio Bulgarelli, *Manual das Sociedades Anônimas*, São Paulo, Atlas, 1996, p. 83).

9. Waldirio Bulgarelli, *Manual* ..., cit., p. 161.

tuam-se as regras que disciplinam a ***veracidade do balanço*** e as que regulam a sua ***publicidade***, possibilitando a terceiros o acompanhamento dos negócios através das mutações patrimoniais. O capital social serve, ainda, como parâmetro para o cálculo dos lucros e perdas e indica a relação entre o capital próprio e de empréstimo.[10]

10. Do ponto de vista jurídico, o balanço é um ato jurídico a produzir alterações na posição jurídica da sociedade. Luiz Gastão Paes de Barros Leães (*Do Direito do Acionista ao Dividendo*), tal como Ascarelli (*Problemas das Sociedades Anônimas e Direito Comparado*), vê na deliberação da assembléia que aprova o balanço "um negócio declaratório, com caráter dispositivo de acertamento, e não apenas de declaração de verdade. E essa natureza 'dispositiva' da deliberação que aprova o balanço resultaria do fato de que a assembléia tem o poder de aprovar ou modificar a proposta do balanço dos diretores, estando, portanto, em condições de aceitar ou rejeitar a política de balanço preconizada pelos aludidos administradores. A par da declaratoriedade de sua função, reponta, assim, a natureza constitutiva da aprovação do balanço do fato de que ela visa simultaneamente a determinados fatos e a certas conseqüências que deles decorrem à vista das regras aplicáveis, na disciplina das relações sociais que respeitam ao exercício ao qual se referem".[11]

11. A aprovação do balanço constitui ato decisório. As contas e demonstrações financeiras,[12] enquanto não aprovadas, constituem-se em documentos ***sem cunho de definitividade*** por não apreciadas pelo órgão competente. Esta apreciação pode-se dizer, é que materializa os atos decisórios e lhes confere ***existência***. A respectiva ata que o consubstancia é que deve ser alvo de insurgência, e da sua publicação é que se contam os prazos para sua anulação. Ressalte-se o teor do Parecer/CVM/SJU 034/1987: "Pode a CVM, nos limites de sua competência, ordenar a republicação de demonstrações financeiras já aprovadas em assembléia geral ordinária. Neste caso, cumpre aos administradores convocar a competente assembléia para re-ratificar as demonstrações financeiras antes aprovadas, sob pena de ***não terem validade jurídica*** as correções e alterações que motivaram a republicação" (orientação reiterada no Parecer/CVM/SJU 021/1995).

12. O número de ações em que se divide o capital social é matéria essencial e fundamental na Legislação Societária, sendo fixada ao final de cada exercício social, quando apurado, também, o valor patrimonial contábil. Tendo sido aprovadas as contas e fixado o número, espécies e classes das ações da Companhia através da assembléia geral, não há como deixar de reconhecer que se aplica o prazo prescricional do art. 286 da Lei 6.606/1976: "a ação para anular as deliberações tomadas em assembléia geral ou especial, irregularmente convocada ou instalada, violadoras da lei ou do estatuto, ou eivadas de erro, dolo, fraude ou simulação prescreve em 2 (dois) anos contados da deliberação".

13. Note-se: não proposta em dois anos a ação competente para anular deliberações,[13] mesmo que violadoras da lei ou

10. Waldirio Bulgarelli, *Manual* ..., cit., p. 84.

11. Waldirio Bulgarelli, *Manual* ..., cit., pp. 251-252.

12. "As Instruções CVM de ns. 167, de 17.12.1991, e 176, de 6.2.1992, regulamentaram a Lei 8.200/1991, determinando a obrigatoriedade, para as companhias abertas, de refazer as demonstrações financeiras, salvo a não relevância material das mesmas. A CVM possui competência legal para ordenar a republicação das demonstrações financeiras das companhias abertas (art. 177 da Lei 6.404/1976, *caput* e § 3º c/c art. 9º da Lei 6.385/1976)" (Parecer CVM/SJU 023, 5.7.1995).

13. Sob o regime da lei anterior, mas com conclusões ainda aproveitáveis, lê-se: "(...) Se as contas e atos de gestão não forem prestados perfeitamente, apurada a sua improbidade, nasce a pretensão que se desconstitua o ato deliberativo da Assembléia Geral, fundado em erro de fato. (...). A ação para a anulação de deliberação de assembléia geral é privativa dos acionistas ausentes ou dos que, presentes, não concorreram com o voto (...) (RE 57.621, 16.8.1966, *RTJ* 39/441-451)" (in *O Poder Judiciário e a Juris-*

do estatuto, aquela prescreve. Trata-se de *atos anuláveis*, e não nulos. ***Mesmo que venham a violar a lei e o Estatuto, se não questionadas no prazo de 2 anos, as deliberações passam a ser válidas e produzem efeitos.*** Houve decisão quanto aos fatos questionados e, no âmbito societário, a insurgência deve voltar-se ao órgão competente, na forma e no prazo previsto em lei, mesmo porque, daí derivam reflexos a irradiar efeitos no Mercado de Capitais, onde a Contabilidade constitui-se em linguagem e a veracidade e confiabilidade das informações são elemento nuclear e estruturak, embasadoras de decisões de investimento. O TJSP, em julgamento envolvendo preço de emissão de ações e anulação de deliberações tomadas em Assembléia Geral que decidiram o aumento de capital por via de subscrição de novas ações por preço inferior ao valor patrimonial das ações, evidencia o caráter constitutivo das deliberações assembleares, que aprovam demonstrações financeiras e consolidam dados que repercutem em todas as decisões e demonstrações futuras.[14]

14. Para um País que pretende atrair investimentos, permitir tal nível de dúvidas e incertezas significa inviabilizar uma instituição reputada imprescindível ao desenvolvimento nacional, além de representar evidente desestimulo à livre iniciativa.

Mercado de Capitais

15. Através do Mercado Financeiro e de Capitais, canaliza-se a poupança àqueles que precisam de financiamento. Tal processo pode dar-se indiretamente — interpondo-se uma instituição financeira entre o capitalista e o financiado —, ou diretamente, no Mercado de Capitais, cujos princípios informadores nos são fornecidos pela Constituição Federal.[15] O art. 192 da CF, disciplinador do Sistema Financeiro Nacional, dispõe que aquele deve ser estruturado de forma a *promover o desenvolvimento equilibrado do País* e *servir aos interesses da coletividade*. O Preâmbulo da Constituição coloca o *desenvolvimento* entre os *valores supremos* de nosso Estado Democrático, colocando-o, também, como *objetivo fundamental* (art. 3º c/c art. 21, VIII, da CF/1988).

16. Promovendo o desenvolvimento e os interesses da coletividade, o Mercado de Capitais satisfaz ao *princípio constitucional fundamental do valor social da livre iniciativa* (art. 1º, IV, da CF/1988). "O mercado deve servir como instrumento que viabilize a efetivação de tais valores. O fim traduz o desenvolvimento do País e os serviços prestados à coletividade como um todo, o meio é representado pelo mercado financeiro e de capitais". Para se atingir aqueles fins, os produtos financeiros e bancários devem assegurar um trânsito eficaz, transparente e seguro da poupança para o crédito e financiamento.[16]

17. O mercado de valores mobiliários funciona como estímulo à poupança e ao investimento, sendo fator fundamental de desenvolvimento das economias modernas. Sua principal função econômica é o atendimento das necessidades de financiamento por parte das empresas, surgindo como fonte de recursos capaz de financiar projetos de expansão ou de aperfeiçoamento tecnológico e reunindo condições de oferta de volumes adequados de recursos a custos satisfatórios, através de instrumentos atraen-

prudência sobre Sociedades Anônimas e Instituições Financeiras, Rio de Janeiro, IBMEC, 1980, Nelson Eizirik e Aurélio Wander Bastos, p. 96).

14. "(...) o valor do patrimônio líquido da sociedade é auferido, consoante o art. 178, pelo somatório do capital social com as reservas de capital, reservas de reavaliação, reservas de lucros e lucros ou prejuízos acumulados. Obtido o resultado, divide-se tal valor contábil pelo número de ações em circulação, para chegar-se ao valor a ser fixado para o preço da emissão da ação" (AC 49371-1, 13.3.1985, 7ª CCTJSP, Rel. Des. Rebouças de Carvalho, in *Mercado de Capitais e S/A — Jurisprudência*, v. 1, Rio de Janeiro, CNBV, 1987, p. 267, Nelson Eizirik e Aurélio Wander Bastos).

15. Roberto Quiroga Mosquera, *Tributação no Mercado Financeiro e de Capitais*, São Paulo, Dialética, 1998, p. 26.

16. Roberto Quiroga Mosquera, ob. cit., p. 29.

tes para o público, relativamente a retorno, prazo, liquidez e garantia. Os fundamentos da ***confiabilidade*** asseguram a sobrevivência e o desenvolvimento desse mercado, exigindo de seus agentes rigorosos padrões de conduta sob os enfoques da ética e da eficiência. A ***credibilidade*** do mercado é fundamental para o seu desenvolvimento.

18. A aludida credibilidade é garantida pela ação do competente órgão regulador: a CVM.[17] Este, nos termos da legislação, tem como objetivos: a) estimular a formação de poupança e sua aplicação em valores mobiliários; b) promover a expansão e o funcionamento eficiente e regular do mercado de ações e estimular as aplicações permanentes em ações do capital social de companhias abertas sob controle de capitais privados nacionais; c) assegurar o funcionamento eficiente e regular dos mercados de bolsa e de balcão; d) proteger os titulares de valores mobiliários e os investidores do mercado contra emissões irregulares de valores mobiliários e atos ilegais de administradores e acionistas de companhias abertas, ou de administradores de carteira de valores mobiliários; e) evitar ou coibir modalidades de fraude ou manipulação destinada a criar condições artificiais de demanda, oferta ou preço dos valores mobiliários negociados no mercado; f) assegurar o acesso do público a informações sobre os valores mobiliários negociados e as companhias que os tenham emitido; g) assegurar a observância de práticas comerciais eqüitativas no mercado de valores mobiliários; h) assegurar a observância, no mercado, das condições de utilização de crédito fixadas pelo Conselho Monetário Nacional.

17. A Comissão de Valores Mobiliários — CVM — constitui-se numa autarquia vinculada ao Ministério da Fazenda, criada pela Lei 6.385/1976 com a finalidade de disciplinar, fiscalizar e desenvolver o mercado de valores mobiliários, este último conceituado como aquele em que são negociados títulos emitidos pelas empresas para captar, junto ao público, recursos destinados ao financiamento de suas atividades.

19. Para o eficiente desempenho de suas atribuições, a legislação dotou a CVM de ***poder normativo***, para que o órgão regule a atuação dos agentes no mercado, e de ***poder punitivo***, o qual permite o sancionamento dos agentes que desrespeitam as normas baixadas pelo órgão ou praticam atos fraudulentos no mercado. A regulação exercida pela CVM obedece aos postulados da ***economia de mercado*** e objetiva a ***eficiência*** do mercado de valores mobiliários, que, para tanto, precisa ser ***livre***, ***competitivo*** e ***informado***, protegendo e harmonizando os interesses dos agentes que nele transacionam.

20. Constata-se, então, que ***eficiência*** e ***confiabilidade*** são ***condições fundamentais*** para a existência e desenvolvimento deste mercado, resguardados pela atividade regulatória que leva em conta, ainda, os seguintes fundamentos: a) *Interesse Público*, por ser através do processo de transferência de recursos que se obtém o investimento e o crescimento das unidades econômicas e, por conseqüência, do conjunto da sociedade; b) *Confiabilidade*: a existência e o crescimento do mercado dependem da confiança que os agentes depositem no sistema, mostrando-se imperativo criar uma base de confiança que assegure ao detentor de poupança a certeza de que pode atuar no mercado, ***incorrendo exclusivamente nos riscos próprios do negócio em que quer operar***; c) *Eficiência do Mercado*, permitindo, através da liberdade de iniciativa, que este funcione como mecanismo apto a direcionar a poupança da sociedade aos projetos econômicos mais adequados a suas expectativas, minimizando custos e alcançando eficiência alocacional e operacional; d) *Competitividade*, assegurando que esta não seja suprimida e que também seja efetuada de maneira sadia; e) *Mercado Livre*, assegurando a livre atuação das forças de mercado e o livre acesso ao exercício de atividades e às operações que nele se processem; f) *Proteção ao Investidor*, priorizando um tratamento eqüitativo entre os investidores, resguardando os interesses do investidor individual no relacionamento com intermediários e companhias, dentro da orientação de que seus riscos fiquem limitados apenas ao investimento realizado, sem, entretanto, afastar os riscos inerentes às aplicações em valores mobiliários.

21. Segundo informa a própria CVM "o menor ou maior grau de risco em que incorre o investidor no mercado de valores mobiliários vai depender, fundamentalmente, do ***nível de informações*** de que ele disponha sobre o tipo de operação de que deseje participar. Assim, ***assegurar a disponibilidade tempestiva das informações sobre os negócios com valores mobiliários e sobre as companhias que os tenham emitido constitui a pedra angular da normatização no mercado*** e tem sido esta a base da política de regulação da CVM. Ao determinar, em suas normas, que os diversos protagonistas do mercado prestem um amplo conjunto de informações sobre seus negócios e atividades, a CVM assegura àquele que procura o mercado as condições essenciais para a avaliação do risco das operações, sem incidir em perigosos julgamentos de valor".[18]

22. "A preocupação da CVM não se limita, entretanto, apenas à divulgação da informação, mas também à sua ***fidedignidade*** e a todo o processo que envolve a ampla disseminação das informações, de modo a dotar o mercado das ***pré-condições de eficiência e confiabilidade***. Um sistema de informações deficiente permite que a reação dos preços ocorra com grande defasagem em relação ao fato que gerou a informação, retardamento que se reflete não só na eficiência do sistema em si, como também do processo de alocação de recursos. Além disso, um sistema insatisfatório possibilita o acesso privilegiado a informações por alguns, que obtém, assim, ganhos extraordinários em detrimento de terceiros menos informados. O que se deseja é um mercado em que a competição ocorra na interpretação das informações disponíveis e não no esforço de a elas ter acesso privilegiado. Todo o sistema de informações destina-se a servir, diretamente, o investidor."

23. Nos termos do Parecer/CVM/PJU 010/1999, "Compete ao legislador ordinário instituir o sistema contábil em direito positivo (CF, art. 22, I), devendo defini-lo conforme as necessidades de informações específicas dos órgãos de regulação e fiscalização e dos agentes econômicos interessados em demonstrações contábeis. O sistema contábil positivo deve harmonizar os interesses públicos e privados em causa, e ser conforme a ordem econômica constitucional material (CF, art. 170)".[19]

18. Nesse sentido, a legislação vigente estabelece que os administradores de companhias abertas devem revelar ao mercado as informações relevantes da situação da empresa, tal como qualquer deliberação da Assembléia Geral da companhia, ou fato relevante em seus negócios que possa influir de modo ponderável na decisão de comprar ou vender valores mobiliários da empresa. Além disso, a CVM regulamentou o registro da companhia para negociação de seus títulos em bolsa de valores ou no mercado de balcão, obrigando-as a manter um regime permanente de informações periódicas ao mercado. Expediu normas também: para a compra de ações emitidas pela própria companhia; para a negociação de grandes blocos de ações, enumerando, em ambos os casos, as informações a serem divulgadas; para a fixação dos padrões de contabilidade. Relatórios e pareceres de auditoria independente.

19. Neste documento, a Contabilidade é conceituada como "um sistema de informação e avaliação destinado a prover seus usuários com demonstrações e análises de natureza econômica, financeira, física e de produtividade, com relação à entidade objeto de contabilização" e o papel ou função social de um sistema contábil na ordem econômica de uma nação são assim indicados: "o objetivo ou papel da Contabilidade no âmbito da ordem econômica devem ser aderentes, de alguma forma explícita ou implícita, àquilo que o usuário considera como elementos importantes para seu processo decisório. Não tem sentido ou razão de ser a Contabilidade uma disciplina 'neutra', que se contenta em perseguir esterilmente uma 'sua' verdade ou beleza. A verdade da Contabilidade reside em ser instrumento útil para a tomada de decisões pelo usuário, tendo em vista a entidade". Explicita o Parecer que uma Lei Ordinária que disponha sobre matéria econômica (incluindo-se as normas contábeis, cuja finalidade atende a objetivos de política econômica), deve adequar-se à ordem constitucional material, sob pena de afronta

A prescrição

24. Luis Roberto Barroso[20] ensina que, no Estado Democrático de Direito, a ordem jurídica repousa sobre os valores da ***segurança*** e a ***justiça***, essenciais para a vida civilizada. Abrangem tanto a continuidade das normas jurídicas, a estabilidade das situações constituídas como a certeza jurídica sobre situações antes controvertidas, concretizando-se em institutos como o da preservação do *direito adquirido* e da *coisa julgada*. De idêntica fonte verte o instituto da prescrição, ou ***estabilização das situações jurídicas potencialmente litigiosas por força do decurso do tempo***,[21] compartilhando do mesmo fundamento lógico.

25. Segundo leciona o citado doutrinador, sendo o princípio a prescritibilidade, o que depende de norma expressa é a imprescritibilidade, e não o inverso. "O fato de não haver uma norma dispondo especificamente acerca do prazo prescricional, em determinada hipótese, não confere a qualquer pretensão a nota da imprescritibilidade. Caberá ao intérprete buscar no sistema normativo, em regra através da interpretação extensiva ou da analogia, o prazo aplicável". Amparado nos magistérios de Carlos Maximiliano, Francesco Ferrara e Amílcar Falcão, o autor lembra que o recurso à analogia somente encontra óbice nas hipóteses de disposições excepcionais. Sendo a imprescritibilidade exceção, não será admissível criar novas situações de imprescritibilidade mediante analogia. "A prescritibilidade, ao contrário, sendo a regra, admite a integração".

26. Todas as construções doutrinárias trazidas objetivam demonstrar que: a) a prescritibilidade é regra; b) esta regra encontra fundamento no interesse público em tornar estáveis situações controvertidas; c) este interesse público é aferido diante da ponderação entre os bens jurídicos em jogo — interesse público *versus* interesse individual; d) a valoração do interesse preponderante passa pela análise teleológica do microssistema específico em que se estabelece o conflito, adaptando-se à sua lógica estrutural.

27. A Comissão de Valores Mobiliários — CVM, no exercício de seu poder de fiscalização, negava a possibilidade de prescrição da ação punitiva em face à ausência de regra expressa dispondo neste sentido, o que implicaria violação ao princípio da legalidade, além do que, a renúncia ao poder-dever de punir seria ato de liberalidade a exigir expressa autorização legislativa. Inovando, a CVM, acolheu, no julgamento do IA CVM 09/1993, a tese da prescritibilidade da ação punitiva nos seguintes termos:

"Ao se deixar prosperar a tese da imprescritibilidade da pretensão punitiva da Administração Pública, que tem sua origem histórica em tempos em que imperava o absolutismo, e que foi desenvolvida e cultivada com carinho pelos regimes totalitários fascistas, estar-se-ia rompendo a harmonia

ao direito constitucional. Necessita conformar-se aos princípios e regras enunciados no texto constitucional, dando concreção às diretrizes ou programas da ordem econômica positiva.

20. "A prescrição administrativa no direito brasileiro antes e depois da Lei 9.873/1999", *Revista Diálogo Jurídico*, v. I, n. 4, Salvador, jul. 2001, in <direito publico.com.br.>.

21. "No plano geral, está consagrado o entendimento de que a prescritibilidade é a regra, e a imprescritibilidade, exceção. Baseia-se no princípio social da necessidade de estabilização das relações. Decorrido certo tempo, mais convém à sociedade como um todo, em nome da paz, vale dizer, interesses da coletividade, e não individuais, que seja mantido o *status quo*. Isso propaga efeitos no campo do Direito, onde é denominada estabilidade das relações jurídicas e segurança jurídica. (...) A CF/1988 diz que são imprescritíveis apenas os crimes de racismo e de ações de grupos armados contra a ordem constitucional e o Estado Democrático (art. 5º, XLII e XLIV). Consagra, por exclusão, a prescritibilidade. A contrário senso, diz que tudo o mais prescreve, caindo na disciplina das diversas leis (...)" (AC 70001959162, 1ª CCTJRS, Rel. Des. Irineu Mariani, j. 21.3.2001). Para Pontes de Miranda "a prescrição, em princípio, atinge a todas as pretensões e ações, quer se trate de direito pessoais, quer de direito reais, privados ou públicos. A imprescritibilidade é excepcional" (*Tratado de Direito Privado*, v. 6, § 666, p. 127), convergindo Caio Mário da Silva Pereira (*Instituições de Direito Civil*, v. 1, p. 477).

de todo um conjunto e propiciando o surgimento de situações contraditórias e iníquas. Justificá-la tão-somente com o argumento de que eventual lacuna da lei, ao prever a prescrição para uma determinada situação concreta, impediria a interpretação extensiva ou a analogia, por tratar-se de matéria subordinada à exegese estrita, é simplificação que não encontra amparo no direito.

"Estritamente se interpretam as disposições que restringem a liberdade humana ou afetam a propriedade. O contrário se observa relativamente às normas estritas concernentes às causas que justificam os fatos delituosos e dirimem ou atenuam a criminalidade: devem ter aplicação extensiva desde que os motivos da lei vão além dos termos da mesma (Carlos Maximiliano, 2ª ed., Globo, 1933, p. 332). Esta é a chave do enigma: o que deve ser restringido no Estado de Direito, na falta de expressa previsão legal, é o poder do Estado de punir quando bem lhe aprouver; é a sujeição do jurisdicionado à inércia ou aos humores do agente público; é a manutenção, em aberto, de situações jurídicas por prazo indeterminado. (...) Pode-se afirmar, portanto, sem qualquer receio de estar-se incorrendo em equívoco, que é de ordem pública que todas as relações jurídicas estão sujeitas à prescrição, exceto aquelas que são especificamente consideradas imprescritíveis, por expressa disposição constitucional ou legal."[22]

28. Segundo informa Luiz Leonardo Cantidiano,[23] a citada decisão motivou consulta à Procuradoria da Fazenda Nacional, gerando Parecer (PGNF/CAT 912/1993, de 23.9.1993) que concluía pela impossibilidade de reconhecer-se a prescrição na ausência de norma expressa. Aprovado o aludido Parecer pelo Sr. Ministro da Fazenda e expedido o respectivo aviso, tais conclusões passaram a ser impositivas para os órgãos vinculados ao Ministérios, entre eles a CVM. Veja-se, como exemplo, o seguinte excerto de Parecer daquela autarquia: "A simples omissão legal opera como fato impeditivo da atividade administrativa em qualquer setor, o que se constitui como razão suficiente para o não acatamento da tese da prescrição administrativa quando o diploma legal aplicável à espécie é lacunoso. Senão vejamos alguns trechos do Parecer da Consultoria-Geral da República SR-019, de 22.12.1986, da lavra do eminente jurista Saulo Ramos, que enfoca o assunto em tela com bastante clareza, mormente a ementa respectiva: 'O fundamento da atividade administrativa reside, em essência, na lei. A Administração Pública, no regime de legalidade, sujeita-se à *rule of law*. Só pode agir nos termos e segundo as condições estabelecidas em lei (...). Vale repetir a lição dos doutos: o cidadão pode fazer tudo o que a lei não proíba, mas o administrador público só poderá fazer o que a lei autorize (...). Nada é lícito à Administração Pública sem prévia e expressa autorização legal (...). Em administração não há liberdade de querer. Só se pode querer o que sirva para cumprir uma finalidade antecipadamente estabelecida em lei (...). Em contraposição ao ato privado, em que rege a liberdade, no ato administrativo vige a idéia de dever, de função (...) só é permitido o que a lei autorize (...). A mera existência do *vacuum legis* atua, sempre, como fator de inibição da atividade administrativa, que não pode, em seu processo de desenvolvimento e execução, prescindir da noção de lei. Os atos da Administração, por isso mesmo, estão vinculados a uma regra de direito formalmente positivada e previamente estipulada".[24]

22. Francisco Augusto da Costa e Silva, *Revista da CVM* 23/32-33, jan.-abr. 1995.

23. Luiz Leonardo Cantidiano, *Da Prescrição em Processo Disciplinar. Estudos de Direito Societário*, Rio de Janeiro, Renovar, 1999, pp. 33-34.

24. "A prescrição administrativa é de ser repelida, porquanto o dever-poder da Autoridade a impele a apurar toda e qualquer irregularidade e puni-la; conseqüentemente, a pretensão punitiva é indisponível, porquanto a Autoridade é *longa manus* do Poder Público" (Parecer CVM/SJU 005, 7.2.1995).

29. O vazio legislativo restou superado em face ao disposto no art. 1º da Lei 9.873/1999: "Prescreve em cinco anos a ação punitiva da Administração Pública Federal, direta e indireta, no exercício do poder de polícia, objetivando apurar infração à legislação em vigor, contados da data da prática do ato ou, no caso de infração permanente ou continuada, do dia em que tiver cessado".

30. Segundo a doutrina,[25] "tratando-se de atividade sancionadora da CVM (assim como dos demais órgãos da administração direta a quem foi conferida competência para apreciar, em nível administrativo, possíveis infrações ao sistema legal vigente) de aplicação de regra de natureza punitiva, os princípios que a regulam são os mesmos aplicáveis para as sanções penais. A extinção da punibilidade administrativa segue a mesma diretriz da extinção da punibilidade penal, como também incide na esfera disciplinar o preceito que prevê a aplicação aos fatos anteriores à lei nova que favoreça de qualquer modo o agente (CP, art. 2º, parágrafo único)".

31. Evidente, portanto, que a CVM, órgão regulador das companhias de capital aberto, teve prescrito seu poder de punir a Companhia em questão pelas irregularidades narradas. A ação de reparação civil contra os Administradores por atos culposos ou dolosos, no caso de violação da lei, do estatuto ou da convenção do grupo também se encontra prescrita (art. 287, II, *b*, 2, da Lei 6.404/1976), assim como a possibilidade de punir os auditores e contadores (art. 163, §§ 4º e 5º), pelo competente órgão de fiscalização profissional ("A punibilidade de profissional liberal, por falta sujeita a processo disciplinar, através de órgão em que esteja inscrito, prescreve em cinco anos, contados da data de verificação do fato respectivo", art. 1º da Lei 6.838/1980).

32. Evidentemente não versa a presente hipótese sobre prescritibilidade ou imprescritibilidade, mas sim sobre qual o prazo de prescrição aplicável à espécie. As regras que regem as relações societárias estão consolidadas em legislação própria e específica. A Lei das S/A é especial, constituindo um microssistema com lógica interna própria, e todos os prazos de prescrição na Lei das S/A são curtos — máximo de 3 (três) anos. São inaplicáveis às relações societárias o prazo prescricional geral vintenário da legislação civil, por razões teleológicas inerentes ao funcionamento do mercado de capitais. Este mercado encontra razões de ser no interesse público, e todos os prazos de prescrição envolvendo interesse público e da administração (de punir, cobrar e constituir créditos), encontram-se delimitados no máximo de 5 (cinco) anos.[26]

25. Luiz Leonardo Cantidiano, ob. cit., p. 35. Fábio Medina Osório narra que "sustenta-se, em doutrina, a idéia de que não há diferenças substanciais entre normas penais e normas administrativas sancionadoras", informando que esta é a tese majoritária na doutrina européia, tendo sido o Tribunal Supremo espanhol o responsável pela elaboração da teoria da unidade de ilícitos penais e administrativos (*Direito Administrativo Sancionador*, São Paulo, Ed. RT, 2000, pp. 102 e 106). Converge a lição do Ministro Humberto Gomes de Barros, no sentido de que "a punição administrativa guarda evidente afinidade, estrutural e teleológica, com a sanção penal" (STJ, REsp 19.560-0-RJ, j. 15.9.1993, *DJU* 18.10.1993). Luis Roberto Barroso, amparado no magistério de Nélson Hungria, ensina que "o direito administrativo punitivo é apenas mais uma forma de manifestação do chamado poder punitivo do Estado. Sua diferenciação relativamente ao processo penal é apenas de grau ou, muitas vezes, mera opção legislativa" ("A prescrição administrativa...", cit., p. 14, in <direito publico.com.br.>). Por este motivo, o direito administrativo, em sua dimensão sancionatória, compartilha com o direito penal os mesmos princípios gerais de aplicação de suas normas.

26. "As dívidas passivas da União, dos Estados e dos Municípios, bem assim todo e qualquer direito ou ação contra a Fazenda federal, estadual ou municipal, seja qual for a sua natureza, prescrevem em cinco anos contados da data do ato ou do fato do qual se originarem" (art. 1º do Decreto 20.910, de 6 de janeiro de 1932). "O direito da administração de anular os atos administrativos de que decorrem efeitos favoráveis para os destinatários, decai em 5 anos, contados da data em que foram praticados, salvo comprovada má-fé. § 1º. No caso de efeitos patrimoniais contínuos, o prazo de decadência contar-se-á da percepção do primeiro pagamento" (art. 54 da Lei

33. Não é dado desconhecer que a necessária lógica e funcionalidade ditadas pelo interesse público às operações praticadas no Mercado de Capitais, repercutem na delimitação de um prazo prescricional máximo de 3 (três) anos, compatível com os bens jurídicos tutelados e com a funcionalidade, operacionalidade e confiabilidade do sistema, elementos estruturais e imprescindíveis à sua existência e desenvolvimento.

A indicação das regras aplicáveis à espécie através dos princípios e valores envolvidos

34. Ao estabelecer a distinção entre *regras* e *princípios*, o Professor Inocêncio Mártires Coelho[27] esclarece que "(...) em se tratando de regras de direito, sempre que a sua previsão se verificar numa dada situação de fato concreta, valerá para essa situação exclusivamente a sua conseqüência jurídica, com o afastamento de quaisquer outras que dispuserem de maneira diversa, porque no sistema não podem coexistir normas *incompatíveis*. Se, ao contrário, aqueles mesmos fatos constituírem hipótese de incidência de *outras* regras de direito, estas e não as primeiras é que regerão a espécie, também *integralmente* e com *exclusividade*, afastando-se, por incompatíveis — as conseqüências jurídicas previstas em quaisquer outras regras pertencentes ao mesmo sistema jurídico".

35. Daí porque correta a assertiva no sentido de que as regras valem ou não valem, incidem ou não incidem, umas afastando ou anulando as outras, sempre que as respectivas conseqüências jurídicas forem antinômicas ou reciprocamente excludentes. Os princípios, por sua vez, dada sua natureza, finalidade e formulação, não se prestam a criar conflitos, conforme leciona Humberto Bergmann Ávila;[28] "ao contrário das regras, que possuem hipóteses de incidência fixas e conseqüências jurídicas determinadas (sendo, por isso, passíveis de conflito e recíproca exclusão), os princípios não se apresentam como imperativos categóricos nem como ordenações de vigência, apenas enunciando motivos para que se decida num ou noutro sentido",[29] constituindo pontos de partida ou pensamentos diretores indicadores da norma a ser descoberta ou formulada pelo intérprete, apontando, entre os *standards* concorrentes, aquele que, segundo a sua prudente avaliação e diante das circunstâncias dadas, deva ter um peso relativamente maior.

36. A técnica, aqui, exige ponderação e balanceamento, harmonizando, integrando e compatibilizando, normas e princípios de forma a obter a máxima efetividade com o mínimo de agressão, otimizando resultados conformes com os princípios e valores constitucionais e com as estruturas internas do sistema normativo a que se subordina o fato em análise, sempre avaliando

9.784, de 29 de janeiro de 1999). Infrações à ordem econômica prescrevem em 5 anos (art. 28 da Lei 8.884/1994). Prazo prescricional de 5 anos para cobrança de crédito tributário (art. 174 do CTN). Prazo decadencial de 5 anos para a constituição do crédito tributário (art. 173 do CTN). Prazo prescricional de 5 anos para ação de restituição de indébito (art. 168 do CTN).

27. Inocêncio Mártires Coelho, "Constitucionalidade/inconstitucionalidade: uma questão política?", *Revista Diálogo Jurídico* 12/9, Salvador, CAJ, mar. 2002.

28. "A própria idéia de 'conflito' deve ser repensada. Ora, se o conteúdo normativo de um princípio 'depende' da complementação (positiva) e limitação (negativa) decorrente da relação dialética que mantém com outros princípios, como conceber a idéia de 'colisão'? Tratar-se-ia de um conflito aparente e não uniforme, já que a idéia e conflito pressupõe a identidade de hipóteses e campos materiais de aplicação entre as normas que eventualmente se contrapõem, o que no caso dos princípios é previamente inconcebível: os princípios são definidos justamente em função de não possuírem uma hipótese e uma conseqüência abstratamente determinadas. O problema que surge na aplicação reside muito mais em saber qual dos princípios será aplicado e qual a relação que mantém entre si" (Humberto Bergmann Ávila, "A distinção entre princípios e regras e a redefinição do dever de proporcionalidade", *Revista de Direito Administrativo*, Rio de Janeiro, Renovar, jan.-mar. 1999, p. 162).

29. Inocêncio Mártires Coelho, ob. cit., p. 11.

teleologicamente sua razão de existência e os objetivos pretendidos em sua normatização, respeitando sua lógica interna e operatividade em face aos princípios e valores que nortearam sua instituição e informam seu funcionamento.

37. O Superior Tribunal de Justiça, já teve oportunidade de pronunciar-se em sentido idêntico ao ora preconizado,[30] assim como doutrinadores de renome.[31]

38. O art. 162 do CCB dispõe que *a prescrição pode ser alegada em qualquer instância* pela parte a quem aproveita, inclusive pelas pessoas jurídicas (art. 163), sendo que, *com o principal, prescrevem os direitos acessórios* (art. 167 do CCB).

39. Uma ação que objetiva condenação em obrigação de fazer (emitir e subscrever ações) somente resolve-se em perdas e danos pela impossibilidade física de prestação. Sendo hipótese de vedação jurídica à prestação (pela ocorrência da prescrição, por exemplo), descabido o deferimento da indenização, uma vez que esta é dependente da exigibilidade da prestação principal, a qual, no caso, encontra-se prescrita. Não há fundamento lógico, e nem atende à necessária funcionalidade do sistema, submeter-se a pretensão principal a um prazo de prescrição curto e outra acessória, a um prazo vintenário. Na hipótese em apreço, não há como reparar o passado que se fraude o presente.

Conclusões

40. Tratando-se de relação entre acionistas e sociedade anônima, e não de mero contratante comum com a sociedade, a relação rege-se integralmente pelas disposições atinentes ao Direito Societário, cujas disposições atendem à funcionalidade exigida pelo Mercado de Capitais, essencial ao desenvolvimento econômico Nacional.

41. Tendo sido a lesão a direito concretizada (= consolidada, constituída) através de decisão assemblear (na qual foi fixado o valor do capital social, o número de ações e respectivas classes, bem como seu valor patrimonial), não há como alterar-se

30. "*Direito comercial. Sociedade anônima. Empresa de radiodifusão e telecomunicação. Exigência do órgão público fiscalizador. Comprovação da nacionalidade brasileira dos acionistas. Convocação editalícia dos sócios, marcando prazo para apresentação de certidão de nascimento ou casamento. Deliberação assemblear de venda das ações dos que não atenderam a convocação. Ilegalidade. Lapso prescricional específico (arts. 158 do DL 2.627/1940 e 286 da Lei 6.404/1976). Ausência de impugnação tempestiva. Convalidação. Prescrição também do direito de haver dividendos distribuídos sob a forma de bonificação (art. 287, II, 'a', da Lei 6.404/1976). Inaplicabilidade da teoria geral das nulidades. Recurso provido.* I — Em face das peculiaridades de que se reveste a relação acionistas *versus* sociedade anônima, *não há que se cogitar de aplicação, em toda a sua extensão, no âmbito do direito societário, da teoria geral das nulidades, tal como concebida pela doutrina e dogmática civilistas.* II — Em face disto, *o direito de impugnar as deliberações tomadas em assembléia, mesmo aquelas contrárias à ordem legal ou estatutária, sujeita-se à prescrição, somente podendo ser exercido no exíguo prazo previsto na Lei de Sociedades por Ações* (art. 155 do DL 2.627/1940, art. 286 da Lei 6.404/1976). III — Pela mesma razão, não pode o juiz, de ofício, mesmo nos casos em que ainda não foi atingido o termo *ad quem* do lapso prescricional, reconhecer a ilegalidade da deliberação e declará-la nula. IV — Também o exercício do direito de haver dividendos, colocados à disposição dos acionistas sob a forma de bonificação, se submete à condição temporal (art. 287, II, *a*, da Lei 6.404/1976)" (REsp 35.230-0-SP, 4ª T. do STJ, Rel. Min. Sálvio de Figueiredo Teixeira, j. 10.4.1995, *DJ* 20.11.1995).

31. "Em verdade, no âmbito do direito societário não tem aplicação irrestrita a teoria das nulidades do direito civil, regida pelo princípio *quod nullum est, nullum producit effectum*. Esta especificidade é reconhecida no direito brasileiro, que acolheu princípios elaborados, inicialmente, no direito alemão, e foram consagrados no *Codice Civile* italiano, e no direito francês. Com efeito, como observa Brunetti (1948-1950, II, p. 341) — 'se bem que a exposição ministerial (ao Código Civil de 1940) não tenha dito, o legislador inspirou-se, largamente na lei alemã (*Aktiengisetz*), e consagrou normas especiais para nulidades e anulabilidades (*invalidá*) das deliberações da Assembléia Geral das S/A, distintas das regras de direito civil'" (Alfredo Lamy Filho e José Luiz Bulhões Pedreira, "Competência do Conselho de Administração. Preço de emissão", in *A Lei das S/A*, v. II, 2ª ed., Pareceres, Rio de Janeiro, Renovar, 1996, p. 492).

esta situação sem a desconstituição da decisão assemblear, ação cujo prazo já prescreveu. Prescrito o principal, prescrevem, também os acessórios.

42. Esta matéria enseja acesso à via do recurso especial, seja pela negativa de vigência à Lei federal, seja pelo dissídio jurisprudencial, para o qual servem de paradigma os retrocitados acórdãos do STJ e do TJSP. Lembra-se, ainda, não se tratar de matéria de fato, reexame de prova e nem de interpretação de cláusula contratual, mas sim da qualificação jurídica dos fatos, via esta que, também, permite o conhecimento do recurso especial.[32]

43. A ponderação entre os interesses dos acionistas prejudicados por atos praticados há mais de uma década, sem oportuna reclamação, e os interesses dos milhares de investidores que investiram posteriormente na Companhia acreditando na veracidade de suas demonstrações financeiras, bem como o interesse público na estabilidade das relações e na confiabilidade do Mercado de Capitais e no próprio Programa Nacional de Desestatização, aconselham a aplicação dos prazos curtos de prescrição e da conclusão de convalidação das irregularidades ocorridas, sob pena de converter-se a técnica de investimentos e avaliação de riscos em uma dinâmica caótica de jogo de azar, assombradas pelo eterno fantasma do *passivo oculto*.

É o que me parece.

Porto Alegre, 6 de janeiro de 2003.

32. "Não se cuida, na hipótese, de mero reexame de provas, interditado na Súmula 279, mas da qualificação jurídica dos fatos, assim como postos no acórdão" (RE 97.645-AL, Rel. Min. Néri da Silveira, *RTJ* 112/1.169, também Miguel Reale, "Princípios que regem as composições contratuais", in *Teoria e Prática do Direito*, São Paulo, Saraiva, 1984, pp. 254 e ss.).

Impressão e acabamento:
GRÁFICA PAYM
Tel. (011) 4392-3344

RDM 129

DOUTRINA: ALGUMAS INCIDÊNCIAS CONSTITUCIONAIS DA INSTITUCIONALIZAÇÃO DA UNIÃO ECONÓMICA E MONETÁRIA – António José Avelãs Nunes • ***ATUALIDADES***: BRANQUEAMENTO DE CAPITAIS – MEDIDAS LEGISLATIVAS EM PORTUGAL E NA EUROPA – A. Saraiva Matias e Catarina Martinho • VERDADEIRA PROJEÇÃO DA ARBITRAGEM – CONVENÇÃO DE NEW YORK DE 1958 – Irineu Strenger • ACORDO DE ACIONISTAS – ARQUIVAMENTO NA SEDE SOCIAL – VINCULAÇÃO DOS ADMINISTRADORES DE SOCIEDADE CONTROLADA – Nelson Eizirik • CONSIDERAÇÕES ACERCA DA REPRESENTAÇÃO COMERCIAL FRENTE AO NOVO CÓDIGO CIVIL – Jairo Saddi • REGISTRO DO COMÉRCIO E OS LIMITES DE SUAS EXIGÊNCIAS – João Luiz Coelho da Rocha • A LEI 10.303, DE 2001, E A INCLUSÃO DOS DERIVATIVOS NO ROL DOS VALORES MOBILIÁRIOS – Daniel Krepel Goldberg • PODE A SOCIEDADE LIMITADA TER CAPITAL AUTORIZADO? – Otávio Vieira Barbi • LIMITES DE ATUAÇÃO DO CONSELHO FISCAL – Raul de Araujo Filho e Rodrigo Ferraz P. Cunha • EXCLUSÃO DE SÓCIO EM SOCIEDADES LIMITADAS NO NOVO CÓDIGO CIVIL – Leonardo Guimarães • O ISS NA CONSTRUÇÃO CIVIL – José Alcides Montes Filho • ***ESPAÇO DISCENTE***: A ARBITRAGEM NAS SOCIEDADES ANÔNIMAS – José Virgílio Lopes Enei • REFORMA REGULATÓRIA E SISTEMA FINANCEIRO NACIONAL – Marco Aurélio Gumieri Valério • ARBITRAGEM NA LEI DAS SOCIEDADES ANÔNIMAS – Livia Rossi • OFERTA PÚBLICA DE AQUISIÇÃO DE AÇÕES NA ALIENAÇÃO DE CONTROLE DE COMPANHIAS ABERTAS. Apontamentos sobre o art. 254-A da Lei das Sociedades Anônimas – José Alberto Clemente Júnior • ***JURISPRUDÊNCIA COMENTADA***: INDENIZATÓRIA MOVIDA POR FILHOS ALEGANDO MORTE DA MÃE POR CÂNCER DE PULMÃO DECORRENTE DE TABAGISMO – Paulo Rogério Brandão Couto • ***TEXTOS CLÁSSICOS***: "LEX MERCATORIA" – Francesco Galgano (trad. Erasmo Valladão A. e Novaes N. França) • ***PARECERES***: LEGITIMAÇÃO DO SÓCIO DA SOCIEDADE CONTROLADORA PARA PLEITEAR A ANULAÇÃO DE ASSEMBLÉIA DA CONTROLADA SUBSIDIÁRIA INTEGRAL – Erasmo Valladão A. e N. França • DEMANDA REPARATÓRIA AJUIZADA POR ACIONISTA EM VIRTUDE DE ADIMPLEMENTO IMPERFEITO. FUNÇÃO E NATUREZA JURÍDICA DAS DEMONSTRAÇÕES FINANCEIRAS. CARÁTER CONSTITUTIVO DAS DECISÕES ASSEMBLEARES TOMADAS POR ÓRGÃOS DAS SOCIEDADES ANÔNIMAS. A AÇÃO REGULADORA E PRINCÍPIOS ESSENCIAIS VINCULADORES DE COMPANHIAS ABERTAS COM VALORES MOBILIÁRIOS NO MERCADO DE CAPITAIS. IMPOSIÇÕES DA ORDEM CONSTITUCIONAL ECONÔMICA. PRAZOS DE PRESCRIÇÃO NA LEI DAS SOCIEDADES ANÔNIMAS – Leandro Bittencourt Adiers

MALHEIROS EDITORES